머리말

공사·공단 취업을 처음 준비하는 수험생들은 어느 영역을 중점적으로 공부해야 할지, 영역별로 어떤 유형의 문제가 나올 것인지, 그리고 공부하는 기간은 얼마나 잡아야 할지에 대한 고민을 하게 된다. 대부분의 공기업에서는 NCS(국가직무능력표준)를 기반으로 필기시험을 실시한다. 공기업별로 출제하는 영역이 상이하지만, 직업인으로서 기본적으로 갖추어야 할 공통능력을 평가하는 시험이기 때문에 NCS 10개의 영역 중에서도 핵심영역(의사소통능력, 수리능력, 문제해결능력, 자원관리능력)이 주로 출제된다.

많은 공기업의 채용절차를 분석해 보면 채용공고 후 필기시험까지의 기간이 약 3주 정도 소요된다는 점을 고려할 때, 3주 동안 집중적으로 학습할 수 있도록 구성하여 필기시험에서 높은 점수를 얻는 데 도움이 될 수 있도록 하였다.

공사·공단 채용을 대비하기 위해 SD에듀에서는 NCS 도서 시리즈 누적 판매량 1위의 출간 경험을 토대로 다음과 같은 특징을 가진 도서를 출간하였다.

도서의 특징

❶ NCS 출제유형분석을 통한 공사·공단 빈출유형 파악!
- 실제 공사·공단 필기시험에서 주로 출제되는 문제들의 유형을 분석하여 영역별 출제유형을 파악할 수 있도록 하였다.

❷ 핵심영역 적중예상문제를 통한 실력 상승!
- 핵심영역 적중예상문제를 수록하여 유형별로 학습할 수 있도록 하였다.

❸ 주간 모의고사를 통한 완벽한 실전 대비!
- 철저한 분석을 통해 실제 유형과 유사한 주간 모의고사를 수록하여 학습한 내용을 점검할 수 있도록 하였다.

❹ 다양한 콘텐츠로 최종합격까지!
- 가이드를 통해 NCS 및 핵심영역 출제 공사·공단을 설명하여 채용을 준비하는 데 부족함이 없도록 하였다.
- 온라인 모의고사를 무료로 제공하여 필기시험에 대비할 수 있도록 하였다.

끝으로 본 도서를 통해 공사·공단 채용을 준비하는 모든 수험생 여러분이 합격의 기쁨을 누리기를 진심으로 기원한다.

SDC(Sidae Data Center) 씀

NCS 문제 유형 소개 NCS TYPES

PSAT형

※ 다음은 K공단의 국내 출장비 지급 기준에 대한 자료이다. 이어지는 질문에 답하시오. [15~16]

〈국내 출장비 지급 기준〉

① 근무지로부터 편도 100km 미만의 출장은 공단 차량 이용을 원칙으로 하며, 다음 각호에 따라 "별표 1"에 해당하는 여비를 지급한다.
  ㉠ 일비
    ⓐ 근무시간 4시간 이상 : 전액
    ⓑ 근무시간 4시간 미만 : 1일분의 2분의 1
  ㉡ 식비 : 명령권자가 근무시간이 모두 소요되는 1일 출장으로 인정한 경우에는 1일분의 3분의 1 범위 내에서 지급
  ㉢ 숙박비 : 편도 50km 이상의 출장 중 출장일수가 2일 이상으로 숙박이 필요할 경우, 증빙자료 제출 시 숙박비 지급
② 제1항에도 불구하고 공단 차량을 이용할 수 없어 개인 소유 차량으로 업무를 수행한 경우에는 일비를 지급하지 않고 이사장이 따로 정하는 바에 따라 교통비를 지급한다.
③ 근무지로부터 100km 이상의 출장은 "별표 1"에 따라 교통비 및 일비는 전액을, 식비는 1일분의 3분의 2 해당액을 지급한다. 다만, 업무 형편상 숙박이 필요하다고 인정할 경우에는 출장기간에 대하여 숙박비, 일비, 식비 전액을 지급할 수 있다.

〈별표 1〉

구분	교통비				일비 (1일)	숙박비 (1박)	식비 (1일)
	철도임	선임	항공임	자동차임			
임원 및 본부장	1등급	1등급	실비	실비	30,000원	실비	45,000원
1, 2급 부서장	1등급	2등급	실비	실비	25,000원	실비	35,000원
2, 3, 4급 부장	1등급	2등급	실비	실비	20,000원	실비	30,000원
4급 이하 팀원	2등급	2등급	실비	실비	20,000원	실비	30,000원

1. 교통비는 실비를 기준으로 하되, 실비 정산은 국토해양부장관 또는 특별시장·광역시장·도지사·특별자치도지사 등이 인허한 요금을 기준으로 한다.
2. 선임 구분표 중 1등급 해당자는 특등, 2등급 해당자는 1등을 적용한다.
3. 철도임 구분표 중 1등급은 고속철도 특실, 2등급은 고속철도 일반실을 적용한다.
4. 임원 및 본부장의 식비가 위 정액을 초과하였을 경우 실비를 지급할 수 있다.
5. 운임 및 숙박비의 할인이 가능한 경우에는 할인 요금으로 지급한다.
6. 자동차임 실비 지급은 연료비와 실제 통행료를 지급한다.
   (연료비)=[여행거리(km)]×(유가)÷(연비)
7. 임원 및 본부장을 제외한 직원의 숙박비는 70,000원을 한도로 실비를 정산할 수 있다.

특징 ▶ 대부분 의사소통능력, 수리능력, 문제해결능력을 중심으로 출제(일부 기업의 경우 자원관리능력, 조직이해능력을 출제)
▶ 자료에 대한 추론 및 해석 능력을 요구

대행사 ▶ 엑스퍼트컨설팅, 커리어넷, 태드솔루션, 한국행동과학연구소(행과연), 휴노 등

하루 18 문제로 일 만에 끝내는 NCS

SD에듀
(주)시대고시기획

2024 최신판 SD에듀
하루 18문제로 18일 만에 끝내는 NCS + 무료NCS특강

Always **with you**

사람의 인연은 길에서 우연하게 만나거나 함께 살아가는 것만을 의미하지는 않습니다.
책을 펴내는 출판사와 그 책을 읽는 독자의 만남도 소중한 인연입니다.
SD에듀는 항상 독자의 마음을 헤아리기 위해 노력하고 있습니다. 늘 독자와 함께하겠습니다.

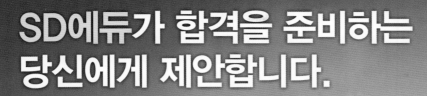

SD에듀가 합격을 준비하는
당신에게 제안합니다.

결심하셨다면 지금 당장 실행하십시오.
SD에듀와 함께라면 문제없습니다.

성공의 기회!
SD에듀를 잡으십시오.

NEXT STEP!

– 마크 트웨인 –

기회란 포착되어 활용되기 전에는 기회인지조차 알 수 없는 것이다.

기업별 맞춤 학습 "기본서" 시리즈

공기업 취업의 기초부터 심화까지! 합격의 문을 여는 **Hidden Key!**

기업별 시험 직전 마무리 "모의고사" 시리즈

실제 시험과 동일하게 마무리! 합격을 향한 **Last Spurt!**

※기업별 시리즈 : HUG 주택도시보증공사/LH 한국토지주택공사/강원랜드/건강보험심사평가원/국가철도공단/국민건강
보험공단/국민연금공단/근로복지공단/발전회사/부산교통공사/서울교통공사/인천국제공항공사/코레일 한국철도공사/
한국농어촌공사/한국도로공사/한국산업인력공단/한국수력원자력/한국수자원공사/한국전력공사/한전KPS/항만공사 등

※도서의 이미지 및 구성은 변동될 수 있습니다.

하루 18 문제로 일 만에 끝내는 NCS

정답 및 해설

2024 최신판 SD에듀 하루 18문제로 18일 만에 끝내는 NCS + 무료NCS특강

개정4판1쇄 발행	2024년 05월 20일 (인쇄 2024년 04월 26일)
초 판 발 행	2020년 06월 30일 (인쇄 2020년 05월 29일)
발 행 인	박영일
책 임 편 집	이해욱
편 저	SDC(Sidae Data Center)
편 집 진 행	김재희 · 김미진
표지디자인	조혜령
편집디자인	최미란 · 남수영
발 행 처	(주)시대고시기획
출 판 등 록	제10-1521호
주 소	서울시 마포구 큰우물로 75 [도화동 538 성지 B/D] 9F
전 화	1600-3600
팩 스	02-701-8823
홈 페 이 지	www.sdedu.co.kr
I S B N	979-11-383-7066-0 (13320)
정 가	23,000원

NCS 핵심영역 모의고사 답안카드

성 명	

지원분야	

문제지 형별기재란

( )형   Ⓐ Ⓑ

수험번호

⓪	①	②	③	④	⑤	⑥	⑦	⑧	⑨
⓪	①	②	③	④	⑤	⑥	⑦	⑧	⑨
⓪	①	②	③	④	⑤	⑥	⑦	⑧	⑨
⓪	①	②	③	④	⑤	⑥	⑦	⑧	⑨
⓪	①	②	③	④	⑤	⑥	⑦	⑧	⑨
⓪	①	②	③	④	⑤	⑥	⑦	⑧	⑨
⓪	①	②	③	④	⑤	⑥	⑦	⑧	⑨

감독위원 확인

(인)

문번	1	2	3	4	5	문번	1	2	3	4	5
1	①	②	③	④	⑤	21	①	②	③	④	⑤
2	①	②	③	④	⑤	22	①	②	③	④	⑤
3	①	②	③	④	⑤	23	①	②	③	④	⑤
4	①	②	③	④	⑤	24	①	②	③	④	⑤
5	①	②	③	④	⑤	25	①	②	③	④	⑤
6	①	②	③	④	⑤	26	①	②	③	④	⑤
7	①	②	③	④	⑤	27	①	②	③	④	⑤
8	①	②	③	④	⑤	28	①	②	③	④	⑤
9	①	②	③	④	⑤	29	①	②	③	④	⑤
10	①	②	③	④	⑤	30	①	②	③	④	⑤
11	①	②	③	④	⑤	31	①	②	③	④	⑤
12	①	②	③	④	⑤	32	①	②	③	④	⑤
13	①	②	③	④	⑤	33	①	②	③	④	⑤
14	①	②	③	④	⑤	34	①	②	③	④	⑤
15	①	②	③	④	⑤	35	①	②	③	④	⑤
16	①	②	③	④	⑤	36	①	②	③	④	⑤
17	①	②	③	④	⑤	37	①	②	③	④	⑤
18	①	②	③	④	⑤	38	①	②	③	④	⑤
19	①	②	③	④	⑤	39	①	②	③	④	⑤
20	①	②	③	④	⑤	40	①	②	③	④	⑤

NCS 핵심영역 모의고사 답안카드

성 명	
지원분야	
문제지 형별기재란	(형) Ⓐ Ⓑ

수험번호

| ⓪ ① ② ③ ④ ⑤ ⑥ ⑦ ⑧ ⑨ |
| ⓪ ① ② ③ ④ ⑤ ⑥ ⑦ ⑧ ⑨ |
| ⓪ ① ② ③ ④ ⑤ ⑥ ⑦ ⑧ ⑨ |
| ⓪ ① ② ③ ④ ⑤ ⑥ ⑦ ⑧ ⑨ |
| ⓪ ① ② ③ ④ ⑤ ⑥ ⑦ ⑧ ⑨ |
| ⓪ ① ② ③ ④ ⑤ ⑥ ⑦ ⑧ ⑨ |
| ⓪ ① ② ③ ④ ⑤ ⑥ ⑦ ⑧ ⑨ |

감독위원 확인

(인)

번호	답					번호	답				
1	①	②	③	④	⑤	21	①	②	③	④	⑤
2	①	②	③	④	⑤	22	①	②	③	④	⑤
3	①	②	③	④	⑤	23	①	②	③	④	⑤
4	①	②	③	④	⑤	24	①	②	③	④	⑤
5	①	②	③	④	⑤	25	①	②	③	④	⑤
6	①	②	③	④	⑤	26	①	②	③	④	⑤
7	①	②	③	④	⑤	27	①	②	③	④	⑤
8	①	②	③	④	⑤	28	①	②	③	④	⑤
9	①	②	③	④	⑤	29	①	②	③	④	⑤
10	①	②	③	④	⑤	30	①	②	③	④	⑤
11	①	②	③	④	⑤	31	①	②	③	④	⑤
12	①	②	③	④	⑤	32	①	②	③	④	⑤
13	①	②	③	④	⑤	33	①	②	③	④	⑤
14	①	②	③	④	⑤	34	①	②	③	④	⑤
15	①	②	③	④	⑤	35	①	②	③	④	⑤
16	①	②	③	④	⑤	36	①	②	③	④	⑤
17	①	②	③	④	⑤	37	①	②	③	④	⑤
18	①	②	③	④	⑤	38	①	②	③	④	⑤
19	①	②	③	④	⑤	39	①	②	③	④	⑤
20	①	②	③	④	⑤	40	①	②	③	④	⑤

※ 본 답안지는 마킹연습용 모의 답안지입니다.

NCS 핵심영역 모의고사 답안카드

성 명

지원 분야

문제지 형별기재란	Ⓐ
(형)	Ⓑ

수 험 번 호						
⓪ ① ② ③ ④ ⑤ ⑥ ⑦ ⑧ ⑨	⓪ ① ② ③ ④ ⑤ ⑥ ⑦ ⑧ ⑨	⓪ ① ② ③ ④ ⑤ ⑥ ⑦ ⑧ ⑨	⓪ ① ② ③ ④ ⑤ ⑥ ⑦ ⑧ ⑨	⓪ ① ② ③ ④ ⑤ ⑥ ⑦ ⑧ ⑨	⓪ ① ② ③ ④ ⑤ ⑥ ⑦ ⑧ ⑨	⓪ ① ② ③ ④ ⑤ ⑥ ⑦ ⑧ ⑨

감독위원 확인
⑨

문번	답란	문번	답란
1	① ② ③ ④ ⑤	21	① ② ③ ④ ⑤
2	① ② ③ ④ ⑤	22	① ② ③ ④ ⑤
3	① ② ③ ④ ⑤	23	① ② ③ ④ ⑤
4	① ② ③ ④ ⑤	24	① ② ③ ④ ⑤
5	① ② ③ ④ ⑤	25	① ② ③ ④ ⑤
6	① ② ③ ④ ⑤	26	① ② ③ ④ ⑤
7	① ② ③ ④ ⑤	27	① ② ③ ④ ⑤
8	① ② ③ ④ ⑤	28	① ② ③ ④ ⑤
9	① ② ③ ④ ⑤	29	① ② ③ ④ ⑤
10	① ② ③ ④ ⑤	30	① ② ③ ④ ⑤
11	① ② ③ ④ ⑤	31	① ② ③ ④ ⑤
12	① ② ③ ④ ⑤	32	① ② ③ ④ ⑤
13	① ② ③ ④ ⑤	33	① ② ③ ④ ⑤
14	① ② ③ ④ ⑤	34	① ② ③ ④ ⑤
15	① ② ③ ④ ⑤	35	① ② ③ ④ ⑤
16	① ② ③ ④ ⑤	36	① ② ③ ④ ⑤
17	① ② ③ ④ ⑤	37	① ② ③ ④ ⑤
18	① ② ③ ④ ⑤	38	① ② ③ ④ ⑤
19	① ② ③ ④ ⑤	39	① ② ③ ④ ⑤
20	① ② ③ ④ ⑤	40	① ② ③ ④ ⑤

NCS 핵심영역 모의고사 답안카드

성 명

지원 분야

문제지 형별기재란

(형)

Ⓐ
Ⓑ

수험번호

	⓪	①	②	③	④	⑤	⑥	⑦	⑧	⑨
	⓪	①	②	③	④	⑤	⑥	⑦	⑧	⑨
	⓪	①	②	③	④	⑤	⑥	⑦	⑧	⑨
	⓪	①	②	③	④	⑤	⑥	⑦	⑧	⑨
	⓪	①	②	③	④	⑤	⑥	⑦	⑧	⑨
	⓪	①	②	③	④	⑤	⑥	⑦	⑧	⑨
	⓪	①	②	③	④	⑤	⑥	⑦	⑧	⑨

감독위원 확인

(인)

번호	①	②	③	④	⑤		번호	①	②	③	④	⑤
1	①	②	③	④	⑤		21	①	②	③	④	⑤
2	①	②	③	④	⑤		22	①	②	③	④	⑤
3	①	②	③	④	⑤		23	①	②	③	④	⑤
4	①	②	③	④	⑤		24	①	②	③	④	⑤
5	①	②	③	④	⑤		25	①	②	③	④	⑤
6	①	②	③	④	⑤		26	①	②	③	④	⑤
7	①	②	③	④	⑤		27	①	②	③	④	⑤
8	①	②	③	④	⑤		28	①	②	③	④	⑤
9	①	②	③	④	⑤		29	①	②	③	④	⑤
10	①	②	③	④	⑤		30	①	②	③	④	⑤
11	①	②	③	④	⑤		31	①	②	③	④	⑤
12	①	②	③	④	⑤		32	①	②	③	④	⑤
13	①	②	③	④	⑤		33	①	②	③	④	⑤
14	①	②	③	④	⑤		34	①	②	③	④	⑤
15	①	②	③	④	⑤		35	①	②	③	④	⑤
16	①	②	③	④	⑤		36	①	②	③	④	⑤
17	①	②	③	④	⑤		37	①	②	③	④	⑤
18	①	②	③	④	⑤		38	①	②	③	④	⑤
19	①	②	③	④	⑤		39	①	②	③	④	⑤
20	①	②	③	④	⑤		40	①	②	③	④	⑤

※ 본 답안지는 마킹연습용 모의 답안지입니다.

NCS 핵심영역 모의고사 답안카드

번호	①	②	③	④	⑤	번호	①	②	③	④	⑤
1	①	②	③	④	⑤	21	①	②	③	④	⑤
2	①	②	③	④	⑤	22	①	②	③	④	⑤
3	①	②	③	④	⑤	23	①	②	③	④	⑤
4	①	②	③	④	⑤	24	①	②	③	④	⑤
5	①	②	③	④	⑤	25	①	②	③	④	⑤
6	①	②	③	④	⑤	26	①	②	③	④	⑤
7	①	②	③	④	⑤	27	①	②	③	④	⑤
8	①	②	③	④	⑤	28	①	②	③	④	⑤
9	①	②	③	④	⑤	29	①	②	③	④	⑤
10	①	②	③	④	⑤	30	①	②	③	④	⑤
11	①	②	③	④	⑤	31	①	②	③	④	⑤
12	①	②	③	④	⑤	32	①	②	③	④	⑤
13	①	②	③	④	⑤	33	①	②	③	④	⑤
14	①	②	③	④	⑤	34	①	②	③	④	⑤
15	①	②	③	④	⑤	35	①	②	③	④	⑤
16	①	②	③	④	⑤	36	①	②	③	④	⑤
17	①	②	③	④	⑤	37	①	②	③	④	⑤
18	①	②	③	④	⑤	38	①	②	③	④	⑤
19	①	②	③	④	⑤	39	①	②	③	④	⑤
20	①	②	③	④	⑤	40	①	②	③	④	⑤

성 명

지원 분야

문제지 형별기재란

( )형 Ⓐ Ⓑ

수 험 번 호

⓪	①	②	③	④	⑤	⑥	⑦	⑧	⑨
⓪	①	②	③	④	⑤	⑥	⑦	⑧	⑨
⓪	①	②	③	④	⑤	⑥	⑦	⑧	⑨
⓪	①	②	③	④	⑤	⑥	⑦	⑧	⑨
⓪	①	②	③	④	⑤	⑥	⑦	⑧	⑨
⓪	①	②	③	④	⑤	⑥	⑦	⑧	⑨
⓪	①	②	③	④	⑤	⑥	⑦	⑧	⑨

감독위원 확인

(인)

NCS 핵심영역 모의고사 답안카드

번호	①	②	③	④	⑤		번호	①	②	③	④	⑤
1	①	②	③	④	⑤		21	①	②	③	④	⑤
2	①	②	③	④	⑤		22	①	②	③	④	⑤
3	①	②	③	④	⑤		23	①	②	③	④	⑤
4	①	②	③	④	⑤		24	①	②	③	④	⑤
5	①	②	③	④	⑤		25	①	②	③	④	⑤
6	①	②	③	④	⑤		26	①	②	③	④	⑤
7	①	②	③	④	⑤		27	①	②	③	④	⑤
8	①	②	③	④	⑤		28	①	②	③	④	⑤
9	①	②	③	④	⑤		29	①	②	③	④	⑤
10	①	②	③	④	⑤		30	①	②	③	④	⑤
11	①	②	③	④	⑤		31	①	②	③	④	⑤
12	①	②	③	④	⑤		32	①	②	③	④	⑤
13	①	②	③	④	⑤		33	①	②	③	④	⑤
14	①	②	③	④	⑤		34	①	②	③	④	⑤
15	①	②	③	④	⑤		35	①	②	③	④	⑤
16	①	②	③	④	⑤		36	①	②	③	④	⑤
17	①	②	③	④	⑤		37	①	②	③	④	⑤
18	①	②	③	④	⑤		38	①	②	③	④	⑤
19	①	②	③	④	⑤		39	①	②	③	④	⑤
20	①	②	③	④	⑤		40	①	②	③	④	⑤

모듈형

> **│ 대인관계능력**
>
> **60** 다음 자료는 갈등해결을 위한 6단계 프로세스이다. 3단계에 해당하는 대화의 예로 가장 적절한 것은?
>
>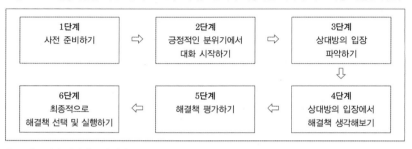
>
> ① 그럼 A씨의 생각대로 진행해 보시죠.

특징
- ▶ 이론 및 개념을 활용하여 푸는 유형
- ▶ 채용 기업 및 직무에 따라 NCS 직업기초능력평가 10개 영역 중 선발하여 출제
- ▶ 기업의 특성을 고려한 직무 관련 문제를 출제
- ▶ 주어진 상황에 대한 판단 및 이론 적용을 요구

대행사
- ▶ 인트로맨, 휴스테이션, ORP연구소 등

피듈형(PSAT형 + 모듈형)

> **│ 문제해결능력**
>
> **60** P회사는 직원 20명에게 나눠 줄 추석 선물 품목을 조사하였다. 다음은 유통업체별 품목 가격과 직원들의 품목 선호도를 나타낸 자료이다. 이를 참고하여 P회사에서 구매하는 물품과 업체를 바르게 연결한 것은?
>
> <업체별 품목 금액>
>
> | 구분 | | 1세트당 가격 | 혜택 |
> |---|---|---|---|
> | A업체 | 돼지고기 | 37,000원 | 10세트 이상 주문 시 배송 무료 |
> | | 건어물 | 25,000원 | |
> | B업체 | 소고기 | 62,000원 | 20세트 주문 시 10% 할인 |
> | | 참치 | 31,000원 | |
> | C업체 | 스팸 | 47,000원 | 50만 원 이상 주문 시 배송 무료 |
> | | 김 | 15,000원 | |
>
> <구성원 품목 선호도>

특징
- ▶ 기초 및 응용 모듈을 구분하여 푸는 유형
- ▶ 기초인지모듈과 응용업무모듈로 구분하여 출제
- ▶ PSAT형보다 난도가 낮은 편
- ▶ 유형이 정형화되어 있고, 유사한 유형의 문제를 세트로 출제

대행사
- ▶ 사람인, 스카우트, 인크루트, 커리어케어, 트리피, 한국사회능력개발원 등

영역 기관명	의사소통능력	수리능력	문제해결능력	자원관리능력
건강보험심사평가원	○	○	○	−
국가철도공단	○	○	○	○
국민건강보험공단	○	○	○	−
국민연금공단	○	○	○	−
근로복지공단	○	○	○	○
기술보증기금	○	○	○	−
도로교통공단	○	○	○	−
부산항만공사	○	○	○	○
서울교통공사	○	○	○	○
서울시설공단	○	○	○	○
신용보증기금	○	○	○	−
안전보건공단	○	○	○	○
예금보험공사	○	○	○	−
울산항만공사	○	○	○	○
인천교통공사	○	○	○	−
인천국제공항공사	○	○	○	○
인천항만공사	○	○	○	○
주택도시보증공사	○	○	○	−
한국가스공사	○	○	○	○

한국가스기술공사	–	○	○	○
한국공항공사	○	○	○	○
한국교통안전공단	○	○	○	○
한국국토정보공사	○	○	○	○
한국남동발전	○	○	○	○
한국농어촌공사	○	○	○	○
한국도로공사	○	○	○	○
한국동서발전	○	○	○	○
한국산업인력공단	○	○	○	○
한국서부발전	○	○	○	○
한국수력원자력	○	○	○	○
한국수자원공사	○	○	○	○
한국전기안전공사	○	○	○	○
한국전력공사	○	○	○	○
한국중부발전	○	○	○	○
한국지역난방공사	○	○	○	–
한국철도공사	○	○	○	–
한국토지주택공사	○	○	○	–
한전KDN	○	○	○	○
한전KPS	○	○	○	○
해양환경공단	○	○	○	–

※ 위 출제영역 안내는 2024년 상반기(2024년 상반기 채용 미실시 기업의 경우 2023년) 채용공고를 기준으로 작성하였으나 세부 내용은 반드시 확정된 채용공고를 확인하기 바랍니다.

주요 공기업 적중문제 TEST CHECK

코레일 한국철도공사

01 다음 글의 제목으로 가장 적절한 것은?

중세 유럽에서는 토지나 자원을 왕실이 소유하고 있었다. 사람들은 이러한 토지나 자원을 이용하려면 일정한 비용을 지불해야 했다. 예를 들어 광산을 개발하거나 수산물을 얻는 사람들은 해당 자원의 이용에 대한 비용을 왕실에 지불하였고 이는 왕실의 권력과 부의 유지를 돕는 동시에 국가의 재정을 보충하는 역할을 하였는데, 이때 지불한 비용이 바로 로열티이다.

로열티의 개념은 산업 혁명과 함께 발전하였다. 산업 혁명을 통해 특허, 상표 등의 지적 재산권이 보호되기 시작하면서 기업들은 이러한 권리를 보유한 개인이나 조직에게 사용에 대한 보상을 지불하게 되었다. 지적 재산권은 기업이 특정한 기술, 디자인, 상표 등을 보유하고 있을 때 그들에게 독점적인 권리를 제공하는 것이며, 이러한 권리의 보호와 보상을 위해 로열티 제도가 도입되었다. 로열티는 기업과 지적 재산권 소유자 간의 계약에 의해 설정되는 형태로 발전하였다. 기업이 특정 제품을 판매하거나 특정 기술을 이용하는 경우 지적 재산권 소유자에게 계약에 따라 정해진 로열티를 지불하게 된다. 이로써 지적 재산권을 보유한 개인이나 조직은 자신들의 창작물이나 기술의 사용에 대한 보상을 받을 수 있으며, 기업들은 이러한 지적 재산권의 이용을 허가받아 경쟁 우위를 확보할 수 있게 되었다.

현재 로열티는 제품 판매나 라이선스, 저작물의 이용 등 다양한 형태로 나타나며 지적 재산권의 보호와 경제적 가치를 확보하는 중요한 수단으로 작용하고 있다. 로열티는 지식과 창조성의 보상으로서의 역할을 수행하며 기업들의 연구 개발을 촉진하고 혁신을 격려한다. 이처럼 로열티 제도는 기업과 지적 재산권 소유자 간의 상호 협력과 혁신적인 경제 발전에 기여하는 중요한 구조적 요소이다.

한국전력공사

10 다음은 도서코드(ISBN)에 대한 자료이다. 주문한 도서에 대한 설명으로 옳은 것은?

〈[예시] 도서코드(ISBN)〉

국제표준도서번호					부가기호		
접두부	국가번호	발행자번호	서명식별번호	체크기호	독자대상	발행형태	내용분류
123	12	1234567		1	1	1	123

※ 국제표준도서번호는 5개의 군으로 나누어지고 군마다 '-'로 구분한다.

〈도서코드(ISBN) 세부사항〉

접두부	국가번호	발행자번호	서명식별번호	체크기호
978 또는 979	한국 89 미국 05 중국 72 일본 40 프랑스 22	발행자번호 – 서명식별번호 7자리 숫자 예 8491 – 208 : 발행자번호가 8491번인 출판사에서 208번째 발행한 책		0 ~ 9

독자대상	발행형태	내용분류
0 교양	0 문고본	030 백과사전
1 실용	1 사전	100 철학
2 여성	2 신서판	170 심리학
3 (예비)	3 단행본	200 종교
4 청소년	4 전집	360 법학

국민건강보험공단

가중치 계산 ▶ 유형

55 국민건강보험공단은 직원들의 여가를 위해 하반기 동안 다양한 프로그램을 운영하고자 한다. 운영할 프로그램은 수요도 조사 결과를 통해 결정된다. 다음 〈조건〉에 따라 프로그램을 선정할 때, 운영될 프로그램으로 바르게 짝지어진 것은?

〈프로그램 후보별 수요도 조사 결과〉

분야	프로그램명	인기 점수	필요성 점수
운동	강변 자전거 타기	6	5
진로	나만의 책 쓰기	5	7
여가	자수 교실	4	2
운동	필라테스	7	6
교양	독서 토론	6	4
여가	볼링 모임	8	3

※ 수요도 조사에는 전 직원이 참여하였다.

조건
• 수요도는 인기 점수와 필요성 점수에 가점을 적용한 후 2 : 1의 가중치에 따라 합산하여 판단한다.
• 각 프로그램의 인기 점수와 필요성 점수는 10점 만점으로 하여 전 직원이 부여한 점수의 평균값이다.
• 운영 분야에 하나의 프로그램만 있는 경우, 그 프로그램의 필요성 점수에 2점을 가산한다.
• 운영 분야에 복수의 프로그램이 있는 경우, 분야별로 필요성 점수가 가장 낮은 프로그램은 후보에서 탈락한다.
• 수요도 점수가 동점일 경우, 인기 점수가 높은 프로그램을 우선시한다.
• 수요도 점수가 가장 높은 2개의 프로그램을 선정한다.

① 강변 자전거 타기, 볼링 모임
② 나만의 책 쓰기, 필라테스

건강보험심사평가원

원가 ▶ 키워드

07 전자제품을 판매하는 K대리점에서는 노트북 한 종류를 2주 동안 정가의 20%를 할인하여 판매하는 행사를 하고 있다. 이 기간 중 원가의 8%만큼 이익이 남았다면, 정가는 원가에 몇 % 이익을 붙여야 하는가?

① 25%   ② 30%
③ 35%   ④ 40%
⑤ 45%

도서 200% 활용하기 STRUCTURES

1 출제유형 + 적중예상문제로 필기시험 완벽 대비

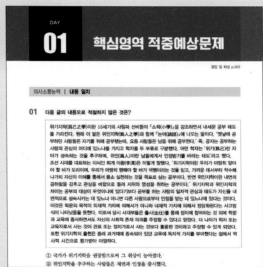

▶ 공사·공단 필기시험에서 주로 출제되는 문제 유형을 확인하고 NCS 문제에 대한 접근 전략을 학습할 수 있도록 하였다.

▶ 핵심영역 적중예상문제를 통해 하루에 18문제씩 꾸준히 연습할 수 있도록 하였다.

2 복습하기를 통한 학습 점검

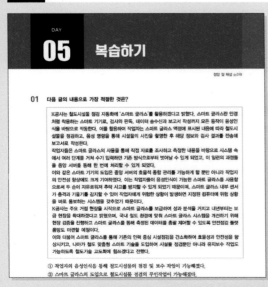

▶ 4일 동안 학습한 내용을 점검할 수 있는 복습하기를 통해 학습에 대한 이해도를 확인할 수 있도록 하였다.

3   주간 모의고사를 활용한 실전 연습

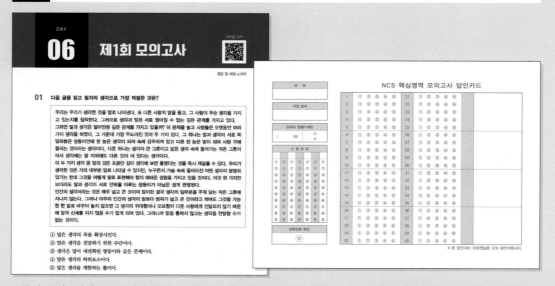

▶ 주간 모의고사와 OMR 답안카드를 수록하여 실제로 시험을 보는 것처럼 최종 마무리 연습을 할 수 있도록 하였다.

▶ 모바일 OMR 답안채점/성적분석 서비스를 통해 필기시험에 대비할 수 있도록 하였다.

4   상세한 해설로 정답과 오답을 완벽하게 이해

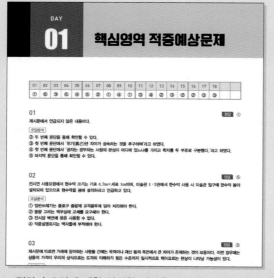

▶ 정답과 오답에 대한 상세한 해설을 수록하여 혼자서도 충분히 학습을 할 수 있도록 하였다.

이 책의 차례 CONTENTS

PART 1

1주 차 학습

| 유형분석 |

- 주어진 지문을 읽고 선택지를 고르는 전형적인 독해 문제이다.
- 지문은 주로 신문기사(보도자료 등)나 업무 보고서, 시사 등이 제시된다.
- 공사공단에 따라 자사와 관련된 내용의 기사나 법조문, 보고서 등이 출제되기도 한다.

다음 글의 내용으로 적절하지 않은 것은?

물가 상승률은 일반적으로 가격 수준의 상승 속도를 나타내며, 소비자 물가지수(CPI)와 같은 지표를 사용하여 측정된다. 높은 물가 상승률은 소비재와 서비스의 가격이 상승하고, 돈의 구매력이 감소한다. 이는 소비자들이 더 많은 돈을 지출하여 물가 상승에 따른 가격 상승을 감수해야 함을 의미한다.

물가 상승률은 경제에 다양한 영향을 미친다. 먼저 소비자들의 구매력이 저하되므로 가계소득의 실질 가치가 줄어든다. 이는 소비 지출의 감소와 경기 둔화를 초래할 수 있다. 또한 물가 상승률은 기업의 의사결정에도 영향을 준다. 예를 들어 높은 물가 상승률은 이자율의 상승과 함께 대출 조건을 악화시키므로 기업들은 생산 비용 상승과 이로 인한 이윤 감소에 직면하게 된다.

정부와 중앙은행은 물가 상승률을 통제하기 위해 다양한 금융 정책을 사용하며, 대표적으로 세금 조정, 통화량 조절, 금리 조정 등이 있다.

물가 상승률은 경제 활동에 큰 영향을 주는 중요한 요소이므로 정부, 기업, 투자자 및 개인은 이를 주의 깊게 모니터링하고 전망을 평가하는 데 활용해야 한다. 또한 소비자의 구매력과 경기 상황에 직접적·간접적인 영향을 주므로 경제 주체들은 물가 상승률의 변동에 대응하여 적절한 전략을 수립해야 한다.

① 지나친 물가 상승은 소비 심리를 위축시킨다.
② 정부와 중앙은행이 실행하는 금융 정책의 목적은 물가 안정성을 유지하는 것이다.
③ 중앙은행의 금리 조정으로 지나친 물가 상승을 진정시킬 수 있다.
④ 소비재와 서비스의 가격이 상승하므로 기업의 입장에서는 물가 상승률이 커질수록 이득이다.

정답　④

높은 물가 상승률은 이자율의 상승과 함께 대출 조건을 악화시키므로 기업들은 생산 비용 상승과 이로 인한 이윤 감소에 직면하게 된다.

풀이 전략!

주어진 선택지에서 키워드를 체크한 후, 지문의 내용과 비교해 가면서 내용의 일치 유무를 빠르게 판단한다.

DAY
01

수리능력
조건 계산

| 유형분석 |

- 문제에서 제공하는 정보를 파악한 뒤 사칙연산을 활용하여 계산하는 문제이다.
- 제시된 문제 안에 문제 풀이를 위한 정보가 있는 경우가 많으므로 조건이나 보기를 꼼꼼하게 확인해야 한다.
- 최소공배수 등 수학 이론을 활용하여 계산하는 문제가 출제되기도 한다.

다음은 버스 3대의 배차간격에 대한 정보이다. 오후 4시 50분에 동시에 출발한 이후 A ~ C버스가 다시 같이 출발하는 시간은 언제인가?

〈정보〉

- A버스는 배차간격이 8분이다.
- B버스는 배차간격이 15분이다.
- C버스는 배차간격이 12분이다.

① 오후 5시 40분
② 오후 5시 55분
③ 오후 6시 30분
④ 오후 6시 50분
⑤ 오후 7시 10분

정답 ④

A, B, C버스의 배차간격 8분, 15분, 12분의 최소공배수는 $4 \times 3 \times 2 \times 5 = 120$분이므로 오후 4시 50분에서 두 시간 후인 오후 6시 50분에 다시 같이 출발한다.

풀이 전략!

문제를 읽고 구해야 하는 답을 정확히 이해하고, 주어진 상황과 조건을 식으로 정리하여 계산한다.

| 유형분석 |

- 주어진 설명을 바탕으로 이론이나 개념을 활용하여 풀어가는 문제이다.
- 문제해결과 관련된 이론이 다양하게 출제된다.

다음 빈칸에 들어갈 말로 적절하지 않은 것은?

창의적 사고는 창조적인 가능성이다. 여기에는 '문제를 사전에 찾아내는 힘', '문제해결에 있어서 다각도로 힌트를 찾아내는 힘', 그리고 '문제해결을 위해 끈기 있게 도전하는 태도' 등이 포함된다. 다시 말해서 창의적 사고에는 사고력을 비롯하여 성격, 태도에 걸친 전인격적인 가능성까지도 포함된다. 이러한 창의적 사고는 창의력 교육훈련을 통해 개발할 수 있으며, _____일수록 높은 창의력을 보인다.

① 모험적
② 적극적
③ 예술적
④ 객관적
⑤ 자유분방적

정답 ④

기존의 정보를 객관적으로 분석하는 것은 논리적 사고 또는 비판적 사고와 관련이 있다. 창의적 사고에는 성격, 태도에 걸친 전인격적 가능성까지 포함되므로 모험심과 호기심이 많고 집념과 끈기가 있으며, 적극적·예술적·자유분방적일수록 높은 창의력을 보인다.

풀이 전략!

문제와 관련된 모듈이론에 대한 전반적인 학습을 미리 해두어야 하며, 이를 주어진 문제에 적용하여 빠르게 풀이한다.

| 유형분석 |

- 시간 자원과 관련된 다양한 정보를 활용하여 풀어 가는 유형이다.
- 대체로 교통편 정보나 국가별 시차 정보가 제공되며, 이를 근거로 '현지 도착시간 또는 약속된 시간 내에 도착하기 위한 방안'을 고르는 문제가 출제된다.

해외영업부 A대리는 B부장과 함께 샌프란시스코에 출장을 가게 되었다. 샌프란시스코의 시각은 한국보다 16시간 느리고, 비행시간은 10시간 25분일 때 샌프란시스코 현지 시각으로 11월 17일 오전 10시 35분에 도착하는 비행기를 타려면 한국 시각으로 인천공항에 몇 시까지 도착해야 하는가?

구분	날짜	출발 시각	비행 시간	날짜	도착 시각
인천 → 샌프란시스코	11월 17일		10시간 25분	11월 17일	10:35
샌프란시스코 → 인천	11월 21일	17:30	12시간 55분	11월 22일	22:25

※ 단, 비행기 출발 한 시간 전에 공항에 도착해 티켓팅을 해야 한다.

① 12:10   ② 13:10
③ 14:10   ④ 15:10
⑤ 16:10

정답 ④

인천에서 샌프란시스코까지 비행 시간은 10시간 25분이므로, 샌프란시스코 도착 시각에서 거슬러 올라가면 샌프란시스코 시각으로 00시 10분에 출발한 것이 된다. 이때 한국은 샌프란시스코보다 16시간 빠르기 때문에 한국 시각으로는 16시 10분에 출발한 것이다. 하지만 비행기 티켓팅을 위해 출발 한 시간 전에 인천공항에 도착해야 하므로 15시 10분까지 공항에 가야 한다.

풀이 전략!

문제에서 묻는 것을 정확히 파악한다. 특히 제한사항에 대해서는 빠짐없이 확인해 두어야 한다. 이후 제시된 정보(시차 등)에서 필요한 것을 선별하여 문제를 풀어 간다.

정답 및 해설 p.002

의사소통능력 | 내용 일치

01 다음 글의 내용으로 적절하지 않은 것은?

> 위기지학(爲己之學)이란 15세기의 사림파 선비들이『소학(小學)』을 강조하면서 내세운 공부 태도를 가리킨다. 원래 이 말은 위인지학(爲人之學)과 함께『논어(論語)』에 나오는 말이다. '옛날에 공부하던 사람들은 자기를 위해 공부했는데, 요즘 사람들은 남을 위해 공부한다.' 즉, 공자는 공부하는 사람의 관심이 어디에 있느냐를 가지고 학자를 두 부류로 구분했다. 어떤 학자는 '위기(爲己)란 자아가 성숙하는 것을 추구하며, 위인(爲人)이란 남들에게서 인정받기를 바라는 태도'라고 했다.
> 조선 시대를 대표하는 지식인 퇴계 이황(李滉)은 이렇게 말했다. '위기지학이란 우리가 마땅히 알아야 할 바가 도리이며, 우리가 마땅히 행해야 할 바가 덕행이라는 것을 믿고, 가까운 데서부터 착수해 나가되 자신의 이해를 통해서 몸소 실천하는 것을 목표로 삼는 공부이다. 반면 위인지학이란 내면의 공허함을 감추고 관심을 바깥으로 돌려 지위와 명성을 취하는 공부이다.' 위기지학과 위인지학의 차이는 공부의 대상이 무엇이냐에 있다기보다 공부를 하는 사람의 일차적 관심과 태도가 자신을 내면적으로 성숙시키는 데 있느냐 아니면 다른 사람으로부터 인정을 받는 데 있느냐에 있다는 것이다.
> 이것은 학문의 목적이 외재적 가치에 의해서가 아니라 내재적 가치에 의해서 정당화된다는 사고방식이 나타났음을 뜻한다. 이로써 당시 사대부들은 출사(出仕)를 통해 정치에 참여하는 것 외에 학문과 교육에 종사하면서도 자신의 사회적 존재 의의를 주장할 수 있다고 믿었다. 더 나아가 학자 또는 교육자로서 사는 것이 관료 또는 정치가로서 사는 것보다 훌륭한 것이라고 주장할 수 있게 되었다. 또한 위기지학의 출현은 종래 과거제에 종속되어 있던 교육에 독자적 가치를 부여했다는 점에서 역사적 사건으로 평가받아 마땅하다.

① 국가가 위기지학을 권장함으로써 그 위상이 높아졌다.
② 위인지학을 추구하는 사람들은 체면과 인정을 중시했다.
③ 위기적 태도를 견지한 사람들은 자아의 성숙을 추구했다.
④ 공자는 학문을 대하는 태도를 기준으로 삼아 학자들을 나누었다.
⑤ 위기지학은 사대부에게 출사만이 훌륭한 것은 아니라는 근거를 제공했다.

02 다음은 K공사의 미술관 사용 시 유의사항이다. 이에 대한 설명으로 가장 적절한 것은?

〈미술관 사용 시 유의사항〉

1. 전시 전에 역장에게 꼭 전시 신고한 후 직원의 안내를 받아 전시하여 주시기 바랍니다.
   ※ 경복궁역 미술관 1, 2관 : 경복궁역 역무실(6110-3271) / 개방시간 07:00 ~ 22:00
2. 전시면 사용요령
   • 전시장 벽면 사용 시 양면테이프나 못 등은 사용할 수 없으며, 스프레이를 뿌리거나 페인트를 사용하는 것은 절대 불가합니다.
   • 미술관 1·2관에서 현수막 사용 시 미술관 입구에 현수막 봉이 설치되어 있으므로 현수막을 봉에 설치하여 주시기 바랍니다.
     ※ 현수막 크기 : 가로 4.7m×세로 1m
   • 전시 벽면에 액자틀 먼지로 인해 자국이 남는 경우가 있으니 액자틀 뒷면을 깨끗이 닦은 상태에서 사용해 주시기 바랍니다.
   • 전시작품 설치 시 반드시 전시 고리를 이용하여 작품을 설치하여 주시고, 작품설명표지는 액자틀에 부착하여 주시기 바랍니다(전시 고리는 역무실에서 수령).
   • 전시 고리는 작품 부착 시 불량 상태를 꼭 확인한 후 사용하여 주시고, 불량 고리는 역무실에 교체를 요구하여 주시기 바랍니다.
     ※ 전시 고리 분실 시 분실 수량만큼 구매하여 역무실에 반납하여야 합니다.
   • 전시면 이외의 공간(유리문 등)은 사용이 불가하며, 이용승객 통행에 지장을 주는 작품을 설치할 수 없습니다.
3. 쓰레기 처리요령
   • 화환 등 대형 폐기물은 판매처에서 회수하도록 하시거나 분해하여 꽂은 종량제 규격봉투에 담고 받침대 등은 정리하여 끈으로 묶은 후 대형 폐기물 스티커를 부착하여 주시기 바랍니다(무단 방치 금지).
   • 일반쓰레기는 종로구 종량제 규격봉투에 담아 처리하여 주시기 바랍니다.
4. 기타사항
   조명등의 위치는 변경할 수 없습니다.
5. 다음 전시회를 위해 전시작품 철거는 전시 마지막 날 오후 4시 이전까지 완료하여 주시기 바랍니다.

---

① 일반쓰레기는 아무 비닐봉투에 담아 역사 내 쓰레기통에 버린다.

② 전시 고리 중 불량 고리를 확인했다면 개인 사비로 사야 한다.

③ 벽면에 작품을 부착할 때 필요 시 관리자에게 요청한 후 못으로 고정할 수 있다.

④ 작품설명표지는 액자 바로 밑 전시 벽면에 부착한다.

⑤ 2관에서 현수막을 사용하려면 가로 4.7m×세로 1m 크기로 제작해 미술관 입구에 있는 현수막 봉에 설치해야 한다.

03

아무리 튤립이 귀하다 한들 알뿌리 하나의 값이 요즈음 돈으로 쳐서 45만 원이 넘는 수준까지 치솟을 수 있을까? 엄지손가락만한 크기의 메추리알 하나의 값이 달걀 한 꾸러미 값보다도 더 비싸질수 있을까? 이 두 물음에 대한 대답은 모두 '그렇다'이다.

역사책을 보면 1636년 네덜란드에서는 튤립 알뿌리 하나의 값이 정말로 그 수준으로 뛰어오른 적이 있었다. 그리고 그때를 기억하는 사람은 알겠지만, 실제로 1950년대 말 우리나라에서 한때 메추리알 값이 그렇게까지 비싼 적이 있었다.

어떤 상품의 가격은 기본적으로 수요와 공급의 힘에 의해 결정된다. 시장에 참여하고 있는 경제 주체들은 자신이 갖고 있는 정보를 기초로 하여 수요와 공급을 결정한다. 이들이 똑같은 정보를 함께 갖고 있으며 이 정보가 아주 틀린 것이 아닌 한, 상품의 가격은 어떤 기본적인 수준에서 크게 벗어나지 않을 것이라고 예상할 수 있다. 예를 들어 튤립 알뿌리 하나의 값은 수선화 알뿌리 하나의 값과 비슷하고, 메추리알 하나는 달걀 하나보다 더 저렴할 것으로 짐작해도 무방하다는 말이다.

그러나 현실에서는 사람들이 서로 다른 정보를 갖고 시장에 참여하는 경우가 많다. 어떤 사람은 특정한 정보를 갖고 있는데 거래 상대방은 그 정보를 갖고 있지 못한 경우도 있다. 뿐만 아니라 거래에 참여하는 목적이나 재산 등의 측면에서 큰 차이가 존재하는 것이 보통이다. 이런 경우에는 어떤 상품의 가격이 우리의 상식으로는 도저히 이해하기 힘든 수준까지 일시적으로 뛰어오르는 현상이 나타날 가능성이 있다. 이런 현상은 특히 투기의 대상이 되는 자산의 경우에 자주 목격되는데, 우리는 이를 '거품(Bubbles)'이라고 부른다.

일반적으로 거품은 어떤 상품(특히 자산)의 가격이 지속적으로 급격히 상승하는 현상을 가리킨다. 이와 같은 지속적인 가격 상승이 일어나는 이유는 애초에 생긴 가격 상승이 추가적인 가격 상승의 기대로 이어져 투기 바람이 형성되기 때문이다. 어떤 상품의 가격이 올라 그것을 미리 사둔 사람이 재미를 보았다는 소문이 돌면 너도나도 사려고 달려들기 때문에 가격이 천정부지*로 뛰어오르게 된다. 물론 이 같은 거품이 무한정 커질 수는 없고 언젠가는 터져 정상적인 상태로 돌아올 수밖에 없다. 이때 거품이 터지는 충격으로 인해 경제에 심각한 위기가 닥칠 수도 있다.

*천정부지 : 물가 따위가 한 없이 오르기만 함을 비유적으로 이르는 말

① 거품은 투기의 대상이 되는 자산에서 자주 일어난다.
② 거품이 터지면 경제에 심각한 위기를 초래할 수도 있다.
③ 거래에 참여하는 사람의 목적이나 재산에 큰 차이가 없다면 거품이 일어날 수 있다.
④ 상품의 가격이 일반적인 상식으로는 이해되지 않는 수준까지 일시적으로 상승할 수도 있다.
⑤ 일반적으로 시장에 참여하고 있는 경제 주체들은 자신의 정보를 바탕으로 수요와 공급을 결정한다.

04

〈탄원서〉

존경하는 판사님, 먼저 대한민국 정의(正義)를 위한 노고에 큰 경의를 표합니다.

저희는 K대학에 근무하고 있는 교수 및 교직원입니다. A이사장의 부도덕하고 파렴치한 행태 때문에 무너지는 교권을 더는 두고 볼 수 없다는 판단하에 이렇게 간절한 탄원서를 올리게 되었습니다.

대학은 올바른 인재 육성과 전문적인 지식인 양성을 위한 곳입니다. 하지만 A이사장은 한 개인의 영욕을 위해서 안하무인으로 대학 운영에 관여하고 있으며, 대학을 무분별한 이권 다툼의 장으로 만들어 가고 있습니다.

지난해 교육부의 종합 감사 결과를 보시면 A이사장에 의해 행해진 수많은 비리가 있습니다. 우리 대학의 모든 교수와 교직원들이 알고 있는 사항임에도 불구하고, 이사장은 집행정지 신청서를 내면서 이 모든 비리를 부정하고 있습니다. 이사장은 2017년 교육용으로 활용할 계획이나 의사가 전혀 없는 P소재 가족 명의로 되어 있는 개인 부동산을 시세보다 몇 배나 되는 가격으로 우리 대학에 전매하는 수법을 통해서 수십억의 부당 이득을 취한 바 있으며, 이는 Z동의 2017년도 부동산 공시지가를 확인하면 곧바로 알 수 있습니다.

A이사장은 내부적인 협의를 통해서 제2캠퍼스 건립을 추진 중이었다고 주장하고 있습니다만, 우리 대학의 누구도 이런 큰 계획에 대한 이야기를 들은 사람이 없습니다. 그리고 2019년 건립한 평생교육센터는 법인에서 지원하는 운영비가 전무한 가운데 파행 운영되어 연간 10억 원에 이르는 적자를 대학의 교비 회계에서 부담하고 있는 실정입니다. 또한, 2019년에 100억 원 이상의 막대한 예산을 들여 매입한 부지는 4년이 넘도록 방치되어 막대한 재정 손실을 야기하였습니다. 따라서 이사장이 주장하는 발전 계획이나 평생교육센터의 운영은 전시용 행정에 불과했으며, 학교 재정 운영의 파행과 왜곡을 가져온 주된 원인이 되었습니다.

위에 열거한 것 이외에도 판사님께 제출한 자료에는 더 많은 A이사장의 비리가 있을 것으로 생각합니다. 끝으로 판사님의 가정과 앞날에 무한한 행복과 영광을 기원합니다.

① 대학에 근무하고 있는 교수 및 교직원이 이사장의 비리를 고발하는 탄원서이다.
② 이사장은 가족 명의의 부동산을 이용하여 부당 이득을 취했다.
③ 대학의 제2캠퍼스 건립 계획에 대해서 들은 사람이 없다.
④ 2019년에 건립한 평생교육센터는 매년 적자 운영되고 있다.
⑤ 교수 및 교직원은 탄원서에 열거한 항목이 이사장이 저지른 비리의 전부라고 생각한다.

05 다음 중 광자(Photon)에 대한 설명으로 가장 적절한 것은?

빛의 회절 및 간섭현상은 빛의 파동성으로 설명된다. 하지만 직진성을 가지는 입자의 성질로는 파동의 원형으로 퍼져나가는 회절 및 간섭현상을 설명할 수 없다. 반면에 콤프턴 산란과 같은 현상은 빛을 여러 개의 입자, 즉 광자(Photon)로 구성된 것으로 생각해야 한다. 이 중 한 개의 입자가 물질 내 전자와 부딪친다. 부딪친 후 광자는 전자에 에너지를 주고, 자신은 에너지가 낮아져서 나온다. 이렇게 빛을 입자의 성질을 띤 광자로 보는 입장은 원자처럼 아주 작은 단위의 자연계현상에서 관측이 된다.

빛을 입자로 이해할 때, 광자 한 개의 에너지는 hv이고(h – 플랑크 상수, v – 진동수) 광속으로 이동하는 빛의 입자를 광자라 한다. 광자는 많은 에너지를 가진 감마선과 X선부터 가시광선을 거쳐 적은 에너지를 가진 적외선과 라디오파에 이르기까지 모든 에너지 상태에 걸쳐 존재한다. 광자의 개념은 1905년 알버트 아인슈타인(Albert Einstein)이 광전 효과를 설명하기 위해 도입했는데, 그는 빛이 전파되는 동안 불연속적인 에너지 다발이 존재한다는 광양자설(光量子說)을 제안했다. 1923년 미국의 물리학자 아서 콤프턴(Arthur Compton)이 X선의 입자성(粒子性)을 밝힌 뒤 이 개념이 널리 사용되었으나, '광자'라는 용어는 1926년에 와서야 사용되었다. 광자에너지는 복사 진동수에 비례하는 특정의 값을 단위로 해서 그 정수배로 된다. 즉, 광자에너지는 $hv = hc \div \lambda$ (h – 플랑크 상수, v – 진동수, c – 광속, λ – 파장)의 에너지 다발로 나가고 임의의 비율로 분할되지 않는다. 이것은 마치 물질이 원자로 구성되어 있는 것과 비슷해서, 거시적인 전자기파의 취급에서는 두드러지지 않으나 원자의 차원에서 그 움직임을 생각할 경우에는 그 입자적인 성격이 중요한 뜻을 가지게 됨을 의미한다. 결국 '광자'라는 개념의 도입으로 전자기파로서의 빛(파동성)과 광자로서의 빛(입자성)이라는 물질의 이중성을 인식하게 되는 계기가 되었다. 모든 광자는 광속으로 움직이며, 원자 구성입자 범주에서 생각할 때 광자는 전하(電荷)와 정지질량을 갖지 않는 전자기장의 운반자로 취급된다.

① 일부 광자는 광속으로 움직이지 않는다.
② 광자의 개념은 광전 효과를 설명하기 위해 미국의 물리학자 아서 콤프턴이 도입하였다.
③ 광자는 모든 에너지 상태에 걸쳐 존재하지는 않는다.
④ 빛을 입자의 성질을 띤 광자로 보는 입장은 원자처럼 아주 작은 단위의 자연계현상에서 관측이 된다.
⑤ 직진성을 가지는 입자의 성질로는 파동의 원형으로 퍼져나가는 회절 및 간섭현상을 설명할 수 있다.

06 K공사는 부대시설 건축을 위해 A건축회사와 계약을 맺었다. 다음 계약서를 보고 건축시설처의 L대리가 파악할 수 있는 내용으로 가장 적절한 것은?

〈공사도급계약서〉

상세시공도면 작성(제10조)
① '을'은 건축법 제19조 제4항에 따라 공사감리자로부터 상세시공도면의 작성을 요청받은 경우에는 상세시공도면을 작성하여 공사감리자의 확인을 받아야 하며, 이에 따라 공사를 하여야 한다.
② '갑'은 상세시공도면의 작성범위에 관한 사항을 설계자 및 공사감리자의 의견과 공사의 특성을 감안하여 계약서상의 시방에 명시하고, 상세시공도면의 작성비용을 공사비에 반영한다.

안전관리 및 재해보상(제11조)
① '을'은 산업재해를 예방하기 위하여 안전시설의 설치 및 보험의 가입 등 적정한 조치를 하여야 한다. 이때 '갑'은 계약금액의 안전관리비 및 보험료 상당액을 계상하여야 한다.
② 공사현장에서 발생한 산업재해에 대한 책임은 '을'에게 있다. 다만, 설계상의 하자 또는 '갑'의 요구에 의한 작업으로 인한 재해에 대하여는 그렇지 아니하다.

응급조치(제12조)
① '을'은 재해방지를 위하여 특히 필요하다고 인정될 때는 미리 긴급조치를 취하고 즉시 이를 '갑'에게 통지하여야 한다.
② '갑'은 재해방지 및 기타 공사의 시공상 긴급·부득이하다고 인정할 때는 '을'에게 긴급조치를 요구할 수 있다.
③ 제1항 및 제2항의 응급조치에 소요된 경비에 대하여는 제16조 제2항의 규정을 준용한다.

① 응급조치에 소요된 비용은 '갑'이 부담한다.
② '을'은 공사감리자로부터 요청이 없으면 상세시공도면을 작성하지 않아도 된다.
③ '을'은 재해방지를 위하여 미리 긴급조치를 취할 수 있고, 이를 '갑'에게 알릴 의무는 없다.
④ 공사현장에서 발생한 모든 산업재해에 대한 책임은 '을'에게 있다.
⑤ '을'은 산업재해를 예방하기 위한 조치를 해야 하고, '갑'은 계약금액에 이와 관련한 금액을 책정해야 한다.

07 다음 〈조건〉을 참고할 때 A ~ E점포의 총매출액으로 옳은 것은?

> **조건**
> • A점포의 일일매출액은 B점포의 일일매출액보다 30만 원 적다.
> • B점포의 일일매출액은 D점포 일일매출액의 $\frac{1}{5}$ 수준이다.
> • D점포와 E점포의 일일매출액을 합한 것은 C점포의 매출액보다 2,450만 원이 모자라다.
> • C점포가 이틀 동안 일한 매출액에서 D점포가 12일 동안 일한 매출액을 빼면 3,500만 원이다.
> • E점포가 30일 동안 진행한 매출액은 9,000만 원이다.

① 3,000만 원   ② 3,500만 원

③ 4,000만 원   ④ 4,500만 원

⑤ 5,000만 원

08 질량이 2kg인 공을 지표면으로부터 높이가 50cm인 지점에서 지표면을 향해 수직으로 4m/s의 속력으로 던져 공이 튀어 올랐다. 다음 〈조건〉을 보고 가장 높은 지점에서 공의 위치에너지를 구하면?(단, 에너지 손실은 없으며, 중력가속도는 $10m/s^2$으로 가정한다)

> **조건**
> • (운동에너지)$= \left[\frac{1}{2} \times (질량) \times (속력)^2 \right]$ J
> • (위치에너지)$= [(질량) \times (중력가속도) \times (높이)]$ J
> • (역학적 에너지)$= [(운동에너지) + (위치에너지)]$ J
> • 에너지 손실이 없다면 역학적 에너지는 어떠한 경우에도 변하지 않는다.
> • 공이 지표면에 도달할 때 위치에너지는 0이고, 운동에너지는 역학적 에너지와 같다.
> • 공이 튀어 오른 후 가장 높은 지점에서 운동에너지는 0이고, 위치에너지는 역학적 에너지와 같다.
> • 운동에너지와 위치에너지를 구하는 식에 대입하는 질량의 단위는 kg, 속력의 단위는 m/s, 중력가속도의 단위는 m/s^2, 높이의 단위는 m이다.

① 26J   ② 28J

③ 30J   ④ 32J

⑤ 34J

09 수인이는 베트남 여행을 위해 공항에서 환전하기로 하였다. 다음은 K환전소의 당일 환율 및 수수료를 나타낸 자료이다. 수인이가 한국 돈으로 베트남 현금 1,670만 동을 환전하려고 할 때, 수수료까지 포함하여 필요한 돈은 얼마인가?(단, 모든 계산과정에서 구한 값은 일의 자리에서 버림한다)

〈K환전소 환율 및 수수료〉

• 베트남 환율 : 483원/만 동
• 수수료 : 0.5%
• 우대사항 : 50만 원 이상 환전 시 70만 원까지 수수료 0.4%로 인하 적용
　　　　　　100만 원 이상 환전 시 총 금액 수수료 0.4%로 인하 적용

① 808,840원
② 808,940원
③ 809,840원
④ 809,940원
⑤ 810,040원

10 현재 A와 B의 근속연수는 각각 x년과 y년이다. 다음 〈조건〉에 따라 B의 근속연수가 A의 근속연수의 2배가 되는 것은 언제인가?

조건
• A와 B의 근속연수 합은 21년이다.
• 3년 전 B의 근속연수는 A의 근속연수보다 4배 많았다.

① 3년 후
② 4년 후
③ 5년 후
④ 6년 후
⑤ 7년 후

11 서로 다른 5개의 수 ★, ◎, ◇, □, ▲이 있다. 〈조건〉에 근거할 때, 다음 중 〈보기〉의 빈칸에 들어갈 알맞은 숫자는?

> **조건**
>
> $$▲=2(★+◎)$$
> $$◎=★+◇$$
> $$2◎=◇+□$$
> $$2◇=□$$

> **보기**
>
> $$\boxed{}×◇=★+◎+□+▲$$

① 6   ② 7

③ 8   ④ 9

⑤ 10

12 K사진사는 다음 〈조건〉과 같이 사진을 인화하여 고객에게 배송하려고 한다. 5×7 사이즈 사진은 최대 몇 장을 인화할 수 있는가?

> **조건**
>
> • 1장을 인화하는 가격은 4×6 사이즈는 150원, 5×7 사이즈는 300원, 8×10 사이즈는 1,000원이다.
> • 사진을 인화하는 데 사용할 수 있는 총비용은 21,000원이며, 배송비는 무료이다.
> • 각 사진 사이즈는 적어도 1장 이상 인화한다.

① 36장   ② 42장

③ 48장   ④ 59장

⑤ 61장

13 다음 글에 나타난 창의적 사고 개발 방법으로 가장 적절한 것은?

> '신차 출시'라는 같은 주제에 대해서 판매방법, 판매대상 등의 힌트를 통해 사고 방향을 미리 정해서
> 발상한다. 이때, 판매방법이라는 힌트에 대해서는 '신규 해외 수출 지역을 물색한다.'라는 아이디어
> 를 떠올릴 수 있을 것이다.

① 자유연상법   ② 강제연상법
③ 비교발상법   ④ 비교연상법
⑤ 자유발상법

14 다음 사례에서 K사가 문제해결에 사용한 사고방식으로 가장 적절한 것은?

> 게임 업체인 K사는 2000년대 이후 지속적인 하락세를 보였으나, 최근 AR 기반의 모바일 게임을
> 통해 변신에 성공했다. K사는 대표이사가 한때 "모바일 게임 시장이 곧 사라질 것"이라고 말했을
> 정도로 기존에 강세를 보이던 분야인 휴대용 게임만을 고집했었다. 그러나 기존의 관점에서 벗어나
> 신기술인 AR에 주목했고, 그동안 홀대했던 모바일 게임 분야에 뛰어들었다. 오히려 변화를 자각하
> 고 새로운 기술을 활용하자 좋은 결과가 따른 것이다.

① 전략적 사고   ② 분석적 사고
③ 발상의 전환   ④ 발산적 사고
⑤ 내·외부자원의 효과적 활용

15 다음 사례를 통해 유과장이 최대리에게 해줄 수 있는 조언으로 적절하지 않은 것은?

> 최대리는 오늘도 기분이 별로다. 팀장에게 오전부터 싫은 소리를 들었기 때문이다. 늘 하던 일을
> 하던 방식으로 처리한 것이 빌미였다. 관행에 매몰되지 말고 창의적이고 발전적인 모습을 보여 달라
> 는 게 팀장의 주문이었다. '창의적인 일처리'라는 말을 들을 때마다 주눅이 드는 자신을 발견할 때면
> 더욱 의기소침해지고 자신감이 없어진다. 어떻게 해야 창의적인 인재가 될 수 있을까 고민도 해보지
> 만 뾰족한 수가 보이지 않는다. 자기만 뒤처지는 것 같아 불안하기도 하고 남들은 어떤지 궁금하기
> 도 하다.

① 창의적인 사람은 새로운 경험을 찾아 나서는 사람을 말하는 것 같아.
② 그래, 그들의 독특하고 기발한 재능은 선천적으로 타고나는 것이라 할 수 있어.
③ 창의적인 사고는 후천적 노력에 의해서도 개발이 가능하다고 생각해.
④ 창의력은 본인 스스로 자신의 틀에서 벗어나도록 노력해야 한다고 생각해.
⑤ 창의적 사고는 전문지식이 필요하지 않으니 자신의 경험을 바탕으로 생각해 봐.

16 다음 교통수단별 특징을 고려할 때, 오전 9시에 회사에서 출발해 전주역까지 가장 먼저 도착하는 방법은 무엇인가?(단, 도보 이동시간은 고려하지 않는다)

〈회사 · 서울역 간 교통 현황〉

구분	소요시간	출발시각
A버스	24분	매시 20분, 40분
B버스	40분	매시 정각, 20분, 40분
지하철	20분	매시 30분

〈서울역 · 전주역 간 교통 현황〉

구분	소요시간	출발시각
새마을호	3시간	매시 정각부터 5분 간격
KTX	1시간 32분	9시 정각부터 45분 간격

① A버스 – 새마을호
② B버스 – KTX
③ 지하철 – KTX
④ B버스 – 새마을호
⑤ 지하철 – 새마을호

17 모스크바 지사에서 일하고 있는 A대리는 밴쿠버 지사와의 업무협조를 위해 4월 22일 오전 10시 15분에 밴쿠버 지사로 업무협조 메일을 보냈다. 〈조건〉을 토대로 밴쿠버 지사에서 가장 빨리 메일을 읽었을 때, 모스크바의 시각은?

> **조건**
> • 밴쿠버는 모스크바보다 10시간이 늦다.
> • 밴쿠버 지사의 업무시간은 오전 10시부터 오후 6시까지다.
> • 밴쿠버 지사에서는 4월 22일 오전 10시부터 15분간 전력 점검이 있었다.

① 4월 22일 오전 10시 15분
② 4월 23일 오전 10시 15분
③ 4월 22일 오후 8시 15분
④ 4월 23일 오후 8시 15분
⑤ 4월 23일 오후 10시 15분

18 다음 대화 내용을 읽고 A팀장과 B사원이 함께 시장조사를 하러 갈 수 있는 가장 적절한 시간은?
(단, 근무시간은 09:00 ~ 18:00, 점심시간은 12:00 ~ 13:00이다)

> A팀장 : B씨, 저번에 우리가 함께 진행했던 제품이 오늘 출시된다고 하네요. 시장에서 어떤 반응이 있는지 조사하러 가야 할 것 같아요.
>
> B사원 : 네, 팀장님. 그런데 오늘 갈 수 있을지 의문입니다. 우선 오후 4시에 사내 정기강연이 예정되어 있고 초청강사가 와서 시간관리 강의를 한다고 합니다. 아마 두 시간 정도 걸릴 것 같은데, 저는 강연준비 때문에 30분 정도 일찍 가야 할 것 같습니다. 그리고 부서장님께서 요청하셨던 기획안도 오늘 퇴근 전까지 제출해야 하는데, 팀장님 검토시간까지 고려하면 두 시간 정도 소요될 것 같습니다.
>
> A팀장 : 오늘도 역시 할 일이 참 많네요. 지금이 11시니까 열심히 업무를 하면 한 시간 정도는 시장에 다녀올 수 있겠네요. 먼저 기획안부터 마무리 짓도록 합시다.
>
> B사원 : 네, 알겠습니다. 팀장님, 오늘 점심은 된장찌개 괜찮으시죠? 바쁘니까 예약해 두겠습니다.

① 11:00 ~ 12:00
② 13:00 ~ 14:00
③ 14:00 ~ 15:00
④ 15:00 ~ 16:00
⑤ 16:00 ~ 17:00

| 유형분석 |

- 주어진 지문을 바탕으로 도출할 수 있는 내용을 찾는 문제이다.
- 선택지의 내용을 정확하게 확인하고 지문의 정보와 비교하여 추론하는 능력이 필요하다.

다음 글을 읽고 추론한 내용으로 적절하지 않은 것은?

1977년 개관한 퐁피두 센터의 정식명칭은 국립 조르주 퐁피두 예술문화 센터로, 공공정보기관(BPI), 공업창작센터(CCI), 음악·음향의 탐구와 조정연구소(IRCAM), 파리 국립 근현대 미술관(MNAM) 등이 있는 종합문화예술 공간이다. 퐁피두라는 이름은 이 센터의 창설에 힘을 기울인 조르주 퐁피두 대통령의 이름을 딴 것이다.

1969년 당시 대통령이었던 퐁피두는 파리의 중심지에 미술관이면서 동시에 조형예술과 음악, 영화, 서적 그리고 모든 창조적 활동의 중심이 될 수 있는 문화 복합센터를 지어 프랑스 미술을 더욱 발전시키고자 했다. 요즘 미술관들은 미술관의 이러한 복합적인 기능과 역할을 인식하고 변화를 시도하는 곳이 많다. 미술관은 더 이상 전시만 보는 곳이 아니라 식사도 하고 영화도 보고 강연도 들을 수 있는 곳으로, 대중과의 거리 좁히기를 시도하고 있는 것도 그리 특별한 일은 아니다. 그러나 이미 40년 전에 21세기 미술관의 기능과 역할을 미리 내다볼 줄 아는 혜안을 가지고 설립된 퐁피두 미술관은 프랑스가 왜 문화강국이라 불리는지를 알 수 있게 해준다.

① 퐁피두 미술관의 모습은 기존 미술관의 모습과 다를 것이다.
② 퐁피두 미술관을 찾는 사람들의 목적은 다양할 것이다.
③ 퐁피두 미술관은 전통적인 예술작품들을 선호할 것이다.
④ 퐁피두 미술관은 파격적인 예술작품들을 배척하지 않을 것이다.
⑤ 퐁피두 미술관은 현대 미술관의 선구자라는 자긍심을 가지고 있을 것이다.

정답 ③

제시문에 따르면 퐁피두 미술관은 모든 창조적 활동을 위한 공간이므로, 퐁피두가 전통적인 예술작품을 선호할 것이라는 내용은 추론할 수 없다.

풀이 전략!

주어진 지문이 어떠한 내용을 다루고 있는지 파악한 후 선택지의 키워드를 확실하게 체크하고, 지문의 정보에서 도출할 수 있는 내용을 찾는다.

수리능력

응용 수리

| 유형분석 |

- 문제에서 제공하는 정보를 파악한 뒤, 사칙연산을 활용하여 계산하는 전형적인 수리문제이다.
- 농도, 확률, 속력 등 다양한 수학 공식을 활용하는 문제가 출제된다.

세희네 가족의 올해 휴가비용은 작년 대비 교통비는 15%, 숙박비는 24% 증가하였고, 전체 휴가비용은 20% 증가하였다. 작년 전체 휴가비용이 36만 원일 때, 올해 숙박비는?(단, 전체 휴가비는 교통비와 숙박비의 합이다)

① 160,000원
② 184,000원
③ 200,000원
④ 248,000원
⑤ 268,000원

정답 ④

작년 교통비를 x원, 숙박비를 y원이라 하자.
$1.15x + 1.24y = 1.2(x + y) \cdots \bigcirc$
$x + y = 36 \cdots \bigcirc$
㉠과 ㉡을 연립하면 $x = 16$, $y = 20$이다.
따라서 올해 숙박비는 $20 \times 1.24 = 24.8$만 원이다.

풀이 전략!

주어진 정보나 수학 공식을 활용하여 문제에서 요구하는 답을 구할 수 있는 식을 세우고 신속하게 풀어 나간다. 단, 계산에 착오가 생기지 않도록 유의한다.

| 유형분석 |

- 주어진 조건을 토대로 논리적으로 추론하여 참 또는 거짓을 구분하는 문제이다.
- 자료를 제시하고 새로운 결과나 자료에 주어지지 않은 내용을 추론해 가는 형식의 문제가 출제된다.

K공사는 공휴일 세미나 진행을 위해 인근의 가게 A ~ F에서 필요한 물품을 구매하고자 한다. 다음 〈조건〉을 참고할 때, 공휴일에 영업하는 가게의 수는?

조건

- C는 공휴일에 영업하지 않는다.
- B가 공휴일에 영업하지 않으면, C와 E는 공휴일에 영업한다.
- E 또는 F가 영업하지 않는 날이면, D는 영업한다.
- B가 공휴일에 영업하면, A와 E는 공휴일에 영업하지 않는다.
- B와 F 중 한 곳만 공휴일에 영업한다.

① 2곳   ② 3곳
③ 4곳   ④ 5곳
⑤ 6곳

정답 ①

주어진 조건을 순서대로 논리 기호화하면 다음과 같다.
- 첫 번째 조건 : $\sim C$
- 두 번째 조건 : $\sim B \rightarrow (C \wedge E)$
- 세 번째 조건 : $(\sim E \vee \sim F) \rightarrow D$
- 네 번째 조건 : $B \rightarrow (\sim A \wedge \sim E)$

첫 번째 조건이 참이므로 두 번째 조건의 대우[$(\sim C \vee \sim E) \rightarrow B$]에 따라 B는 공휴일에 영업한다. 이때 네 번째 조건에 따라 A와 E는 영업하지 않고, 다섯 번째 조건에 따라 F도 영업하지 않는다. 마지막으로 세 번째 조건에 따라 D는 영업한다. 따라서 공휴일에 영업하는 가게는 B와 D 2곳이다.

풀이 전략!

조건과 관련한 기본적인 논법에 대해서는 미리 학습해 두며, 이를 바탕으로 각 문장에 있는 핵심단어 또는 문구를 기호화하여 정리한 후, 선택지와 비교하여 참 또는 거짓을 판단한다. 또한, 이를 바탕으로 문제에서 구하고자 하는 내용을 추론 및 분석한다.

| 유형분석 |

- 예산 자원과 관련된 다양한 정보를 활용하여 문제를 풀어간다.
- 대체로 한정된 예산 내에서 수행할 수 있는 업무 및 예산 가격을 묻는 문제가 출제된다.

연봉 실수령액을 구하는 식이 〈보기〉와 같을 때, 연봉이 3,480만 원인 A씨의 연간 실수령액은?(단, 원 단위는 절사한다)

> **보기**
>
> - (연봉 실수령액)=(월 실수령액)×12
> - (월 실수령액)=(월 급여)−[(국민연금)+(건강보험료)+(고용보험료)+(장기요양보험료)+(소득세)+(지방세)]
> - (국민연금)=(월 급여)×4.5%
> - (건강보험료)=(월 급여)×3.12%
> - (고용보험료)=(월 급여)×0.65%
> - (장기요양보험료)=(건강보험료)×7.38%
> - (소득세)=68,000원
> - (지방세)=(소득세)×10%

① 30,944,400원
② 31,078,000원
③ 31,203,200원
④ 32,150,800원
⑤ 32,497,600원

정답 ①

A씨의 월 급여는 3,480만÷12=290만 원이다.
국민연금, 건강보험료, 고용보험료를 제외한 금액을 계산하면
290만−[290만×(0.045+0.0312+0.0065)]
→ 290만−(290만×0.0827)
→ 290만−239,830=2,660,170원
- 장기요양보험료 : (290만×0.0312)×0.0738≒6,670원(∵ 원 단위 이하 절사)
- 지방세 : 68,000×0.1=6,800원
따라서 A씨의 월 실수령액은 2,660,170−(6,670+68,000+6,800)=2,578,700원이고,
연 실수령액은 2,578,700×12=30,944,400원이다.

풀이 전략!

제한사항인 예산을 고려하여 문제에서 묻는 것을 정확히 파악한 후, 제시된 정보에서 필요한 것을 선별하여 문제를 풀어 간다.

정답 및 해설 p.006

의사소통능력 | 내용 추론

01   다음 중 밑줄 친 사람들의 주장으로 가장 적절한 것은?

> 최근 여러 나라들은 화석연료 사용으로 인한 기후 변화를 억제하기 위해, 화석연료의 사용을 줄이고 목재연료의 사용을 늘리고 있다. 다수의 과학자와 경제학자는 목재를 '탄소 중립적 연료'라고 생각하고 있다. 나무를 태우면 이산화탄소가 발생하지만, 새로 심은 나무가 자라면서 다시 이산화탄소를 흡수하는 원리대로 나무를 베어낸 만큼 다시 심으면 전체 탄소배출량은 '0'이 된다는 것이다. 대표적으로 유럽연합이 화석연료를 목재로 대체하려고 하는데, 2020년까지 탄소 중립적 연료로 전체 전력의 20%를 생산할 계획을 가지고 있다. 영국, 벨기에, 덴마크, 네덜란드 등의 국가에서는 나무 화력발전소를 건설하거나 기존의 화력발전소에서 나무를 사용할 수 있도록 전환하는 등의 설비를 갖추고 있다. 우리나라 역시 재생에너지원을 중요시하면서 나무 펠릿 수요가 증가하고 있다.
>
> 하지만 일부 과학자들은 목재가 친환경 연료가 아니라고 주장한다. 이들 주장의 핵심은 지금 심은 나무가 자라는 데에는 수십에서 수백 년이 걸린다는 것이다. 즉, 지금 나무를 태워 나온 이산화탄소는 나무를 심는다고 해서 줄어드는 것이 아니라 수백 년에 걸쳐서 천천히 흡수된다는 것이다. 또 화석연료에 비해 발전 효율이 낮기 때문에 같은 전력을 생산하는 데 발생하는 이산화탄소의 양은 더 많아질 것이라고 강조한다. 눈앞의 배출량만 줄이는 것은 마치 지금 당장 지갑에서 현금이 나가지 않는다고 해서 신용카드를 무분별하게 사용하는 것처럼 위험할 수 있다는 생각이다. 이들은 기후 변화 방지에 있어서, 배출량을 줄이는 것이 아니라 배출하지 않는 방법을 택하는 것이 더 낫다고 강조한다.

① 나무의 발전 효율을 높이는 연구가 선행되어야 한다.

② 목재연료를 통한 이산화탄소 절감은 전 세계가 동참해야만 가능하다.

③ 목재연료의 사용보다는 화석연료의 사용을 줄이는 것이 중요하다.

④ 목재연료의 사용보다는 태양광과 풍력 등의 발전효율을 높이는 것이 효과적이다.

⑤ 목재연료의 사용은 현재의 상황에서 가장 합리적인 대책이다.

02 다음 글을 읽고 추론한 내용으로 적절하지 않은 것은?

선거 기간 동안 여론 조사 결과의 공표를 금지하는 것이 사회적 쟁점이 되고 있다. 조사 결과의 공표가 유권자 투표 의사에 영향을 미쳐 선거의 공정성을 훼손한다는 주장과 공표 금지가 선거 정보에 대한 언론의 접근을 제한하여 알 권리를 침해한다는 주장이 맞서고 있기 때문이다.

찬성론자들은 먼저 '밴드왜건 효과'와 '열세자 효과' 등의 이론을 내세워 여론 조사 공표의 부정적인 영향을 부각시킨다. 밴드왜건 효과에 의하면, 선거일 전에 여론 조사 결과가 공표되면 사표(死票) 방지 심리로 인해 표심이 지지도가 높은 후보 쪽으로 이동하게 된다. 이와 반대로 열세자 효과에 따르면, 열세에 있는 후보자에 대한 동정심이 발동하여 표심이 그쪽으로 움직이게 된다.

각각의 이론을 통해 알 수 있듯이 여론 조사 결과의 공표가 어느 쪽으로든 투표 행위에 영향을 미치게 되고 선거일에 가까워질수록 공표가 갖는 부정적 효과가 극대화되기 때문에 이를 금지해야 한다는 것이다. 이들은 또한 공정한 여론 조사가 진행될 수 있는 제반 여건이 아직은 성숙되지 않았다는 점도 강조한다. 그리고 금권, 관권 부정 선거와 선거 운동의 과열 경쟁으로 인한 폐해가 많았다는 것이 경험적으로도 확인되었다는 사실을 그 이유로 든다.

이와 달리 반대론자들은 무엇보다 표현의 자유를 실현하는 수단으로서 알 권리의 중요성을 강조한다. 알 권리는 국민이 의사를 형성하는 데 전제가 되는 권리인 동시에 국민 주권 실천 과정에 참여하는 데 필요한 정보와 사상 및 의견을 자유롭게 구할 수 있음을 강조하는 권리이다. 그리고 이 권리는 언론 기관이 '공적 위탁 이론'에 근거해 국민들로부터 위임받아 행사하는 것이므로, 정보에 대한 언론의 접근이 보장되어야 충족된다. 후보자의 지지도나 당선 가능성 등에 관한 여론의 동향 등은 이 알 권리의 대상에 포함된다. 따라서 언론이 위임받은 알 권리를 국민의 뜻에 따라 대행하는 것이기 때문에, 여론 조사 결과의 공표를 금지하는 것은 결국 표현의 자유를 침해하여 위헌이라는 논리이다. 또한 이들은 조사 결과의 공표가 선거의 공정성을 방해한다는 분명한 증거가 제시되지 않고 있기 때문에 조사 결과의 공표가 선거에 부정적인 영향을 미친다는 점이 확실하게 증명되지 않았음도 강조한다.

우리나라 현행 선거법은 선거일 전 6일부터 선거 당일까지 조사 결과의 공표를 금지하고 있다. 선거 기간 내내 공표를 제한했던 과거와 비교해 보면 금지 기간이 대폭 줄었음을 알 수 있다. 이는 공표 금지에 대한 찬반 논쟁에 시사하는 바가 크다.

① 공표 금지 기간이 길어질수록 알 권리는 강화된다.
② 알 권리에는 정보 수집의 권리도 포함되어 있다.
③ 알 권리가 제한되면 표현의 자유가 약화된다.
④ 알 권리는 법률에 의해 제한되기도 한다.
⑤ 언론 기관이 알 권리를 대행하기도 한다.

03 다음 글을 읽고 추론할 수 있는 내용으로 가장 적절한 것은?

최근 환경에 대한 관심이 증가하면서 상표에도 '에코, 녹색' 등 '친환경'을 표방하는 상표 출원이 꾸준히 증가하는 것으로 나타났다. 특허청에 따르면, '친환경' 관련 상표 출원은 최근 10여 년간 연평균 1,200여 건이며, 꾸준한 관심을 받아온 것으로 나타났다. '친환경' 관련 상표는 제품의 '친환경'을 나타내는 대표적인 문구인 '친환경, 에코, ECO, 녹색, 그린, 생태' 등의 문자를 포함하고 있는 상표이며, 출원건수는 상품류를 기준으로 한다. 즉, 단류 출원은 1건, 2개류에 출원된 경우 2건으로 계산한다.

작년 한 해 친환경 상표가 가장 많이 출원된 제품은 화장품(79건)이었으며, 그 다음으로 세제(50건), 치약(48건), 샴푸(47건) 순으로 조사됐다. 특히 출원건수 상위 10개 제품 중 7개가 일상생활에서 흔히 사용하는 미용, 위생 등 피부와 관련된 상품인 것으로 나타나 깨끗하고 순수한 환경에 대한 관심이 친환경 제품으로 확대되고 있는 것으로 분석됐다.

2007년부터 2017년까지의 '친환경' 관련 상표의 출원실적을 보면, 영문자 'ECO'가 4,820건으로 가장 많이 사용되어 기업이나 개인은 제품의 '친환경'을 나타내는 상표 문구로 'ECO'를 가장 선호하는 것으로 드러났다. 다음으로는 '그린'이 3,862건, 한글 '에코'가 3,156건 사용됐고, '초록', '친환경', '녹색', '생태'가 각각 766건, 687건, 536건, 184건으로 그 뒤를 이었다. 특히, '저탄소·녹색성장'이 국가 주요 정책으로 추진되던 2010년에는 '녹색'을 사용한 상표출원이 매우 증가한 것으로 나타났고, 친환경·유기농 먹거리 등에 대한 수요가 늘어나면서 2015년에는 '초록'이 포함된 상표출원이 상대적으로 증가한 것으로 조사됐다.

최근 환경과 건강에 대한 관심이 증가하면서 이러한 '친환경' 관련 상표를 출원하여 등록받는 것이 소비자들의 안전한 구매를 촉진하는 길이 될 수 있다.

① 국가 주요 정책이나 환경에 대한 관심이 상표 출원에 많은 영향을 미친다.
② 친환경 상표가 가장 많이 출원된 제품인 화장품의 경우 대부분 안전하다고 믿고 사용해도 된다.
③ 환경과 건강에 대한 관심이 증가하지만 '친환경'을 강조하는 상표출원의 증가세가 주춤할 것으로 전망된다.
④ 영문 'ECO'와 한글 '에코'의 의미가 동일하므로 한글 '에코'의 상표 문구 출원이 높아져 영문 'ECO'를 역전할 가능성이 높다.
⑤ 친환경 세제를 개발한 P사는 ECO 달세제, ECO 별세제 2개의 상품을 모두 '표백제 및 기타 세탁용 제제'의 상품류로 등록하여 출원건수는 2건으로 계산될 수 있다.

04 다음 중 옵트인 방식을 도입하자는 주장에 대한 근거로 적절하지 않은 것은?

> 스팸 메일 규제와 관련한 논의는 스팸 메일 발송자의 표현의 자유와 수신자의 인격권 중 어느 것을 우위에 둘 것인가를 중심으로 전개되어 왔다. 스팸 메일의 규제 방식은 옵트인(Opt-in) 방식과 옵트아웃(Opt-out) 방식으로 구분된다. 전자는 광고성 메일을 금지하지는 않되 수신자의 동의를 받아야만 발송할 수 있게 하는 방식으로, 영국 등 EU 국가들에서 시행하고 있다. 그러나 이 방식은 수신 동의 과정에서 발송자와 수신자 양자에게 모두 비용이 발생하며, 시행 이후에도 스팸 메일이 줄지 않았다는 조사 결과도 나오고 있어 규제 효과가 크지 않을 수 있다.
>
> 반면 옵트아웃 방식은 일단 스팸 메일을 발송할 수 있게 하되 수신자가 이를 거부하면 이후에는 메일을 재발송할 수 없도록 하는 방식으로, 미국에서 시행되고 있다. 그런데 이러한 방식은 스팸 메일과 일반적 광고 메일의 선별이 어렵고, 수신자가 수신 거부를 하는 데 따르는 불편과 비용을 초래하며 불법적으로 재발송되는 메일을 통제하기 힘들다. 또한 육체적·정신적으로 취약한 청소년들이 스팸 메일에 무차별적으로 노출되어 피해를 입을 수 있다.

① 옵트아웃 방식을 사용한다면 수신자가 수신 거부를 하는 것이 더 불편해질 것이다.

② 옵트인 방식은 수신에 동의하는 데 따르는 수신자의 경제적 손실을 막을 수 있다.

③ 옵트아웃 방식을 사용한다면 재발송 방지가 효과적으로 이루어지지 않을 것이다.

④ 옵트인 방식은 수신자 인격권 보호에 효과적이다.

⑤ 날로 수법이 교묘해져가는 스팸 메일을 규제하기 위해서는 수신자 사전 동의를 받아야 하는 옵트인 방식을 채택하는 것이 효과적이다.

어떤 물체가 물이나 공기와 같은 유체 속에서 자유 낙하할 때 물체에는 중력, 부력, 항력이 작용한다. 중력은 물체의 질량에 중력 가속도를 곱한 값으로 물체가 낙하하는 동안 일정하다. ㉠ 부력은 어떤 물체에 의해서 배제된 부피만큼의 유체의 무게에 해당하는 힘으로, 항상 중력의 반대 방향으로 작용한다. 빗방울에 작용하는 부력의 크기는 빗방울의 부피에 해당하는 공기의 무게이다. 공기의 밀도는 물의 밀도의 1,000분의 1 수준이므로, 빗방울이 공기 중에서 떨어질 때 부력이 빗방울의 낙하 운동에 영향을 주는 정도는 미미하다. 그러나 스티로폼 입자와 같이 밀도가 매우 작은 물체가 낙하할 경우에는 부력이 물체의 낙하 속도에 큰 영향을 미친다.

물체가 유체 내에 정지해 있을 때와는 달리, 유체 속에서 운동하는 경우에는 물체의 운동에 저항하는 힘인 항력이 발생하는데, 이 힘은 물체의 운동 방향과 반대로 작용한다. 항력은 유체 속에서 운동하는 물체의 속도가 커질수록 이에 상응하여 커진다. 항력은 마찰항력과 압력항력의 합이다. 마찰항력은 유체의 점성 때문에 물체의 표면에 가해지는 항력으로, 유체의 점성이 크거나 물체의 표면적이 클수록 커진다. 압력항력은 물체가 이동할 때 물체의 전후방에 생기는 압력 차에 의해 생기는 항력으로, 물체의 운동 방향에서 바라본 물체의 단면이 클수록 커진다.

안개비의 빗방울이나 미세 먼지와 같이 작은 물체가 낙하하는 경우에는 물체의 전후방에 생기는 압력 차가 매우 작아 마찰항력이 전체항력의 대부분을 차지한다. 빗방울의 크기가 커지면 전체항력 중 압력항력이 차지하는 비율이 점점 커진다. 반면 스카이다이버와 같이 큰 물체가 빠른 속도로 떨어질 때에는 물체의 전후방에 생기는 압력차에 의한 압력항력이 매우 크므로 마찰항력이 전체항력에 기여하는 비중은 무시할 만하다.

빗방울이 낙하할 때 처음에는 중력 때문에 빗방울의 낙하 속도가 점점 증가하지만, 이에 따라 항력도 커지게 되어 마침내 항력과 부력의 합이 중력의 크기와 같아지게 된다. 이때 물체의 가속도가 0이 되므로 빗방울의 속도는 일정해지는데, 이렇게 일정해진 속도를 종단 속도라 한다. 유체 속에서 상승하거나 지면과 수평으로 이동하는 물체의 경우에도 종단 속도가 나타나는 것은 이동 방향으로 작용하는 힘과 반대 방향으로 작용하는 힘의 평형에 의한 것이다.

① 물이 가득 찬 비커 윗부분에 떠 있는 축구공
② 허리에 납덩이들을 묶은 띠를 감고 물질을 하는 해녀
③ 해금의 줄을 활대로 켜서 음악을 들려주는 연주자
④ 배영을 하기 전에 물에 누워 가만히 떠 있는 수영 선수
⑤ 물탱크에 채운 물의 양을 조절함으로써 수중에서의 높낮이를 조절하는 잠수함

06 다음 중 (가)와 (나)의 예시로 적절하지 않은 것은?

> 사회적 관계에 있어서 상호주의란 '행위자 갑이 을에게 베푼 바와 같이 을도 갑에게 똑같이 행하라.' 라는 행위 준칙을 의미한다. 상호주의의 원형은 '눈에는 눈, 이에는 이'로 표현되는 탈리오의 법칙에서 발견된다. 그것은 일견 피해자의 손실에 상응하는 가해자의 처벌을 정당화한다는 점에서 가혹하고 엄격한 성격을 드러낸다. 만약 상대방의 밥그릇을 빼앗았다면 자신의 밥그릇도 미련 없이 내주어야 하는 것이다. 그러나 탈리오 법칙은 온건하고도 합리적인 속성을 동시에 함축하고 있다. 왜냐하면 누가 자신의 밥그릇을 발로 찼을 경우 보복의 대상은 밥그릇으로 제한되어야지 밥상 전체를 뒤엎는 것으로 확대될 수 없기 때문이다. 이러한 일대일 방식의 상호주의를 (가) <u>대칭적 상호주의</u>라 부른다. 하지만 엄밀한 의미의 대칭적 상호주의는 우리의 실제 일상생활에서 별로 흔하지 않다. 오히려 '되로 주고 말로 받거나, 말로 주고 되로 받는' 교환 관계가 더 일반적이다. 이를 대칭적 상호주의와 대비하여 (나) <u>비대칭적 상호주의</u>라 일컫는다.
>
> 그렇다면 교환되는 내용이 양과 질의 측면에서 정확한 대등성을 결여하고 있음에도 불구하고, 교환에 참여하는 당사자들 사이에 비대칭적 상호주의가 성행하는 이유는 무엇인가? 그것은 셈에 밝은 이른바 '경제적 인간(Homo Economicus)'들에게 있어서 선호나 기호 및 자원이 다양하기 때문이다. 말하자면 교환에 임하는 행위자들이 각인각색인 까닭에 비대칭적 상호주의가 현실적으로 통용될 수밖에 없으며, 어떤 의미에서는 그것만이 그들에게 상호 이익을 보장할 수 있는 것이다.

① (가) : A국과 B국 군대는 접경지역에서 포로를 5명씩 맞교환했다.

② (가) : 오늘 우리 아이를 옆집에서 맡아주는 대신 다음에 옆집 아이를 하루 맡아주기로 했다.

③ (가) : 동생이 내 발을 밟아서 볼을 꼬집어 주었다.

④ (나) : 필기노트를 빌려준 친구에게 고맙다고 밥을 샀다.

⑤ (나) : 옆집 사람이 우리 집 대문을 막고 차를 세웠기 때문에 타이어에 펑크를 냈다.

07 구슬 여러 개를 갖고 있는 A는 친구 B ~ E에게 구슬을 남김없이 나누어 주고자 한다. B에게 전체의 $\frac{1}{2}$, C에게 전체의 $\frac{1}{3}$, D에게 남은 구슬의 $\frac{1}{4}$을 나누어 주었더니 E에게 줄 수 있는 구슬이 18개였다. 처음에 A가 갖고 있던 구슬의 개수는?

① 144개
② 156개
③ 168개
④ 180개
⑤ 192개

08 어떤 공원의 트랙 모양의 산책로를 걷는 데 민주는 시작 지점에서 분속 40m의 속력으로 걷고, 같은 지점에서 세희는 분속 45m의 속력으로 서로 반대 방향으로 걷고 있다. 출발한 지 40분 후에 둘이 두 번째로 마주치게 된다고 할 때, 산책로의 길이는?

① 1,320m
② 1,400m
③ 1,550m
④ 1,700m
⑤ 1,750m

09 작년 K대학교에 재학 중인 학생 수는 6,800명이었고 남학생과 여학생의 비는 8 : 9였다. 올해 남학생 수와 여학생 수의 비가 12 : 13만큼 줄어들어 7 : 8이 되었다고 할 때, 올해 K대학교의 전체 재학생 수는?

① 4,440명
② 4,560명
③ 4,680명
④ 4,800명
⑤ 4,920명

10 종욱이는 25,000원짜리 피자 두 판과 8,000원짜리 샐러드 세 개를 주문했다. 통신사 멤버십 혜택으로 피자는 15%, 샐러드는 25%를 할인받았고, 이벤트로 총금액의 10%를 추가 할인받았다고 한다. 종욱이가 할인받은 금액은 얼마인가?

① 12,150원   ② 13,500원

③ 15,700원   ④ 18,600원

⑤ 19,550원

11 농도를 알 수 없는 설탕물 500g에 3%의 설탕물 200g을 온전히 섞었더니 섞은 설탕물의 농도는 7%가 되었다. 처음 500g의 설탕물에 녹아있던 설탕은 몇 g인가?

① 40g   ② 41g

③ 42g   ④ 43g

⑤ 44g

12 K회사는 사옥 옥상 정원에 있는 가로 644cm, 세로 476cm인 직사각형 모양의 뜰 가장자리에 조명을 설치하려고 한다. 네 모퉁이에는 반드시 조명을 설치하고, 일정한 간격으로 조명을 설치하려고 할 때, 필요한 조명의 최소 개수는?(단, 조명의 크기는 고려하지 않는다)

① 68개   ② 72개

③ 76개   ④ 80개

⑤ 84개

13 신입사원인 윤지, 순영, 재철, 영민이는 영국, 프랑스, 미국, 일본으로 출장을 간다. 출장은 나라별로 한 명씩 가야 하며, 출장 기간은 서로 중복되지 않아야 한다. 다음 〈조건〉에 따를 때 항상 참인 것은?

> **조건**
> • 윤지는 가장 먼저 출장을 가지 않는다.
> • 재철은 영국 또는 프랑스로 출장을 가야 한다.
> • 영민은 순영보다는 먼저 출장을 가야 하고, 윤지보다는 늦게 가야 한다.
> • 가장 마지막 출장지는 미국이다.
> • 영국 출장과 프랑스 출장은 일정이 연달아 잡히지 않는다.

① 윤지는 프랑스로 출장을 간다.
② 재철은 영국으로 출장을 간다.
③ 영민은 세 번째로 출장을 간다.
④ 순영은 두 번째로 출장을 간다.
⑤ 윤지와 순영은 연이어 출장을 간다.

14 K공사의 A대리는 보고서 작성을 위한 방향을 구상 중이다. 다음 〈조건〉의 명제가 모두 참일 때, 공장을 짓는다는 결론을 얻기 위해 빈칸에 필요한 명제는?

> **조건**
> • 재고가 있다.
> • 설비투자를 늘리지 않는다면, 재고가 있지 않다.
> • 건설투자를 늘릴 때에만, 설비투자를 늘린다.
> • _____

① 설비투자를 늘린다.
② 건설투자를 늘리지 않는다.
③ 재고가 있거나 설비투자를 늘리지 않는다.
④ 건설투자를 늘린다면, 공장을 짓는다.
⑤ 설비투자를 늘리지 않을 때만, 공장을 짓는다.

15 A∼D 네 사람은 한 아파트에 살고 있고, 이 아파트는 1층과 2층, 층별로 1호, 2호로 구성되어 있다. 다음 〈조건〉을 참고할 때, 〈보기〉 중 옳은 것을 모두 고르면?

조건

- 각 집에는 한 명씩만 산다.
- D는 2호에 살고, A는 C보다 위층에 산다.
- B와 C는 서로 다른 호수에 산다.
- A와 B는 이웃해 있다.

보기

ㄱ 1층 1호 – C   ㄴ 1층 2호 – B

ㄷ 2층 1호 – A   ㄹ 2층 2호 – D

① ㄱ, ㄴ   ② ㄱ, ㄷ

③ ㄴ, ㄷ   ④ ㄴ, ㄹ

⑤ ㄱ, ㄴ, ㄷ, ㄹ

16 서울에 사는 A씨는 결혼기념일을 맞이하여 가족과 함께 KTX를 타고 부산으로 여행을 다녀왔다. A씨의 가족이 이번 여행에서 지불한 교통비는 모두 얼마인가?

- A씨 부부에게는 만 6세인 아들, 만 3세인 딸이 있다.
- 갈 때는 딸을 무릎에 앉혀 갔고, 돌아올 때는 좌석을 구입했다.
- A씨의 가족은 일반석을 이용하였다.

〈KTX 좌석별 요금〉

구분	일반석	특실
가격	59,800원	87,500원

※ 만 4세 이상 13세 미만 어린이는 운임의 50%를 할인합니다.
※ 만 4세 미만의 유아는 보호자 1명당 2명까지 운임의 75%를 할인합니다.
　(단, 유아의 좌석을 지정하지 않을 시 보호자 1명당 유아 1명의 운임을 받지 않습니다)

① 299,000원
② 301,050원
③ 307,000원
④ 313,850원
⑤ 313,950원

17 현재 K마트에서는 배추를 한 포기당 3,000원에 판매하고 있다고 한다. 산지별 배추 유통 과정을 참고하여 최대의 이익을 내고자 할 때, K마트에서 선택할 산지와 배추 한 포기당 얻을 수 있는 수익은 얼마인가?(단, 소수점 첫째 자리에서 반올림한다)

〈산지별 배추 유통 과정〉

구분	X산지	Y산지
재배원가	1,000원	1,500원
산지 → 경매인	재배원가에 20%의 이윤을 붙여서 판매한다.	재배원가에 10%의 이윤을 붙여서 판매한다.
경매인 → 도매상인	산지가격에 25%의 이윤을 붙여서 판매한다.	산지가격에 10%의 이윤을 붙여서 판매한다.
도매상인 → 마트	경매가격에 30%의 이윤을 붙여서 판매한다.	경매가격에 10%의 이윤을 붙여서 판매한다.

```
    산지      수익
①   X      1,003원
②   X      1,050원
③   Y      1,003원
④   Y      1,050원
⑤   Y      1,053원
```

18 총무부에 근무하는 A사원이 각 부서에 필요한 사무용품을 조사한 결과, 볼펜 30자루, 수정테이프 8개, 연필 20자루, 지우개 5개가 필요하다고 한다. 다음 〈조건〉에 따라 비품을 구매할 때, 지불할 수 있는 가장 저렴한 금액은?(단, 필요한 비품 수를 초과하여 구매할 수 있고, 지불하는 금액은 배송료를 포함한다)

> **조건**
>
> • 볼펜, 수정테이프, 연필, 지우개의 판매 금액은 다음과 같다(단, 모든 품목은 낱개로 판매한다).
>
> | 품목 | 가격(원/1EA) | 비고 |
> | --- | --- | --- |
> | 볼펜 | 1,000 | 20자루 이상 구매 시 개당 200원 할인 |
> | 수정테이프 | 2,500 | 10개 이상 구매 시 개당 1,000원 할인 |
> | 연필 | 400 | 12자루 이상 구매 시 연필 전체 가격의 25% 할인 |
> | 지우개 | 300 | 10개 이상 구매 시 개당 100원 할인 |
>
> • 품목당 할인을 적용한 금액의 합이 3만 원을 초과할 경우, 전체 금액의 10% 할인이 추가로 적용된다.
> • 전체 금액의 10% 할인 적용 전 금액이 5만 원 초과 시 배송료는 무료이다.
> • 전체 금액의 10% 할인 적용 전 금액이 5만 원 이하 시 배송료 5,000원이 별도로 적용된다.

① 51,500원
② 51,350원
③ 46,350원
④ 45,090원
⑤ 42,370원

| 유형분석 |

- 각 문단의 내용을 파악하고 논리적 순서에 맞게 나열하는 복합적인 문제이다.
- 전체적인 글의 흐름을 이해하는 것이 중요하며, 각 문단의 지시어나 접속어에 주의한다.

다음 문단을 논리적 순서대로 바르게 나열한 것은?

(가) 여기에 반해 동양에서는 보름달에 좋은 이미지를 부여한다. 예를 들어, 우리나라의 처녀귀신이나 도깨비는 달빛이 흐린 그믐 무렵에나 활동하는 것이다. 그런데 최근에는 동서양의 개념이 마구 뒤섞여 보름달을 배경으로 악마의 상징인 늑대가 우는 광경이 동양의 영화에 나오기도 한다.

(나) 동양에서 달은 '음(陰)'의 기운을, 해는 '양(陽)'의 기운을 상징한다는 통념이 자리를 잡았다. 그래서 달을 '태음', 해를 '태양'이라고 불렀다. 동양에서는 해와 달의 크기가 같은 덕에 음과 양도 동등한 자격을 갖춘다. 즉, 음과 양은 어느 하나가 좋고 다른 하나는 나쁜 것이 아니라 서로 보완하는 관계를 이루는 것이다.

(다) 옛날부터 형성된 이러한 동서양 간의 차이는 오늘날까지 영향을 끼치고 있다. 동양에서는 달이 밝으면 달맞이를 하는데, 서양에서는 달맞이를 자살 행위처럼 여기고 있다. 특히 보름달은 서양인들에게 거의 공포의 상징과 같은 존재이다. 예를 들어, 13일의 금요일에 보름달이 뜨게 되면 사람들이 외출조차 꺼린다.

(라) 하지만 서양의 경우는 다르다. 서양에서 낮은 신이, 밤은 악마가 지배한다는 통념이 자리를 잡았다. 따라서 밤의 상징인 달에 좋지 않은 이미지를 부여하게 되었다. 이는 해와 달의 명칭을 보면 알 수 있다. 라틴어로 해를 'Sol', 달을 'Luna'라고 하는데 정신병을 뜻하는 단어 'Lunacy'의 어원이 바로 'Luna'이다.

① (가) - (나) - (라) - (다) 　　　　② (나) - (라) - (가) - (다)
③ (나) - (라) - (다) - (가) 　　　　④ (다) - (나) - (가) - (라)
⑤ (다) - (나) - (라) - (가)

정답 ③

제시문은 동양과 서양에서 서로 다른 의미를 부여하고 있는 달에 대해 설명하고 있는 글이다. 따라서 (나) 동양에서 나타나는 해와 달의 의미 → (라) 동양과 상반되는 서양에서의 해와 달의 의미 → (다) 최근까지 지속되고 있는 달에 대한 서양의 부정적 의미 → (가) 동양에서의 변화된 달의 이미지의 순서대로 나열하는 것이 적절하다.

풀이 전략!

상대적으로 시간이 부족하다고 느낄 때는 선택지를 참고하여 문장의 순서를 생각해 본다.

| 유형분석 |

- 문제에 주어진 자료를 분석하여 각 선택지의 값을 계산해 정답 유무를 판단하는 문제이다.
- 주로 그래프와 표로 제시되며, 경영·경제·산업 등과 관련된 최신 이슈를 많이 다룬다.
- 자료 간의 증감률·비율·추세 등을 자주 묻는다.

다음은 K국의 부양인구비를 나타낸 자료이다. 2023년 15세 미만 인구 대비 65세 이상 인구의 비율은 얼마인가?(단, 비율은 소수점 둘째 자리에서 반올림한다)

〈부양인구비〉

구분	2019년	2020년	2021년	2022년	2023년
부양비	37.3	36.9	36.8	36.8	36.9
유소년부양비	22.2	21.4	20.7	20.1	19.5
노년부양비	15.2	15.6	16.1	16.7	17.3

※ (유소년부양비)$=\dfrac{(15세\ 미만\ 인구)}{(15\sim64세\ 인구)}\times100$

※ (노년부양비)$=\dfrac{(65세\ 이상\ 인구)}{(15\sim64세\ 인구)}\times100$

① 72.4%
② 77.6%
③ 81.5%
④ 88.7%

정답 ④

2023년 15세 미만 인구를 x명, 65세 이상 인구를 y명, $15\sim64$세 인구를 a명이라 하면,

15세 미만 인구 대비 65세 이상 인구 비율은 $\dfrac{y}{x}\times100$이므로

(2023년 유소년부양비)$=\dfrac{x}{a}\times100=19.5 \rightarrow a=\dfrac{x}{19.5}\times100\ \cdots\ \bigcirc$

(2023년 노년부양비)$=\dfrac{y}{a}\times100=17.3 \rightarrow a=\dfrac{y}{17.3}\times100\ \cdots\ \bigcirc$

$\bigcirc$, $\bigcirc$을 연립하면 $\dfrac{x}{19.5}=\dfrac{y}{17.3} \rightarrow \dfrac{y}{x}=\dfrac{17.3}{19.5}$ 이므로, 15세 미만 인구 대비 65세 이상 인구의 비율은 $\dfrac{17.3}{19.5}\times100\fallingdotseq88.7\%$이다.

풀이 전략!

선택지를 먼저 읽고 필요한 정보를 도표에서 확인하도록 하며, 계산이 필요한 경우에는 실제 수치를 사용하여 복잡한 계산을 하는 대신, 대소 관계의 비교나 선택지의 옳고 그름만을 판단할 수 있을 정도로 간소화하여 계산해 풀이시간을 단축할 수 있도록 한다.

| 유형분석 |

- 상황에 대한 환경 분석 결과를 통해 주요 과제를 도출하는 문제이다.
- 주로 3C 분석 또는 SWOT 분석을 활용한 문제들이 출제되고 있으므로 해당 분석도구에 대한 사전 학습이 요구된다.

다음은 한 분식점에 대한 SWOT 분석 결과이다. 이에 대한 대응 방안으로 가장 적절한 것은?

S(강점)	W(약점)
• 좋은 품질의 재료만 사용 • 청결하고 차별화된 이미지	• 타 분식점에 비해 한정된 메뉴 • 배달서비스를 제공하지 않음
O(기회)	T(위협)
• 분식점 앞에 곧 학교가 들어설 예정 • 최근 TV프로그램 섭외 요청을 받음	• 프랜차이즈 분식점들로 포화상태 • 저렴한 길거리 음식으로 취급하는 경향이 있음

① ST전략 : 비싼 재료들을 사용하여 가격을 올려 저렴한 길거리 음식이라는 인식을 바꾼다.
② WT전략 : 다른 분식점들과 차별화된 전략을 유지하기 위해 배달서비스를 시작한다.
③ SO전략 : TV프로그램에 출연해 좋은 품질의 재료만 사용한다는 점을 부각시킨다.
④ WO전략 : TV프로그램 출연용으로 다양한 메뉴를 일시적으로 개발한다.
⑤ WT전략 : 포화 상태의 시장에서 살아남기 위해 다른 가게보다 저렴한 가격으로 판매한다.

> **정답** ③
>
> SO전략은 강점을 살려 기회를 포착하는 전략이므로 TV프로그램에 출연하여 좋은 품질의 재료만 사용한다는 점을 홍보하는 것이 적절하다.

풀이 전략!

> 문제에 제시된 분석도구를 확인한 후, 분석 결과를 종합적으로 판단하여 각 선택지의 전략 과제와 일치 여부를 판단한다.

| 유형분석 |

- 물적 자원과 관련된 다양한 정보를 활용하여 풀어 가는 문제이다.
- 주로 공정도·제품·시설 등에 대한 가격·특징·시간 정보가 제시되며, 이를 종합적으로 고려하는 문제가 출제된다.

K공사에 근무하는 김대리는 사내시험에서 2점짜리 문제를 8개, 3점짜리 문제를 10개, 5점짜리 문제를 6개를 맞혀 총 76점을 맞았다. 다음을 통해 최대리가 맞힌 문제의 총개수는 몇 개인가?

〈사내시험 규정〉

문제 수 : 43문제

만점 : 141점

- 2점짜리 문제 수는 3점짜리 문제 수보다 12문제 적다.
- 5점짜리 문제 수는 3점짜리 문제 수의 절반이다.

- 최대리가 맞힌 2점짜리 문제의 개수는 김대리와 동일하다.
- 최대리의 점수는 총 38점이다.

① 14개   ② 15개
③ 16개   ④ 17개
⑤ 18개

정답 ①

최대리는 2점짜리 문제를 김대리가 맞힌 개수만큼 맞혔으므로 8개, 즉 16점을 획득했다. 최대리가 맞힌 3점짜리와 5점짜리 문제를 합하면 38-16=22점이 나와야 한다. 3점과 5점의 합으로 22가 나오기 위해서는 3점짜리는 4문제, 5점짜리는 2문제를 맞혀야 한다.

따라서 최대리가 맞힌 문제의 총개수는 8개(2점짜리)+4개(3점짜리)+2개(5점짜리)=14개이다.

풀이 전략!

문제에서 묻고자 하는 바를 정확히 파악하는 것이 중요하다. 문제에서 제시한 물적 자원의 정보를 문제의 의도에 맞게 선별하면서 풀어 간다.

의사소통능력 | 문단 나열

※ 다음 문단을 논리적 순서대로 바르게 나열한 것을 고르시오. [1~5]

01

(가) 고전주의 예술관에 따르면 진리는 예술 작품 속에 이미 완성된 형태로 존재한다. 독자는 작가가 담아 놓은 진리를 '원형 그대로' 밝혀내야 하고 작품에 대한 독자의 감상은 언제나 작가의 의도와 일치해야 한다. 결국 고전주의 예술관에서 독자는 작품의 의미를 수동적으로 받아들이는 존재일 뿐이다. 하지만 작품의 의미를 해석하고 작가의 의도를 파악하는 존재는 결국 독자이다. 특히 현대 예술에서는 독자에 따라 작품에 대한 다양한 해석이 가능하다고 여긴다. 바로 여기서 수용미학이 등장한다.

(나) 이저는 텍스트 속에 독자의 역할이 들어 있다고 보았다. 그러나 독자가 어떠한 역할을 수행할지는 정해져 있지 않기 때문에 독자는 텍스트를 읽는 과정에서 텍스트의 내용과 형식에 끊임없이 반응한다. 이러한 상호작용 과정을 통해 독자는 작품을 재생산한다. 텍스트는 다양한 독자에 따라 다른 작품으로 태어날 수 있으며, 같은 독자라도 시간과 장소에 따라 다른 작품으로 생산될 수 있는 것이다. 이처럼 텍스트와 독자의 상호작용을 강조한 이저는 작품의 내재적 미학에서 탈피하여 작품에 대한 다양한 해석의 가능성을 열어 주었다.

(다) 야우스에 의해 제기된 독자의 역할을 체계적으로 정리한 사람이 '이저'이다. 그는 독자의 능동적 역할을 밝히기 위해 '텍스트'와 '작품'을 구별했다. 텍스트는 독자와 만나기 전의 것을, 작품은 독자가 텍스트와의 상호작용을 통해 그 의미가 재생산된 것을 가리킨다. 그런데 이저는 텍스트에는 '빈틈'이 많다고 보았다. 이 빈틈으로 인해 텍스트는 '불명료성'을 가진다. 텍스트에 빈틈이 많다는 것은 부족하다는 의미가 아니라 독자의 개입에 의해 언제나 새롭게 해석될 수 있다는 것을 의미한다.

(라) 수용미학을 처음으로 제기한 사람은 '야우스'이다. 그는 "문학사는 작품과 독자 간의 대화의 역사로 쓰여야 한다."라고 주장했다. 이것은 작품의 의미는 작품 속에 갇혀 있는 것이 아니라 독자에 의해 재생산되는 것임을 말한 것이다. 이로부터 문학을 감상할 때 작품과 독자의 관계에서 독자의 능동성이 강조되었다.

① (가) - (다) - (라) - (나)　　　② (가) - (라) - (나) - (다)

③ (가) - (라) - (다) - (나)　　　④ (나) - (가) - (다) - (라)

⑤ (라) - (가) - (나) - (다)

02

(가) 정해진 극본대로 연기를 하는 연극의 서사는 논리적이고 합리적이다. 그러나 연극 밖의 현실은 비합리적이고, 그 비합리성을 개인의 합리에 맞게 해석한다. 연극 밖에서도 각자의 합리성에 맞춰 연극을 하고 있는 것이다.

(나) 사전적 의미로 불합리한 것, 이치에 맞지 않는 것을 의미하는 '부조리'는 실존주의 철학에서는 현실에서 전혀 삶의 의미를 발견할 가능성이 없는 절망적인 한계상황을 나타내는 용어이다.

(다) 이것이 비합리적인 세계에 대한 자신의 합목적적인 희망이라는 사실을 깨달았을 때, 삶은 허망해지고 인간은 부조리를 느끼게 된다.

(라) 부조리라는 개념을 처음 도입한 대표적인 철학자인 알베르 카뮈는 연극에 비유하여 부조리에 대해 설명한다.

① (가) − (다) − (나) − (라)　　② (가) − (라) − (나) − (다)
③ (나) − (가) − (다) − (라)　　④ (나) − (다) − (가) − (라)
⑤ (나) − (라) − (가) − (다)

1주 차

03

(가) 이 방식을 활용하면 공정의 흐름에 따라 제품이 생산되므로 자재의 운반 거리를 최소화할 수 있어 전체 공정 관리가 쉽다.

(나) 그러나 기계 고장과 같은 문제가 발생하면 전체 공정이 지연될 수 있고, 규격화된 제품 생산에 최적화된 설비 및 배치 방식을 사용하기 때문에 제품의 규격이나 디자인이 변경되면 설비 배치 방식을 재조정해야 한다는 문제가 있다.

(다) 제품을 효율적으로 생산하기 위해서는 생산 설비의 효율적인 배치가 중요하다. 설비의 효율적인 배치란 자재의 불필요한 운반을 최소화하고, 공간을 최대한 활용하면서 적은 노력으로 빠른 시간에 목적하는 제품을 생산할 수 있도록 설비를 배치하는 것이다.

(라) 그중에서도 제품별 배치(Product Layout) 방식은 생산하려는 제품의 종류는 적지만 생산량이 많은 경우에 주로 사용된다. 제품별로 완성품이 될 때까지의 공정 순서에 따라 설비를 배열해 부품 및 자재의 흐름을 단순화하는 것이 핵심이다.

① (가) − (다) − (나) − (라)　　② (다) − (가) − (라) − (나)
③ (다) − (라) − (가) − (나)　　④ (라) − (나) − (다) − (가)
⑤ (라) − (다) − (나) − (가)

04

(가) 좋은 체력은 하루 이틀 사이에 이루어지지 않으며 이를 위해서는 공부, 식사, 수면, 운동의 개인별 특성에 맞는 규칙적인 생활관리와 알맞은 영양공급이 필수적이다. 또한 이 시기는 신체적으로도 급격한 성장과 성숙이 이루어지는 중요한 시기로, 좋은 영양상태를 유지하는 것은 수험을 위한 체력의 기반을 다지는 것뿐만 아니라 건강하고 활기찬 장래를 위한 준비가 된다는 점을 간과해서는 안 된다.

(나) 우리나라의 중·고교생들은 대부분이 입시전쟁을 치러야 하는 입장에 있다. 입시 준비 기간이라는 어려운 기간을 잘 이겨내어 각자가 지닌 목표를 달성하려면 꾸준한 노력과 총명한 두뇌가 중요하지만 마지막 승부수는 체력일 것이다.

(다) 그러나 학생들은 많은 학습량, 수험으로 인한 스트레스로 밤새우기 등 불규칙한 생활을 하기도 하며, 식생활에 있어서도 아침을 거르고, 제한된 도시락 반찬으로 인해 불충분한 영양소를 섭취하거나 자주 야식을 먹거나 미용을 위하여 무리하게 절식을 하여 건강을 해치기도 한다. 또한 집 밖에서 보내는 시간이 많아 주로 패스트푸드, 편의식품점, 자동판매기를 통해 식사를 대체하고 있다.

① (가) – (나) – (다)   ② (가) – (다) – (나)
③ (나) – (가) – (다)   ④ (나) – (다) – (가)
⑤ (다) – (가) – (나)

05

(가) 친환경 농업은 최소한의 농약과 화학비료만을 사용하거나 전혀 사용하지 않은 농산물을 일컫는다. 친환경 농산물이 각광받는 이유는 우리가 먹고 마시는 것들이 우리네 건강과 직결되기 때문이다.

(나) 사실상 병충해를 막고 수확량을 늘리는 데 있어, 농약은 전 세계에 걸쳐 관행적으로 사용됐다. 깨끗이 씻어도 쌀에 남아있는 잔류농약을 완전히 제거하기는 어렵다. 잔류농약은 아토피와 각종 알레르기를 유발한다. 또한 출산율을 저하하고 유전자 변이의 원인이 되기도 한다. 특히 제초제 성분이 체내에 들어올 경우, 면역체계에 치명적인 손상을 일으킨다.

(다) 미국 환경보호청은 제초제 성분의 60%를 발암물질로 규정했다. 결국 더 많은 농산물을 재배하기 위한 농약과 제초제 사용이 오히려 인체에 치명적인 피해를 줄지 모를 '잠재적 위험요인'으로 자리매김한 셈이다.

① (가) – (나) – (다)   ② (가) – (다) – (나)
③ (나) – (다) – (가)   ④ (다) – (가) – (나)
⑤ (다) – (나) – (가)

06 다음 글을 〈보기〉와 같은 순서로 재구성하려고 할 때 논리적 순서대로 바르게 나열한 것은?

(가) 최근 전자 상거래 시장에서 소셜 커머스 열풍이 거세게 불고 있다. 할인율 50%라는 파격적인 조건으로 검증된 상품을 구매할 수 있다는 입소문이 나면서 국내 소셜 커머스 시장의 규모가 급성장하고 있다. 시장 규모가 커지다 보니 개설된 소셜 커머스 사이트가 수백 개에 달하고, 소셜 커머스 모임 사이트까지 등장할 정도로 소셜 커머스의 인기가 날로 높아지고 있다.

(나) 현재 국내 소셜 커머스는 일정 수 이상의 구매자가 모일 경우 파격적인 할인가로 상품을 판매하는 방식의 소셜 쇼핑이 주를 이루고 있다. 그러나 소셜 쇼핑 외에도 SNS상에 개인화된 쇼핑 환경을 만들거나 상거래 전용 공간을 여는 방식의 소셜 커머스도 등장하고 있다. 소셜 커머스의 소비자는 판매자(생산자)의 상품을 사는 데서 그치지 않고 판매자들로 하여금 자신들이 원하는 물건을 판매하도록 유도할 수 있으며, 자신들 스스로가 새로운 소비자를 끌어 모을 수도 있다. 이러한 소비자의 변모는 소비자의 역할뿐만 아니라 상거래 지형이 크게 변화할 것임을 시사한다. 소셜 커머스 시대에는 소비자가 상거래의 주도권을 쥐는 일이 가능할 것이다.

(다) 소셜 커머스란 소셜 네트워크 서비스(SNS)를 통하여 이루어지는 전자 상거래를 가리키는 말이다. 소셜 커머스는 상품의 구매를 원하는 사람들이 할인을 성사하기 위하여 공동 구매자를 모으는 과정을 주로 SNS를 이용하는 데서 그 명칭이 유래되었다. 소셜 커머스는 2005년 '야후(Yahoo)'의 장바구니 공유 서비스인 '쇼퍼스피어(Shopersphere)'같은 사이트를 통하여 처음 소개되었다.

보기

국내 소셜 커머스의 현황 → 소셜 커머스의 명칭의 유래 및 등장 배경 → 소셜 커머스의 유형 및 전망

① (가) - (나) - (다)   ② (가) - (다) - (나)
③ (나) - (가) - (다)   ④ (나) - (다) - (가)
⑤ (다) - (가) - (나)

07 K사는 사무실을 새롭게 꾸미기 위해 바닥에 붙일 타일을 구매하려고 한다. 타일을 붙일 사무실 바닥의 크기는 가로 8m, 세로 10m이며, 다음 3개의 타일 중 하나를 선택하여 구매하려고 할 때, 가장 저렴한 타일은 무엇이고, 총가격은 얼마인가?

<업체별 타일 정보>

구분	크기(가로×세로)	단가(원)	배송비(원)
A타일	20cm×20cm	1,000	50,000원
B타일	250mm×250mm	1,500	30,000원
C타일	25cm×20cm	1,250	75,000원

① A, 2,050,000원
② A, 1,950,000원
③ B, 2,050,000원
④ B, 1,950,000원
⑤ C, 1,950,000원

08 K회사에서는 올해 고객만족도 조사를 통해 갑 ~ 병 지점 중 최고의 지점을 뽑으려고 한다. 인터넷 설문 응답자 5,500명 중 '잘 모르겠다'를 제외한 응답자의 비율이 67%일 때, 갑 지점을 택한 응답 자는 몇 명인가?(단, 인원은 소수점 첫째 자리에서 반올림한다)

<고객만족도 조사 현황>

구분	갑 지점	을 지점	병 지점	합계
응답률		23%	45%	100%

※ 응답률은 '잘 모르겠다'를 제외한 응답자 안에서의 비율이다.

① 1,119명
② 1,139명
③ 1,159명
④ 1,179명
⑤ 1,199명

09 다음은 연령대별 경제활동 인구에 대한 자료이다. 경제활동 참가율이 가장 높은 연령대와 가장 낮은 연령대의 차이는 얼마인가?(단, 경제활동 참가율은 소수점 둘째 자리에서 반올림한다)

〈연령대별 경제활동 인구〉

(단위 : 천 명)

구분	전체 인구	경제활동 인구	취업자	실업자	비경제활동 인구	실업률(%)
15 ~ 19세	2,944	265	242	23	2,679	8.7
20 ~ 29세	6,435	4,066	3,724	342	2,369	8.3
30 ~ 39세	7,519	5,831	5,655	176	1,688	3
40 ~ 49세	8,351	6,749	6,619	130	1,602	1.9
50 ~ 59세	8,220	6,238	6,124	114	1,982	1.8
60세 이상	10,093	3,885	3,804	81	6,208	2.1
합계	43,562	27,034	26,168	866	16,528	25.8

※ $[경제활동 참가율(\%)] = \dfrac{(경제활동 \ 인구)}{(전체 \ 인구)} \times 100$

① 54.2%p
② 66.9%p
③ 68.6%p
④ 71.8%p
⑤ 80.8%p

10 다음은 가야 문화재 발굴단에서 실시한 2021 ~ 2023년까지의 발굴 작업 현황을 나타낸 자료이다. 가장 비용이 많이 든 연도와 그 비용은?

〈발굴 작업 현황〉

(단위 : 건)

구분	2021년	2022년	2023년
정비 발굴	21	23	19
순수 발굴	10	4	12
수중 발굴	13	18	7

※ 발굴 작업 1건당 비용은 정비 발굴은 12만 원, 순수 발굴은 3만 원, 수중 발굴은 20만 원이다.

① 2021년, 542만 원
② 2021년, 642만 원
③ 2022년, 648만 원
④ 2022년, 758만 원
⑤ 2023년, 404만 원

11 다음은 K공사에서 직원들의 평균 통화시간을 조사한 자료이다. 평균 통화시간이 6분 초과 9분 이하인 여자 사원수는 12분 초과인 남자 사원수에 비해 몇 배 많은가?

〈직원 평균 통화시간〉

평균 통화시간	남자	여자
3분 이하	33%	26%
3분 초과 6분 이하	25%	21%
6분 초과 9분 이하	18%	18%
9분 초과 12분 이하	14%	16%
12분 초과	10%	19%
대상 인원수	600명	400명

① 1.1배

② 1.2배

③ 1.3배

④ 1.4배

⑤ 1.5배

12 부동산 취득세 세율이 다음과 같을 때, 실 매입비가 6억 7천만 원인 $92m^2$ 아파트의 거래금액은? (단, 만 원 단위 미만은 절사한다)

〈표준세율〉

구분		취득세	농어촌특별세	지방교육세
6억 원 이하 주택	$85m^2$ 이하	1%	비과세	0.1%
	$85m^2$ 초과	1%	0.2%	0.1%
6억 원 초과 9억 원 이하 주택	$85m^2$ 이하	2%	비과세	0.2%
	$85m^2$ 초과	2%	0.2%	0.2%
9억 원 초과 주택	$85m^2$ 이하	3%	비과세	0.3%
	$85m^2$ 초과	3%	0.2%	0.3%

① 65,429만 원

② 65,800만 원

③ 67,213만 원

④ 67,480만 원

⑤ 68,562만 원

13 다음 SWOT 분석에 대한 설명을 읽고 추론한 내용으로 가장 적절한 것은?

> SWOT 분석에서 강점은 경쟁기업과 비교하여 소비자로부터 강점으로 인식되는 것이 무엇인지, 약점은 경쟁기업과 비교하여 소비자로부터 약점으로 인식되는 것이 무엇인지, 기회는 외부환경에서 유리한 기회 요인은 무엇인지, 위협은 외부환경에서 불리한 위협 요인은 무엇인지를 찾아내는 것이다. SWOT 분석의 가장 큰 장점은 기업의 내부 및 외부환경의 변화를 동시에 파악할 수 있다는 것이다.

① 제품의 우수한 품질은 SWOT 분석의 기회 요인으로 볼 수 있다.
② 초고령화 사회는 실버산업에 있어 기회 요인으로 볼 수 있다.
③ 기업의 비효율적인 업무 프로세스는 SWOT 분석의 위협 요인으로 볼 수 있다.
④ 살균제 달걀 논란은 빵집에게 있어 약점 요인으로 볼 수 있다.
⑤ 근육운동 열풍은 헬스장에게 있어 강점 요인으로 볼 수 있다.

14 다음은 K섬유회사에 대한 SWOT 분석 자료이다. 분석에 따른 대응 전략으로 적절한 것을 〈보기〉에서 모두 고르면?

• 첨단 신소재 관련 특허 다수 보유	• 신규 생산 설비 투자 미흡 • 브랜드의 인지도 부족
S 강점	W 약점
O 기회	T 위협
• 고기능성 제품에 대한 수요 증가 • 정부 주도의 문화 콘텐츠 사업 지원	• 중저가 의류용 제품의 공급 과잉 • 저임금의 개발도상국과 경쟁 심화

> **보기**
>
> ㄱ. SO전략으로 첨단 신소재를 적용한 고기능성 제품을 개발한다.
> ㄴ. ST전략으로 첨단 신소재 관련 특허를 개발도상국의 경쟁업체에 무상 이전한다.
> ㄷ. WO전략으로 문화 콘텐츠와 디자인을 접목한 신규 브랜드 개발을 통해 적극적 마케팅을 한다.
> ㄹ. WT전략으로 기존 설비에 대한 재투자를 통해 대량생산 체제로 전환한다.

① ㄱ, ㄷ   ② ㄱ, ㄹ
③ ㄴ, ㄷ   ④ ㄴ, ㄹ
⑤ ㄷ, ㄹ

15 K공사에서 근무하는 A사원은 경제자유구역사업에 대한 SWOT 분석 결과를 토대로 SWOT 분석에 의한 경영전략을 세웠다. 다음 〈보기〉 중 SWOT 분석에 의한 경영전략의 내용으로 적절하지 않은 것을 모두 고르면?

〈경제자유구역사업에 대한 SWOT 분석 결과〉

구분	분석 결과
강점(Strength)	• 성공적인 경제자유구역 조성 및 육성 경험 • 다양한 분야의 경제자유구역 입주희망 국내기업 확보
약점(Weakness)	• 과다하게 높은 외자금액 비율 • 외국계 기업과 국내기업 간의 구조 및 운영상 이질감
기회(Opportunity)	• 국제경제 호황으로 인하여 타국 사업지구 입주를 희망하는 해외시장부문의 지속적 증가 • 국내진출 해외기업 증가로 인한 동형화 및 협업 사례 급증
위협(Threat)	• 국내거주 외국인 근로자에 대한 사회적 포용심 부족 • 대대적 교통망 정비로 인한 기성 대도시의 흡수효과 확대

〈SWOT 분석에 의한 경영전략〉

• SO전략 : 강점을 활용하여 기회를 선점하는 전략
• ST전략 : 강점을 활용하여 위협을 최소화하거나 극복하는 전략
• WO전략 : 기회를 활용하여 약점을 보완하는 전략
• WT전략 : 약점을 최소화하고 위협을 회피하는 전략

보기

ㄱ. 성공적인 경제자유구역 조성 노하우를 활용하여 타국 사업지구로의 진출을 희망하는 해외기업을 유인 및 유치하는 전략은 SO전략에 해당한다.

ㄴ. 다수의 풍부한 경제자유구역 성공 사례를 바탕으로 외국인 근로자를 국내주민과 문화적으로 동화시킴으로써 원활한 지역발전의 토대를 조성하는 전략은 ST전략에 해당한다.

ㄷ. 기존에 국내에 입주한 해외기업의 동형화 사례를 활용하여 국내기업과 외국계 기업의 운영상 이질감을 해소하여 생산성을 증대시키는 전략은 WO전략에 해당한다.

ㄹ. 경제자유구역 인근 대도시와의 연계를 활성화하여 경제자유구역 내 국내・외 기업 간의 이질감을 해소하는 전략은 WT전략에 해당한다.

① ㄱ, ㄴ   ② ㄱ, ㄷ
③ ㄴ, ㄷ   ④ ㄴ, ㄹ
⑤ ㄷ, ㄹ

16 K공사 인재개발원에 근무하고 있는 A대리는 〈조건〉에 따라 신입사원 교육을 위한 스크린을 구매하려고 한다. 다음 중 가장 적절한 제품은 무엇인가?

> **조건**
>
> • 조명도는 5,000lx 이상이어야 한다.
> • 예산은 150만 원이다.
> • 제품에 이상이 생겼을 때 A/S가 신속해야 한다.
> • 위 조건을 모두 충족할 시 가격이 저렴한 제품을 가장 우선으로 선정한다.
> ※ lux(럭스) : 조명이 밝은 정도를 말하는 조명도에 대한 실용단위로 기호는 lx이다.

	제품	가격(만 원)	조명도(lx)	특이사항
①	A	180	8,000	2년 무상 A/S 가능
②	B	120	6,000	해외직구(해외 A/S)
③	C	100	3,500	미사용 전시 제품
④	D	150	5,000	미사용 전시 제품
⑤	E	130	7,000	2년 무상 A/S 가능

17 밤도깨비 야시장에서 푸드 트럭을 운영하려고 계획 중인 A씨는 다음 자료를 참고하여 순이익이 가장 큰 메인 메뉴 한 가지를 선정하려고 한다. 어떤 메뉴를 선택하는 것이 가장 합리적인가?

〈메뉴별 판매 정보〉

메뉴	예상 월간 판매량(개)	생산 단가(원)	판매 가격(원)
A	500	3,500	4,000
B	300	5,500	6,000
C	400	4,000	5,000
D	200	6,000	7,000
E	150	3,000	5,000

① A   ② B

③ C   ④ D

⑤ E

18 K공사는 구내식당 기자재의 납품업체를 선정하고자 한다. 다음 선정 조건과 입찰업체 정보를 참고하여 업체를 선정할 때, 가장 적절한 업체는?

〈선정 조건〉

• 선정 방식
  선정 점수가 가장 높은 업체를 선정한다. 선정 점수는 납품품질 점수, 가격 경쟁력 점수, 직원규모 점수에 가중치를 반영해 합산한 값을 의미한다. 선정 점수가 가장 높은 업체가 2개 이상일 경우, 가격 경쟁력 점수가 더 높은 업체를 선정한다.

• 납품품질 점수
  업체별 납품품질 등급에 따라 다음 표와 같이 점수를 부여한다.

구분	최상	상	중	하	최하
점수	100점	90점	80점	70점	60점

• 가격 경쟁력 점수
  업체별 납품가격 총액 수준에 따라 다음 표와 같이 점수를 부여한다.

구분	2억 원 미만	2억 원 이상 2억 5천만 원 미만	2억 5천만 원 이상 3억 원 미만	3억 원 이상
점수	100점	90점	80점	70점

• 직원규모 점수
  업체별 직원규모에 따라 다음 표와 같이 점수를 부여한다.

구분	50명 미만	50명 이상 100명 미만	100명 이상 200명 미만	200명 이상
점수	70점	80점	90점	100점

• 가중치
  납품품질 점수, 가격 경쟁력 점수, 직원규모 점수는 다음 표에 따라 각각 가중치를 부여한다.

구분	납품품질 점수	가격 경쟁력 점수	직원규모 점수	합계
가중치	40	30	30	100

〈입찰업체 정보〉

구분	납품품질	납품가격 총액(원)	직원규모(명)
A업체	상	2억	125
B업체	중	1억 7,000만	141
C업체	하	1억 9,500만	91
D업체	최상	3억 2,000만	98
E업체	상	2억 6,000만	210

① A업체
② B업체
③ C업체
④ D업체
⑤ E업체

주제 · 제목

| 유형분석 |

- 주어진 지문을 파악하여 전달하고자 하는 핵심 주제를 고르는 문제이다.
- 정보를 종합하고 중요한 내용을 구별하는 능력이 필요하다.
- 설명문부터 주장, 반박문까지 다양한 성격의 지문이 제시되므로 글의 성격별 특징을 알아두는 것이 좋다.

다음 글의 주제로 가장 적절한 것은?

> 멸균이란 곰팡이, 세균, 박테리아, 바이러스 등 모든 미생물을 사멸시켜 무균 상태로 만드는 것을 의미한다. 멸균 방법에는 물리적, 화학적 방법이 있으며, 멸균 대상의 특성에 따라 적절한 멸균 방법을 선택하여 실시할 수 있다. 먼저 물리적 멸균법에는 열이나 화학약품을 사용하지 않고 여과기를 이용하여 세균을 제거하는 여과법, 병원체를 불에 태워 없애는 소각법, 100℃에서 10 ~ 20분간 물품을 끓이는 자비소독법, 미생물을 자외선에 직접 노출시키는 자외선 소독법, 160 ~ 170℃의 열에서 1 ~ 2시간 동안 건열 멸균기를 사용하는 건열법, 포화된 고압증기 형태의 습열로 미생물을 파괴시키는 고압증기 멸균법 등이 있다. 다음으로 화학적 멸균법은 화학약품이나 가스를 사용하여 미생물을 파괴하거나 성장을 억제하는 방법으로, E.O 가스, 알코올, 염소 등 여러 가지 화학약품이 사용된다.

① 멸균의 중요성
② 뛰어난 멸균 효과
③ 다양한 멸균 방법
④ 멸균 시 발생할 수 있는 부작용
⑤ 멸균 시 사용하는 약품의 종류

정답 ③

제시문에서는 멸균에 대해 언급하며, 멸균 방법을 물리적·화학적으로 구분하여 다양한 멸균 방법에 대해 설명하고 있다. 따라서 글의 주제로는 ③이 가장 적절하다.

풀이 전략!

'결국', '즉', '그런데', '그러나', '그러므로' 등의 접속어 뒤에 주제가 드러나는 경우가 많다는 것에 주의하면서 지문을 읽는다.

| 유형분석 |

- 제시된 표를 분석하여 선택지의 정답 유무를 판단하는 문제이다.
- 표의 수치 등을 통해 변화량이나 증감률, 비중 등을 비교하여 판단하는 문제가 자주 출제된다.
- 지원하고자 하는 공사공단의 산업과 관련된 자료 등이 문제의 자료로 많이 다뤄진다.

다음은 도시폐기물량 상위 10개국의 도시폐기물량지수와 한국의 도시폐기물량을 나타낸 자료이다. 이에 대한 설명으로 옳은 것을 〈보기〉에서 모두 고르면?

〈도시폐기물량 상위 10개국의 도시폐기물량지수〉

순위	2020년		2021년		2022년		2023년	
	국가	지수	국가	지수	국가	지수	국가	지수
1	미국	12.05	미국	11.94	미국	12.72	미국	12.73
2	러시아	3.40	러시아	3.60	러시아	3.87	러시아	4.51
3	독일	2.54	브라질	2.85	브라질	2.97	브라질	3.24
4	일본	2.53	독일	2.61	독일	2.81	독일	2.78
5	멕시코	1.98	일본	2.49	일본	2.54	일본	2.53
6	프랑스	1.83	멕시코	2.06	멕시코	2.30	멕시코	2.35
7	영국	1.76	프랑스	1.86	프랑스	1.96	프랑스	1.91
8	이탈리아	1.71	영국	1.75	이탈리아	1.76	터키	1.72
9	터키	1.50	이탈리아	1.73	영국	1.74	영국	1.70
10	스페인	1.33	터키	1.63	터키	1.73	이탈리아	1.40

※ (도시폐기물량지수) = $\dfrac{(해당 \ 연도 \ 해당 \ 국가의 \ 도시폐기물량)}{(해당 \ 연도 \ 한국의 \ 도시폐기물량)}$

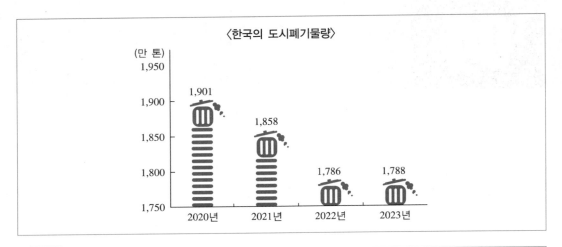

보기

㉠ 2023년 도시폐기물량은 미국이 일본의 4배 이상이다.
㉡ 2022년 러시아의 도시폐기물량은 8,000만 톤 이상이다.
㉢ 2023년 스페인의 도시폐기물량은 2020년에 비해 감소하였다.
㉣ 영국의 도시폐기물량은 터키의 도시폐기물량보다 매년 많다.

① ㉠, ㉢　　　　　　　　　　　　　　② ㉠, ㉣
③ ㉡, ㉢　　　　　　　　　　　　　　④ ㉢, ㉣

정답　①

㉠ 제시된 자료의 각주에 의해 같은 해의 각국의 도시폐기물량지수는 그 해 한국의 도시폐기물량을 기준해 도출된다. 즉, 같은 해의 여러 국가의 도시폐기물량을 비교할 때 도시폐기물량지수로도 비교가 가능하다. 2023년 미국과 일본의 도시폐기물량지수는 각각 12.73, 2.53이다. 2.53×4=10.12<12.73이므로 옳은 설명이다.

㉢ 2020년 한국의 도시폐기물량은 1,901만 톤이므로 2020년 스페인의 도시폐기물량은 1,901×1.33=2,528.33만 톤이다. 도시폐기물량 상위 10개국의 도시폐기물량지수 자료를 보면 2023년 스페인의 도시폐기물량지수는 상위 10개국에 포함되지 않았음을 확인할 수 있다. 즉, 스페인의 도시폐기물량은 도시폐기물량지수 10위인 이탈리아의 도시폐기물량보다 적다. 2023년 한국의 도시폐기물량은 1,788만 톤이므로 이탈리아의 도시폐기물량은 1,788×1.40=2,503.2만 톤이다. 즉, 2023년 이탈리아의 도시폐기물량은 2020년 스페인의 도시폐기물량보다 적다. 따라서 2023년 스페인의 도시폐기물량은 2020년에 비해 감소했다.

오답분석

㉡ 2022년 한국의 도시폐기물량은 1,786만 톤이므로 2022년 러시아의 도시폐기물량은 1,786×3.87=6,911.82만 톤이다.
㉣ 2023년의 경우 터키의 도시폐기물량지수는 영국보다 높다. 따라서 2023년 영국의 도시폐기물량은 터키의 도시폐기물량보다 적다.

풀이 전략!

평소 변화량이나 증감률, 비중 등을 구하는 공식을 알아두고 있어야 하며, 지원하는 공사공단과 관련된 자료나 관련 산업에 대한 자료 등을 확인하여 비교하는 연습 등을 한다.

| 유형분석 |

- 주어진 자료를 해석하고 활용하여 풀어가는 문제이다.
- 꼼꼼하고 분석적인 접근이 필요한 다양한 자료들이 출제된다.

다음 중 정수장 수질검사 현황에 대해 바르게 설명한 사람은?

〈정수장 수질검사 현황〉

급수 지역	항목						검사결과	
	일반세균 100 이하 (CFU/mL)	대장균 불검출 (수/100mL)	NH3-N 0.5 이하 (mg/L)	잔류염소 4.0 이하 (mg/L)	구리 1 이하 (mg/L)	망간 0.05 이하 (mg/L)	적합	기준 초과
함평읍	0	불검출	불검출	0.14	0.045	불검출	적합	없음
이삼읍	0	불검출	불검출	0.27	불검출	불검출	적합	없음
학교면	0	불검출	불검출	0.13	0.028	불검출	적합	없음
엄다면	0	불검출	불검출	0.16	0.011	불검출	적합	없음
나산면	0	불검출	불검출	0.12	불검출	불검출	적합	없음

① A사원 : 함평읍의 잔류염소는 가장 낮은 수치를 보였고, 기준치에 적합하네.
② B사원 : 모든 급수지역에서 일반세균이 나오지 않았어.
③ C사원 : 기준치를 초과한 곳은 없었지만 적합하지 않은 지역은 있어.
④ D사원 : 대장균과 구리가 검출되면 부적합 판정을 받는구나.
⑤ E사원 : 구리가 검출되지 않은 지역은 세 곳이야.

정답   ②

오답분석
① 잔류염소에서 가장 낮은 수치를 보인 지역은 나산면(0.12mg/L)이고, 함평읍(0.14mg/L)은 세 번째로 낮다.
③ 기준치를 초과한 곳도 없고, 모두 적합 판정을 받았다.
④ 함평읍과 학교면, 엄다면은 구리가 검출되었지만 적합 판정을 받았다.
⑤ 구리가 검출되지 않은 지역은 이삼읍과 나산면으로 두 곳이다.

풀이 전략!

문제 해결을 위해 필요한 정보가 무엇인지 먼저 파악한 후, 제시된 자료를 분석적으로 읽고 해석한다.

DAY

04

자원관리능력
인적 자원

| 유형분석 |

- 인적 자원과 관련된 다양한 정보를 활용하여 풀어 가는 문제이다.
- 주로 근무명단, 휴무일, 업무할당 등의 주제로 다양한 정보를 활용하여 종합적으로 풀어 가는 문제가 출제된다.

어느 버스회사에서 (가)시에서 (나)시를 연결하는 버스 노선을 개통하기 위해 새로운 버스를 구매하려고 한다. 다음 〈조건〉과 같이 노선을 운행하려고 할 때, 최소 몇 대의 버스를 구매해야 하며 이때 필요한 운전사는 최소 몇 명인가?

> 조건
>
> 1) 새 노선의 왕복 시간 평균은 2시간이다(승하차 시간을 포함).
> 2) 배차시간은 15분 간격이다.
> 3) 운전사의 휴식시간은 매 왕복 후 30분씩이다.
> 4) 첫차는 05시 정각에, 막차는 23시에 (가)시를 출발한다.
> 5) 모든 차는 (가)시에 도착하자마자 (나)시로 곧바로 출발하는 것을 원칙으로 한다.
>   즉, (가)시에 도착하는 시간이 바로 (나)시로 출발하는 시간이다.
> 6) 모든 차는 (가)시에서 출발해서 (가)시로 복귀한다.

	버스	운전사
①	6대	8명
②	8대	10명
③	10대	12명
④	12대	14명
⑤	14대	16명

정답 ②

왕복 시간이 2시간, 배차 간격이 15분이라면 첫차가 재투입되는 데 필요한 앞차의 수는 첫차를 포함해서 8대이다(∵ 15분×8대=2시간이므로 8대 버스가 운행된 이후 9번째에 첫차 재투입 가능).

운전사는 왕복 후 30분의 휴식을 취해야 하므로 첫차를 운전했던 운전사는 2시간 30분 뒤에 운전을 시작할 수 있다. 따라서 8대의 버스로 운행하더라도 운전자는 150분 동안 운행되는 버스 150÷15=10대를 운전하기 위해서는 10명의 운전사가 필요하다.

풀이 전략!

문제에서 신입사원 채용이나 인력배치 등의 주제가 출제될 경우에는 주어진 규정 혹은 규칙을 꼼꼼히 확인하여야 한다. 이를 근거로 각 선택지가 어긋나지 않는지 검토하며 문제를 풀어 간다.

정답 및 해설 p.014

의사소통능력 | 주제·제목

※ 다음 글의 주제로 가장 적절한 것을 고르시오. [1~3]

01

현재 우리나라의 진료비 지불제도 중 가장 주도적으로 시행되는 지불제도는 행위별수가제이다. 행위별수가제는 의료기관에서 의료인이 제공한 의료서비스(행위, 약제, 치료 재료 등)에 대해 서비스별로 가격(수가)을 정하여 사용량과 가격에 의해 진료비를 지불하는 제도로, 의료보험 도입 당시부터 채택하고 있는 지불제도이다. 그러나 최근 관련 전문가들로부터 이러한 지불제도를 개선해야 한다는 목소리가 많이 나오고 있다.

조사에 의하면 우리나라의 국민의료비를 증대시키는 주요 원인은 고령화로 인한 진료비 증가와 행위별수가제로 인한 비용의 무한 증식이다. 현재 우리나라의 국민의료비는 OECD 회원국 중 최상위를 기록하고 있으며 앞으로 더욱 심화될 것으로 예측된다. 특히 행위별수가제는 의료행위를 할수록 지불되는 진료비가 증가하므로 CT, MRI 등 영상검사를 중심으로 의료 남용이나 과다 이용 문제가 발생하고 있고, 병원의 이익 증대를 위하여 환자에게는 의료비 부담을, 의사에게는 업무 부담을, 건강보험에는 재정 부담을 증대시키고 있다.

이러한 행위별수가제의 문제점을 개선하기 위해 일부 질병군에서는 환자가 입원해서 퇴원할 때까지 발생하는 진료에 대하여 질병마다 미리 정해진 금액을 내는 제도인 포괄수가제를 시행 중이며, 요양병원, 보건기관에서는 입원 환자의 질병, 기능 상태에 따라 입원 1일당 정액수가를 적용하는 정액수가제를 병행하여 실시하고 있지만 비용 산정의 경직성, 의사 비용과 병원 비용의 비분리 등 여러 가지 문제점이 있어 현실적으로 효과를 내지 못하고 있다는 지적이 나오고 있다.

기획재정부와 보건복지부는 시간이 지날수록 건강보험 적자가 계속 증대되어 머지않아 고갈될 위기에 있다고 발표하였다. 당장 행위별수가제를 전면적으로 폐지할 수는 없으므로 기존의 다른 수가제의 문제점을 개선하여 확대하는 등 의료비 지불방식의 다변화가 구조적으로 진행되어야 할 것이다.

① 신포괄수가제의 정의

② 행위별수가제의 한계점

③ 의료비 지불제도의 역할

④ 건강보험의 재정 상황

⑤ 다양한 의료비 지불제도 소개

02

지난 5월 아이슬란드에 각종 파이프와 열교환기, 화학물질 저장탱크, 압축기로 이루어져 있는 '조지 올라 재생가능 메탄올 공장'이 등장했다. 이곳은 이산화탄소로 메탄올을 만드는 첨단 시설로, 과거 2011년 아이슬란드 기업 '카본리사이클링인터내셔널(CRI)'이 탄소 포집·활용(CCU) 기술의 실험을 위해서 지은 곳이다.

이곳에서는 인근 지열발전소에서 발생하는 적은 양의 이산화탄소(CO_2)를 포집한 뒤 물을 분해해 조달한 수소(H_2)와 결합시켜 재생 메탄올(CH_3OH)을 제조하였으며, 이때 필요한 열과 냉각수 역시 지열발전소의 부산물을 이용했다. 이렇게 만들어진 메탄올은 자동차, 선박, 항공 연료는 물론 플라스틱 제조 원료로 활용되는 등 여러 곳에서 활용되었다.

하지만 이렇게 메탄올을 만드는 것이 미래 원료 문제의 근본적인 해결책이 될 수는 없었다. 왜냐하면 메탄올이 만드는 에너지보다 메탄올을 만드는 데 들어가는 에너지가 더 필요하다는 문제점에 더하여 액화천연가스(LNG)를 메탄올로 변환할 경우 이전보다 오히려 탄소배출량이 증가하고, 탄소배출량을 감소시키기 위해서는 태양광과 에너지 저장장치를 활용해 메탄올 제조에 필요한 에너지를 모두 조달해야만 하기 때문이다.

또한 탄소를 포집해 지하에 영구 저장하는 탄소포집 저장방식과 달리, 탄소를 포집해 만든 연료나 제품은 사용 중에 탄소를 다시 배출할 가능성이 있어 이에 대한 논의가 분분한 상황이다.

① 탄소 재활용의 득과 실
② 재생 에너지 메탄올의 다양한 활용
③ 지열발전소에서 탄생한 재활용 원료
④ 탄소 재활용을 통한 미래 원료의 개발
⑤ 미래의 에너지 원료로 주목받는 재활용 원료, 메탄올

1주 차

03

표준화된 언어는 의사소통을 효과적으로 하기 위하여 의도적으로 선택해야 할 공용어로서의 가치가 있다. 반면에 방언은 지역이나 계층의 언어와 문화를 보존하고 드러냄으로써 국가 전체의 언어와 문화를 다양하게 발전시키는 토대로서의 가치가 있다. 이러한 의미에서 표준화된 언어와 방언은 상호 보완적인 관계에 있다. 표준된 언어가 있기에 정확한 의사소통이 가능하며, 방언이 있기에 개인의 언어생활에서나 언어 예술 활동에서 자유롭고 창의적인 표현이 가능하다. 결국 우리는 표준화된 언어와 방언 둘 다의 가치를 인정해야 하며, 발화(發話) 상황(狀況)을 잘 고려하여 표준화된 언어와 방언을 잘 가려서 사용할 줄 아는 능력을 길러야 한다.

① 창의적인 예술 활동에서는 방언의 기능이 중요하다.
② 표준화된 언어와 방언에는 각각 독자적인 가치와 역할이 있다.
③ 정확한 의사소통을 위해서는 표준화된 언어가 꼭 필요하다.
④ 표준화된 언어와 방언을 구분할 줄 아는 능력을 길러야 한다.
⑤ 표준화된 언어는 방언보다 효용가치가 있다.

※ 다음 글의 제목으로 가장 적절한 것을 고르시오. [4~5]

04

중세 유럽에서는 토지나 자원을 왕실이 소유하고 있었다. 사람들은 이러한 토지나 자원을 이용하려면 일정한 비용을 지불해야 했다. 예를 들어 광산을 개발하거나 수산물을 얻는 사람들은 해당 자원의 이용에 대한 비용을 왕실에 지불하였고 이는 왕실의 권력과 부의 유지를 돕는 동시에 국가의 재정을 보충하는 역할을 하였는데, 이때 지불한 비용이 바로 로열티이다.

로열티의 개념은 산업 혁명과 함께 발전하였다. 산업 혁명을 통해 특허, 상표 등의 지적 재산권이 보호되기 시작하면서 기업들은 이러한 권리를 보유한 개인이나 조직에게 사용에 대한 보상을 지불하게 되었다. 지적 재산권은 기업이 특정한 기술, 디자인, 상표 등을 보유하고 있을 때 그들에게 독점적인 권리를 제공하는 것이며, 이러한 권리의 보호와 보상을 위해 로열티 제도가 도입되었다.

로열티는 기업과 지적 재산권 소유자 간의 계약에 의해 설정되는 형태로 발전하였다. 기업이 특정 제품을 판매하거나 특정 기술을 이용하는 경우 지적 재산권 소유자에게 계약에 따라 정해진 로열티를 지불하게 된다. 이로써 지적 재산권을 보유한 개인이나 조직은 자신들의 창작물이나 기술의 사용에 대한 보상을 받을 수 있으며, 기업들은 이러한 지적 재산권의 이용을 허가받아 경쟁 우위를 확보할 수 있게 되었다.

현재 로열티는 제품 판매나 라이선스, 저작물의 이용 등 다양한 형태로 나타나며, 지적 재산권의 보호와 경제적 가치를 확보하는 중요한 수단으로 작용하고 있다. 로열티는 지식과 창조성의 보상으로서의 역할을 수행하며 기업들의 연구 개발을 촉진하고 혁신을 격려한다. 이처럼 로열티 제도는 기업과 지적 재산권 소유자 간의 상호 협력과 혁신적인 경제 발전에 기여하는 중요한 구조적 요소이다.

① 지적 재산권을 보호하는 방법
② 로열티 지급 시 유의사항
③ 지적 재산권의 정의
④ 로열티 제도의 유래와 발전
⑤ 로열티 제도의 모순

05

우리 고유의 발효식품이자 한식 제1의 반찬인 김치는 천년이 넘는 역사를 함께해 온 우리 삶의 일부이다. 채소를 오래 보관하여 먹기 위한 절임 음식으로 시작된 김치는 양념을 버무리고 숙성시키는 우리만의 발효과학 식품으로 변신하였고, 김장은 우리 민족의 가장 중요한 행사 중 하나가 되었다. 다른 나라에도 소금 등에 채소를 절인 절임 음식이 존재하지만, 절임 후 양념으로 2차 발효시키는 음식으로는 우리 김치가 유일하다. 김치는 발효과정을 통해 원재료보다 영양이 한층 더 풍부하게 변하며, 암과 노화, 비만 등의 예방과 억제에 효과적인 기능성을 보유한 슈퍼 발효 음식이 되었다. 김치는 지역마다, 철마다, 또 특별한 의미를 담아 다양하게 활용하여 300가지가 넘는 종류로 탄생하는데, 기후와 지역 등에 따라서 다채로운 맛을 담은 김치들이 있으며, 주재료로 채소뿐만 아니라 수산물이나 육류를 이용한 독특한 김치도 있고, 같은 김치라도 사람에 따라 특별한 김치로 재탄생하기도 한다. 지역과 집안마다 저마다의 비법으로 담그기 때문에 유서 깊은 종가마다 비법으로 만든 특별한 김치가 전해오며, 김치를 담그고 먹는 일도 수행의 연속이라 여기는 사찰에서는 오신채를 사용하지 않은 김치가 존재한다.

우리 문화의 정수이자 자존심인 김치는 현대에 들어서는 문화와 전통이 결합한 복합 산업으로 펼쳐지고 있다. 김치에 들어가는 수많은 재료에 관련된 산업의 생산액은 3.3조 원이 넘으며, 주로 배추김치로 형성된 김치 생산은 약 2.3조 원의 시장을 형성하고 있고, 시판 김치의 경우 대기업의 시장 주도력이 증가하고 있다. 소비자의 요구에 맞춘 다양한 포장 김치가 등장하고, 김치냉장고는 1.1조 원의 시장을 형성하고 있다. 또한, 정성과 기다림을 상징하는 김치는 문화산업의 소재로 활용되며, 김치 문화는 관광 관련 산업으로 활성화되고 있다. 김치의 영양 기능성과 김치 유산균을 활용한 여러 기능성 제품이 개발되고, 부식뿐 아니라 새로운 요리의 식재료로서 김치는 39조 원의 외식산업 시장을 뒷받침하고 있다.

① 김치의 탄생
② 김치산업의 활성화 방안
③ 우리 민족의 축제, 김장
④ 지역마다 다양한 종류의 김치
⑤ 우리 민족의 전통이자 자존심, 김치

지구 내부는 끊임없이 운동하며 막대한 에너지를 지표면으로 방출하고, 이로 인해 지구 표면에서는 지진이나 화산 등의 자연 현상이 일어난다. 그런데 이러한 자연 현상을 예측하기란 매우 어렵다. 그 이유는 무엇일까?

지구 내부는 지각, 상부 맨틀, 하부 맨틀, 외핵, 내핵이 층상 구조를 이루고 있다. 지구 내부로 들어갈수록 온도가 증가하기 때문에 외핵은 액체 상태로 존재한다. 고온의 외핵이 하부 맨틀의 특정 지점을 가열하면 이 부분의 중심부 물질은 상승류를 형성하여 움직이기 시작한다. 아주 느린 속도로 맨틀을 통과한 상승류는 지표면 가까이에 있는 판에 부딪치게 된다. 판은 매우 단단한 암석으로 이루어져 있어 거대한 상승류도 쉽게 뚫지 못한다. 그러나 간혹 상승류가 판의 가운데 부분을 뚫고 곧바로 지표면으로 나오기도 하는데, 이곳을 열점이라 한다. 열점에서는 지진과 화산 활동이 활발히 일어난다.

한편 딱딱한 판을 만난 상승류는 꾸준히 판에 힘을 가하여 거대한 길이의 균열을 만들기도 한다. 결국 판이 완전히 갈라지면 이 틈으로 아래의 물질이 주입되어 올라오고, 올라온 물질은 지표면에서 옆으로 확장되면서 새로운 판을 형성한다. 상승류로 인해 판이 갈라지는 이 부분에서도 지진과 화산 활동이 일어난다.

새롭게 생성된 판은 오랜 세월 천천히 이동하는 동안 식으면서 밀도가 높아지는데, 이미 존재하고 있던 다른 판 중 밀도가 낮은 판과 충돌하면 그 아래로 가라앉게 된다. 가라앉는 판이 상부 맨틀의 어느 정도 깊이까지 들어가면 용융 온도가 낮은 일부 물질은 녹는데, 이 물질이 이미 존재하던 판의 지표면으로 상승하면서 지진을 동반한 화산 활동이 일어나기도 한다. 그러나 녹지 않은 대부분의 물질은 위에서 내리누르는 판에 의해 큰 흐름을 만들면서 맨틀을 통과한다. 이 하강류는 핵과 하부 맨틀 경계면까지 내려와 외핵의 한 부분을 누르게 된다. 외핵은 액체로 되어 있으므로 한 부분을 누르면 다른 부분이 위로 솟아오르는데, 솟아오른 이 지점에서 또 다른 상승류가 시작된다. 그런데 하강류가 규칙적으로 발생하지 않으므로 상승류가 언제 어디서 발생하는지 알기 어렵다.

지금까지 살펴본 바처럼 화산과 지진 등의 자연 현상은 맨틀의 상승류와 하강류로 인해 일어난다. 맨틀의 상승류와 하강류는 흘러가는 동안 여러 장애물을 만나게 되고 이로 인해 그 흐름이 불규칙하게 진행된다. 그런데 현대 과학 기술로 지구 내부에 있는 이 장애물의 성질과 상태를 모두 밝혀내기는 어렵다. 바로 이것이 지진이나 화산과 같은 자연 현상을 쉽게 예측할 수 없는 이유이다.

① 판의 분포
② 지각의 종류
③ 지구 내부의 구조
④ 내핵의 구성 성분
⑤ 우리나라 화산의 종류

07 다음은 A∼C철도사의 연도별 차량 수 및 승차인원에 대한 자료이다. 이에 대한 설명으로 옳지 않은 것은?

<표>

구분	2021년			2022년			2023년		
	A	B	C	A	B	C	A	B	C
차량 수(량)	2,751	103	185	2,731	111	185	2,710	113	185
승차인원 (천 명/년)	775,386	26,350	35,650	768,776	24,746	33,130	755,376	23,686	34,179

〈철도사별 차량 수 및 승차인원〉

① C철도사가 운영하는 차량 수는 변동이 없다.

② 3년간 전체 승차인원 중 A철도사 철도를 이용하는 승차인원의 비율이 가장 높다.

③ A∼C철도사의 철도를 이용하는 연간 전체 승차인원 수는 매년 감소하였다.

④ 3년간 차량 1량당 연간 평균 승차인원 수는 B철도사가 가장 적다.

⑤ C철도사의 차량 1량당 연간 승차인원 수는 200천 명 미만이다.

08 다음은 A∼H국의 연도별 석유 생산량에 대한 자료이다. 이에 대한 설명으로 옳은 것은?

〈연도별 석유 생산량〉

(단위 : bbl/day)

국가	2019년	2020년	2021년	2022년	2023년
A	10,356,185	10,387,665	10,430,235	10,487,336	10,556,259
B	8,251,052	8,297,702	8,310,856	8,356,337	8,567,173
C	4,102,396	4,123,963	4,137,857	4,156,121	4,025,936
D	5,321,753	5,370,256	5,393,104	5,386,239	5,422,103
E	258,963	273,819	298,351	303,875	335,371
F	2,874,632	2,633,087	2,601,813	2,538,776	2,480,221
G	1,312,561	1,335,089	1,305,176	1,325,182	1,336,597
H	100,731	101,586	102,856	103,756	104,902

① 석유 생산량이 매년 증가한 국가의 수는 6개이다.

② 2019년 대비 2023년에 석유 생산량 증가량이 가장 많은 국가는 A이다.

③ 매년 E국가의 석유 생산량은 H국가 석유 생산량의 3배 미만이다.

④ 연도별 석유 생산량 상위 2개 국가의 생산량 차이는 매년 감소한다.

⑤ 2019년 대비 2023년에 석유 생산량 감소율이 가장 큰 국가는 F이다.

09 다음은 유아교육 규모에 대한 자료이다. 〈보기〉 중 옳지 않은 것을 모두 고르면?

〈유아교육 규모〉

구분	2017년	2018년	201+년	2020년	2021년	2022년	2023년
유치원 수(원)	8,494	8,275	8,290	8,294	8,344	8,373	8,388
학급 수(학급)	20,723	22,409	23,010	23,860	24,567	24,908	25,670
원아 수(명)	545,263	541,603	545,812	541,550	537,822	537,361	538,587
교원 수(명)	28,012	31,033	32,095	33,504	34,601	35,415	36,461
취원율(%)	26.2	31.4	35.3	36.0	38.4	39.7	39.9
교원 1인당 원아 수(명)	19.5	17.5	17.0	16.2	15.5	15.2	14.8

보기

㉠ 유치원 원아 수의 변동은 매년 일정한 흐름을 보이지는 않는다.
㉡ 교원 1인당 원아 수가 적어지는 것은 원아 수 대비 학급 수가 늘어나기 때문이다.
㉢ 취원율은 매년 증가하고 있는 추세이다.
㉣ 교원 수가 매년 증가하는 이유는 청년 취업과 관계가 있다.

① ㉠, ㉡
② ㉠, ㉢
③ ㉡, ㉣
④ ㉢, ㉣
⑤ ㉠, ㉢, ㉣

10 다음은 K회사에서 만든 기계제품의 가격에 대한 자료이다. 이에 대한 설명으로 옳지 않은 것은?

〈연도별 기계제품 가격〉

(단위 : 만 원)

구분	2019년	2020년	2021년	2022년	2023년
가격	200	230	215	250	270
재료비	105	107	99	110	115
인건비	55	64	72	85	90
수익	40	59	44	55	65

① 제품의 전년 대비 가격 상승률은 2023년도에 가장 크다.
② 재료비의 상승 폭이 가장 큰 해에는 제품 가격의 상승 폭도 가장 크다.
③ 제품의 인건비는 꾸준히 증가하였다.
④ 2022 ~ 2023년에 재료비와 인건비의 증감 추이는 같다.
⑤ 2019 ~ 2023년에 재료비와 수익의 증감 추이는 같다.

11 다음은 지식경제부에서 2023년 11월에 발표한 산업경제지표 추이이다. 이에 대한 설명으로 옳지 않은 것은?

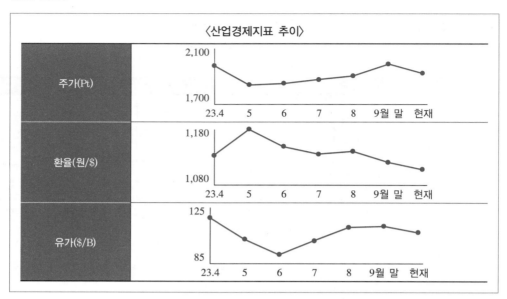

① 2023년 8월을 기점으로 위 세 가지 부분은 모두 하락세를 보이고 있다.

② 환율은 5월 이후 하락세에 있으므로 원화가치는 높아질 것이다.

③ 유가는 6월까지는 큰 폭으로 하락했으나, 그 이후 9월까지 서서히 상승세를 보이고 있다.

④ 숫자상의 변동 폭이 가장 작은 것은 유가이다.

⑤ 주가는 5월에 급락했다가 9월 말까지 서서히 회복세를 보였으나, 현재는 다시 하락해서 2023년 4월선을 회복하지 못하고 있다.

12 다음은 제품 생산에 따른 공정 관리를 나타낸 자료이다. 이에 대한 설명으로 적절한 것을 〈보기〉에서 모두 고르면?(단, 각 공정은 동시 진행이 가능하다)

공정 활동	선행 공정	시간(분)
A. 부품 선정	없음	2
B. 절삭 가공	A	2
C. 연삭 가공	A	5
D. 부품 조립	B, C	4
E. 전해 연마	D	3
F. 제품 검사	E	1

※ 공정 간 부품의 이동 시간은 무시하며, A공정부터 시작되어 공정별로 1명의 작업 담당자가 수행한다.

보기

ㄱ. 전체 공정을 완료하기 위해서는 15분이 소요된다.
ㄴ. 첫 제품 생산 후부터 1시간마다 3개씩 제품이 생산된다.
ㄷ. B공정이 1분 더 지연되어도 전체 공정 시간은 변화가 없다.

① ㄱ
② ㄴ
③ ㄱ, ㄷ
④ ㄴ, ㄷ
⑤ ㄱ, ㄴ, ㄷ

13 K사 인사팀 직원인 A씨는 사내 설문조사를 통해 요즘 사람들이 연봉보다는 일과 삶의 균형을 더 중요시하고 직무의 전문성을 높이고 싶어 한다는 결과를 도출했다. 다음 중 설문조사 결과와 K사 임직원의 근무여건을 참고하여 인사제도를 합리적으로 변경한 것은?

〈임직원 근무여건〉

구분	주당 근무 일수(평균)	주당 근무시간(평균)	직무교육 여부	퇴사율
정규직	6일	52시간 이상	○	17%
비정규직 1	5일	40시간 이상	○	12%
비정규직 2	5일	20시간 이상	×	25%

① 정규직의 연봉을 7% 인상한다.
② 정규직을 비정규직으로 전환한다.
③ 비정규직 1의 직무교육을 비정규직 2와 같이 조정한다.
④ 정규직의 주당 근무시간을 비정규직 1과 같이 조정하고, 비정규직 2의 직무교육을 시행한다.
⑤ 비정규직 2의 근무 일수를 정규직과 같이 조정한다.

14 다음 글에 대한 설명으로 적절한 것을 〈보기〉에서 모두 고르면?

식탁을 만드는 데에는 노동과 자본만 투입된다고 가정하자. 노동자 1명의 시간당 임금은 8,000원이고, 노동자는 1명이 투입되어 A기계 또는 B기계를 사용하여 식탁을 생산한다. A기계를 사용하면 10시간이 걸리고, B기계를 사용하면 7시간이 걸린다. 이때 식탁 1개의 시장가격은 100,000원이고, 식탁 1개를 생산하는 데 드는 임대료는 A기계의 경우 10,000원, B기계의 경우 20,000원이다. 만약 A, B기계 중 어떤 것을 사용해도 생산된 식탁의 품질은 같다고 한다면, 기업은 어떤 기계를 사용할 것인가?(단, 작업 환경·물류비 등 다른 조건은 고려하지 않는다)

보기
㉠ 기업은 B기계보다는 A기계를 선택할 것이다.
㉡ '어떻게 생산할 것인가?'와 관련된 경제 문제이다.
㉢ 합리적인 선택을 했다면 식탁 1개당 36,000원의 이윤을 기대할 수 있다.
㉣ A기계를 선택하는 경우 식탁 1개를 만드는 데 드는 비용은 70,000원이다.

① ㉠, ㉡   ② ㉠, ㉢
③ ㉡, ㉢   ④ ㉡, ㉣
⑤ ㉢, ㉣

15 A, B 두 여행팀은 다음 정보에 따라 자신의 효용을 극대화하는 방향으로 관광지 이동을 결정한다고 한다. 이때 각 여행팀이 할 결정은 무엇이며, 두 여행팀의 총효용은 얼마인가?

〈여행팀의 효용 정보〉

• A여행팀과 B여행팀이 동시에 오면 각각 10, 15의 효용을 얻는다.
• A여행팀은 왔으나, B여행팀이 안 온다면 각각 15, 10의 효용을 얻는다.
• A여행팀은 안 오고, B여행팀만 온다면 각각 25, 20의 효용을 얻는다.
• A, B여행팀이 모두 오지 않았을 때는 각각 35, 15의 효용을 얻는다.

〈결정 방법〉

A, B여행팀 모두 결정할 때 효용의 총합은 신경 쓰지 않는다. 상대방이 어떤 선택을 했는지는 알 수 없고, 서로 상의하지 않는다. 각 팀은 자신의 선택에 따른 다른 팀의 효용이 얼마인지는 알 수 있다. 이때 다른 팀의 선택을 예상해서 자신의 효용을 극대화하는 선택을 한다.

	A여행팀	B여행팀	총효용
①	관광지에 간다	관광지에 간다	25
②	관광지에 가지 않는다	관광지에 간다	45
③	관광지에 간다	관광지에 가지 않는다	25
④	관광지에 가지 않는다	관광지에 가지 않는다	50
⑤	관광지에 간다	관광지에 간다	50

16 K공사는 동절기에 인력을 감축하여 운영한다. 다음 〈조건〉을 참고할 때, 동절기 업무시간 단축 대상자가 바르게 짝지어진 것은?

〈동절기 업무시간 단축 대상자 현황〉

성명	업무성과 평가	통근거리	자녀 유무
최나래	C	3km	×
박희영	B	5km	○
이지규	B	52km	×
박슬기	A	55km	○
황보연	D	30km	○
김성배	B	75km	×
이상윤	C	60km	○
이준서	B	70km	○
김태란	A	68km	○
한지혜	C	50km	×

조건

• K공사의 동절기 업무시간 단축 대상자는 총 2명이다.
• 업무성과 평가에서 상위 40% 이내에 드는 경우 동절기 업무시간 단축 대상자 후보가 된다.
  ※ 단, A>B>C>D 순서로 매기고, 동순위자 발생 시 동순위자를 모두 고려한다.
• 통근거리가 50km 이상인 경우에만 동절기 업무시간 단축 대상자가 될 수 있다.
• 동순위자 발생 시 자녀가 있는 경우에는 동절기 업무시간 단축 대상 우선순위를 준다.
• 위의 조건에서 대상자가 정해지지 않은 경우, 통근거리가 가장 먼 직원부터 대상자로 선정한다.

① 황보연, 이상윤
② 박슬기, 김태란
③ 이준서, 김태란
④ 이준서, 김성배
⑤ 최나래, 황보연

17 K기업에서는 6월 셋째 주에 연속 이틀에 걸쳐 본사에 있는 B강당에서 인문학 특강을 진행하려고 한다. 다음 중 강당을 이용할 수 있는 날짜와 강사의 스케줄을 참고하여 섭외 가능한 강사를 바르게 짝지은 것은?

〈B강당 이용 가능 날짜〉

구분	월요일	화요일	수요일	목요일	금요일
오전(9시 ~ 12시)	×	○	×	○	○
오후(13시 ~ 14시)	×	×	○	○	×

※ 가능 : ○, 불가능 : ×

〈섭외 강사 후보 스케줄〉

A강사	매주 수 ~ 목요일 10 ~ 14시 문화센터 강의
B강사	첫째, 셋째 주 화요일, 목요일 10시 ~ 14시 대학교 강의
C강사	매월 첫째 ~ 셋째 주 월요일, 수요일 오후 12시 ~ 14시 면접 강의
D강사	매주 수요일 오후 13시 ~ 16시, 금요일 오전 9시 ~ 12시 도서관 강좌
E강사	매월 첫째, 셋째 주 화 ~ 목요일 오전 9시 ~ 11시 강의

※ K기업 본사까지의 이동거리와 시간은 고려하지 않는다.
※ 강의는 이틀 연속으로 진행되며, 강사는 동일해야 한다.

① A, B강사　　　　　　　　② B, C강사
③ C, D강사　　　　　　　　④ C, E강사
⑤ D, E강사

18 K공사에서는 약 2개월 동안 근무할 인턴사원을 선발하고자 다음과 같은 공고를 게시하였다. 지원한 A ~ E 중에서 K공사의 인턴사원으로 가장 적절한 지원자는?

〈인턴 모집 공고〉

- 근무기간 : 약 2개월(6 ~ 8월)
- 자격 요건
  - 1개월 이상 경력자
  - 포토샵 가능자
  - 근무 시간(9 ~ 18시) 이후에도 근무가 가능한 자
- 기타사항
  - 경우에 따라서 인턴 기간이 연장될 수 있음

A지원자	• 경력사항 : 출판사 3개월 근무 • 컴퓨터 활용 능력 中(포토샵, 워드 프로세서) • 대학 휴학 중(9월 복학 예정)
B지원자	• 경력 사항 : 없음 • 포토샵 능력 우수 • 전문대학 졸업
C지원자	• 경력 사항 : 마케팅 회사 1개월 근무 • 컴퓨터 활용 능력 上(포토샵, 워드 프로세서, 파워포인트) • 4년제 대학 졸업
D지원자	• 경력 사항 : 제약 회사 3개월 근무 • 포토샵 가능 • 저녁 근무 불가
E지원자	• 경력 사항 : 마케팅 회사 1개월 근무 • 컴퓨터 활용 능력 中(워드 프로세서, 파워포인트) • 대학 졸업

① A지원자
② B지원자
③ C지원자
④ D지원자
⑤ E지원자

정답 및 해설 p.019

01 다음 글의 내용으로 가장 적절한 것은?

> K공사는 철도시설물 점검 자동화에 '스마트 글라스'를 활용하겠다고 밝혔다. 스마트 글라스란 안경처럼 착용하는 스마트 기기로, 검사와 판독, 데이터 송수신과 보고서 작성까지 모든 동작이 음성인식을 바탕으로 작동한다. 이를 활용하여 작업자는 스마트 글라스 액정에 표시된 내용에 따라 철도시설물을 점검하고, 음성 명령을 통해 시설물의 사진을 촬영한 후 해당 정보와 검사 결과를 전송해 보고서로 작성한다.
>
> 작업자들은 스마트 글라스의 사용을 통해 직접 자료를 조사하고 측정한 내용을 바탕으로 시스템 속에서 여러 단계를 거쳐 수기 입력하던 기존 방식으로부터 벗어날 수 있게 되었고, 이 일련의 과정들을 중앙 서버를 통해 한 번에 처리할 수 있게 되었다.
>
> 이와 같은 스마트 기기의 도입은 중앙 서버의 효율적 종합 관리를 가능하게 할 뿐만 아니라 작업자의 안전성 향상에도 크게 기여하였다. 이는 작업자들이 음성인식이 가능한 스마트 글라스를 사용함으로써 두 손이 자유로워져 추락 사고를 방지할 수 있게 되었기 때문이며, 스마트 글라스 내부 센서가 충격과 기울기를 감지할 수 있어 작업자에게 위험한 상황이 발생하면 지정된 컴퓨터에 위험 상황을 바로 통보하는 시스템을 갖추었기 때문이다.
>
> K공사는 주요 거점 현장을 시작으로 스마트 글라스를 보급하여 성과 분석을 거치고 내년부터는 보급 현장을 확대하겠다고 밝혔으며, 국내 철도 환경에 맞춰 스마트 글라스 시스템을 개선하기 위해 현장 검증을 진행하고 스마트 글라스를 통해 측정된 데이터를 총괄 제어할 수 있도록 안전점검 플랫폼망도 마련할 예정이다.
>
> 이와 더불어 스마트 글라스를 통해 기존의 인력 중심 시설점검을 간소화하여 효율성과 안전성을 향상시키고, 나아가 철도 맞춤형 스마트 기술을 도입하여 시설물 점검뿐만 아니라 유지보수 작업도 가능하도록 철도기술 고도화에 힘쓰겠다고 전했다.

① 작업자의 음성인식을 통해 철도시설물의 점검 및 보수 작업이 가능해졌다.

② 스마트 글라스의 도입으로 철도시설물 점검의 무인작업이 가능해졌다.

③ 스마트 글라스의 도입으로 철도시설물 점검 작업 시 안전사고 발생 횟수가 감소하였다.

④ 스마트 글라스의 도입으로 철도시설물 작업 시간 및 인력이 감소하고 있다.

⑤ 스마트 글라스의 도입으로 작업자의 안전사고 발생을 바로 파악할 수 있게 되었다.

02 다음 글의 밑줄 친 시기에 대한 설명으로 가장 적절한 것은?

하나의 패러다임 형성은 애초에 불완전하지만 이후 연구의 방향을 제시하고 소수 특정 부분의 성공적인 결과를 약속할 수 있을 뿐이다. 그러나 패러다임의 정착은 연구의 정밀화, 집중화 등을 통하여 자기 지식을 확장해 가며 차츰 폭넓은 이론 체계를 구축한다.

이처럼 과학자들이 패러다임을 기반으로 하여 연구를 진척시키는 것을 쿤은 '정상 과학'이라고 부른다. 기초적인 전제가 확립되었으므로 과학자들은 이 시기에 상당히 심오한 문제의 작은 영역들에 집중함으로써, 그렇지 않았더라면 상상조차 못했을 자연의 어느 부분을 깊이 있게 탐구하게 된다. 그에 따라 각종 실험 장치들도 정밀해지고 다양해지며, 문제를 해결해 가는 특정 기법과 규칙들이 만들어진다.

연구는 이제 혼란으로서의 다양성이 아니라, 이론과 자연 현상을 일치시켜 가는 지식의 확장으로서의 다양성을 이루게 된다.

그러나 정상 과학은 완성된 과학이 아니다. 과학적 사고방식과 관습, 기법 등이 하나의 기반으로 통일되어 있다는 것일 뿐 해결해야 할 과제는 무수하다. 패러다임이란 과학자들 사이의 세계관 통일이지 세계에 대한 해석의 끝은 아니다.

그렇다면 정상 과학의 시기에는 어떤 연구가 어떻게 이루어지는가? 정상 과학의 시기에는 이미 이론의 핵심 부분들은 정립되어 있다. 따라서 과학자들의 연구는 근본적인 새로움을 좇아가지는 않으며, 다만 연구의 세부 내용이 좀 더 깊어지거나 넓어질 뿐이다. 그렇다면 이러한 시기에 과학자들의 열정과 헌신성은 무엇으로 유지될 수 있을까? 연구가 고작 예측된 결과를 좇아갈 뿐이고, 예측된 결과가 나오지 않으면 실패라고 규정되는 상태에서 과학의 발전은 어떻게 이루어지는가?

쿤은 이 물음에 대하여 '수수께끼 풀이'라는 대답을 준비한다. 어떤 현상의 결과가 충분히 예측된다고 할지라도 정작 그 예측이 달성되는 세세한 과정은 대개 의문 속에 있기 마련이다. 자연 현상의 전 과정을 우리가 일목요연하게 알고 있는 것은 아니기 때문이다. 이론으로서의 예측 결과와 실제의 현상을 일치시키기 위해서는 여러 복합적인 기기적, 개념적, 수학적인 방법이 필요하다. 이것이 바로 수수께끼 풀이이다.

① 패러다임을 기반으로 하여 연구를 진척하기 때문에 다양한 학설과 이론이 등장한다.
② 예측된 결과만을 좇을 수밖에 없기 때문에 과학자들의 열정과 헌신성은 낮아진다.
③ 기초적인 전제가 확립되었으므로 작은 범주의 영역에 대한 연구에 집중한다.
④ 과학자들 사이의 세계관이 통일된 시기이기 때문에 완성된 과학이라고 부를 수 있다.
⑤ 이 시기는 문제를 해결해 가는 과정보다는 기초 이론에 대한 발견이 주가 된다.

03 다음 문단을 논리적 순서대로 바르게 나열한 것은?

> (가) 하지만 영화를 볼 때 소리를 없앤다면 어떤 느낌이 들까? 아마 내용이나 분위기, 인물의 심리 등을 파악하기 힘들 것이다. 이런 점을 고려할 때 영화 속 소리는 영상과 분리해서 생각할 수 없는 필수 요소라고 할 수 있다. 소리는 영상 못지않게 다양한 기능이 있기 때문에 현대 영화감독들은 영화 속 소리를 적극적으로 활용하고 있다.
>
> (나) 이와 같이 영화 속 소리는 다양한 기능을 수행하기 때문에 영화의 예술적 상상력을 빼앗는 것이 아니라 오히려 더 풍부하게 해 준다. 그래서 현대 영화에서 소리를 빼고 작품을 완성한다는 것은 생각하기 어려운 일이 되었다.
>
> (다) 영화의 소리에는 대사, 음향 효과, 음악 등이 있으며, 이러한 소리들은 영화에서 다양한 기능을 수행한다. 우선, 영화 속 소리는 다른 예술 장르의 표현 수단보다 더 구체적이고 분명하게 내용을 전달하는 데 도움을 줄 수 있다. 그리고 줄거리 전개에 도움을 주거나 작품의 상징적 의미를 전달할 뿐만 아니라 주제 의식을 강조하는 역할을 하기도 한다. 또 영상에 현실감을 줄 수 있으며, 영상의 시공간적 배경을 확인시켜 주는 역할도 한다. 또한 영화 속 소리는 영화의 분위기를 조성하고 인물의 내면 심리도 표현할 수 있다.
>
> (라) 유성영화가 등장했던 1920년대 후반에 유럽의 표현주의나 형식주의 감독들은 영화 속의 소리에 대한 부정적인 견해가 컸다. 그들은 가장 영화다운 장면은 소리 없이 움직이는 그림으로만 이루어진 장면이라고 믿었다. 그래서 그들은 영화 속 소리가 시각 매체인 영화의 예술적 효과와 영화적 상상력을 빼앗을 것이라고 내다보았다.

① (가) – (다) – (라) – (나)   ② (나) – (다) – (가) – (라)

③ (나) – (라) – (가) – (다)   ④ (라) – (가) – (다) – (나)

⑤ (라) – (다) – (가) – (나)

04 다음 글의 제목으로 가장 적절한 것은?

> 맥주의 주원료는 양조용수·보리·홉 등이다. 맥주를 양조하기 위해서는 일반적으로 맥주생산량의 10 ~ 20배 정도 되는 물이 필요하며, 이것을 양조용수라고 한다. 양조용수는 맥주의 종류와 품질을 좌우하며, 무색·무취·투명해야 한다. 또한, 보리를 싹틔워 맥아로 만든 것을 사용하여 맥주를 제조하는데, 맥주용 보리로는 곡립이 고르고 녹말질이 많으며 단백질이 적은 것, 그리고 곡피(穀皮)가 얇으며 발아력이 왕성한 것이 좋다. 홉은 맥주 특유의 쌉쌀한 향과 쓴맛을 만들어 내는 주요 첨가물이며, 맥주를 맑게 하고 잡균의 번식을 막아주는 역할을 한다.
>
> 맥주의 제조공정을 살펴보면 맥아제조, 담금, 발효, 저장, 여과의 다섯 단계로 나눌 수 있다. 이 중 발효공정은 맥즙이 발효되어 술이 되는 과정을 말하는데, 효모가 발효탱크 속에서 맥즙에 있는 당분을 알코올과 탄산가스로 분해한다. 이 공정은 1주일간 이어지며, 그동안 맥즙 안에 있던 당분은 점점 줄어들고 알코올과 탄산가스가 늘어나 맥주가 되는 것이다. 이때 발효 중 맥즙의 온도 상승을 막기 위해 탱크를 냉각 코일로 감고 그 표면을 하얀 폴리우레탄으로 단열시키는데, 그 모습이 마치 남극의 이글루처럼 보이기도 한다.
>
> 맥주는 발효의 방법에 따라 하면발효 맥주와 상면발효 맥주로 구분되는데, 이는 어떤 온도에서 발효시키느냐에 달려있다. 세계 맥주 생산량의 70%를 차지하는 하면발효 맥주는 발효 중 밑으로 가라앉는 효모를 사용해 저온에서 발효시킨 맥주를 말한다. 요즘 유행하는 드래프트비어가 바로 여기에 속한다. 반면, 상면발효 맥주는 주로 영국, 미국, 캐나다, 벨기에 등에서 생산되며 발효 중 표면에 떠오르는 효모로 비교적 높은 온도에서 발효시킨 맥주를 말한다. 에일, 스타우트 등이 상면발효 맥주에 포함된다.

① 홉과 발효 방법의 종류에 따른 맥주 구분법
② 주원료에 따른 맥주의 발효 방법 분류
③ 맥주의 주원료와 발효 방법에 따른 맥주의 종류
④ 맥주의 제조공정
⑤ 맥주의 발효 과정

05 다음은 자원봉사 참여 현황에 대한 자료이다. 6년 동안 참여율이 4번째로 높은 해의 전년 대비 참여율의 증가율은?(단, 증가율은 소수점 첫째 자리에서 반올림한다)

〈자원봉사 참여 현황〉

(단위 : 천 명, %)

구분	2018년	2019년	2020년	2021년	2022년	2023년
총 성인 인구수	35,744	36,786	37,188	37,618	38,038	38,931
자원봉사 참여 성인 인구수	1,621	2,103	2,548	3,294	3,879	4,634
참여율	4.5	5.7	6.9	8.8	10.2	11.9

① 17%
② 19%
③ 21%
④ 23%
⑤ 25%

06 다음은 K사진관이 올해 찍은 사진의 용량 및 개수를 나타낸 자료이다. 올해 찍은 사진을 모두 모아서 한 개의 USB에 저장하려고 할 때, 최소 몇 GB의 USB가 필요한가?[단, 1MB=1,000KB, 1GB=1,000MB이며, 합계 파일 용량(GB)은 소수점 첫째 자리에서 버림한다]

〈올해 사진 자료〉

구분	크기(cm)	용량	개수
반명함	3×4	150KB	8,000개
신분증	3.5×4.5	180KB	6,000개
여권	5×5	200KB	7,500개
단체사진	10×10	250KB	5,000개

① 1.0GB
② 2.0GB
③ 3.0GB
④ 4.0GB
⑤ 5.0GB

07 다음은 2023년 방송산업 종사자 수를 나타낸 자료이다. 2023년 추세에 언급되지 않은 분야의 인원은 고정되어 있었다고 할 때, 2022년 방송산업 종사자 수는 모두 몇 명인가?

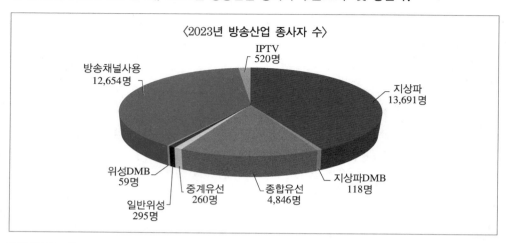

〈2023년 추세〉

지상파 방송사(지상파DMB 포함)는 전년보다 301명(2.2%p)이 증가한 것으로 나타났다. 직종별로 방송직에서는 PD(1.4%p 감소)와 아나운서(1.1%p 감소), 성우, 작가, 리포터, 제작지원 등의 기타 방송직(5%p 감소)이 감소했으나, 카메라, 음향, 조명, 미술, 편집 등의 제작관련직(4.8%p 증가)과 기자(0.5%p 증가)는 증가하였다. 그리고 영업홍보직(13.5%p 감소), 기술직(6.1%p 감소), 임원(0.7%p 감소)은 감소했으나, 연구직(11.7%p 증가)과 관리행정직(5.8%p 증가)은 증가했다.

① 20,081명

② 24,550명

③ 32,142명

④ 32,443명

⑤ 34,420명

08 장난감 A기차와 B기차가 4cm/s의 일정한 속력으로 달리고 있다. A기차는 12초, B기차는 15초에 0.3m 길이의 터널을 완전히 지났을 때, A기차와 B기차의 길이의 합은 얼마인가?

① 46cm

② 47cm

③ 48cm

④ 49cm

⑤ 50cm

09 농도가 10%인 소금물 200g에 농도가 15%인 소금물을 섞어서 13%인 소금물을 만들려고 한다. 이때, 농도가 15%인 소금물은 몇 g이 필요한가?

① 150g　　　　　　　　　　　　　② 200g

③ 250g　　　　　　　　　　　　　④ 300g

⑤ 350g

10 A ~ E 다섯 명을 포함한 여덟 명이 달리기 경기를 하였다. 경기 결과가 다음 〈조건〉과 같을 때, 항상 옳은 것은?

> **조건**
> • A와 D는 연속으로 들어왔으나, C와 D는 연속으로 들어오지 않았다.
> • A와 B 사이에 3명이 있다.
> • B는 일등도, 꼴찌도 아니다.
> • E는 4등 또는 5등이고, D는 7등이다.
> • 5명을 제외한 3명 중에 꼴찌는 없다.

① C가 3등이다.

② A가 C보다 늦게 들어왔다.

③ E가 C보다 일찍 들어왔다.

④ B가 E보다 늦게 들어왔다.

⑤ D가 E보다 일찍 들어왔다.

11 다음 〈조건〉에 대한 추론으로 가장 적절한 것은?

> **조건**
> - 네 나라는 시대순으로 연이어 존재했다.
> - 네 나라의 수도는 각각 달랐는데 관주, 금주, 평주, 한주 중 어느 하나였다.
> - 한주가 수도인 나라는 평주가 수도인 나라의 바로 전 시기에 있었다.
> - 금주가 수도인 나라는 관주가 수도인 나라의 바로 다음 시기에 있었으나 정보다는 이전 시기에 있었다.
> - 병은 가장 먼저 있었던 나라는 아니지만 갑보다는 이전 시기에 있었다.
> - 병과 정은 시대순으로 볼 때 연이어 존재하지 않았다.

① 금주는 갑의 수도이다.
② 평주는 정의 수도이다.
③ 을은 갑의 다음 시기에 존재하였다.
④ 한주가 수도인 나라가 가장 오래되었다.
⑤ 관주는 병의 수도이다.

12 안전본부 사고분석 개선처에 근무하는 B대리는 혁신우수 연구대회에 출전하여 첨단장비를 활용한 차종별 보행자 사고 모형개발 자료를 발표했다. 연구 추진방향을 도출하기 위해 SWOT 분석을 한 결과가 다음과 같을 때, 분석 결과에 대응하는 전략과 그 내용이 바르게 연결되지 않은 것은?

강점(Strength)	약점(Weakness)
10년 이상 지속적인 교육과 연구로 신기술 개발을 위한 인프라 구축	보행자 사고 모형개발을 위한 예산 및 실차 실험을 위한 연구소 부재
기회(Opportunity)	위협(Threat)
첨단 과학장비(3D스캐너, MADYMO) 도입으로 정밀 시뮬레이션 분석 가능	교통사고에 대한 국민의 관심과 분석수준 향상으로 공단의 사고분석 질적 제고 필요

① SO전략 : 과학장비를 통한 정밀 시뮬레이션 분석을 토대로 국내 차량의 전면부 형상을 취득하고 보행자 사고를 분석해 신기술 개발에 도움을 준다.
② WO전략 : 실차 실험 대신 과학장비를 통한 시뮬레이션 연구로 모형개발에 힘쓴다.
③ ST전략 : 지속적 교육과 연구로 쌓아온 데이터를 바탕으로 사고분석 프로그램 신기술 개발을 통해 사고분석 질적 향상에 기여한다.
④ WT전략 : 신기술 개발을 위한 연구대회를 개최해 인프라를 더욱 탄탄히 구축한다.
⑤ WT전략 : 보행자 사고 실험을 위한 연구소를 만들어 사고분석 데이터를 축적한다.

13 K기업에서 다음 면접방식으로 면접을 진행할 때, 심층면접을 할 수 있는 최대 인원수와 마지막 심층면접자의 기본면접 종료 시각을 바르게 짝지은 것은?

<면접방식>

- 면접은 기본면접과 심층면접으로 구분된다. 기본면접실과 심층면접실은 각 1개이고, 면접대상자는 1명씩 입실한다.
- 기본면접과 심층면접은 모두 개별면접의 방식을 취한다. 기본면접은 심층면접의 진행 상황에 관계없이 10분 단위로 계속되고, 심층면접은 기본면접의 진행 상황에 관계없이 15분 단위로 계속된다.
- 기본면접을 마친 면접대상자는 순서대로 심층면접에 들어간다.
- 첫 번째 기본면접은 오전 9시 정각에 실시되고, 첫 번째 심층면접은 첫 번째 기본면접이 종료된 시각에 시작된다.
- 기본면접과 심층면접 모두 낮 12시부터 오후 1시까지 점심 및 휴식 시간을 가진다.
- 각각의 면접 도중에 점심 및 휴식 시간을 가질 수 없고, 1인을 위한 기본면접 시간이나 심층면접 시간이 확보되지 않으면 새로운 면접을 시작하지 않는다.
- 기본면접과 심층면접 모두 오후 1시에 오후 면접 일정을 시작하고, 기본면접의 일정과 관련 없이 심층면접은 오후 5시 정각에는 종료되어야 한다.
※ 면접대상자의 이동 및 교체 시간 등 다른 조건은 고려하지 않는다.

	최대 인원수	종료 시각
①	27명	오후 2시 30분
②	27명	오후 2시 40분
③	28명	오후 2시 30분
④	28명	오후 2시 40분
⑤	28명	오후 2시 50분

14 다음은 주택용 전력 요금에 대한 자료이다. 단독주택에 거주하는 A씨는 전력을 저압으로 공급받고, 빌라에 거주하는 B씨는 전력을 고압으로 공급받는다. 이번 달 A씨의 전력사용량은 285kWh이고, B씨의 전력사용량은 410kWh일 때, A씨와 B씨의 전기요금이 바르게 짝지어진 것은?

〈주택용 전기요금〉

구분	기본요금(원/호)		전력량 요금(원/kWh)	
주택용 전력 (저압)	200kWh 이하 사용	910	처음 200kWh까지	93.3
	201 ~ 400kWh 사용	1,600	다음 200kWh까지	187.9
	400kWh 초과 사용	7,300	400kWh 초과	280.6
주택용 전력 (고압)	200kWh 이하 사용	730	처음 200kWh까지	78.3
	201 ~ 400kWh 사용	1,260	다음 200kWh까지	147.3
	400kWh 초과 사용	6,060	400kWh 초과	215.6

※ (전기요금)＝(기본요금)＋(전력량 요금)＋(부가가치세)＋(전력산업기반기금)
※ (부가가치세)＝[(기본요금)＋(전력량 요금)]×0.1(10원 미만 절사)
※ (전력산업기반기금)＝[(기본요금)＋(전력량 요금)]×0.037(10원 미만 절사)
※ 전력량 요금은 주택용 요금 누진제 적용(10원 미만 절사)
  – 주택용 요금 누진제는 사용량이 증가함에 따라 순차적으로 높은 단가가 적용되며, 현재 200kWh 단위로 3단계 운영

	A씨의 전기요금	B씨의 전기요금
①	41,190원	55,830원
②	40,500원	55,300원
③	41,190원	60,630원
④	46,890원	55,830원
⑤	40,500원	60,630원

15 K공사에 다니는 W사원은 이번 달 영국에서 5일 동안 일을 마치고 한국에 돌아와 일주일 후 스페인으로 다시 4일간의 출장을 간다고 한다. 다음 자료를 참고하여 W사원이 영국과 스페인 출장 시 필요한 총비용을 A~C은행에서 환전하려고 할 때, 필요한 원화의 최댓값과 최솟값의 차이는 얼마인가?(단, 출장비는 해외여비와 교통비의 합이다)

〈국가별 1일 여비〉

구분	영국	스페인
1일 해외여비	50파운드	60유로

〈국가별 교통비 및 추가비용〉

구분	영국	스페인
교통비(비행시간)	380파운드(12시간)	870유로(14시간)
초과 시간당 추가비용	20파운드	15유로

※ 교통비는 편도 항공권 비용이며, 비행시간도 편도에 해당한다.
※ 편도 비행시간이 10시간을 초과하면 시간당 추가비용이 발생한다.

〈은행별 환율 현황〉

구분	매매기준율(KRW)	
	원/파운드	원/유로
A은행	1,470	1,320
B은행	1,450	1,330
C은행	1,460	1,310

① 31,900원
② 32,700원
③ 33,500원
④ 34,800원
⑤ 35,200원

16 K공사 인사부의 P사원은 직원들의 근무평정 업무를 수행하고 있다. 다음 가점평정 기준표를 참고할 때, P사원이 Q과장에게 부여해야 할 가점은?

〈가점평정 기준표〉

구분		내용	가점	인정 범위	비고
근무경력		본부 근무 1개월(본부, 연구원, 인재개발원 또는 정부부처 파견근무기간 포함)	0.03점 (최대 1.8점)	1.8점	동일 근무기간 중 다른 근무경력 가점과 원거리, 장거리 및 특수지
		지역본부 근무 1개월(지역본부 파견근무기간 포함)	0.015점 (최대 0.9점)	1.8점	가점이 중복될 경우, 원거리, 장거리 및 특수지 근무 가점은 1/2만 인정
		원거리 근무 1개월	0.035점 (최대 0.84점)		
		장거리 근무 1개월	0.025점 (최대 0.6점)		
		특수지 근무 1개월	0.02점 (최대 0.48점)		
내부평가		내부평가결과 최상위 10%	월 0.012점	0.5점	현 직위에 누적됨 (승진 후 소멸)
		내부평가결과 차상위 10%	월 0.01점		
제안	제안상 결정 시	금상	0.25점	0.5점	수상 당시 직위에 한정함
		은상	0.15점		
		동상	0.1점		
	시행결과 평가	탁월	0.25점	0.5점	제안상 수상 당시 직위에 한정함
		우수	0.15점		

〈Q과장 가점평정 사항〉

- 입사 후 36개월 동안 본부에서 연구원으로 근무
- 지역본부에서 24개월 동안 근무
  - 지역본부에서 24개월 동안 근무 중 특수지에서 12개월 동안 파견근무
- 본부로 복귀 후 현재까지 총 23개월 근무
- 팀장(직위 : 과장)으로 승진 후 현재까지 업무 수행 중
  - 내부평가결과 최상위 10% 총 12회
  - 내부평가결과 차상위 10% 총 6회
  - 금상 2회, 은상 1회, 동상 1회 수상
  - 시행결과평가 탁월 2회, 우수 1회

① 3.284점
② 3.454점
③ 3.604점
④ 3.854점
⑤ 3.974점

17 투자정보팀에서는 문제기업을 미리 알아볼 수 있는 이상 징후로 다음 〈조건〉을 참고하여 투자 여부를 판단한다. 투자 여부 판단 대상기업 A~E 중 투자 부적격 기업을 모두 고르면?

〈투자 여부 판단 조건〉

㉮ 기업문화의 종교화　　　　　　　㉯ 정책에 대한 지나친 의존
㉰ 인수 합병 의존도의 증가　　　　　㉱ 견제 기능의 부재
㉲ CEO의 법정 출입

〈이상 징후별 인과 및 상관관계〉

1) '기업문화의 종교화(㉮)'와 '인수 합병 의존도의 증가(㉰)'는 동시에 나타난다.
2) '견제 기능의 부재(㉱)'가 나타나면 '정책에 대한 지나친 의존(㉯)'이 나타난다.
3) 'CEO의 법정 출입(㉲)'이 나타나면 '정책에 대한 지나친 의존(㉯)'과 '인수 합병의존도의 증가(㉰)'가 나타난다.

투자정보팀은 ㉮~㉲ 중 4개 이상의 이상 징후가 발견될 경우 투자를 하지 않기로 결정한다.

> **조건**
> • ㉮는 A, B, C기업에서만 나타났다.
> • ㉯는 D기업에서 나타났고, C와 E기업에서는 나타나지 않았다.
> • ㉱는 B기업에서 나타났고, A기업에서는 나타나지 않았다.
> • ㉲는 A기업에서 나타나지 않았다.
> • 이상 징후 ㉮~㉲ 중 모든 기업에서 동시에 나타나는 이상 징후는 없었다.

① A　　　　　　　　　　　　　② B
③ B, C　　　　　　　　　　　　④ D, E
⑤ C, D, E

18 다음은 K공사의 재고 관리에 대한 자료이다. 금요일까지 부품 재고 수량이 남지 않게 완성품을 만들 수 있도록 월요일에 주문할 A ~ C부품 개수가 바르게 짝지어진 것은?(단, 주어진 조건 이외에는 고려하지 않는다)

〈부품별 재고 수량과 완성품 1개당 소요량〉

부품	재고 수량(개)	완성품 1개당 소요량(개)
A	500	10
B	120	3
C	250	5

〈완성품 납품 수량〉

항목 요일	월	화	수	목	금
완성품 납품 개수(개)	없음	30	20	30	20

※ 부품 주문은 월요일에 한 번 신청하며, 화요일 작업 시작 전에 입고된다.
※ 완성품은 부품 A, B, C를 모두 조립해야 한다.

	A	B	C
①	100	100	100
②	100	180	200
③	500	100	100
④	500	150	200
⑤	500	180	250

01 다음 글을 읽고 필자의 생각으로 가장 적절한 것은?

우리는 우리가 생각한 것을 말로 나타낸다. 또 다른 사람의 말을 듣고, 그 사람이 무슨 생각을 가지고 있는지를 짐작한다. 그러므로 생각과 말은 서로 떨어질 수 없는 깊은 관계를 가지고 있다. 그러면 말과 생각은 얼마만큼 깊은 관계를 가지고 있을까? 이 문제를 놓고 사람들은 오랫동안 여러 가지 생각을 하였다. 그 가운데 가장 두드러진 것이 두 가지 있다. 그 하나는 말과 생각이 서로 꼭 달라붙은 쌍둥이인데 한 놈은 생각이 되어 속에 감추어져 있고 다른 한 놈은 말이 되어 사람 귀에 들리는 것이라는 생각이다. 다른 하나는 생각이 큰 그릇이고 말은 생각 속에 들어가는 작은 그릇이어서 생각에는 말 이외에도 다른 것이 더 있다는 생각이다.

이 두 가지 생각 중 앞의 것은 조금만 깊이 생각해 보면 틀렸다는 것을 즉시 깨달을 수 있다. 우리가 생각한 것은 거의 대부분 말로 나타낼 수 있지만, 누구든지 가슴 속에 응어리진 어떤 생각이 분명히 있기는 한데 그것을 어떻게 말로 표현해야 할지 애태운 경험을 가지고 있을 것이다. 이것 한 가지만 보더라도 말과 생각이 서로 안팎을 이루는 쌍둥이가 아님은 쉽게 판명된다.

인간의 생각이라는 것은 매우 넓고 큰 것이며 말이란 결국 생각의 일부분을 주워 담는 작은 그릇에 지나지 않는다. 그러나 아무리 인간의 생각이 말보다 범위가 넓고 큰 것이라고 하여도 그것을 가능한 한 말로 바꾸어 놓지 않으면 그 생각의 위대함이나 오묘함이 다른 사람에게 전달되지 않기 때문에 말의 신세를 지지 않을 수가 없게 되어 있다. 그러니까 말을 통하지 않고는 생각을 전달할 수가 없는 것이다.

① 말은 생각의 폭을 확장시킨다.
② 말은 생각을 전달하기 위한 수단이다.
③ 생각은 말이 내면화된 쌍둥이와 같은 존재이다.
④ 말은 생각의 하위요소이다.
⑤ 말은 생각을 제한하는 틀이다.

※ 다음 글을 읽고 이어지는 질문에 답하시오. [2~3]

기원전 323년에 사망한 마케도니아의 왕 알렉산드로스는 역사상 유례없을 정도의 짧은 기간에 대제국을 건설하였다. 그의 과감함과 용맹 그리고 요절은 이미 고대에 그에 대한 여러 전설을 만들어 놓았다. 하지만 그에 대한 자료를 제공하는 고대 저술가들이 모두 그에게 호의적이었던 것은 아니다. 이는 1～2세기에 활동한 세 역사가들의 저술에서 확인할 수 있다.

그 세 역사가인 아리아노스, 플루타르코스, 쿠르티우스 중에서 아리아노스와 플루타르코스는 그를 호의적으로 평가한 편이고, 쿠르티우스는 비판적이었다. 그러나 아리아노스와 플루타르코스 사이에도 약간의 차이는 있다. 아리아노스는 알렉산드로스가 명백하게 잘못한 경우에도 상대방 역시 잘못이 있다고 하여 책임 소재를 분산시킬 만큼 그에 대해 호의적이었다. 하지만 플루타르코스는 알렉산드로스를 영웅으로 그리고 있음에도 불구하고, 비판적인 묘사를 조금씩 삽입하여 반감을 약간씩 내비친다. 한편 쿠르티우스는 알렉산드로스의 천품은 좋으나, 페르시아를 정복하고 나서는 자만과 포악이 겸양을 능가하게 되었다고 비판한다.

이런 세 역사가들의 입장 차이는 그들이 속한 역사적 환경과 밀접한 관계가 있다. 이 중 아리아노스와 플루타르코스는 당시 로마의 속주였던 그리스 출신이다. 그러나 아리아노스는 로마 제국의 고위직에 올랐던 반면, 플루타르코스는 고향에서 신관으로 일했기에 정치와는 무관했다. 그들은 모두 알렉산드로스가 마케도니아 · 그리스 연합군을 이끌고, 과거 그리스를 침공했던 페르시아를 정복했다는 면을 중시하였다. 그러나 플루타르코스가 태어난 지역이 과거 마케도니아에 반기를 들었다가 진압 당했던 곳이라는 점을 감안하면 그의 평가에 내재하는 반감을 이해할 수 있다.

한편, 쿠르티우스는 로마의 귀족이고 원로원 의원이었다. 그가 알렉산드로스에 대해 아리아노스와 대조적인 평가를 한 데에는 시대적 배경이 있다. 쿠르티우스가 활동한 1세기는 로마 제정이 막 시작되었을 때였고, 황제는 '제1시민'이라는 호칭을 그대로 사용하며 공화정을 가장하고 있었다. 공화정을 주도했던 원로원이 유명무실해져 가는 상황에서 쿠르티우스는 알렉산드로스의 절대 권력에 대해 비판적 입장에 설 수밖에 없었다. 그러나 한 세기가 더 지나 아리아노스가 활동할 때가 되면서 로마 제정은 확립되었고, 아리아노스는 속주 출신이라는 한계 때문에라도 지배자에 대해 충성의 자세를 보여야 했다. 그가 쓴 작품은 결국 황제에게 바치는 충성의 맹세였던 것이다.

02 다음 중 윗글에 나타난 인물들에 대한 설명으로 가장 적절한 것은?

① 아리아노스와 쿠르티우스는 로마 제정 시대에 활동했다는 공통점이 있다.
② 플루타르코스는 태생의 한계를 극복하려는 정치적 의도에서 신관으로 일했다.
③ 아리아노스는 로마의 공직자였기에 알렉산드로스의 정복에 대해 위협을 느꼈다.
④ 플루타르코스와 쿠르티우스는 다 같이 로마의 속주 출신이라는 동질감을 지녔다.
⑤ 알렉산드로스는 고대에서 현대에 이르기까지 전설의 소재이자 찬미의 대상이었다.

03 다음 중 윗글의 핵심 논지로 가장 적절한 것은?

① 역사가는 당대의 사건에 대해서 판단을 유보한다.
② 역사가는 서술 대상과 거리를 두고 냉엄하게 판단한다.
③ 역사가는 주관적 판단을 배제하기 위해 대상을 철저하게 조사한다.
④ 역사가의 역사 해석은 개인적 가치관과 시대적 환경의 영향을 받는다.
⑤ 역사가의 역사 서술 목적은 교훈을 주고 미래를 대비하게 하는 것이다.

04 다음 빈칸에 들어갈 단어로 가장 적절한 것은?

현대 사회에는 외모가 곧 경쟁력이라는 인식이 만연해 있다. 어느 조사에 따르면 한국 여성의 53%가 성형을 받기를 원하며, 성형외과 고객 중 3분의 1은 남성이라고 한다. 한국의 거식증 환자 수는 이미 1만 명을 넘었으며, 지금도 그 수는 증가하고 있다. 평범한 외모를 가졌고 정상 체중인 사람도 불안감에 시달리게 하는 외모 강박의 시대가 된 셈이다. 우리는 왜 외모 욕망에서 자유로울 수 없는 것일까?

우리는 스스로 멋지거나 바람직하게 생각하는 모습, 즉 이상자아를 자신에게서 발견할 때 만족감을 느끼는데, 이것을 자아감을 느낀다고 표현한다. 그런데 이상자아는 주체의 참된 본질이 아니라 자신을 둘러싼 환경 즉, 자신에 대한 주변인들의 평가, 학교 교육, 대중매체, 광고, 문화 이데올로기 등의 담론과 자신을 동일시함으로써 형성된다. 이렇게 탄생한 이상자아는 자아를 이끌어가는 바람직한 자아의 모습으로 주체의 무의식에 깊게 자리잡는다. 그리하여 우리가 이상적인 자아에 못 미치는 모습을 자신에게서 발견할 때, 예를 들어 날씬한 몸매가 이상적인 자아인데 현실의 몸매는 뚱뚱할 때, 우리의 자아는 고통을 받는다. 이러한 고통으로부터 벗어나기 위해서는 이상자아에 맞추어 자신의 모습을 날씬하게 바꾸거나, 자신의 이상자아를 뚱뚱한 몸매로 바꾸어 만족감을 얻어야 한다. 그러나 전자는 체중감량과 유지가 어렵기 때문에, 후자는 자아의 무의식 구성을 급진적으로 바꾸는 것이기 때문에 쉽지 않다.

또한, 외모는 단순히 '보기 좋음'을 넘어 다양한 의미를 표상한다. 외모 문화에는 미의 기준을 제시하는 대중매체의 담론과 여성의 외모를 중시하는 가부장적인 이데올로기가 뿌리 깊게 작용하고 있다. 더 깊게 들어가서는 관상을 중시하는 시각문화, 외모에서조차 경쟁과 서열화를 만드는 자본주의 문화, 성공을 부추기는 유교적 출세주의, 서구의 미적 기준의 식민화, 개인의 개성을 인정하지 않는 집단획일주의 등 수많은 문화적 · 사회구조적 이데올로기가 개개인의 외모 욕망을 부추겨 외모 문화를 구축한다.

외모지상주의의 문제점을 단편적으로 제시하며 이를 거부할 것을 주장하는 사람들이 있다. 그러나 외모에 대한 욕망은 한두 가지 관점에서 비판함으로써 제거될 수 있는 것이 아니다. 하나의 단순한 현상처럼 보이지만, 그 기저에는 _____ 담론 코드가 끊임없이 작용하고 있는 것이다.

① 심층적인

② 다층적인

③ 획일적인

④ 주관적인

⑤ 일반적인

05 다음 밑줄 친 ㉠ ~ ㉤의 수정 방안으로 적절하지 않은 것은?

> 어떤 연구원이 사람의 키와 몸무게는 반드시 정비례한다고 주장하였다. ㉠ <u>그는 키와 몸무게가 비례한다고 강조한다.</u> 그에 따르면 키가 클수록 필연적으로 몸무게가 많이 나가고, 키가 작을수록 몸무게가 적게 나간다고 한다. 그런데 어느 날 키가 작고 뚱뚱한 사람과 키가 크고 마른 사람이 함께 이 ㉡ <u>학자</u>를 찾아왔다. ㉢ <u>두 사람은 마주 보고 있었다.</u> 연구원은 두 사람을 보는 순간 ㉣ <u>생각다 못해</u> 당황할 수밖에 없었다. 키와 몸무게에 관한 자신의 주장이 틀렸음을 알게 되었기 때문이다. ㉤ <u>오히려</u> 충분한 사례를 검토하지 않고 일반화하는 것은 위험하다.

① 앞 문장과 의미가 중복되므로 ㉠을 삭제한다.
② 하나의 글 안에서 지칭을 다르게 쓰고 있으므로 ㉡을 '연구원'으로 통일한다.
③ 통일성을 깨뜨리는 문장이므로 ㉢을 삭제한다.
④ 문장 내에서 '당황하다'와 의미상 어울리지 않으므로 ㉣을 삭제한다.
⑤ 앞뒤 내용을 자연스럽게 이어주지 못하므로 ㉤을 '그런데'로 바꾼다.

06 다음 문단을 논리적 순서대로 바르게 나열한 것은?

> (가) 하지만 이러한 현상에 대해 비판적인 시각도 생겨났다. 대량 생산된 복제품은 예술 작품의 유일무이(唯一無二)한 가치를 상실케 하고 예술적 전통을 훼손한다는 것이다.
> (나) MP3로 대표되는 복제 기술이 어떻게 발전할 것이며 그에 따라 음악은 어떤 변화를 겪을지, 우리가 누릴 수 있는 새로운 전통은 우리 삶을 어떻게 변화시킬지 생각해 보는 것은 매우 흥미로운 일이다.
> (다) 근래에는 음악을 컴퓨터 파일의 형태로 바꾸는 기술이 개발되어 작품을 나누고 섞고 변화시키는 것이 훨씬 자유로워졌다. 이에 따라 낯선 곡은 반복을 통해 친숙한 음악으로, 친숙한 곡은 디지털 조작을 통해 낯선 음악으로 변모시킬 수 있게 되었다.
> (라) 그러나 복제품은 자신이 생겨난 환경에 매여 있지 않기 때문에, 새로운 환경에서 새로운 예술적 전통을 만들어 낸다. 최근 음악 환경은 IT 기술의 발달과 보급에 따라 매우 빠르게 변화하고 있다.

① (가) – (다) – (라) – (나)
② (다) – (가) – (라) – (나)
③ (다) – (라) – (가) – (나)
④ (라) – (가) – (나) – (다)
⑤ (라) – (다) – (가) – (나)

07 다음 글에서 추론할 수 있는 내용으로 가장 적절한 것은?

조선이 임진왜란 중에도 필사적으로 보존하고자 한 서적이 바로 조선왕조실록이다. 실록은 원래 서울의 춘추관과 성주·충주·전주 4곳의 사고(史庫)에 보관되었으나, 임진왜란 이후 전주 사고의 실록만 온전한 상태였다. 전란이 끝난 후 단 1벌 남은 실록을 다시 여러 벌 등서하자는 주장이 제기되었다. 우여곡절 끝에 실록의 인쇄가 끝난 시기는 1606년이었다. 재인쇄 작업의 결과 원본을 포함해 모두 5벌의 실록을 갖추게 되었다. 원본은 강화도 마니산에 봉안하고 나머지 4벌은 서울의 춘추관과 평안도 묘향산, 강원도의 태백산과 오대산에 봉안했다.

이 5벌 중에서 서울 춘추관의 것은 1624년 이괄의 난 때 불에 타 없어졌고, 묘향산의 것은 1633년 후금과의 관계가 악화되자 전라도 무주의 적상산에 사고를 새로 지어 옮겼다. 강화도 마니산의 것은 1636년 병자호란 때 청군에 의해 일부 훼손되었던 것을 현종 때 보수하여 숙종 때 강화도 정족산에 다시 봉안했다. 결국 내란과 외적 침입으로 인해 5곳 가운데 1곳의 실록은 소실되었고, 1곳의 실록은 장소를 옮겼으며, 1곳의 실록은 손상을 입었던 것이다.

정족산, 태백산, 적상산, 오대산 4곳의 실록은 그 후 안전하게 지켜졌다. 그러나 일본이 다시 여기에 손을 대었다. 1910년 조선 강점 이후 일제는 정족산과 태백산에 있던 실록을 조선총독부로 이관하고, 적상산의 실록은 구황궁 장서각으로 옮겼으며, 오대산의 실록은 일본 동경제국대학으로 반출했다. 일본으로 반출한 것은 1923년 관동 대지진 때 거의 소실되었다. 정족산과 태백산의 실록은 1930년에 경성제국대학으로 옮겨져 지금까지 서울대학교에 보존되어 있다. 한편 장서각의 실록은 6·25 전쟁 때 북한으로 옮겨져 현재 김일성종합대학에 소장되어 있다.

① 재인쇄하였던 실록은 모두 5벌이다.
② 태백산에 보관하였던 실록은 현재 일본에 있다.
③ 현재 한반도에 남아 있는 실록은 모두 4벌이다.
④ 적상산에 보관하였던 실록은 일부가 훼손되었다.
⑤ 현존하는 실록 중에서 가장 오래된 것은 서울대학교에 있다.

다음 글에서 〈보기〉의 문장이 들어갈 위치로 가장 적절한 곳은?

그럼 이제부터 제형에 따른 특징과 복용 시 주의점을 알아보겠습니다. 먼저 산제나 액제는 복용해야 하는 용량에 맞게 미세하게 조절이 가능합니다. 그리고 정제나 캡슐제에 비해 노인이나 소아가 약을 삼키기 쉽고 약효도 빠르게 나타납니다. (가) 캡슐제는 캡슐로 약물을 감싸서 자극이 강한 약물을 복용할 때 생기는 불편을 줄일 수 있고, 정제로 만들면 약효가 떨어질 수 있는 경우에 사용되어 약효를 유지할 수 있습니다. (나) 하지만 캡슐제는 캡슐이 목구멍이나 식도에 달라붙을 수 있기 때문에 충분한 양의 물과 함께 복용해야 합니다. (다)

그리고 정제는 일정한 형태로 압축되어 있어 산제나 액제에 비해 보관이 간편하고 정량을 복용하기 쉽습니다. 이러한 정제는 약물의 성분이 빠르게 방출되는 속방정과 서서히 지속적으로 방출되는 서방정으로 구분할 수 있습니다. (라) 서방정은 오랜 시간 일정하게 약의 효과를 유지할 수 있어 복용 횟수를 줄일 수 있습니다. 그런데 서방정은 함부로 쪼개거나 씹어서 먹으면 안 됩니다. 왜냐하면 약물의 방출 속도가 달라져 부작용의 위험이 커질 수 있기 때문입니다.

오늘 강연 내용은 유익하셨나요? 이번 강연이 약에 대한 이해를 높일 수 있는 계기가 되었으면 합니다. 또한 약과 관련해 더 궁금한 내용이 있다면 '온라인 의약 도서관'을 통해 찾아보실 수 있습니다. (마) 마지막으로 상세한 복약 정보는 꼭 의사나 약사에게 확인하시기 바랍니다. 경청해 주셔서 감사합니다.

1주차

보기

하지만 이 둘은 정제에 비해 변질되기 쉬우므로, 특히 보관에 주의해야 하고 복용 전 변질 여부를 잘 확인해야 합니다.

① (가) ② (나)
③ (다) ④ (라)
⑤ (마)

복사 냉난방 시스템은 실내 공간과 그 공간에 설치되어 있는 말단 기기 사이에 열교환이 있을 때 그 열교환량 중 50% 이상이 복사 열전달에 의해서 이루어지는 시스템을 말한다. 우리나라 주거 건물의 난방방식으로 100% 가까이 이용되고 있는 온수온돌은 복사 냉난방 시스템 중 하나이며, 창 아래에 주로 설치되어 복사 열교환으로 실내를 냉난방하는 라디에이터 역시 복사 냉난방 시스템이다.

다양한 복사 냉난방 시스템 중에서도 최근 친환경 냉난방 설비에 대한 관심이 급증하면서 복사 냉난방 패널 시스템이 주목받고 있다. 복사 냉난방 패널 시스템이란 열매체로서 특정 온도의 물을 순환시킬 수 있는 회로를 바닥, 벽, 천장에 매립하거나 부착하여 그 표면온도를 조절함으로써 실내를 냉난방하는 시스템으로, 열원, 분배기, 패널, 제어기로 구성된다.

열원은 실내에 난방 시 열을 공급하고, 냉방 시 열을 제거하는 열매체를 생산해내는 기기로, 보일러와 냉동기가 있다. 열원에서 생산되어 세대에 공급되는 냉온수는 냉난방에 필요한 적정 온도와 유량을 유지할 수 있어야 한다.

분배기는 열원에서 만들어진 냉온수를 압력 손실 없이 실별로 분배한 뒤 환수하는 장치로, 집중화된 온도와 유량을 조절하고 냉온수 공급 상태를 확인하며, 냉온수가 순환되는 성능을 개선하는 일을 수행할 수 있어야 한다. 우리나라의 경우는 난방용 온수 분배기가 주로 이용되어 왔으나, 냉방기에도 이용이 가능하다.

패널은 각 실의 바닥, 벽, 천장 표면에 설치되며, 열매체를 순환시킬 수 있는 배관 회로를 포함한다. 분배기를 통해 배관 회로로 냉온수가 공급되면 패널의 표면 온도가 조절되면서 냉난방 부하가 제어되어 실내 공간을 쾌적한 상태로 유지할 수 있게 된다. 이처럼 패널은 거주자가 머무는 실내 공간과 직접적으로 열을 교환하는 냉난방의 핵심 역할을 담당하고 있으므로 열교환이 필요한 시점에 효율적으로 이루어질 수 있도록 설계·시공되는 것이 중요하다.

제어기는 냉난방 필요 여부를 판단하여 해당 실의 온도 조절 밸브를 구동하고, 열원의 동작을 제어함으로써 냉난방이 이루어지게 된다.

복사 냉난방 패널 시스템은 다른 냉난방 설비에 비하여 낮은 온도의 열매체로 난방이 가능하여 에너지 절약 성능이 우수할 뿐만 아니라 쾌적한 실내 온열 환경 조성에도 탁월한 기능을 발휘한다.

※ 복사 : 물체로부터 열이나 전자기파가 사방으로 방출됨
※ 열매체 : '열(따뜻한 기운)'과 '냉(차가운 기운)'을 전달하는 물질

① 열원은 냉온수를 압력 손실 없이 실별로 분배한 뒤 환수한다.
② 패널은 난방 시 열을 공급하고 냉방 시 열을 제거하는 열매체를 생산한다.
③ 제어기는 각 실의 바닥, 벽, 천장 표면에 설치되어 열매체를 순환시킨다.
④ 복사 냉난방 패널 시스템은 열매체의 온도가 높아 난방 시 에너지 절약 성능이 뛰어나다.
⑤ 분배기는 냉방기에도 이용이 가능하다.

10 다음 글의 중심 내용으로 가장 적절한 것은?

쇼펜하우어에 따르면 우리가 살고 있는 세계의 진정한 본질은 의지이며, 그 속에 있는 모든 존재는 맹목적인 삶에의 의지에 의해서 지배당하고 있다. 쇼펜하우어는 우리가 일상적으로 또는 학문적으로 접근하는 세계는 단지 표상의 세계일뿐이라고 주장하는데, 인간의 이성은 단지 이러한 표상의 세계만을 파악할 수 있을 뿐이다. 그에 따르면 존재하는 세계의 모든 사물들은 우선적으로 표상으로서 드러나게 된다. 시간과 공간 그리고 인과율에 의해서 파악되는 세계가 나의 표상인데, 이러한 표상의 세계는 오직 나에 의해서, 즉 인식하는 주관에 의해서만 파악되는 세계이다. 쇼펜하우어에 따르면 이러한 주관은 모든 현상의 세계, 즉 표상의 세계에서 주인의 역할을 하는 '나'이다.

이러한 주관을 이성이라고 부를 수도 있는데, 이성은 표상의 세계를 이끌어가는 주인공의 역할을 하는 것이다. 그러나 쇼펜하우어는 여기서 한발 더 나아가 표상의 세계에서 주인의 역할을 하는 주관 또는 이성은 의지의 지배를 받는다고 주장한다. 즉, 쇼펜하우어는 이성에 의해서 파악되는 세계의 뒤편에는 참된 본질적 세계인 의지의 세계가 있으므로 표상의 세계는 제한적이며 표면적인 세계일 뿐, 이성에 의해서 또는 주관에 의해서 결코 파악될 수 없다고 주장한다. 오히려 그는 그동안 인간이 진리를 파악하는 데 최고의 도구로 칭송받던 이성이나 주관을 의지에 끌려 다니는 피지배자일 뿐이라고 비판한다.

① 세계의 본질로서 의지의 세계
② 표상 세계의 극복과 그 해결 방안
③ 의지의 세계와 표상의 세계 간의 차이
④ 세계의 주인으로서 주관의 표상 능력
⑤ 표상 세계 안에서의 이성의 역할과 한계

11 C는 올해 총 6번의 토익시험에 응시하였다. 2회 차 시험점수가 620점 이상 700점 이하였고 토익 평균점수가 750점이었을 때, 다음 중 ㉡에 들어갈 수 있는 최소 점수는?

〈C의 토익시험 내역〉

1회	2회	3회	4회	5회	6회
620점	㉠	720점	840점	㉡	880점

① 720점 ② 740점
③ 760점 ④ 780점
⑤ 800점

12 A는 지난 주말 집에서 128km 떨어진 거리에 있는 할머니 댁을 방문했다. 차량을 타고 중간에 있는 휴게소까지는 시속 40km로 이동하였고, 휴게소부터 할머니 댁까지는 시속 60km로 이동하여 총 3시간 만에 도착하였다면, 집에서 휴게소까지의 거리는 얼마인가?(단, 휴게소에서 머문 시간은 포함하지 않는다)

① 24km   ② 48km

③ 72km   ④ 104km

⑤ 124km

13 다음 글을 근거로 판단할 때, K백화점이 한해 캐럴 음원 이용료로 지불해야 하는 최대 금액은?

> K백화점에서는 매년 크리스마스트리 점등식(11월 네 번째 목요일) 이후 돌아오는 첫 월요일부터 크리스마스(12월 25일)까지 백화점 내에서 캐럴을 틀어 놓는다(단, 휴점일 제외). 이 기간에 캐럴을 틀기 위해서는 하루에 2만 원의 음원 이용료를 지불해야 한다. K백화점 휴점일은 매월 네 번째 수요일이지만, 크리스마스와 겹칠 경우에는 정상영업을 한다.

① 48만 원   ② 52만 원

③ 58만 원   ④ 60만 원

⑤ 66만 원

14 철수는 다음과 같은 길을 따라 A에서 C까지 최단 거리로 이동하려고 한다. 이때, 최단 거리로 이동하는 동안 점 B를 거쳐서 이동하는 경우의 수는?

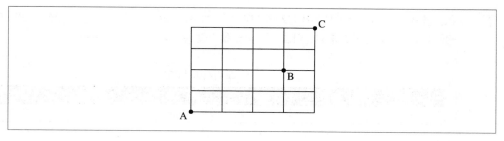

① 15가지   ② 24가지

③ 28가지   ④ 30가지

⑤ 32가지

15 상점 A와 B에서는 같은 종류의 면도기를 팔고 있다. 처음에 판매된 면도기 가격은 상점 A, B 모두 동일하였으나, 상점 A에서 할인 행사를 맞아 정가의 15%를 할인하였고, 상점 B는 20%를 할인하였다. 이 소식을 들은 상점 A는 처음 정가의 15%를 추가로 할인하였고, 이에 상점 B는 상점 A의 최종 가격과 같거나 더 싸게 판매하려고 한다. 상점 B는 처음 할인한 가격에서 최소한 몇 %를 추가로 할인해야 하는가?

① 10%　　　　　　　　　　　　　② 11.5%

③ 12.5%　　　　　　　　　　　　④ 15%

⑤ 20%

16 다음은 2023년 K시 5개 구 주민의 돼지고기 소비량에 대한 자료이다. 〈조건〉을 참고할 때 변동계수가 3번째로 큰 구는?

〈5개 구 주민의 돼지고기 소비량 통계〉

(단위 : kg)

구분	평균(1인당 소비량)	표준편차
A구	( )	5.0
B구	( )	4.0
C구	30.0	6.0
D구	12.0	4.0
E구	( )	8.0

※ (변동계수)=$\dfrac{(표준편차)}{(평균)} \times 100$

조건

• A구의 1인당 소비량과 B구의 1인당 소비량을 합하면 C구의 1인당 소비량과 같다.
• A구의 1인당 소비량과 D구의 1인당 소비량을 합하면 E구 1인당 소비량의 2배와 같다.
• E구의 1인당 소비량은 B구의 1인당 소비량보다 6.0kg 더 많다.

① A구　　　　　　　　　　　　　② B구

③ C구　　　　　　　　　　　　　④ D구

⑤ E구

17 다음은 국가별 4차 산업혁명 기반산업 R&D 투자 현황에 대한 자료이다. 이에 대한 설명으로 옳지 않은 것을 〈보기〉에서 모두 고르면?

〈국가별 4차 산업혁명 기반산업 R&D 투자 현황〉

(단위 : 억 달러)

국가	서비스				제조					
	IT서비스		통신 서비스		전자		기계장비		바이오·의료	
	투자액	상대수준	투자액	상대수준	투자액	상대수준	투자액	상대수준	투자액	상대수준
한국	3.4	1.7	4.9	13.1	301.6	43.1	32.4	25.9	16.4	2.3
미국	200.5	100.0	37.6	100.0	669.8	100.0	121.3	96.6	708.4	100.0
일본	30.0	14.9	37.1	98.8	237.1	33.9	125.2	100.0	166.9	23.6
독일	36.8	18.4	5.0	13.2	82.2	11.7	73.7	58.9	70.7	10.0
프랑스	22.3	11.1	10.4	27.6	43.2	6.2	12.8	10.2	14.2	2.0

※ 투자액 : 기반산업별 R&D 투자액의 합계
※ 상대수준 : 최대 투자국의 R&D 투자액을 100으로 두었을 때의 상대적 비율

보기

ㄱ. 한국의 IT서비스 부문 투자액은 미국 대비 1.7%이다.
ㄴ. 미국은 모든 산업의 상대수준이다.
ㄷ. 한국의 전자 부문 투자액은 전자 외 부문 투자액을 모두 합한 금액의 6배 이상이다.
ㄹ. 일본과 프랑스의 부문별 투자액이 높은 순서는 동일하지 않다.

① ㄱ, ㄴ
② ㄴ, ㄷ
③ ㄴ, ㄹ
④ ㄷ, ㄹ
⑤ ㄱ, ㄴ, ㄷ

18 다음은 방송통신위원회가 발표한 지상파방송의 주요국별 프로그램 수출입 현황을 나타낸 자료이다. 프로그램 수입액에서 영국이 차지하는 비율은?(단, 소수점 둘째 자리에서 올림한다)

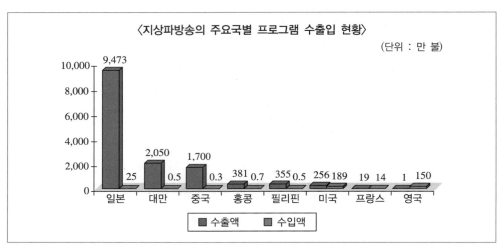

〈지상파방송의 주요국별 프로그램 수출입 현황〉

(단위 : 만 불)

① 45.2%
② 43.8%
③ 41.1%
④ 39.5%
⑤ 37.7%

19 S과장은 향후 자동차 구매자금을 마련하고자 한다. 이를 위해 자산관리담당자와 상담을 한 결과, 다음 자료의 3가지 금융상품에 2천만 원을 투자하기로 하였다. 6개월이 지난 후 S과장이 받을 수 있는 금액은 얼마인가?

〈포트폴리오 상품 내역〉

상품명	종류	기대수익률(연)	투자 비중
A	주식	10%	40%
B	채권	4%	30%
C	예금	2%	30%

※ 상품거래에서 발생하는 수수료 등 기타비용은 없다고 가정한다.

※ (투자수익)＝(투자원금)＋(투자원금)×(수익률)×$\dfrac{(투자월 수)}{12}$

① 2,012만 원
② 2,028만 원
③ 2,058만 원
④ 2,078만 원
⑤ 2,125만 원

20 다음은 2023년 전국 지역별, 월별 영상회의 개최 실적에 대한 자료이다. 이에 대한 설명으로 옳지 않은 것은?

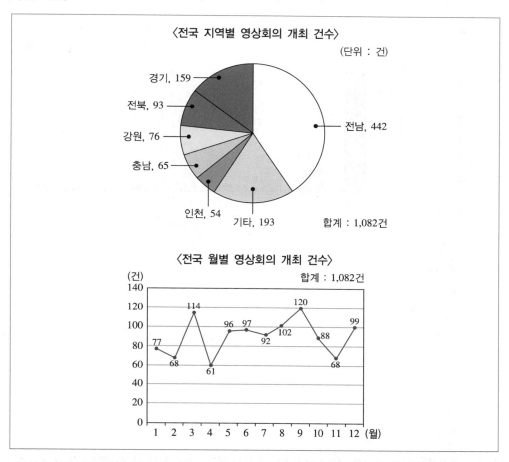

① 전국 월별 영상회의 개최 건수의 전월 대비 증가율은 5월이 가장 크다.
② 전국 월별 영상회의 개최 건수를 분기별로 비교하면 3/4분기에 가장 많다.
③ 영상회의 개최 건수가 가장 많은 지역은 전남이다.
④ 인천과 충남이 모든 영상회의를 9월에 개최했다면 9월에 영상회의를 개최한 지역은 모두 3개이다.
⑤ 강원, 전북, 전남의 영상회의 개최 건수의 합은 전국 영상회의 개최 건수의 50% 이상이다.

21 가족들과 레스토랑에서 외식을 계획 중인 H씨는 레스토랑에서 가격 할인을 받기 위해 A ~ E레스토랑에 대한 통신사별 멤버십 혜택을 정리하였다. 다음 중 가장 비용이 저렴한 것은?

<table>
<tr><td colspan="4" align="center">〈통신사별 멤버십 혜택〉</td></tr>
<tr><td>구분</td><td>X통신사</td><td>Y통신사</td><td>Z통신사</td></tr>
<tr><td>A레스토랑</td><td>1,000원당 100원 할인</td><td>15% 할인</td><td>–</td></tr>
<tr><td>B레스토랑</td><td>15% 할인</td><td>20% 할인</td><td>15% 할인</td></tr>
<tr><td>C레스토랑</td><td>20% 할인
(VIP의 경우 30% 할인)</td><td>1,000원당 200원 할인</td><td>30% 할인</td></tr>
<tr><td>D레스토랑</td><td>–</td><td>10% 할인
(VIP의 경우 20% 할인)</td><td>1,000원당 100원 할인</td></tr>
<tr><td>E레스토랑</td><td>15% 할인</td><td>–</td><td>20% 할인</td></tr>
</table>

① A레스토랑에서 14만 3천 원의 금액을 사용하고, Y통신사의 할인을 받는다.
② B레스토랑에서 16만 5천 원의 금액을 사용하고, X통신사의 할인을 받는다.
③ C레스토랑에서 16만 4천 원의 금액을 사용하고, X통신사의 VIP 할인을 받는다.
④ D레스토랑에서 15만 4천 원의 금액을 사용하고, Y통신사의 VIP 할인을 받는다.
⑤ E레스토랑에서 16만 2천 원의 금액을 사용하고, Z통신사의 할인을 받는다.

22 A팀과 B팀은 보안등급 상에 해당하는 문서를 나누어 보관하고 있다. 이에 따라 두 팀은 보안을 위해 아래와 같은 규칙에 따라 각 팀의 비밀번호를 지정하였다. 다음 중 A팀과 B팀에 들어갈 수 있는 암호배열은?

〈규칙〉

• 1 ~ 9까지의 숫자로 (한 자릿수)×(두 자릿수)=(세 자릿수)=(두 자릿수)×(한 자릿수) 형식의 비밀번호로 구성한다.
• 가운데에 들어갈 세 자릿수의 숫자는 156이며 숫자는 중복 사용할 수 없다. 즉, 각 팀의 비밀번호에 1, 5, 6이란 숫자가 들어가지 않는다.

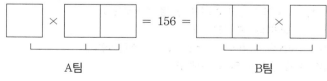

① 23
② 27
③ 29
④ 37
⑤ 39

23 B는 금융상품에 가입하고자 한다. 다음 〈조건〉이 모두 참일 때, 항상 거짓인 것은?

> **조건**
> • B는 햇살론, 출발적금, 희망예금, 미소펀드, 대박적금 중 세 개의 금융상품에 가입한다.
> • 햇살론을 가입하면 출발적금에는 가입하지 않으며, 미소펀드에도 가입하지 않는다.
> • 대박적금에 가입하지 않으면 햇살론에 가입한다.
> • 미소펀드에 반드시 가입한다.
> • 미소펀드에 가입하거나 출발적금에 가입하면, 희망예금에 가입한다.

① 희망예금에 가입한다.
② 대박적금에 가입한다.
③ 미소펀드와 햇살론 중 하나의 금융상품에만 가입한다.
④ 출발적금에 가입한다.
⑤ 햇살론에는 가입하지 않는다.

24 K공사 직원 A ~ E 5명은 점심식사를 하고 카페에서 각자 원하는 음료를 주문하였다. 다음 〈조건〉을 참고할 때, 카페라테 한 잔의 가격은 얼마인가?

> **조건**
> • 5명이 주문한 음료의 총금액은 21,300원이다.
> • A를 포함한 3명의 직원은 아메리카노를 주문하였다.
> • B는 혼자 카페라테를 주문하였다.
> • 나머지 한 사람은 5,300원인 생과일주스를 주문하였다.
> • A와 B의 음료 금액은 총 8,400원이다.

① 3,800원   ② 4,000원
③ 4,200원   ④ 4,400원
⑤ 4,600원

25 K항공사는 현재 신입사원을 모집하고 있으며, 지원자격은 다음과 같다. 〈보기〉의 지원자 중 K항공사 지원자격에 부합하는 사람은 모두 몇 명인가?

〈K항공사 대졸공채 신입사원 지원자격〉

- 4년제 정규대학 모집 대상 전공 중 학사학위 이상 소지한 자(졸업예정자 지원 불가)
- TOEIC 750점 이상인 자(국내 응시 시험에 한함)
- 병역필 또는 면제자로 학업성적이 우수하고, 해외여행에 결격사유가 없는 자

　※ 공인회계사, 외국어 능통자, 통계 전문가, 전공 관련 자격 보유자 및 장교 출신 지원자 우대

모집분야		대상 전공
일반직	일반관리	• 상경, 법정 계열 • 통계 / 수학, 산업공학, 신문방송, 식품공학(식품 관련 학과) • 중국어, 러시아어, 영어, 일어, 불어, 독어, 서반아어, 포르투갈어, 아랍어
	운항관리	• 항공교통, 천문기상 등 기상 관련 학과 　– 운항관리사, 항공교통관제사 등 관련 자격증 소지자 우대
전산직		• 컴퓨터공학, 전산학 등 IT 관련 학과
시설직		• 전기부문 : 전기공학 등 관련 전공 　– 전기기사, 전기공사기사, 소방설비기사(전기) 관련 자격증 소지자 우대 • 기계부문 : 기계학과, 건축설비학과 등 관련 전공 　– 소방설비기사(기계), 전산응용기계제도기사, 건축설비기사, 공조냉동기사, 건설기계기사, 일반기계기사 등 관련 자격증 소지자 우대 • 건축부문 : 건축공학 관련 전공(현장 경력자 우대)

보기

지원자	지원분야	학력	전공	병역사항	TOEIC 점수	참고사항
A	전산직	대졸	컴퓨터공학	병역필	820점	• 중국어, 일본어 능통자이다. • 여권발급 제한 대상이다.
B	시설직 (건축부문)	대졸	식품공학	면제	930점	• 건축현장 경력이 있다. • 전기기사 자격증을 소지하고 있다.
C	일반직 (운항관리)	대재	항공교통학	병역필	810점	• 전기공사기사 자격증을 소지하고 있다. • 학업 성적이 우수하다.
D	시설직 (기계부문)	대졸	기계공학	병역필	745점	• 건축설비기사 자격증을 소지하고 있다. • 장교 출신 지원자이다.
E	일반직 (일반관리)	대졸	신문방송학	미필	830점	• 소방설비기사 자격증을 소지하고 있다. • 포르투갈어 능통자이다.

① 1명　　　　　　　　　　　② 2명
③ 3명　　　　　　　　　　　④ 4명
⑤ 없음

※ 다음 자료를 보고 이어지는 질문에 답하시오. [26~28]

〈블랙박스 시리얼 번호 체계〉

개발사		제품		메모리 용량		제조연월				일련번호	PCB버전
값	의미	값	의미	값	의미	값	의미	값	의미	값	값
A	아리스	BD	블랙박스	1	4GB	A	2019년	1~9	1~9월	00001	1
S	성진	BL	LCD 블랙박스	2	8GB	B	2020년	O	10월	00002	2
B	백경	BP	IPS 블랙박스	3	16GB	C	2021년	N	11월	...	...
C	천호	BE	LED 블랙박스	4	32GB	D	2022년	D	12월	09999	9999
M	미강테크	–	–	–	–	E	2023년	–	–	–	–

※ 예시 : ABD2B6000101 → 아리스 블랙박스, 8GB, 2020년 6월 생산, 10번째 모델, PCB 1번째 버전

〈A/S 접수 현황〉

분류 1	분류 2	분류 3	분류 4
ABD1A2001092	MBE2E3001243	SBP3CD012083	ABD4B3007042
BBD1DD000132	MBP2CO120202	CBE3C4000643	SBE4D5101483
SBD1D9000082	ABE2D0001063	BBD3B6000761	MBP4C6000263
ABE1C6100121	CBL2C3010213	ABP3D8010063	BBE4DN020473
CBP1C6001202	SBD2B9001501	CBL3S8005402	BBL4C5020163
CBL1BN000192	SBP2C5000843	SBD3B1004803	CBP4D6100023
MBD1A2012081	BBL2BO010012	MBE3E4010803	SBE4E4001613
MBE1DB001403	CBD2B3000183	MBL3C1010203	ABE4DO010843

26 A/S가 접수되면 수리를 위해 각 제품을 해당 제조사로 전달한다. 그런데 제품 시리얼 번호를 확인하는 과정에서 조회되지 않는 번호가 있다는 것을 발견하였다. 다음 중 총 몇 개의 시리얼 번호가 잘못 기록되었는가?

① 6개
② 7개
③ 8개
④ 9개
⑤ 10개

27 A/S가 접수된 제품 중 2019 ~ 2020년도에 생산된 제품에 대해 무상으로 블루투스 기능을 추가해주는 이벤트를 진행하고 있다. A/S 접수가 된 블랙박스 중에서 이벤트에 해당하는 제품은 모두 몇 개인가?

① 6개
② 7개
③ 8개
④ 9개
⑤ 10개

28 당사의 제품을 구매한 고객이 A/S를 접수하면, 상담원은 제품 시리얼 번호를 확인하여 기록해 두고 있다. 제품 시리얼 번호는 특정 기준에 의해 분류하여 기록하고 있는데, 다음 중 그 기준은 무엇인가?

① 개발사

② 제품

③ 메모리 용량

④ 제조년월

⑤ PCB버전

29 다음 자료를 참고할 때, 〈보기〉의 주민등록번호 빈칸에 해당하는 숫자로 옳은 것은?

우리나라에서 국민에게 발급하는 주민등록번호는 각각의 번호가 고유한 번호로, 13자리 숫자로 구성된다. 13자리 숫자는 생년, 월, 일, 성별, 출생신고지역, 접수번호, 검증번호로 구분된다.

여기서 13번째 숫자인 검증번호는 주민등록번호의 정확성 여부를 검사하는 번호로, 앞의 12자리 숫자를 이용해서 구해지는데 계산법은 다음과 같다.

• 1단계 : 주민등록번호의 앞 12자리 숫자에 가중치 2, 3, 4, 5, 6, 7, 8, 9, 2, 3, 4, 5를 곱한다.
• 2단계 : 가중치를 곱한 값의 합을 계산한다.
• 3단계 : 가중치의 합을 11로 나눈 나머지를 구한다.
• 4단계 : 11에서 나머지를 뺀 수를 10으로 나눈 나머지가 검증번호가 된다.

> **보기**
>
> 240202-803701( )

① 4

② 5

③ 6

④ 7

⑤ 8

30 다음은 국내 금융기관에 대한 SWOT 분석 자료이다. 이를 토대로 SWOT 전략을 세운다고 할 때, 〈보기〉중 분석 결과에 대응하는 전략과 그 내용이 바르게 연결된 것을 모두 고르면?

국내 대부분의 예금과 대출을 국내 은행이 차지하고 있을 정도로 국내 금융기관에 대한 우리나라 국민들의 충성도는 높은 편이다. 또한 국내 금융기관은 철저한 신용 리스크 관리로 해외 금융기관과 비교해 자산건전성 지표가 매우 우수한 편이다. 시장 리스크 관리도 해외 선진 금융기관 수준에 도 달한 것으로 평가받는다. 국내 금융기관은 외환위기와 글로벌 금융위기 등을 거치며 꾸준히 자산건 전성을 강화해 왔기 때문이다.

그러나 은행과 이자 이익에 수익이 편중돼 있다는 점은 국내 금융기관의 가장 큰 약점이 된다. 대부 분 예금과 대출 거래 중심의 영업구조로 되어 있기 때문이다. 취약한 해외 비즈니스도 문제로 들 수 있다. 최근 동남아 시장을 중심으로 해외 진출에 박차를 가하고 있지만, 아직은 눈에 띄는 성과가 많지 않은 상황이다.

많은 어려움에도 불구하고 국내 금융기관의 발전 가능성은 아직 무궁무진하다. 우선 해외 시장으로 눈을 돌리면 다양한 기회가 열려 있다. 전 세계 신용·단기 자금 확대, 글로벌 무역 회복세로 국내 금융기관의 해외 진출 여건은 양호한 편이다. 따라서 해외 시장 개척을 통해 어떻게 신규 수익원을 확보하느냐가 성장의 새로운 기회로 작용할 전망이다. IT 기술 발달에 따른 핀테크의 등장도 새로운 기회가 될 수 있다. 국내의 발달된 인터넷과 모바일뱅킹 서비스, IT 인프라를 활용한 새로운 수익 창출 가능성이 열려 있는 것이다.

그러나 역설적으로 핀테크의 등장은 오히려 국내 금융기관의 발목을 잡을 수 있다. 블록체인 기술에 기반한 암호화폐, 간편결제와 송금, 로보어드바이저, 인터넷 은행, P2P 대출 등 다양한 핀테크 분 야의 새로운 서비스들이 기존 금융 서비스의 대체재로서 출현하고 있기 때문이다. 금융시장 개방에 따른 글로벌 금융기관과의 경쟁 심화도 넘어야 할 산이다. 특히 중국 은행을 비롯한 중국 금융이 급성장하고 있어 이에 대한 대비책 마련이 시급하다.

보기

㉠ SO전략 : 높은 국내 시장점유율을 기반으로 국내 핀테크 사업에 진출한다.

㉡ WO전략 : 위기관리 역량을 강화하여 해외 금융시장에 진출한다.

㉢ ST전략 : 해외 금융기관과 비교해 우수한 자산건전성을 강조하여 글로벌 금융기관과의 경쟁에 서 우위를 차지한다.

㉣ WT전략 : 해외 비즈니스 역량을 강화하여 해외 금융시장에 진출한다.

① ㉠, ㉡   ② ㉠, ㉢

③ ㉡, ㉢   ④ ㉡, ㉣

⑤ ㉢, ㉣

31 R부장은 모스크바 현지 영업소로 출장을 갈 계획이다. 4일 오후 2시 회의가 예정되어 있어 모스크바 공항에 적어도 오전 11시 이전에는 도착하고자 한다. 인천에서 모스크바까지는 8시간이 걸리며, 시차는 인천이 모스크바보다 6시간 더 빠르다. R부장은 인천에서 늦어도 몇 시에 출발하는 비행기를 예약해야 하는가?

① 3일 09:00   ② 3일 19:00

③ 4일 09:00   ④ 4일 11:00

⑤ 5일 02:00

32 K공사 인사관리부에서 근무하는 W대리는 2박 3일간 실시하는 신입사원 연수에 대한 기획안과 예산안을 작성해 제출해야 한다. 그중 식사에 대한 예산을 측정하기 위해 연수원에서 다음과 같이 메뉴별 가격 및 안내문을 받았다. 연수를 가는 신입사원은 총 50명이지만 이 중 15명은 둘째 날 오전 7시에 후발대로 도착할 예정이고, 예산은 최대 금액으로 편성하려 할 때 W대리가 식사비 예산으로 측정할 금액은?

〈메뉴〉

정식 ·· 9,000원
일품 ·· 8,000원
스파게티 ···································· 7,000원
비빔밥 ······································· 5,000원
낙지덮밥 ···································· 6,000원

〈안내문〉

- 식사시간 : (조식) 08:00 ~ 09:00 / (중식) 12:00 ~ 13:00 / (석식) 18:00 ~ 19:00
- 편의를 위하여 도착 후 첫 식사인 중식은 정식, 셋째 날 마지막 식사인 조식은 일품으로 통일한다.
- 나머지 식사는 정식과 일품을 제외한 메뉴에서 자유롭게 선택한다.

---

① 1,820,000원   ② 1,970,000원

③ 2,010,000원   ④ 2,025,000원

⑤ 2,070,000원

33 다음은 A직원이 지방 출장을 갈 때 이용할 수 있는 이동수단이다. 시간을 절약할 수 있는 최적의 방법은?

〈A직원이 이용할 수 있는 이동수단〉

A직원은 시외구간을 고속열차, 고속버스, 비행기, 자가용, 택시 중 하나로 이동한 후 해당 지역에서 출장지까지 택시로 이동할 예정이다(단, 자가용을 이용하는 경우 바로 출장지로 이동).

□ 시외구간
 - 고속열차 : 2시간
 - 고속버스 : 4시간
 - 비행기 : 1시간
 - 자가용 : 3시간
 - 택시 : 2시간 30분

□ 시내구간(택시 이용)
 - 기차역 ~ 출장지 : 40분
 - 버스터미널 ~ 출장지 : 10분
 - 공항 ~ 출장지 : 1시간
 - 자가용 : 소요시간 없음
 - 택시 : 소요시간 없음

---

① 고속열차   ② 고속버스
③ 비행기   ④ 자가용
⑤ 택시

<K공사의 출장여비 기준>

항공	숙박(1박)	교통비	일비	식비
실비	• 1 · 2급 : 실비 • 3급 : 80,000원 • 4 · 5 · 6급 : 50,000원	• 서울 · 경기지역 : 1일 10,000원 • 나머지 지역 : 1일 15,000원	30,000원/일	20,000원/일

※ 2급 이상 차이 나는 등급과 출장에 동행하게 된 경우, 높은 등급이 묵는 호텔에서 묵을 수 있는 금액을 지원한다.

1급	2급	3급	4급	5급	6급
이사장	이사	부장	차장	과장	대리

※ 부장, 차장, 과장, 주임의 출장비는 이사장, 이사>부장>차장>과장>대리의 순서로 차등하다(부장부터 일비 만 원씩 감소).
※ 항공은 외국으로 출장을 갈 경우에 해당한다.

34 다음 중 자료에 대한 설명으로 옳은 것은?

① 외국으로 출장을 다니는 B과장이 항상 같은 객실에서 묵는다면 총비용은 언제나 같다.
② 서울 · 경기지역으로 1박 2일 출장을 가는 C차장의 출장비는 20만 원 이상이다.
③ 같은 조건으로 출장을 간다면 이사장이 이사보다 출장비를 많이 받는다.
④ 이사장과 함께 출장을 가게 된 A대리는 이사장과 같은 호텔, 같은 등급의 객실에서 묵을 수 있다.
⑤ 자동차를 이용해 무박으로 지방 출장을 가는 부장과 차장의 출장비는 같다.

35 A부장과 P차장이 9박 10일로 함께 제주도 출장을 가게 되었다. 동일한 출장비를 제공하기 위하여 P차장의 호텔을 한 단계 업그레이드할 때, P차장이 원래 묵을 수 있는 호텔보다 얼마나 이득인가?

① 230,000원
② 250,000원
③ 270,000원
④ 290,000원
⑤ 310,000원

36 K공사에서 근무하고 있는 김대리는 경기본부로 전기점검을 나가고자 한다. 다음 〈조건〉에 따라 점검일을 결정할 때, 김대리가 경기본부 전기점검을 진행할 수 있는 기간으로 가장 적절한 것은?

〈10월 달력〉

일요일	월요일	화요일	수요일	목요일	금요일	토요일
				1	2	3
4	5	6	7	8	9	10
11	12	13	14	15	16	17
18	19	20	21	22	23	24
25	26	27	28	29	30	31

조건

- 김대리는 10월 중에 경기본부로 전기점검을 나간다.
- 전기점검은 2일 동안 진행되며, 이틀 동안 연이어 진행하여야 한다.
- 점검은 주중에만 진행된다.
- 김대리는 10월 1일부터 10월 7일까지 연수에 참석하므로 해당 기간에는 점검을 진행할 수 없다.
- 김대리는 10월 27일부터는 부서이동을 하므로, 27일부터는 전기점검을 포함한 모든 담당 업무를 후임자에게 인계하여야 한다.
- 김대리는 목요일마다 경인건설본부로 출장을 가며, 출장일에는 전기점검 업무를 수행할 수 없다.

① 6 ~ 7일
② 11 ~ 12일
③ 14 ~ 15일
④ 20 ~ 21일
⑤ 27 ~ 28일

37 다음은 통신사용료 명세서이다. 비고를 참고하여 모든 혜택을 적용한 최저 요금으로 가장 적절한 것은?

〈통신사용료 명세서〉

구분	요금(원)	비고
인터넷 요금	38,500	• 인터넷과 휴대폰, TV를 동시 가입한 경우 두 가지 품목 합산 요금의 20% 할인(셋톱박스 대여료 제외)
인터넷 셋톱박스 대여료	3,300	• 휴대폰 가입자 2인(20%), 3인(30%), 4인 이상(40%) 할인
휴대폰 요금	48,400	• 인터넷과 TV 셋톱박스 대여료는 비싼 가격 1대만 청구
	59,400	• 총요금의 천 원 미만 절사
	25,300	※ 한 품목에 대해 중복 할인 불가
TV 수신료	27,300	※ 자동이체 시 10% 추가 할인
TV 셋톱박스 대여료	4,400	
할인 및 혜택 미적용 요금	206,600	
총요금(자동이체 적용)		

① 135,000원   ② 139,100원
③ 147,000원   ④ 152,000원
⑤ 166,000원

38 K사원은 공사 홍보자료를 만들어서 배포하려고 한다. 다음 중 가장 저렴한 비용으로 인쇄할 수 있는 업체는?

〈인쇄업체별 비용 견적〉

(단위 : 원)

업체명	페이지당 비용	표지 가격 유광	표지 가격 무광	권당 제본 비용	할인
A인쇄소	50	500	400	1,500	–
B인쇄소	70	300	250	1,300	–
C인쇄소	70	500	450	1,000	100부 초과 시 초과 부수만 총비용에서 5% 할인
D인쇄소	60	300	200	1,000	–
E인쇄소	100	200	150	1,000	총 인쇄 페이지 5,000페이지 초과 시 총비용에서 20% 할인

※ 홍보자료는 관내 20개 지점에 배포하고, 지점마다 10부씩 배포한다.
※ 홍보자료는 30페이지 분량으로 제본하며, 표지는 유광표지로 한다.

① A인쇄소   ② B인쇄소
③ C인쇄소   ④ D인쇄소
⑤ E인쇄소

39 자동차 회사에 근무하고 있는 P씨는 급하게 중국 공장에 방문하기 위해 교통편을 알아보고 있다.
내일 새벽 비행기를 타기 위한 여러 가지 방법 중 가장 적은 비용으로 공항에 도착하는 방법은?

〈숙박요금〉

구분	공항 근처 모텔	공항 픽업 호텔	회사 근처 모텔
요금	80,000원	100,000원	40,000원

〈대중교통 요금 및 소요시간〉

구분	버스	택시
회사 → 공항 근처 모텔	20,000원 / 3시간	40,000원 / 1시간 30분
회사 → 공항 픽업 호텔	10,000원 / 1시간	20,000원 / 30분
회사 → 회사 근처 모텔	근거리이므로 무료	
공항 픽업 호텔 → 공항	무료 픽업 서비스	
공항 근처 모텔 → 공항		
회사 근처 모텔 → 공항	20,000원 / 3시간	40,000원 / 1시간 30분

※ 소요시간도 금액으로 계산한다(시간당 10,000원).

① 공항 근처 모텔로 버스 타고 이동 후 숙박
② 공항 픽업 호텔로 버스 타고 이동 후 숙박
③ 공항 픽업 호텔로 택시 타고 이동 후 숙박
④ 회사 근처 모텔에서 숙박 후 버스 타고 공항 이동
⑤ 회사 근처 모텔에서 숙박 후 택시 타고 공항 이동

40 K기업은 창고업체를 통해 다음 세 제품군을 보관하고 있다. 제품군에 대한 정보를 참고할 때, 다음 〈조건〉에 따라 K기업이 보관료로 지급해야 할 총금액은 얼마인가?

〈제품군별 보관 정보〉

구분	매출액(억 원)	용량	
		용적(CUBIC)	무게(톤)
A제품군	300	3,000	200
B제품군	200	2,000	300
C제품군	100	5,000	500

조건

- A제품군은 매출액의 1%를 보관료로 지급한다.
- B제품군은 1CUBIC당 20,000원의 보관료를 지급한다.
- C제품군은 1톤당 80,000원의 보관료를 지급한다.

① 3억 2천만 원   ② 3억 4천만 원

③ 3억 6천만 원   ④ 3억 8천만 원

⑤ 4억 원

아이들이 답이 있는 질문을 하기 시작하면 그들이 성장하고 있음을 알 수 있다.

- 존 J. 플롬프 -

PART 2

2주 차 학습

의사소통능력 | 내용 일치

※ 다음 글을 이해한 내용으로 가장 적절한 것을 고르시오. [1~2]

01

> 온갖 사물이 뒤섞여 등장하는 사진들에서 고양이를 틀림없이 알아보는 인공지능이 있다고 해 보자. 그러한 식별 능력은 고양이 개념을 이해하는 능력과 어떤 관계가 있을까? 고양이를 실수 없이 가려내는 능력이 고양이 개념을 이해하는 능력의 필요충분조건이라고 할 수 있을까?
>
> 먼저, 인공지능이든 사람이든 고양이 개념에 대해 이해하면서도 영상 속의 짐승이나 사물이 고양이인지 정확히 판단하지 못하는 경우는 있을 수 있다. 예를 들어, 누군가가 전형적인 고양이와 거리가 먼 희귀한 외양의 고양이를 보고 "좀 이상하게 생긴 족제비로군요."라고 말했다고 해 보자. 이것은 틀린 판단이지만, 그렇다고 그가 고양이 개념을 이해하지 못하고 있다고 평가하는 것은 부적절한 일일 것이다.
>
> 이번에는 다른 예로 누군가가 영상자료에서 가을에 해당하는 장면들을 실수 없이 가려낸다고 해 보자. 그는 가을 개념을 이해하고 있다고 보아야 할까? 그 장면들을 실수 없이 가려낸다고 해도 그가 가을이 적잖은 사람들을 왠지 쓸쓸하게 하는 계절이라든가, 농경문화의 전통에서 수확의 결실이 있는 계절이라는 것, 혹은 가을이 지구 자전축의 기울기와 유관하다는 것 등을 반드시 알고 있는 것은 아니다. 심지어 가을이 지구의 1년을 넷으로 나눈 시간 중 하나를 가리킨다는 사실을 모르고 있을 수도 있다. 만일 가을이 여름과 겨울 사이에 오는 계절이라는 사실조차 모르는 사람이 있다면, 우리는 그가 가을 개념을 이해하고 있다고 인정할 수 있을까? 그것은 불합리한 일일 것이다.
>
> 가을이든 고양이든 인공지능이 그런 개념들을 충분히 이해하는 것이 영원히 불가능하다고 단언할 이유는 없다. 하지만 우리가 여기서 확인한 점은 개념의 사례를 식별하는 능력이 개념을 이해하는 능력을 함축하는 것은 아니고, 그 역도 마찬가지라는 것이다.

① 날아가는 비둘기를 참새로 오인했다고 해서 비둘기 개념을 이해하지 못하고 있다고 평가할 수는 없다.

② 인간과 동물의 개념을 명확하게 이해하고 있다면, 동물과 인간을 실수 없이 구별해야 한다.

③ 영상자료에서 가을의 장면을 제대로 가려내지 못한 사람은 가을의 개념을 명확히 이해하지 못한 사람이다.

④ 인공지능이 자동차와 사람의 개념을 제대로 이해했다면, 영상 속의 자동차를 사람으로 착각할 리 없다.

⑤ 다양한 형태의 크고 작은 상자들 가운데 정확하게 정사각형의 상자를 찾아낸다면, 정사각형의 개념을 이해한 것이라고 볼 수 있다.

02

도심항공교통, UAM은 'Urban Air Mobility'의 약자로 전기 수직 이착륙기(eVTOL)를 활용해 지상에서 450m 정도 상공인 저고도 공중에서 사람이나 물건 등을 운송하는 항공 교통 수단 시스템을 지칭하는 용어로, 기체 개발부터 운항, 인프라 구축, 플랫폼 서비스 그리고 유지보수에 이르기까지 이와 관련된 모든 사업을 통틀어 일컫는 말이다.

도심항공교통은 전 세계적인 인구 증가와 대도시 인구 과밀화로 인해 도심의 지상교통수단이 교통 체증 한계에 맞닥뜨리면서 이를 해결하고자 등장한 대안책이다. 특히 이 교통수단은 활주로가 필요한 비행기와 달리 로켓처럼 동체를 세운 상태로 이착륙이 가능한 수직이착륙 기술, 또 배터리와 모터로 운행되는 친환경적인 방식과 저소음 기술로 인해 탄소중립 시대에 새로운 교통수단으로 주목받고 있다.

이 때문에 많은 국가와 기업에서 도심항공교통 상용화 추진에 박차를 가하고 있으며 우리나라 역시 예외는 아니다. 현대자동차 등 국내기업들은 상용화를 목표로 기체 개발 중에 있으며, 또 핵심 인프라 중 하나인 플라잉카 공항 에어원 건설 중에 있다. 공기업 역시 미래모빌리티 토탈솔루션 구축 등의 UAM 생태계 조성 및 활성화를 추진 중에 있다.

실제로 강릉시는 강릉역 '미래형 복합환승센터'에 기차, 버스, 철도, 자율주행차뿐만 아니라 도심항공교통 UAM까지 한 곳에서 승하차가 가능하도록 개발사업 기본 계획을 수립해 사업 추진에 나섰으며, 경기 고양시 역시 항공교통 상용화를 위한 UAM 이착륙장을 내년 완공을 목표로 진행 중에 있다. 이와 같은 각 단체와 시의 노력으로 도심항공교통이 상용화된다면 많은 기대효과를 가져올 수 있을 것이라 전망되는데, 특히 친환경적인 기술로 탄소배출 절감에 큰 역할을 할 것으로 판단된다. 이뿐만 아니라 도시권역 간 이동시간을 단축해 출퇴근 교통체증을 해소할 수 있고, 또 획기적인 운송 서비스의 제공으로 사회적 비용을 감소시킬 수 있을 것으로 보인다.

① 도심항공교통 UAM은 상공을 통해 사람이나 물품 등의 이동이 가능하게 하는 모든 항공교통수단 시스템을 지칭한다.

② 도심항공교통수단은 지상교통수단의 이용이 불가능해짐에 따라 대체 방안으로 등장한 기술이다.

③ 도심항공교통은 수직이착륙 기술을 가지고 있어 별도의 활주로와 공항이 없이도 어디서든 운행이 가능하다.

④ 국내 공기업과 사기업, 그리고 정부와 각 시는 도심항공교통의 상용화를 위해 역할을 분담하여 추진 중에 있다.

⑤ 도심항공교통이 상용화된다면, 도심지상교통이 이전보다 원활하게 운행이 가능해질 것으로 예측된다.

'역사란 무엇인가?'라는 대단히 어려운 물음에 아주 쉽게 답한다면, 그것은 인간 사회의 지난날에 일어난 사실(事實) 자체를 가리키기도 하고, 또 그 사실에 관해 적어 놓은 기록을 가리키기도 한다고 말할 수 있다. 그러나 지난날의 인간 사회에서 일어난 사실이 모두 역사가 되는 것은 아니다. 쉬운 예를 들면, 김 총각과 박 처녀가 결혼한 사실은 역사가 될 수 없고, 한글이 만들어진 사실, 임진왜란이 일어난 사실 등은 역사가 된다.

이렇게 보면 사소한 일, 일상적으로 반복되는 일은 역사가 될 수 없고, 거대한 사실, 한 번만 일어나는 사실만이 역사가 될 것 같지만, 반드시 그런 것도 아니다. 고려 시대의 경우를 예로 들면, 주기적으로 일어나는 자연 현상인 일식과 월식은 모두 역사로 기록되었지만, 우리는 지금 세계 최고(最古)의 금속 활자를 누가 몇 년에 처음으로 만들었는지 모르고 있다. 일식과 월식은 자연 현상이면서도 하늘이 인간 세계의 부조리를 경고하는 것이라 생각했기 때문에 역사가 되었지만, 목판(木版)이나 목활자 인쇄술이 금속 활자로 넘어가는 중요성이 인식되지 않았기 때문에 금속 활자는 역사가 될 수 없었다. 이렇게 보면, 또 역사라는 것은 지난날의 인간 사회에서 일어난 사실 중에서 누군가에 의해 중요한 일이라고 인정되어 뽑힌 것이라 할 수 있다. 이 경우, 그것을 뽑은 사람은 기록을 담당한 사람, 곧 역사가라 할 수 있으며, 뽑힌 사실이란 곧 역사책을 비롯한 각종 기록에 남은 사실들이다. 다시 말하면, 역사란 결국 기록에 남은 것이며, 기록에 남지 않은 것은 역사가 아니라 할 수 있다. 일식과 월식은 과학이 발달한 오늘날에는 역사로서 기록에 남지 않게 되었다. 금속 활자의 발견은 그 중요성을 안 훗날 사람들의 노력에 의해 최초로 발명한 사람과 정확한 연대(年代)는 모른 채 고려 말기의 중요한 역사로 추가 기록되었다. '지난날의 인간 사회에서 일어난 수많은 사실 중에서 누군가가 기록해 둘만한 중요한 일이라고 인정하여 기록한 것이 역사이다.'라고 생각해 보면, 여기에 좀 더 깊이 생각해 보아야 할 몇 가지 문제가 있다.

첫째는 '기록해 둘 만한 중요한 사실이란 무엇을 말하는 것인가?' 하는 문제이고, 둘째는 '과거에 일어난 일들 중에서 기록해 둘 만한 중요한 사실을 가려내는 사람의 생각과 처지'의 문제이다. 먼저, '무엇이 기록해 둘 만한 중요한 문제인가? 기록해 둘 만하다는 기준(基準)이 무엇인가?' 하고 생각해 보면, 아주 쉽게 말해서 후세(後世) 사람들에게 어떤 참고가 될 만한 일이라고 말할 수 있겠다. 즉, 오늘날의 역사책에 남아 있는 사실들은 모두 우리가 살아나가는 데 참고가 될 만한 일들이라 할 수 있다. 다음으로 참고가 될 만한 일과 그렇지 않은 일을 가려 내는 일은 사람에 따라 다를 수 있으며, 또 시대에 따라 다를 수 있다. 고려 시대나 조선 시대 사람들에게는 일식과 월식이 정치를 잘못한 왕이나 관리들에 대한 하늘의 노여움이라 생각되었기 때문에 역사에 기록되었지만, 오늘날에는 그렇지 않다는 것을 알게 되었기 때문에 역사에는 기록되지 않는다.

① 인간 사회에서 일어난 모든 사실이 역사가 될 수는 없다.
② 역사라는 것은 역사가의 관점에 의하여 선택된 사실이다.
③ 역사의 가치는 시대나 사회의 흐름과 무관한 절대적인 것이다.
④ 역사는 기록에 남은 것이며, 기록된 것은 가치가 있는 것이어야 한다.
⑤ 희소가치가 있는 것이나 거대한 사실이 반드시 역사가 되는 것은 아니다.

04 다음 중 그리스 수학에 대한 내용으로 가장 적절한 것은?

> '20세기 최고의 수학자'로 불리는 프랑스의 장피에르 세르 명예교수는 경북 포항시 효자동에 위치한 포스텍 수리과학관 3층 교수 휴게실에서 '수학이 우리에게 왜 필요한가.'를 묻는 첫 질문에 이같이 대답했다.
>
> "교수님은 평생 수학의 즐거움, 학문(공부)하는 기쁨에 빠져 있었죠. 후회는 없나요? 수학자가 안 됐으면 어떤 인생을 살았을까요?"
>
> "내가 굉장히 좋아했던 선배 수학자가 있었어요. 지금은 돌아가셨죠. 그분은 라틴어와 그리스어 등 언어에 굉장히 뛰어났습니다. 그만큼 재능이 풍부했지만 본인은 수학 외엔 다른 일을 안 하셨어요. 나보다 스무 살 위의 앙드레 베유 같은 이는 뛰어난 수학적 재능을 타고 태어났습니다. 하지만 나는 수학적 재능은 없는 대신 호기심이 많았습니다. 누가 써놓은 걸 이해하려 하기보다 새로운 걸 발견 하는 데 관심이 있었죠. 남이 이미 해놓은 것에는 별로 흥미가 없었어요. 수학 논문들도 재미있어 보이는 것만 골라서 읽었으니까요."
>
> "학문이란 과거의 거인들로부터 받은 선물을 미래의 아이들에게 전달하는 일이라고 누군가 이야기 했습니다. 그 비유에 대해 어떻게 생각하세요?"
>
> "학자의 첫 번째 임무는 새로운 것을 발견하려는 진리의 추구입니다. 전달(교육)은 그다음이죠. 우 리는 발견한 진리를 혼자만 알고 있을 게 아니라, 출판(Publish : 넓은 의미의 '보급'에 해당하는 원로학자의 비유)해서 퍼트릴 의무는 갖고 있습니다."
>
> 장피에르 교수는 고대부터 이어져 온 고대 그리스 수학자의 정신을 잘 나타내고 있다고 볼 수 있다. 그가 생각하는 학자에 대한 입장처럼 고대 그리스 수학자들에게 수학과 과학은 사람들에게 새로운 진리를 알려주고 놀라움을 주는 것이었다. 이때의 수학자들에게 수학이라는 학문은 순수한 앎의 기 쁨을 깨닫게 해 주는 것이었다. 그래서 고대 그리스에서는 수학을 연구하는 다양한 학파가 등장했을 뿐만 아니라 많은 사람의 연구를 통해 짧은 시간에 폭발적인 혁신을 이룩할 수 있었다.

① 그리스 수학을 연구하는 학파는 그리 많지 않았다.
② 그리스의 수학자들은 학문적 성취보다는 교육을 통해 후대를 양성하는 것에 집중했다.
③ 그리스 수학은 장기간에 걸쳐 점진적으로 발전하였다.
④ 고대 수학자들에게 수학은 새로운 사실을 발견하는 순수한 학문적 기쁨이었다.
⑤ 그리스 수학은 도형 위주로 특히 폭발적인 발전을 했다.

다음은 K공단의 사보에 실린 기사이다. 이를 읽고 나눈 〈보기〉의 대화 중 적절하지 않은 내용을 말하는 사람은?

'혁신'이라는 용어는 이미 경영 · 기술 분야에서 널리 사용되고 있다. 미국의 경제학자 슘페터는 혁신을 새로운 제품소개, 생산방법의 도입, 시장개척, 조직방식 등의 새로운 결합으로 발생하는 창조적 파괴라고 정의한 바 있다. 이를 '열린 혁신'의 개념으로 확장해 보면 기관 자체 역량뿐 아니라 외부의 아이디어를 받아들이고 결합함으로써, 당면한 문제를 해결하고 사회적 가치를 창출하는 일련의 활동이라 말할 수 있을 것이다.

위에서 언급한 정의의 측면에서 볼 때 열린 혁신의 성공을 위한 초석은 시민사회(혹은 고객)를 포함한 다양한 이해관계자의 적극적인 참여와 협업이다. 어린이 – 시민 – 전문가 – 공무원이 모여 자연을 이용해 기획하고 디자인한 순천시의 '기적의 놀이터', 청년들이 직접 제안한 아이디어를 정부가 정식 사업으로 채택하여 발전시킨 '공유기숙사' 등은 열린 혁신의 추진방향을 보여주는 대표적인 사례이다. 특히, 시민을 공공서비스의 수혜 대상에서 함께 사업을 만들어가는 파트너로 격상시킨 것이 큰 변화이며, 바로 이 지점이 열린 혁신의 출발점이라 할 수 있다.

그렇다면 '열린 혁신'을 보다 체계적 · 성공적으로 추진하기 위한 선행조건은 무엇일까?

첫째, 구성원들이 열린 혁신을 명확히 이해하고 수요자의 입장에서 사업을 바라보는 마인드셋이 필요하다. 공공기관이 혁신을 추진하는 목적은 결국 본연의 사업을 잘 수행하기 위함이다. 이를 위해서는 수요자인 고객을 먼저 생각해야 한다. 제공받는 서비스에 만족하지 못하는 고객을 생각한다면 사업에 대한 변화와 혁신은 자연스럽게 따라올 수밖에 없다.

둘째, 다양한 아이디어가 존중받고 추진될 수 있는 조직문화를 만들어야 한다. 나이 · 직급과 관계없이 새로운 아이디어를 마음껏 표현할 수 있는 환경을 조성하는 한편, 참신하고 완성도 높은 아이디어에 대해 인센티브를 제공하는 등 조직 차원의 동기부여가 필요하다. 행정안전부에서 주관하는 정부 열린 혁신 평가에서 기관장의 의지와 함께 전사 차원의 지원체계 마련을 주문하는 것도 이러한 이유에서다.

마지막으로 지속할 수 있는 혁신을 위해 이를 뒷받침할 수 있는 열정적인 혁신 퍼실리테이터가 필요하다. 수요자의 니즈를 발굴하여 사업에 반영하는 제안 – 설계 – 집행 – 평가의 전 과정을 살피고 지원할 수 있는 조력자의 역할은 필수적이다. 따라서 역량 있는 혁신 조력자를 육성하기 위한 체계적인 교육이 수반되어야 할 것이다. 덧붙여 전 과정에 다양한 이해관계자의 참여가 필요한 만큼 담당부서와 사업부서 간의 긴밀한 협조가 이루어진다면 혁신의 성과는 더욱 커질 것이다.

최근 우리 공단은 청년 실업률 증가, 4차 산업혁명로 인한 일자리의 구조적 변화 등 주요 사업과 관련한 큰 환경 변화에 직면해 있다. 특히, 일자리 창출 지원, 인적자원개발 패러다임 변화를 반영한 인력 양성 등 공단에 대한 정부와 국민의 기대감은 날로 커질 전망이다. '열린 혁신'은 공단의 지속할 수 있는 발전을 위해 꼭 추진되어야 할 과제이다. 공단 전 직원들의 관심과 적극적인 참여가 필요한 시점이다.

2주 차

보기

A사원 : 혁신은 혼자서 하는 게 아니야. 혁신을 위해서는 부서 간의 긴밀한 협조가 꼭 필요해.

B사원 : 우리 모두 업무를 함에 있어 고객들의 마음을 생각해 보는 것은 어떨까?

C사원 : 열린 혁신을 위해서는 외부의 도움 없이 스스로 문제를 해결할 수 있는 역량이 중요해.

D사원 : 기존의 수직적인 조직문화를 수평적인 문화로 개선해 보는 것은 어떨까?

E사원 : 인력 양성에 대한 국가적인 기대감은 날로 커질 전망이야.

① A사원　　　　　　　　② B사원

③ C사원　　　　　　　　④ D사원

⑤ E사원

06 다음 글의 '빌렌도르프의 비너스'에 대한 설명으로 가장 적절한 것은?

> 1909년 오스트리아 다뉴브 강가의 빌렌도르프 근교에서 철도 공사를 하던 중 구석기 유물이 출토되었다. 이 중 눈여겨볼 만한 것이 '빌렌도르프의 비너스'라 불리는 여성 모습의 석상이다. 대략 기원전 2만 년의 작품으로 추정되나 구체적인 제작연대나 용도 등에 대해 알려진 바가 거의 없다. 높이 11.1cm의 이 작은 석상은 굵은 허리와 둥근 엉덩이에 커다란 유방을 늘어뜨리는 등 여성 신체가 과장되어 묘사되어 있다. 가슴 위에 올려놓은 팔은 눈에 띄지 않을 만큼 작으며, 땋은 머리에 가려 얼굴이 보이지 않는다. 출산, 다산의 상징으로 주술적 숭배의 대상이 되었던 것이라는 의견이 지배적이다. 태고의 이상적인 여성을 나타내는 것이라고 보는 의견이나 선사시대 유럽의 풍요와 안녕의 상징이었다고 보는 의견도 있다.

① 팔은 떨어져 나가고 없다.

② 빌렌도르프라는 사람에 의해 발견되었다.

③ 부족장의 부인을 모델로 만들어졌다.

④ 구석기 시대의 유물로 추정된다.

⑤ 평화의 상징이라는 의견이 지배적이다.

07 다음 글을 이해한 내용으로 가장 적절한 것은?

개인의 합리성과 사회의 합리성은 병행할 수 있을까? 이 문제와 관련하여 고전 경제학에서는 개인이 합리적으로 행동하면 사회 전체적으로도 합리적인 결과를 얻을 수 있다고 말한다. 물론 여기에서 '합리성'이란 여러 가지 가능한 대안 가운데 효용의 극대화를 추구하는 방향으로 선택을 한다는 의미의 경제적 합리성을 의미한다. 따라서 개인이 최대한 자신의 이익에 충실하면 모든 자원이 효율적으로 분배되어 사회적으로도 이익이 극대화된다는 것이 고전 경제학의 주장이다.

그러나 개인의 합리적 선택이 반드시 사회적인 합리성으로 연결되지는 못한다는 주장도 만만치 않다. 이른바 '죄수의 딜레마' 이론에서는 서로 의사소통을 할 수 없도록 격리된 두 용의자가 각각의 수준에서 가장 합리적으로 내린 선택이 오히려 집합적인 결과에서는 두 사람 모두에게 비합리적인 결과를 초래할 수 있다고 설명하고 있다. 즉, 다른 사람을 고려하지 않고 자신의 이익만을 추구하는 개인적 차원의 합리성만을 강조하면 오히려 사회 전체적으로는 비합리적인 결과를 초래할 수 있다는 것이다. 죄수의 딜레마 이론을 지지하는 쪽에서는 심각한 환경오염 등 우리 사회에 존재하는 문제의 대부분을 이 이론으로 설명한다.

일부 경제학자들은 이러한 주장에 대하여 강하게 반발한다. 그들은 죄수의 딜레마 현상이 보편적인 현상이라면 우리 주위에서 흔히 발견할 수 있는 협동은 어떻게 설명할 수 있느냐고 반문한다. 사실 우리 주위를 돌아보면, 사람들은 의외로 약간의 손해를 감수하더라도 협동을 하는 모습을 곧잘 보여 주곤 한다. 그들은 이런 행동들도 합리성을 들어 설명한다. 안면이 있는 사이에서는 오히려 상대방과 협조를 하는 행동이 장기적으로는 이익이 된다는 것을 알기 때문에 협동을 한다는 것이다. 즉, 협동도 크게 보아 개인적 차원의 합리적 선택이 집합적으로 나타난 결과로 보는 것이다.

그러나 이런 해명에도 불구하고 우리 주변에서는 각종 난개발이 도처에서 자행되고 있으며, 환경오염은 이제 전 지구적으로 만연해 있는 것이 엄연한 현실이다. 자기 집 부근에 도로나 공원이 생기기를 원하면서도 정작 그 비용은 부담하려고 하지 않거나 남에게 해를 끼치는 일인 줄 뻔히 알면서도 쓰레기를 무단 투기하는 등의 행위를 서슴지 않고 한다. '합리적인 개인'이 '비합리적인 사회'를 초래하고 있는 것이다.

그렇다면 죄수의 딜레마와 같은 현상을 극복하고 사회적인 합리성을 확보할 수 있는 방안은 무엇인가? 그것은 개인적으로는 도덕심을 고취하고, 사회적으로는 의사소통 과정을 원활하게 하는 것이라고 할 수 있다. 개인들이 자신의 욕망을 적절하게 통제하고 남을 배려하는 태도를 지니면 죄수의 딜레마 같은 현상에 빠지지 않고도 개인의 합리성을 추구할 수 있을 것이다. 아울러 서로 간의 원활한 의사소통을 통해 공감의 폭을 넓히고 신뢰감을 형성하며, 적절한 의사 수렴과정을 거친다면 개인의 합리성이 보다 쉽게 사회적 합리성으로 이어지는 길이 열릴 것이다.

① 사회의 이익은 개인의 이익을 모두 합한 것이다.
② 사람들은 이기심보다 협동심이 더 강하다.
③ 사회가 기계라면 사회를 이루는 개인은 그 기계의 부속품일 수밖에 없다.
④ 전체 사회를 위해 개인의 희생은 감수할 수밖에 없다.
⑤ 사회적 합리성을 위해서는 개인의 노력만으로는 안 된다.

08 K사는 필기·면접시험을 통해 상반기 신입사원을 채용했다. 다음 〈조건〉을 토대로 할 때, 필기시험에 합격한 사람은 몇 명인가?

> **조건**
> • 필기시험에 합격한 응시자는 면접시험을 볼 수 있다.
> • 면접시험 응시자는 필기시험 응시자의 70%이다.
> • 필기시험 합격자는 필기시험 응시자의 80%이다.
> • 면접시험 불합격자는 면접시험 응시자의 60%이다.
> • 면접시험 합격자 중 남녀 성비는 3 : 4이다.
> • 면접시험에서 여성 합격자는 72명이다.

① 280명   ② 300명
③ 320명   ④ 340명
⑤ 360명

09 A씨는 기간제로 6년을 일하였고, 시간제로 6개월을 근무하였다. 다음 연차 계산법을 참고할 때, A씨의 연차는 며칠인가?(단, 모든 계산은 소수점 첫째 자리에서 올림한다)

> **〈연차 계산법〉**
> • 기간제 : [(근무 연수)×(연간 근무 일수)]÷365일×15
> • 시간제 : (근무 총 시간)÷365
> ※ 근무는 1개월을 30일로, 1년을 365일로, 1일 8시간 근무로 계산한다.

① 86일   ② 88일
③ 92일   ④ 94일
⑤ 100일

10 다음 〈조건〉을 토대로 할 때, 신입사원 중 가장 나이가 적은 사람과 가장 나이가 많은 사람의 나이 차는 얼마인가?

> **조건**
> • 신입사원은 5명이다.
> • 신입사원의 평균 나이는 28.8세이다.
> • 중앙값은 28세, 최빈값은 32세이다.

① 7세   ② 9세
③ 11세   ④ 13세
⑤ 15세

11 철수는 서로 무게가 다른 각각 5개의 상자 A ~ E의 무게를 비교하려고 한다. 다음 〈조건〉을 만족할 때, 상자를 무게 순서대로 바르게 나열한 것은?

> **조건**
> • C+D<A   • A+C<E
> • A+B>C+E   • B=C+D

① D<C<B<A<E   ② C<D<B<A<E
③ C<D<A<B<E   ④ C<B<D<A<E
⑤ D<A<B<C<E

12 다음 중 창의적 사고 개발 방법에 대한 설명으로 옳은 것은?

① 브레인스토밍은 자유연상법에 속한다.

② 강제연상법에는 NM법 등이 있다.

③ 비교발상법에는 체크리스트 등이 있다.

④ Synectics법은 각종 힌트에 강제적으로 연결지어서 발상한다.

⑤ 일반적으로 브레인스토밍은 구성원이 서로 정체를 모르게 한다.

13 다음과 같은 특징을 가지고 있는 창의적 사고 개발 방법은?

일정한 주제에 관하여 회의를 하고, 참가하는 인원이 자유발언을 통해 아이디어를 제시하는 것으로, 다른 사람의 발언을 비판하지 않는다.

① 스캠퍼 기법   ② 여섯 가지 색깔 모자

③ 브레인스토밍   ④ TRIZ

⑤ Logic Tree 기법

발산적 사고는 창의적 사고를 위해 필요한 것으로, 자유연상법, 강제연상법, 비교발상법 등을 통해 개발할 수 있다. 그중 '자유연상'은 목적과 의도 없이 자연스럽게 표현되는 것이다. 꿈이나 공상 등 정신치료나 정신분석에서 흔히 볼 수 있는 현상이다. 자유연상은 접근 연상, 유사 연상, 대비 연상 등의 유형으로 구분될 수 있다.

㉠ 접근 연상은 주제와 관련이 있는 대상이나 과거의 경험을 떠올려 보는 활동이다. 유사 연상은 제시된 주제를 보고 유사한 대상이나 경험을 떠올려 보는 활동이다. 대비 연상은 주제와 반대가 되는 대상이나 과거의 경험 등 대비되는 관념을 생각해 보는 활동이다.

자유연상법의 예시로는 브레인스토밍이 있다. 브레인스토밍은 집단구성원들의 상호작용을 통하여 많은 수의 아이디어를 발상하게 한다. 미국의 대표학자인 알렉스 오스본씨는 창의적인 문제해결 과정에서 아이디어 발상 및 전개과정을 무엇보다 중요시하였고, 아이디어 발상을 증대시키기 위해 '판단 보류'와 '가능한 많은 숫자의 발상을 이끌어 낼 것'을 주장하였다. 여기서 판단 보류라는 것은 비판하지 않는다는 것을 가정하며, 초기에 아이디어에 대한 평가를 적게 하면 할수록 독창적이고, 비범하고, 흥미로운 아이디어가 더 많이 도출될 것이라고 하였다. 또한 다른 문제해결 방법과 차이를 갖는 특징으로 다음의 '4가지 규칙'을 제안하였다.

• 비판금금(Support) : 평가 단계 이전에 결코 비판이나 판단을 해서는 안 되며 평가는 나중까지 유보한다.
• 자유분방(Silly) : 무엇이든 자유롭게 말한다.
• 질보다 양(Speed) : 질에는 관계없이 가능한 많은 아이디어들을 생성해 내도록 격려한다.
• 결합과 개선(Synergy) : 다른 사람의 아이디어에 자극되어 보다 좋은 생각이 떠오르고, 서로 조합하면 재미있는 아이디어가 될 것 같은 생각이 들면 즉시 조합시킨다.

14 다음 중 밑줄 친 ㉠에 대한 생각으로 적절하지 않은 것은?

① 한 가지 사물로부터 그와 근접한 여러 가지 사물을 생각해 봐야지!
② 주제와 반대되는 대상도 생각해 봐야지.
③ 생각하고 비교, 선택하여 합리적인 판단이 필요해.
④ 예전에 있었던 일을 생각해 보는 것도 좋을 것 같아.
⑤ 폐수방류하면 물고기 떼죽음이 생각나.

15 다음 중 윗글에서 강조하고 있는 '4가지 규칙'을 어긴 사람은?

① 모든 아이디어에 대해 비판하지 않는 지수
② 다른 사람의 생각을 참고하여 아이디어를 내는 혜성
③ 보다 좋은 의견을 내기 위하여 오래 생각하는 수미
④ 다른 사람의 생각에 상관없이 떠오르는 모든 아이디어를 말하는 성태
⑤ 다른 사람의 부족한 아이디어에 결점을 해결할 수 있는 본인의 생각을 덧붙여 더 좋은 안을 제시하는 효연

16 A씨는 여행을 가기 위해 B자동차를 대여하려 한다. 다음 〈조건〉을 바탕으로 할 때 A씨가 B자동차를 대여할 수 없는 요일은?

〈2월 달력〉

일	월	화	수	목	금	토
	1	2	3	4	5	6
7	8	9	10	11 설 연휴	12 설 연휴	13 설 연휴
14	15	16	17	18	19	20
21	22	23	24	25	26	27
28						

조건

• 2월에 주말을 포함하여 3일 동안 연속으로 대여한다.
• 설 연휴에는 대여하지 않는다.
• 설 연휴가 끝난 다음 주 월, 화에 출장이 있다(단, 출장 중에 대여하지 않는다).
• B자동차는 첫째 주 짝수 날에는 점검이 있어 대여할 수 없다.
• B자동차는 24일부터 3간 C가 대여를 예약해 두었다.
• 설 연휴가 있는 주의 화요일과 수요일은 업무를 마쳐야 하므로 대여하지 않는다.

① 수요일   ② 목요일
③ 금요일   ④ 토요일
⑤ 일요일

17 해외로 출장을 가는 김대리는 다음 〈조건〉에 따라 이동하려고 계획하고 있다. 연착 없이 계획대로 출장지에 도착했다면, 도착했을 때의 현지 시각은?

> **조건**
> • 서울 시각으로 5일 오후 1시 35분에 출발하는 비행기를 타고, 경유지 한 곳을 거쳐 출장지에 도착한다.
> • 경유지는 서울보다 1시간 빠르고, 출장지는 경유지보다 2시간 느리다.
> • 첫 번째 비행은 3시간 45분이 소요된다.
> • 경유지에서 3시간 50분을 대기하고 출발한다.
> • 두 번째 비행은 9시간 25분이 소요된다.

① 오전 5시 35분
② 오전 6시
③ 오후 5시 35분
④ 오후 6시
⑤ 오후 7시

18 다음은 K회사 신제품 개발1팀의 하루 업무 스케줄에 대한 자료이다. 신입사원 A씨는 스케줄을 바탕으로 금일 회의 시간을 정하려고 한다. 팀 회의를 진행할 시간대로 가장 적절한 것은?(단, 팀 회의는 1시간 동안 진행된다)

〈K회사 신제품 개발1팀 스케줄〉

시간	직급별 스케줄				
	부장	차장	과장	대리	사원
09:00 ~ 10:00	업무회의				
10:00 ~ 11:00					비품 요청
11:00 ~ 12:00			시장조사	시장조사	시장조사
12:00 ~ 13:00			점심식사		
13:00 ~ 14:00	개발 전략 수립		시장조사	시장조사	시장조사
14:00 ~ 15:00		샘플 검수	제품 구상	제품 구상	제품 구상
15:00 ~ 16:00			제품개발	제품개발	제품개발
16:00 ~ 17:00					
17:00 ~ 18:00			결과 보고	결과 보고	

① 09:00 ~ 10:00
② 10:00 ~ 11:00
③ 14:00 ~ 15:00
④ 16:00 ~ 17:00
⑤ 17:00 ~ 18:00

의사소통능력 | 내용 추론

01 다음 글을 읽고 추론한 내용으로 가장 적절한 것은?

> 비자발적인 행위는 강제나 무지에서 비롯된 행위이다. 반면에 자발적인 행위는 그것의 실마리가 행위자 자신 안에 있다. 행위자 자신 안에 행위의 실마리가 있는 경우에는 행위를 할 것인지 말 것인지가 행위자 자신에게 달려 있다.
>
> 욕망이나 분노에서 비롯된 행위들을 모두 비자발적이라고 할 수는 없다. 그것들이 모두 비자발적이라면 인간 아닌 동물 중 어떤 것도 자발적으로 행위를 하는 게 아닐 것이며, 아이들조차 그럴 것이기 때문이다. 우리가 욕망하는 것 중에는 마땅히 욕망해야 할 것이 있는데, 그러한 욕망에 따른 행위는 비자발적이라고 할 수 없다. 실제로 우리는 어떤 것들에 대해서는 마땅히 화를 내야 하며, 건강이나 배움과 같은 것은 마땅히 욕망해야 한다. 따라서 욕망이나 분노에서 비롯된 행위를 모두 비자발적인 것으로 보아서는 안 된다.
>
> 합리적 선택에 따르는 행위는 모두 자발적인 행위지만 자발적인 행위의 범위는 더 넓다. 왜냐하면 아이들이나 동물들도 자발적으로 행위를 하긴 하지만 합리적 선택에 따라 행위를 하지는 못하기 때문이다. 또한 욕망이나 분노에서 비롯된 행위는 어떤 것도 합리적 선택을 따르는 행위가 아니다. 이성이 없는 존재는 욕망이나 분노에 따라 행위를 할 수 있지만, 합리적 선택에 따라 행위를 할 수는 없기 때문이다. 또 자제력이 없는 사람은 욕망 때문에 행위를 하지만 합리적 선택에 따라 행위를 하지는 않는다. 반대로 자제력이 있는 사람은 합리적 선택에 따라 행위를 하지, 욕망 때문에 행위를 하지는 않는다.

① 욕망에 따른 행위는 모두 자발적인 것이다.

② 자제력이 있는 사람은 자발적으로 행위를 한다.

③ 자제력이 없는 사람은 비자발적으로 행위를 한다.

④ 자발적인 행위는 모두 합리적 선택에 따른 것이다.

⑤ 마땅히 욕망해야 할 것을 하는 행위는 모두 합리적 선택에 따른 것이다.

※ 다음 글을 읽고 이어지는 질문에 답하시오. [2~3]

신문이나 잡지는 대부분 유료로 판매된다. 반면에 인터넷 뉴스 사이트는 신문이나 잡지의 기사와 같거나 비슷한 내용을 무료로 제공한다. 왜 이런 현상이 발생하는 것일까?

이 현상 속에는 경제학적 배경이 숨어 있다. 대체로 상품의 가격은 그 상품을 생산하는 데 드는 비용의 언저리에서 결정된다. 생산 비용이 많이 들수록 상품의 가격이 상승하는 것이다. 그런데 인터넷에 게재되는 기사를 생산하는 데 드는 비용은 0원에 가깝다. 기자가 컴퓨터로 작성한 기사를 신문사 편집실로 보내 종이 신문에 게재하고, 그 기사를 그대로 재활용하여 인터넷 뉴스 사이트에 올리기 때문이다. 또한, 인터넷 뉴스 사이트 방문자 수가 증가하면 사이트에 걸어 놓은 광고에 대한 수입도 증가하게 된다. 이러한 이유로 신문사들은 경쟁적으로 인터넷 뉴스 사이트를 개설하여 무료로 운영했던 것이다.

그런데 이렇게 무료로 인터넷 뉴스 사이트를 이용하는 사람들이 폭발적으로 늘어나면서 돈을 지불하고 신문이나 잡지를 구독하는 사람들이 점점 줄어들기 시작했다. 그 결과 언론사들의 수익률이 감소하여 재정이 악화되었다. 문제는 여기서 그치지 않는다. 언론사들의 재정적 악화는 깊이 있고 정확한 뉴스를 생산하는 그들의 능력을 저하시키거나 사라지게 할 수도 있다. 결국 그로 인한 피해는 뉴스를 이용하는 소비자에게로 되돌아올 것이다.

그래서 점차 언론사들, 특히 신문사들의 재정악화의 개선을 위해 인터넷 뉴스를 유료화해야 한다는 의견이 나타나고 있다. 하지만 그러한 주장을 현실화하는 것은 그리 간단하지 않다. 소비자들은 어떤 상품을 구매할 때 그 상품의 가격이 얼마 정도면 구입할 것이고, 얼마 이상이면 구입하지 않겠다는 마음의 선을 긋는다. 이 선의 최대치가 바로 최대 지불의사(Willingness to Pay)이다. 소비자들의 머릿속에 한번 각인된 최대 지불의사는 좀처럼 변하지 않는 특성이 있다. 인터넷 뉴스의 경우 오랫동안 소비자에게 무료로 제공되었고, 그러는 사이 인터넷 뉴스에 대한 소비자들의 최대 지불의사도 0원으로 굳어진 것이다. 그런데 이제 와서 무료로 이용하던 정보를 유료화한다면 소비자들은 여러 이유를 들어 불만을 토로할 것이다.

해외 신문 중 일부 경제 전문지는 이러한 문제를 성공적으로 해결했다. 그들은 매우 전문화되고 깊이 있는 기사를 작성하여 소비자에게 제공하는 대신 인터넷 뉴스 사이트를 유료화했다. 그럼에도 불구하고 많은 소비자들이 기꺼이 돈을 지불하고 이들 사이트의 기사를 이용하고 있다. 전문화되고 맞춤화된 뉴스일수록 유료화 잠재력이 높은 것이다. 이처럼 제대로 된 뉴스를 만드는 공급자와 정당한 값을 내고 제대로 된 뉴스를 소비하는 수요자가 만나는 순간 문제해결의 실마리를 찾을 수 있을 것이다.

02 다음 중 윗글의 바탕이 되는 경제관으로 적절하지 않은 것은?

① 경제적 이해관계는 사회현상의 변화를 초래한다.

② 상품의 가격이 상승할수록 소비자의 수요가 증가한다.

③ 소비자들의 최대 지불의사는 상품의 구매 결정과 밀접한 관련이 있다.

④ 일반적으로 상품의 가격은 상품 생산의 비용과 가까운 수준에서 결정된다.

⑤ 적정 수준의 상품가격이 형성될 때 소비자의 권익과 생산자의 이익이 보장된다.

03 다음 중 윗글을 읽은 사람들의 반응으로 적절하지 않은 것은?

① 정보를 이용할 때 정보의 가치에 상응하는 이용료를 지불하는 것은 당연한 거라고 생각해.

② 무료인 인터넷 뉴스 사이트를 유료화하려면 먼저 전문적이고 깊이 있는 기사를 제공해야만 해.

③ 인터넷 뉴스가 광고를 통해 수익을 내는 경우도 있으니, 신문사의 재정을 악화시키는 것만은 아니야.

④ 인터넷 뉴스 사이트의 유료화가 정확하고 공정한 기사를 양산하는 결과에 직결되는 것은 아니라고 생각해.

⑤ 인터넷 뉴스만 보는 독자들의 행위가 품질이 나쁜 뉴스를 생산하게 만드는 근본적인 원인이므로 종이 신문을 많이 구독해야겠어.

2주 차

04 다음 기사를 읽고 밑줄 친 ㉠의 사례로 가장 적절한 것은?

> 뉴메릭 마케팅이란 숫자를 뜻하는 'Numeric'과 'Marketing'을 합한 단어로, 브랜드나 상품의 특성을 나타내는 숫자를 통해 사람들에게 인지도를 높이는 마케팅 전략을 말한다. 숫자는 모든 연령대 그리고 국경을 초월하여 공통으로 사용하는 기호이기 때문에 이미지 전달이 빠르고 제품의 특징을 함축적으로 전달할 수 있다는 장점이 있다. 또한, 숫자 정보를 제시하여 소비자들이 신빙성 있게 받아들이게 되는 효과도 있다. 뉴메릭 마케팅은 크게 세 가지 방법으로 구분할 수 있는데, 기업 혹은 상품의 역사를 나타낼 때, ㉠ 특정 소비자를 한정 지을 때, 제품의 특성을 반영할 때이다.

① 한 병에 비타민 C 500mg이 들어있는 '비타 500'

② 13세에서 18세 청소년들을 위한 CGV의 '1318 클럽'

③ 46cm 내에서 친밀한 대화가 가능하도록 만든 '페리오 46cm'

④ 1955년 당시 판매했던 버거의 레시피를 그대로 재현해 낸 '1955 버거'

⑤ 1974년 GS슈퍼 1호점 창립 연도 때의 초심 그대로를 담아낸 '1974 떡갈비'

05 다음 글을 읽고 추론한 내용으로 가장 적절한 것은?

> 한 연구원이 어떤 실험을 계획하고 참가자들에게 이렇게 설명했다.
> "여러분은 지금부터 둘씩 조를 지어 함께 일을 하게 됩니다. 여러분의 파트너는 다른 작업장에서 여러분과 똑같은 일을, 똑같은 노력을 기울여야 할 것입니다. 이번 실험에 대한 보수는 조당 5만 원입니다."
> 실험 참가자들이 작업을 마치자 연구원은 참가자들을 세 부류로 나누어 각각 2만 원, 2만 5천 원, 3만 원의 보수를 차등 지급하면서, 그들이 다른 작업장에서 파트너가 받은 액수를 제외한 나머지 보수를 받은 것으로 믿게 하였다.
> 그 후 연구원은 실험 참가자들에게 몇 가지 설문을 했다. '보수를 받고 난 후에 어떤 기분이 들었는지, 나누어 받은 돈이 공정하다고 생각하는지'를 묻는 것이었다. 연구원은 설문을 하기 전에 3만 원을 받은 참가자가 가장 행복할 것이라고 예상했다. 그런데 결과는 예상과 달랐다. 3만 원을 받은 사람은 2만 5천 원을 받은 사람보다 덜 행복해 했다. 자신이 과도하게 보상을 받아 부담을 느꼈기 때문이다. 2만 원을 받은 사람도 덜 행복해 한 것은 마찬가지였다. 받아야 할 만큼 충분히 받지 못했다고 생각했기 때문이다.

① 인간은 공평한 대우를 받을 때 더 행복해 한다.
② 인간은 남보다 능력을 더 인정받을 때 더 행복해 한다.
③ 인간은 타인과 협력할 때 더 행복해 한다.
④ 인간은 상대를 위해 자신의 몫을 양보했을 때 더 행복해 한다.
⑤ 인간은 자신이 설정한 목표를 달성했을 때 가장 행복해 한다.

다음 글을 토대로 〈보기〉에서 추론할 수 있는 내용으로 가장 적절한 것은?

독립신문은 우리나라 최초의 민간 신문이다. 사장 겸 주필(신문의 최고 책임자)은 서재필 선생이, 국문판 편집과 교정은 최고의 국어학자로 유명한 주시경 선생이, 그리고 영문판 편집은 선교사 호머 헐버트가 맡았다. 창간 당시 독립신문은 이들 세 명에 기자 두 명과 몇몇 인쇄공들이 합쳐 단출하게 시작했다.

신문은 우리가 흔히 사용하는 'A4 용지'보다 약간 큰 '국배판(218×304mm)' 크기로 제작됐고, 총 4면 중 3면은 순 한글판으로, 나머지 1면은 영문판으로 발행했다. 제1호는 '독닙신문'이고 영문판은 'Independent(독립)'로 조판했고, 내용을 살펴보면 제1면에는 대체로 논설과 광고가 실렸으며, 제2면에는 관보・외국통신・잡보가, 제3면에는 물가・우체시간표・제물포 기선 출입항 시간표와 광고가 게재됐다.

독립신문은 민중을 개화시키고 교육하기 위해 발간된 것이지만, 그 이름에서부터 알 수 있듯 스스로 우뚝 서는 독립국을 만들고자 자주적 근대화 사상을 강조했다. 창간호 표지에는 '데일권 데일호. 조선 서울 건양 원년 사월 초칠일 금요일'이라고 표기했는데, '건양(建陽)'은 조선의 연호이고, 한성 대신 서울을 표기한 점과 음력 대신 양력을 쓴 점 모두 중국 사대주의에서 벗어난 자주독립을 꾀한 것으로 볼 수 있다.

독립신문이 발행되자 사람들은 모두 깜짝 놀랄 수밖에 없었다. 순 한글로 만들어진 것은 물론 유려한 편집 솜씨에 조판과 내용까지 완벽했기 때문이다. 무엇보다 제4면을 영어로 발행해 국내 사정을 외국에 알린다는 점은 호시탐탐 한반도를 노리던 일본 당국에 큰 부담을 안겨주었고, 더는 자기네들 마음대로 조선의 사정을 왜곡 보도할 수 없게 되었다.

날이 갈수록 독립신문을 구독하려는 사람은 늘어났고, 처음 300부씩 인쇄되던 신문이 곧 500부로, 나중에는 3,000부까지 확대된다. 오늘날에는 한 사람이 신문 한 부를 읽으면 폐지 처리하지만, 과거에는 돌려가며 읽는 경우가 많았고 시장이나 광장에서 글을 아는 사람이 낭독해 주는 일도 빈번했기에 한 부의 독자 수는 50명에서 100명에 달했다. 이런 점을 감안해 보면 실제 독립신문의 독자 수는 10만 명을 넘어섰다고 가늠해 볼 수 있다.

보기

우리 신문이 한문은 아니 쓰고 다만 국문으로만 쓰는 것은 상하귀천이 다 보게 함이라. 또 국문을 이렇게 구절을 떼어 쓴즉 아무라도 이 신문을 보기가 쉽고 신문 속에 있는 말을 자세히 알아보게 함이라.

---

① 교통이 발달하지 않던 과거에는 활자 매체인 신문이 소식 전달에 있어 절대적인 역할을 차지했다.

② 민중을 개화시키고 교육하기 위해 발간된 것으로 역사적・정치적으로 큰 의의를 가진다.

③ 한글을 사용해야 누구나 읽을 수 있다는 점을 인식해 한문우월주의에 영향을 받지 않고, 소신 있는 행보를 했다.

④ 일본이 한반도를 집어삼키려 하던 혼란기에 우리만의 신문을 펴낼 수 있었음에 큰 의의가 있다.

⑤ 중국의 지배에서 벗어나 자주독립을 꾀하고 스스로 우뚝 서는 독립국을 만들고자 자주적 사상을 강조했다.

07 지혜와 주헌이가 함께 기숙사에서 나와 회사를 향해 분당 150m의 속력으로 출근하고 있다. 30분 정도 걸었을 때, 지혜는 집에 두고 온 중요한 서류를 가지러 분당 300m의 속력으로 집에 갔다가 같은 속력으로 다시 회사를 향해 뛰어간다고 한다. 주헌이가 그 속력 그대로 20분 뒤에 회사에 도착할 때, 지혜는 주헌이가 회사에 도착하고 나서 몇 분 후에 회사에 도착하는가?

① 20분
② 25분
③ 30분
④ 35분
⑤ 40분

08 K사에서 워크숍을 위해 강당의 대여요금을 알아보고 있다. 강당의 대여요금은 기본요금의 경우 30분까지 같으며, 그 후에는 1분마다 추가 요금이 발생한다. 1시간 대여료는 50,000원이고, 2시간 대여료가 110,000원일 때, 3시간 대여료는 얼마인가?

① 170,000원
② 180,000원
③ 190,000원
④ 200,000원
⑤ 210,000원

09 세 개의 분수 $\dfrac{35}{51}$, $\dfrac{7}{34}$, $\dfrac{91}{17}$ 중 어느 것을 택하여 곱해도 자연수가 되게 하는 분수 $\dfrac{b}{a}$가 있다. $\dfrac{b}{a}$가 가장 작은 수일 때, $a+b$의 값은?

① 107
② 109
③ 115
④ 116
⑤ 120

10 물이 가득 차 있는 물통의 밑변이 각각 5cm×4cm이고, 높이는 12cm이다. 갑자기 물통 바닥에 구멍이 나서 5mL/s의 속도로 물이 빠져나가게 되었다. 물이 완전히 다 빠지고 난 직후 15mL/s의 속도로 다시 물을 채워 넣는다면, 물이 빠져나가기 시작해서 물통에 물이 다시 가득 차게 될 때까지 몇 초가 걸리겠는가?

① 24초
② 36초
③ 48초
④ 60초
⑤ 72초

11 0 ~ 4가 적힌 5장의 카드가 있다. A와 B는 이 중 3장의 카드를 뽑아 큰 숫자부터 나열하여 가장 큰 세 자리 숫자를 만든 사람이 이기는 게임을 하기로 했다. A가 0, 2, 3을 뽑았을 때, B가 이길 확률은 얼마인가?

① $\dfrac{5}{10}$
② $\dfrac{6}{10}$
③ $\dfrac{7}{10}$
④ $\dfrac{13}{20}$
⑤ $\dfrac{15}{20}$

12 다음 〈조건〉에 근거하여 판단할 때, 항상 옳은 것은?

> **조건**
> • 기획팀 사람인데 컴퓨터 자격증이 없는 사람은 기혼자이다.
> • 영업팀 사람은 컴퓨터 자격증이 있고 귤을 좋아한다.
> • 경상도 출신인 사람은 컴퓨터 자격증이 없다.
> • 경기도에 사는 사람은 지하철을 이용한다.
> • 통근버스를 이용하는 사람은 기획팀 사람이 아니다.

① 영업팀 사람 중 경상도 출신이 있다.
② 경기도에 사는 사람은 기획팀 사람이다.
③ 경상도 출신인 사람이 기획팀에 소속되어 있다면 기혼자이다.
④ 기획팀 사람 중 통근버스를 이용하는 사람이 있다.
⑤ 기획팀 사람 중 미혼자는 귤을 좋아한다.

13 K기업의 가대리, 나사원, 다사원, 라사원, 마대리 중 1명이 어제 출근하지 않았다. 이와 관련하여 5명의 직원이 다음과 같이 말했다. 이들 중 2명이 거짓말을 한다고 할 때, 출근하지 않은 직원은 누구인가?(단, 출근을 하였어도, 결근 사유를 듣지 못할 수도 있다)

> 가대리 : 나는 출근했고, 마대리도 출근했다. 누가 왜 출근하지 않았는지는 알지 못한다.
> 나사원 : 다사원은 출근하였다. 가대리님의 말은 모두 사실이다.
> 다사원 : 라사원은 출근하지 않았다.
> 라사원 : 나사원의 말은 모두 사실이다.
> 마대리 : 출근하지 않은 사람은 라사원이다. 라사원이 개인 사정으로 인해 출석하지 못한다고 가대리에게 전했다.

① 가대리 　　　　　　　　　② 나사원
③ 다사원 　　　　　　　　　④ 라사원
⑤ 마대리

14 다음 〈조건〉에 따라 A ~ D 4명이 각각 빨간색, 파란색, 노란색, 초록색의 모자, 티셔츠, 바지를 착용하고 있을 때, 항상 옳은 것은?

> **조건**
> • 한 사람이 착용하고 있는 모자, 티셔츠, 바지의 색깔은 서로 겹치지 않는다.
> • 네 가지 색깔의 의상들은 각각 한 벌씩밖에 없다.
> • A는 빨간색을 착용하지 않았다.
> • C는 초록색을 착용하지 않았다.
> • D는 노란색 티셔츠를 입었다.
> • C는 빨간색 바지를 입었다.

① A의 티셔츠는 노란색이다.
② B의 바지는 초록색이다.
③ D의 바지는 빨간색이다.
④ B의 모자와 D의 바지의 색상은 서로 같다.
⑤ A의 티셔츠와 C의 모자의 색상은 서로 같다.

15 K스포츠용품 쇼핑몰을 운영하는 B씨는 최근 ○○축구사랑재단으로부터 대량주문을 접수받았다. 다음 대화를 토대로 거래가 원활히 성사되었다면, 해당 거래에 의한 매출액은 총 얼마인가?

A씨 : 안녕하세요? ○○축구사랑재단 구매담당자입니다. 이번에 축구공 기부행사를 진행할 예정이어서 견적을 받아 보았으면 합니다. 초등학교 2곳, 중학교 3곳, 고등학교 1곳에 각 용도에 맞는 축구공으로 300개씩 배송했으면 합니다. 그리고 견적서에 배송료 등 기타 비용이 있다면 함께 추가해서 보내 주세요.

B씨 : 네, 저희 쇼핑몰을 이용해 주셔서 감사합니다. 5천만 원 이상의 대량구매 건에 대해서 전체 주문금액의 10%를 할인하고 있습니다. 또한 기본 배송료는 5,000원이지만 3천만 원 이상 구매 시 무료 배송을 제공해 드리고 있습니다. 알려주신 정보로 견적서를 보내 드리겠습니다. 감사합니다.

〈쇼핑몰 취급 축구공 규격 및 가격〉

구분	3호	4호	5호
무게(g)	300 ~ 320	350 ~ 390	410 ~ 450
둘레(mm)	580	640	680
지름(mm)	180	200	220
용도	8세 이하 어린이용	8 ~ 13세 초등학생용	14세 이상 사용, 시합용
판매가격	25,000원	30,000원	35,000원

① 5,100만 원

② 5,400만 원

③ 5,670만 원

④ 6,000만 원

⑤ 6,100만 원

16 K회사는 직원들의 문화생활을 위해 매달 티켓을 준비하여 신청을 받는다. 인사부에서 선정한 이달의 문화생활은 다음과 같고, 마지막 주 수요일 오후 업무시간에 모든 직원들이 하나의 문화생활을 참여한다고 할 때, 이번 달 티켓 구매에 필요한 예산은 얼마인가?

〈부서별 문화생활 신청 현황〉

(단위 : 명)

구분	연극	영화	음악회	미술관
A부서	5	6	4	0
B부서	1	8	4	0
C부서	0	3	0	1
D부서	4	2	3	1
E부서	3	2	0	1
F부서	1	5	2	1

〈문화생활 정보〉

구분	연극	영화	음악회	미술관
정원	20명	30명	10명	30명
1인당 금액	20,000원	12,000원	50,000원	13,000원
기타 사항	단체 10명 이상 총금액의 15% 할인	마지막 주 수요일은 1인당 50% 할인	–	단체 10명 이상 총금액의 20% 할인

※ 정원이 초과된 문화생활은 정원이 초과되지 않은 것으로 다시 신청한다.
※ 정원이 초과된 인원은 1인당 금액이 비싼 문화생활 순으로 남은 정원을 모두 채운다.

① 920,600원
② 958,600원
③ 997,000원
④ 998,000원
⑤ 999,600원

17 다음은 개발부에서 근무하는 K사원의 4월 근태기록이다. 규정을 참고했을 때 K사원이 받을 시간외근무수당은 얼마인가?(단, 정규근로시간은 09:00 ~ 18:00이다)

〈시간외근무규정〉

• 시간외근무(조기출근 포함)는 1일 4시간, 월 57시간을 초과할 수 없다.
• 시간외근무수당은 1일 1시간 이상 시간외근무를 한 경우에 발생하며, 1시간을 공제한 후 매분 단위까지 합산하여 계산한다(단, 월 단위 계산 시 1시간 미만은 절사함).
• 시간외근무수당 지급단가 : 사원(7,000원), 대리(8,000원), 과장(10,000원)

〈K사원의 4월 근태기록(출근시각 / 퇴근시각)〉

• 4월 1일부터 4월 15일까지의 시간외근무시간은 12시간 50분(1일 1시간 공제 적용)이다.

18일(월)	19일(화)	20일(수)	21일(목)	22일(금)
09:00 / 19:10	09:00 / 18:00	08:00 / 18:20	08:30 / 19:10	09:00 / 18:00
25일(월)	26일(화)	27일(수)	28일(목)	29일(금)
08:00 / 19:30	08:30 / 20:40	08:30 / 19:40	09:00 / 18:00	09:00 / 18:00

※ 주말 특근은 고려하지 않음

① 112,000원
② 119,000원
③ 126,000원
④ 133,000원
⑤ 140,000원

18 K공사는 노후화된 직원휴게실을 새롭게 단장하려고 한다. 우선 가장 지저분한 4면의 벽을 새롭게 도배하기 위해 비용을 추산하고자 한다. 직원휴게실 규모와 벽 도배지 가격정보가 다음과 같을 때, 최소 도배 비용으로 가장 적절한 것은?

〈직원휴게실〉

2.5m
4m
8m

재질	규격	가격
물결무늬 실크벽지	(폭) 100cm×(길이) 150cm	40,000원
	(폭) 100cm×(길이) 100cm	30,000원
	(폭) 50cm×(길이) 100cm	20,000원

※ 무늬를 고려하여 도배지는 위에서 아래로 붙이며, 남는 부분은 잘라서 활용한다.
※ 직원휴게실 도배 비용 산정 시 창문과 문은 없는 것으로 간주한다.

① 1,480,000원
② 1,520,000원
③ 1,600,000원
④ 1,720,000원
⑤ 1,890,000원

정답 및 해설 p.042

의사소통능력 | 문단 나열

※ 다음 문단을 논리적 순서대로 바르게 나열한 것을 고르시오. **[1~4]**

01

(가) 문화재(문화유산)는 옛 사람들이 남긴 삶의 흔적이다. 그 흔적에는 유형의 것과 무형의 것이 모두 포함된다. 문화재 가운데 가장 가치 있는 것으로 평가받는 것은 다름 아닌 국보이며, 현행 문재재보호법 체계상 국보에 무형문화재는 포함되지 않는다. 즉, 국보는 유형문화재만을 대상으로 한다.

(나) 국보 선정 기준에 따라 우리의 전통 문화재 가운데 최고의 명품으로 꼽힌 문화재로는 국보 1호 숭례문이 있다. 숭례문은 현존 도성 건축물 중 가장 오래된 건물이다. 다음으로 온화하고 해맑은 백제의 미소로 유명한 충남 서산 마애여래삼존상은 국보 84호이다. 또한 긴 여운의 신비하고 그윽한 종소리로 유명한 선덕대왕신종은 국보 29호이고, 유네스코 세계유산으로도 지정된 석굴암은 국보 24호이다. 이렇듯 우리나라 전통문화의 상징인 국보는 다양한 국보 선정의 기준으로 선발된 것이다.

(다) 문화재보호법에 따르면 국보는 특히 '역사적・학술적・예술적 가치가 큰 것, 제작 연대가 오래되고 그 시대를 대표하는 것, 제작 의장이나 제작 기법이 우수해 그 유례가 적은 것, 형태 품질 용도가 현저히 특이한 것, 저명한 인물과 관련이 깊거나 그가 제작한 것' 등을 대상으로 한다. 이것이 국보 선정의 기준인 셈이다.

(라) 이처럼 국보 선정의 기준으로 선발된 문화재는 지금 우리 주변에서 여전히 숨쉬고 있다. 우리와 늘 만나고 우리와 늘 교류한다. 우리에게 감동과 정보를 주기도 하고, 때로는 이 시대의 사람들과 갈등을 겪기도 한다. 그렇기에 국보를 둘러싼 현장은 늘 역동적이다. 살아있는 역사라 할 수 있다. 문화재는 그 스스로 숨쉬면서 이 시대와 교류하기에, 우리는 그에 어울리는 시선으로 국보를 바라볼 필요가 있다.

① (가) – (나) – (라) – (다)
② (가) – (다) – (나) – (라)
③ (다) – (가) – (나) – (라)
④ (다) – (나) – (가) – (라)
⑤ (라) – (나) – (가) – (다)

02

(가) 결국 이를 다시 생각하면, 과거와 현재의 문화 체계와 당시 사람들의 의식 구조, 생활상 등을 역추적할 수 있다는 말이 된다. 즉, 동물의 상징적 의미가 문화를 푸는 또 하나의 열쇠이자 암호가 되는 것이다. 그리고 동물의 상징적 의미를 통해 인류의 총체인 문화의 실타래를 푸는 것은 우리는 어떤 존재인가라는 정체성에 대한 답을 하는 과정이 될 수 있다.

(나) 인류는 선사시대부터 생존을 위한 원초적 본능에서 동굴이나 바위에 그림을 그리는 일종의 신앙 미술을 창조했다. 신앙 미술은 동물에게 여러 의미를 부여하기 시작했고, 동물의 상징적 의미는 현재까지도 이어지고 있다. 1억 원 이상 복권 당첨자의 23%가 돼지꿈을 꿨다거나, 황금 돼지해에 태어난 아이는 만복을 타고난다는 속설 때문에 결혼과 출산이 줄을 이었고, 대통령 선거에서 후보들은 '두 돼지가 나타나 두 뱀을 잡아 먹는다.'는 식으로 홍보를 하기도 했다. 이렇게 동물의 상징적 의미는 우리 시대에도 여전히 유효한 관념으로 남아 있다.

(다) 동물의 상징적 의미는 시대나 나라에 따라 변하고 새로운 역사성을 담기도 했다. 예를 들면, 뱀은 다산의 상징이자 불사의 존재이기도 했지만, 사악하고 차가운 간사한 동물로 여겨지기도 했다. 하지만 그리스에서 뱀은 지혜의 신이자, 아테네의 상징물이었고, 논리학의 상징이었다. 그리고 과거에 용은 숭배의 대상이었으나, 상상의 동물일 뿐이라는 현대의 과학적 사고는 지금의 용에 대한 믿음을 약화시키고 있다.

(라) 동물의 상징적 의미가 이렇게 다양하게 변하는 것은 문화가 살아 움직이기 때문이다. 문화는 인류의 지식, 신념, 행위의 총체로서, 동물의 상징적 의미 또한 문화에 속한다. 문화는 항상 현재 진행형이기 때문에 현재의 생활이 바로 문화이며, 이것은 미래의 문화로 전이된다. 문화는 과거, 현재, 미래가 따로 떨어진 게 아니라 뫼비우스의 띠처럼 연결되어 있는 것이다. 다시 말하면 그 속에 포함된 동물의 상징적 의미 또한 거미줄처럼 얽히고설켜 형성된 것으로, 그 시대의 관념과 종교, 사회·정치적 상황에 따라 의미가 달라질 수밖에 없다.

① (가) – (다) – (라) – (나) ② (나) – (다) – (라) – (가)
③ (나) – (라) – (다) – (가) ④ (다) – (나) – (라) – (가)
⑤ (다) – (라) – (가) – (나)

03

(가) 나무를 가꾸기 위해서는 처음부터 여러 가지를 고려해 보아야 한다. 심을 나무의 생육조건, 나무의 형태, 성목이 되었을 때의 크기, 꽃과 단풍의 색, 식재지역의 기후와 토양 등을 종합적으로 생각하고 심어야 한다. 나무의 생육조건은 저마다 다르기 때문에 지역의 환경조건에 적합한 나무를 선별하여 환경에 적응하도록 해야 한다. 동백나무와 석류, 홍가시나무는 남부지방에 키우기 적합한 나무로 알려져 있지만 지구온난화로 남부수종의 생육한계선이 많이 북상하여 중부지방에서도 재배가 가능한 나무도 있다. 부산의 도로 중앙분리대에서 보았던 잎의 붉은 홍가시나무는 여주의 시골집 마당 양지바른 곳에서 3년째 잘 적응하고 있다.

(나) 더불어 나무의 특성을 외면하고 주관적인 해석에 따라 심었다가는 훗날 낭패를 보기 쉽다. 물을 좋아하는 수국 곁에 물을 싫어하는 소나무를 심었다면 둘 중 하나는 살기 어려운 환경이 조성된다. 나무를 심고 가꾸기 위해서는 전체적인 밑그림을 그려보고 생태적 특징을 살펴본 후에 심는 것이 바람직하다.

(다) 나무들이 밀집해 있으면 나무들끼리의 경쟁은 물론 바람길과 햇빛의 방해로 성장은 고사하고 병충해에 시달리기 쉽다. 또한 나무들은 성장속도가 다르기 때문에 항상 다 자란 나무의 모습을 상상하며 나무들 사이의 공간 확보를 염두에 두어야 한다. 그러나 묘목을 심고 보니 듬성듬성한 공간을 메꾸기 위하여 자꾸 나무를 심게 되는 실수가 종종 일어나고는 한다.

(라) 식재계획의 시작은 장기적인 안목으로 적재적소의 원칙을 염두에 두고 나무를 선정해야 한다. 식물은 햇빛, 물, 바람의 조화를 이루면 잘 산다고 하지 않는가. 그래서 나무의 특성 중에서 햇볕을 좋아하는지 그늘을 좋아하는지, 물을 좋아하는지 여부를 살펴보는 것이 중요하다. 어린 묘목을 심을 경우 실수하는 것은 나무가 자랐을 때의 생육공간을 생각하지 않고 촘촘하게 심는 것이다.

① (가) – (다) – (라) – (나)　　② (가) – (라) – (다) – (나)
③ (나) – (라) – (다) – (가)　　④ (다) – (나) – (가) – (라)
⑤ (다) – (나) – (라) – (가)

04

> (가) 그뿐 아니라, 자신을 알아주는 이, 즉 지기자(知己者)를 위해서라면 기꺼이 자신의 전부를 버릴 수 있어야 하며, 더불어 은혜는 은혜대로, 원수는 원수대로 자신이 받은 만큼 되갚기 위해 진력하여야 한다.
>
> (나) 무공이 높다고 하여 반드시 협객으로 인정되지 않는 이유는 바로 이런 원칙에 위배되는 경우가 심심치 않게 발생하기 때문이다. 요컨대 협이란 사생취의(捨生取義)의 정신에 입각하여 살신성명(殺身成名)의 의지를 실천하는 것, 또는 그러한 실천을 기꺼이 감수할 준비가 되어 있는 상태를 뜻한다고 할 수 있다.
>
> (다) 협으로 인정받기 위해서는 무엇보다도 절개와 의리를 숭상하여야 하며, 개인의 존엄을 중시하고 간악함을 제거하기 위해 노력해야만 한다. 신의(信義)를 목숨보다 중히 여길 것도 강조되는데, 여기서의 신의란 상대방을 향한 것인 동시에 스스로에게 해당되는 것이기도 하다.
>
> (라) 무(武)와 더불어 보다 신중하게 다루어야 할 것이 '협(俠)'의 개념이다. 무협 소설에서 문제가 되는 협이란 무덕(武德), 즉 무인으로서의 덕망이나 인격과 관계가 되는 것으로, 이는 곧 무공 사용의 전제가 되는 기준 내지는 원칙이라고 할 수 있다.

① (나) – (다) – (가) – (라)　　　　② (나) – (다) – (라) – (가)

③ (다) – (라) – (나) – (가)　　　　④ (라) – (가) – (다) – (나)

⑤ (라) – (다) – (가) – (나)

※ 다음 문단에 이어질 문단을 논리적 순서대로 바르게 나열한 것을 고르시오. [5~6]

05

우리는 살아가면서 얼마나 많은 것들을 알고 배우는가? 우리는 주로 우리가 '아는 것'들에 초점을 맞추지만, 사실상 살아가면서 알고 있고, 알 수 있는 것보다는 알지 못하는 것들이 훨씬 더 많다. 그러나 대부분의 사람들이 평소에 자신이 얼마나 많은 것들을 모르고 있는지에 대해서는 그다지 의식하지 못한 채 살아가고 있다. 일상생활에서는 자신의 주변과 관련하여 아는 바와 이미 습득한 지식에 대해서 의심하는 일은 거의 없을 뿐더러, 그 지식체계에 변화를 주어야 할 계기도 거의 주어지지 않기 때문이다.

(가) 그러므로 어떤 지식을 안다는 것은 어떤 지식을 알지 못하는 것에서 출발하는 것이며, 때로는 '어떤 부분에 대하여 잘 알지 못한다는 것을 앎' 자체가 하나의 지식이 될 수 있다. 『논어』 위정 편에서 공자는 "아는 것을 아는 것이라 하고, 알지 못하는 것을 알지 못하는 것이라고 하는 것이 곧 안다는 것이다(知之爲知之 不知爲不知 是知也)."라고 하였다. 비슷한 시기에 서양의 소크라테스는 무지(無知)를 아는 것이 신으로부터 받은 가장 큰 지혜라고 주장하였다. '무지에 대한 지'의 중요성을 인식한 것은 동서양의 학문이 크게 다르지 않았던 것이다.

(나) 우리는 더 발전된 미래로 나아가는 힘은 '무지에 대한 지'에 있음을 자각해야 한다. 무엇을 잘못 알고 있지는 않은지, 더 알아야 할 것은 무엇인지, 끊임없이 우리 자신의 지식에 대하여 질문하고 도전해야 한다. 아는 것과 모르는 것을 구분하고, '무지에 대한 지'를 통해 얻은 것들을 단순히 지식으로 아는 데 그치지 않고 아는 것들을 실천하는 것, 그것이 성공하는 사람이 되고 성공하는 사회로 나아가는 길일 것이다.

(다) 이러한 학문적 소견과 달리 역사는 때때로 '무지에 대한 지'를 철저히 배제하는 방향으로 흘러가기도 했다. 그리하여 제대로 검증되지도 않은 어떤 신념이나 원칙을 맹목적으로 좇은 결과, 불특정다수의 사람들이나 특정 집단을 희생시키고 발전을 저해한 사례들은 역사 가운데 수도 없이 많다. 가까운 과거에는 독재와 전체주의가 그랬고, 학문과 예술 분야에서 암흑의 시기였던 중세 시대가 그랬다.

(라) 그러나 예상치 못했던 일이 발생하거나 낯선 곳에 가는 등 일상적이지 않은 상황에 놓이게 되면, 이전에는 궁금하지 않았던 것들에 대하여 알고자 하는 욕구가 커진다. 또한 공부를 하거나 독서를 하는 경우, 자신이 몰랐던 많은 것들을 알게 되고 이를 해결하기 위해 치열하게 몰입한다. 이 과정에서 자신이 잘못 알고 있던 것들을 깨닫기도 함은 물론이다.

(마) 오늘날이라고 해서 크게 다르지는 않다. 정보의 홍수라고 할 만큼 사람들은 과거에 비하여 어떤 정보에 대해 접근하기가 쉬워졌지만, 쉽게 얻을 수 있는 만큼 깊게 알려고 하지 않는다. 그러면서도 사람들은 보거나 들은 것을 마치 자신이 알고 있는 것으로 생각하는 경향이 크다.

① (가) - (다) - (라) - (나) - (마)
② (가) - (다) - (마) - (라) - (나)
③ (가) - (마) - (라) - (나) - (다)
④ (라) - (가) - (다) - (마) - (나)
⑤ (라) - (마) - (가) - (다) - (나)

06

마그네틱 카드는 자기 면에 있는 데이터를 입력장치에 통과시키는 것만으로 데이터를 전산기기에 입력할 수 있다. 마그네틱 카드는 미국 IBM에서 자기 테이프의 원리를 카드에 응용한 것으로, 자기 테이프 표면에 있는 자성 물질의 특성을 변화시켜 데이터를 기록하는 방식으로 개발되었다. 개발 이후 신용카드, 신분증 등 여러 방면으로 응용되었고, 현재도 사용되고 있다. 하지만 마그네틱 카드는 자기 테이프를 이용하였기 때문에 자석과 접촉하면 기능이 상실되는 단점을 가지고 있는데, 최근 마그네틱 카드의 단점을 보완한 IC카드가 만들어져 사용되고 있다.

(가) IC카드는 데이터를 여러 번 쓰거나 지울 수 있는 EEPROM이나 플래시메모리를 내장하고 있다. 개발 초기의 IC카드는 8KB 정도의 저장 공간을 가지고 있었으나, 2000년대 이후에는 1MB 이상의 데이터 저장이 가능하다.

(나) IC카드는 내부에 집적회로를 내장하였기 때문에 자석과 접촉해도 데이터가 손상되지 않으며, 마그네틱 카드에 비해 다양한 기능을 추가할 수 있고 보안성 및 내구성도 우수하다.

(다) 메모리 외에도 프로세서를 함께 내장한 것도 있다. 이러한 것들은 스마트카드로 불리며, 현재 16비트 및 32비트급의 성능을 가진 카드도 등장했다. 프로세서를 탑재한 카드는 데이터의 저장뿐 아니라 데이터의 암호화나 특정 컴퓨터만이 호환되도록 하는 등의 프로그래밍이 가능해서 보안성이 향상되었다.

① (가) – (나) – (다)
② (가) – (다) – (나)
③ (나) – (가) – (다)
④ (나) – (다) – (가)
⑤ (다) – (가) – (나)

07 다음은 운동시간에 따른 운동효과를 나타낸 자료이다. 운동효과와 운동시간의 관계를 참고할 때, 빈칸 (가)와 (나)에 들어갈 숫자를 바르게 짝지은 것은?

〈운동시간에 따른 운동효과〉

운동시간(시간)	1	2	3	4
운동효과	4	62	(가)	(나)

※ (운동효과)$= a \times$(운동시간)$- \dfrac{b^2}{(운동시간)}$

	(가)	(나)
①	90	150
②	100	151
③	100	152
④	108	151
⑤	108	152

08 다음은 K국의 치료감호소 수용자 현황에 대한 자료이다. 빈칸 (가) ~ (라)에 해당하는 수를 모두 더한 값은?

〈치료감호소 수용자 현황〉

(단위 : 명)

구분	약물	성폭력	심신장애자	합계
2018년	89	77	520	686
2019년	(가)	76	551	723
2020년	145	(나)	579	824
2021년	137	131	(다)	887
2022년	114	146	688	(라)
2023년	88	174	688	950

① 1,524   ② 1,639

③ 1,751   ④ 1,763

⑤ 1,770

※ 다음은 외국인 직접투자의 투자건수 비율과 투자금액 비율을 투자규모별로 나타낸 자료이다. 이어지는 질문에 답하시오. [9~10]

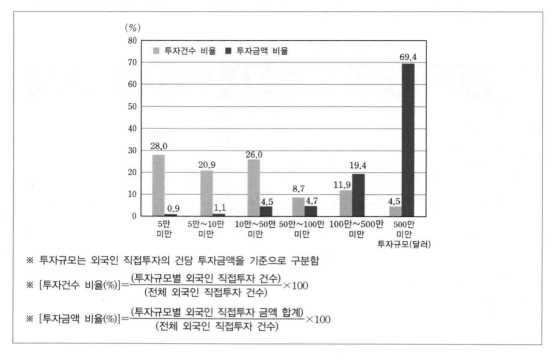

※ 투자규모는 외국인 직접투자의 건당 투자금액을 기준으로 구분함

※ [투자건수 비율(%)]= $\dfrac{(투자규모별\ 외국인\ 직접투자\ 건수)}{(전체\ 외국인\ 직접투자\ 건수)} \times 100$

※ [투자금액 비율(%)]= $\dfrac{(투자규모별\ 외국인\ 직접투자\ 금액\ 합계)}{(전체\ 외국인\ 직접투자\ 건수)} \times 100$

09 다음 중 투자규모가 50만 달러 미만인 투자건수 비율은?

① 55.3% ② 62.8%
③ 68.6% ④ 74.9%
⑤ 83.6%

10 다음 중 투자규모가 100만 달러 이상인 투자건수 비율은?

① 16.4% ② 19.6%
③ 23.5% ④ 26.1%
⑤ 30.7%

11 다음은 1,000명을 대상으로 한 5개 제조사 타이어 제품에 대한 소비자 선호도 조사 결과 자료이다. 소비자들은 1차 선택 후, 일주일간 사용하고 다시 2차 선택을 하였다. 다음 두 가지 질문에 대한 답을 순서대로 바르게 나열한 것은?

〈5개 제조사 타이어 제품에 대한 소비자 선호도 조사 결과〉

1차 선택 \ 2차 선택	A사	B사	C사	D사	E사	합계
A사	120	17	15	23	10	185
B사	22	89	11	(가)	14	168
C사	17	11	135	13	12	188
D사	15	34	21	111	21	202
E사	11	18	13	15	200	257
합계	185	169	195	194	157	1,000

- (가)에 들어갈 수는?
- 1차에서 D사를 선택하고, 2차에서 C사를 선택한 소비자 수와 1차에서 E사를 선택하고 2차에서 B사를 선택한 소비자 수의 차이는?

① 32, 3
② 32, 6
③ 36, 3
④ 36, 12
⑤ 48, 24

12 다음은 소매 업태별 판매액을 나타낸 자료이다. 2021년 대비 2023년 두 번째로 높은 비율로 증가한 업태의 2021년 대비 2023년 판매액의 증가율은?(단, 소수점 첫째 자리에서 반올림한다)

〈소매 업태별 판매액〉

(단위 : 십억 원)

구분	2021년	2022년	2023년
백화점	29,028	29,911	29,324
대형마트	32,777	33,234	33,798
면세점	9,198	12,275	14,465
슈퍼마켓 및 잡화점	43,481	44,361	45,415
편의점	16,455	19,481	22,237
승용차 및 연료 소매점	91,303	90,137	94,508
전문 소매점	139,282	140,897	139,120
무점포 소매점	46,788	54,046	61,240
합계	408,317	424,346	440,110

① 31%
② 35%
③ 42%
④ 55%
⑤ 57%

13 K공사의 기획팀 B팀장은 C사원에게 K공사에 대한 마케팅 전략 보고서를 요청하였다. C사원이 B팀장에게 제출한 SWOT 분석이 다음과 같을 때, 밑줄 친 ㄱ ~ ㅁ 중 적절하지 않은 것은?

강점(Strength)	• 새롭고 혁신적인 서비스 • ㉠ 직원들에게 가치를 더하는 공사의 다양한 측면 • 특화된 마케팅 전문 지식
약점(Weakness)	• 낮은 품질의 서비스 • ㉡ 경쟁자의 시장 철수로 인한 새로운 시장 진입 가능성
기회(Opportunity)	• ㉢ 합작회사를 통한 전략적 협력 구축 가능성 • 글로벌 시장으로의 접근성 향상
위협(Threat)	• ㉣ 주력 시장에 나타난 신규 경쟁자 • ㉤ 경쟁 기업의 혁신적 서비스 개발 • 경쟁 기업과의 가격 전쟁

① ㉠

② ㉡

③ ㉢

④ ㉣

⑤ ㉤

14 K공사에 근무하는 A대리는 국내 신재생에너지 산업에 대한 SWOT 분석 결과 자료를 토대로, 경영 전략을 〈보기〉와 같이 판단하였다. 다음 〈보기〉 중 SWOT 전략과 내용이 잘못 연결된 것을 모두 고르면?

〈국내 신재생에너지 산업에 대한 SWOT 분석 결과〉

구분	분석 결과
강점(Strength)	• 해외 기관과의 협업을 통한 풍부한 신재생에너지 개발 경험 • 에너지 분야의 우수한 연구개발 인재 확보
약점(Weakness)	• 아직까지 화석연료 대비 낮은 전력 효율성 • 도입 필요성에 대한 국민적 인식 저조
기회(Opportunity)	• 신재생에너지에 대한 연구가 세계적으로 활발히 추진 • 관련 정부부처로부터 충분한 예산 확보
위협(Threat)	• 신재생에너지 산업 특성상 설비 도입 시의 높은 초기 비용

보기

㉠ SO전략 : 개발 경험을 통해 쌓은 기술력을 바탕으로 향후 효과적인 신재생에너지 연구 추진
㉡ ST전략 : 우수한 연구개발 인재들을 활용하여 초기 비용 감축방안 연구 추진
㉢ WO전략 : 확보한 예산을 토대로 우수한 연구원 채용
㉣ WT전략 : 세계의 신재생에너지 연구를 활용한 전력 효율성 개선

① ㉠, ㉡   ② ㉠, ㉢
③ ㉡, ㉢   ④ ㉡, ㉣
⑤ ㉢, ㉣

15 K공사에 근무하는 A대리는 국내 자율주행자동차 산업에 대한 SWOT 분석 결과에 따라 국내 자율주행자동차 산업 발달을 위한 방안을 고안하는 중이다. A대리가 SWOT 분석에 의한 경영전략에 따라 판단하였다고 할 때, 다음 〈보기〉 중 SWOT 분석에 의한 경영전략에 맞춘 판단으로 적절하지 않은 것을 모두 고르면?

〈국내 자율주행자동차 산업에 대한 SWOT 분석 결과〉

구분	분석 결과
강점(Strength)	• 민간 자율주행기술 R&D지원을 위한 대규모 예산 확보 • 국내외에서 우수한 평가를 받는 국내 자동차기업 존재
약점(Weakness)	• 국내 민간기업의 자율주행기술 투자 미비 • 기술적 안전성 확보 미비
기회(Opportunity)	• 국가의 지속적 자율주행자동차 R&D 지원법안 본회의 통과 • 완성도 있는 자율주행기술을 갖춘 외국 기업들의 등장
위협(Threat)	• 자율주행차에 대한 국민들의 심리적 거부감 • 자율주행차에 대한 국가의 과도한 규제

〈SWOT 분석에 의한 경영전략〉

• SO전략 : 기회를 이용해 강점을 활용하는 전략
• ST전략 : 강점을 활용하여 위협을 최소화하거나 극복하는 전략
• WO전략 : 기회를 활용하여 약점을 보완하는 전략
• WT전략 : 약점을 최소화하고 위협을 회피하는 전략

보기

ㄱ. 자율주행기술 수준이 우수한 외국 기업과의 기술이전협약을 통해 국내 우수 자동차기업들의 자율주행기술 연구 및 상용화 수준을 향상시키려는 전략은 SO전략에 해당한다.
ㄴ. 민간의 자율주행기술 R&D를 적극 지원하여 자율주행기술의 안전성을 높이려는 전략은 ST전략에 해당한다.
ㄷ. 자율주행자동차 R&D를 지원하는 법률을 토대로 국내 기업의 기술개발을 적극 지원하여 안전성을 확보하려는 전략은 WO전략에 해당한다.
ㄹ. 자율주행기술개발에 대한 국내기업의 투자가 부족하므로 국가기관이 주도하여 기술개발을 추진하는 전략은 WT전략에 해당한다.

① ㄱ, ㄴ
② ㄱ, ㄷ
③ ㄴ, ㄷ
④ ㄴ, ㄹ
⑤ ㄱ, ㄴ, ㄷ

16 K공사는 직원들의 교양증진을 위해 사내 도서관에 도서를 추가로 구비하고자 한다. 새로 구매할 도서는 직원들을 대상으로 한 사전조사 결과를 바탕으로 선정 점수를 결정한다. 다음 〈조건〉에 따라 추가로 구매할 도서를 선정할 때, 최종 선정될 도서는?

〈후보 도서 사전조사 결과〉

도서명	저자	흥미도 점수(점)	유익성 점수(점)
재테크, 답은 있다	정우택	6	8
여행학개론	W. George	7	6
부장님의 서랍	김수권	6	7
IT혁명의 시작	정인성, 유오진	5	8
경제정의론	S. Collins	4	5
건강제일주의	임시학	8	5

조건

- K공사는 전 직원을 대상으로 후보 도서들에 대한 사전조사를 하였다. 후보 도서들에 대한 흥미도 점수와 유익성 점수는 전 직원이 10점 만점으로 부여한 점수의 평균값이다.
- 흥미도 점수와 유익성 점수를 3 : 2의 가중치로 합산하여 1차 점수를 산정하고, 1차 점수가 높은 후보 도서 3권을 1차 선정한다.
- 1차 선정된 후보 도서 중 해외저자의 도서는 가점 1점을 부여하여 2차 점수를 산정한다.
- 2차 점수가 가장 높은 2권의 도서를 최종 선정한다. 만일 선정된 후보 도서들의 2차 점수가 모두 동일한 경우, 유익성 점수가 가장 낮은 후보 도서는 탈락시킨다.

① 재테크, 답은 있다 / 여행학개론
② 재테크, 답은 있다 / 건강제일주의
③ 여행학개론 / 부장님의 서랍
④ 여행학개론 / 건강제일주의
⑤ IT혁명의 시작 / 경제정의론

17 최대리는 노트북을 사고자 K전자 홈페이지에 방문하였다. 노트북 A ~ E를 최종 후보로 선정한 후 〈조건〉에 따라 점수를 부여하여 점수가 가장 높은 제품을 고를 때, 최대리가 고를 노트북은?

<노트북 최종 후보>

구분	A	B	C	D	E
저장용량 / 저장매체	512GB / HDD	128GB / SSD	1,024GB / HDD	128GB / SSD	256GB / SSD
배터리 지속시간	최장 10시간	최장 14시간	최장 8시간	최장 13시간	최장 12시간
무게	2kg	1.2kg	2.3kg	1.5kg	1.8kg
가격	120만 원	70만 원	135만 원	90만 원	85만 원

조건

- 항목별로 순위를 정하여 5 ~ 1점을 순차적으로 부여한다(단, 동일한 성능일 경우 동일한 점수를 부여한다).
- 저장용량은 클수록, 배터리 지속시간은 길수록, 무게는 가벼울수록, 가격은 저렴할수록 높은 점수를 부여한다.
- 저장매체가 SSD일 경우 3점을 추가로 부여한다.

① A
② B
③ C
④ D
⑤ E

18 K공사는 수력발전기술 개발을 위한 신흥 투자국 두 곳을 선정하고자 한다. 후보국가들에 대한 정보는 다음과 같으며, 투자국 선정기준에 따라 투자국을 선정할 때, 신흥 투자국으로 선정될 국가가 바르게 짝지어진 것은?

〈수력발전 관련 정보〉

구분	시장매력도			수준	접근 가능성
	시장규모 (백만 불)	성장률 (%)	인구규모 (십만 명)	전자정부 순위	수출액 (백만 원)
A국	625	12	245	2	615
B국	91	21	57	4	398
C국	75	34	231	11	420
D국	225	18	48	32	445

〈투자국 선정기준〉

- 총점이 가장 높은 두 개의 국가를 투자국으로 선정한다.
- 총점은 시장규모, 성장률, 인구규모, 전자정부 순위, 수출액에 대한 점수를 합산하여 산출한다.
- 시장규모가 큰 순서대로 후보국들의 순위에 따라 다음 점수를 부여한다.

구분	1위	2위	3위	4위
점수	80점	60점	40점	20점

- 성장률이 높은 순서대로 후보국들의 순위에 따라 다음 점수를 부여한다.

구분	1위	2위	3위	4위
점수	50점	40점	30점	20점

- 인구규모가 큰 순서대로 후보국들의 순위에 따라 다음 점수를 부여한다.

구분	1위	2위	3위	4위
점수	50점	40점	30점	20점

- 전자정부 순위가 높은 순서대로 후보국들의 순위에 따라 다음 점수를 부여한다.

구분	1위	2위	3위	4위
점수	30점	20점	10점	0점

- 수출액이 큰 순서대로 후보국들의 순위에 따라 다음 점수를 부여한다.

구분	1위	2위	3위	4위
점수	20점	15점	10점	5점

① A국, B국　　　　　　② A국, C국
③ B국, C국　　　　　　④ B국, D국
⑤ C국, D국

의사소통능력 | 주제·제목

01 다음 글의 제목으로 가장 적절한 것은?

> 제4차 산업혁명은 인공지능이 기존의 자동화 시스템과 연결되어 효율이 극대화되는 산업 환경의 변화를 의미한다.
>
> 2016년 세계경제포럼에서 언급되어, 유행처럼 번지는 용어가 되었다. 학자에 따라 바라보는 견해는 다르지만 대체로 기계학습과 인공지능의 발달이 그 수단으로 꼽힌다.
>
> 2010년대 중반부터 드러나기 시작한 제4차 산업혁명은 현재진행형이며, 그 여파는 사회 곳곳에서 드러나고 있다. 현재도 기계와 인공지능이 사람을 대체하고 있으며, 현재 일자리의 80 ~ 99%까지 대체될 것이라고 보는 견해도 있다.
>
> 만약 우리가 현재의 경제 구조를 유지한 채로 이와 같은 극단적인 노동 수요 감소를 맞게 된다면, 전후 미국의 대공황 등과는 차원이 다른 끔찍한 대공황이 발생할 것이다. 일자리가 줄어들수록 중·하위 계층은 사회에서 밀려날 수밖에 없는데, 자본주의 사회의 특성상 많은 비용을 수반하는 과학기술의 연구는 자본에 종속될 수밖에 없기 때문이다. 물론 지금도 이러한 현상이 없는 것은 아니지만, 아직까지는 단순노동이 필요하기 때문에 노동력을 제공하는 중·하위층들도 불합리한 부분들에 파업과 같은 실력 행사를 할 수 있었다. 그러나 앞으로 자동화가 더욱 진행되어 노동의 필요성이 사라진다면 그들을 배려해야 할 당위성은 법과 제도가 아닌 도덕이나 인권과 같은 윤리적인 영역에만 남게 되는 것이다.
>
> 반면에 이를 긍정적으로 생각한다면 이처럼 일자리가 없어졌을 때 극소수에 해당하는 경우를 제외한 나머지 사람들은 노동에서 완전히 해방되어, 인공지능이 제공하는 무제한적인 자원을 마음껏 향유할 수도 있을 것이다. 하지만 이러한 미래는 지금의 자본주의보다는 사회주의 경제 체제에 가깝다. 이 때문에 많은 경제학자와 미래학자들은 제4차 산업혁명 이후의 미래를 장밋빛으로 바꿔나가기 위해 기본소득제 도입 등과 같은 고민들을 이어가고 있다.

① 제4차 산업혁명의 의의
② 제4차 산업혁명의 빛과 그늘
③ 제4차 산업혁명의 위험성
④ 제4차 산업혁명에 대한 준비
⑤ 제4차 산업혁명의 시작

02 다음 (가) ~ (마)의 핵심 주제로 적절하지 않은 것은?

> (가) 한 아이가 길을 가다가 골목에서 갑자기 튀어나온 큰 개에게 발목을 물렸다. 아이는 이 일을 겪은 뒤 개에 대한 극심한 불안에 시달렸다. 멀리 있는 강아지만 봐도 몸이 경직되고 호흡 곤란을 느꼈으며 심한 경우 응급실을 찾기도 하였다. 이것은 한 번의 부정적인 경험이 공포증으로 이어진 경우라고 할 수 있다.
>
> (나) '공포증'이란 위의 경우에서 보듯이 특정 대상에 대한 과도한 두려움으로 그 대상을 계속해서 피하게 되는 증세를 말한다. 특정한 동물, 높은 곳, 비행기나 엘리베이터 등이 공포증을 유발하는 대상이 될 수 있다. 물론 일반적인 사람들도 이런 대상을 접하여 부정적인 경험을 할 수 있지만 공포증으로까지 이어지는 경우는 드물다.
>
> (다) 심리학자 와이너는 부정적인 경험을 한 상황을 어떻게 해석하느냐에 따라 이러한 공포증이 생길 수도 있고 그렇지 않을 수도 있으며, 공포증이 지속될 수도 있고 극복될 수도 있다고 했다. 그는 상황을 해석하는 방식을 설명하기 위해 상황의 원인을 어디에서 찾느냐, 상황의 변화 가능성에 대해 어떻게 인식하느냐의 두 가지 기준을 제시했다. 상황의 원인을 자신에게서 찾으면 '내부적'으로 해석한 것이고, 자신이 아닌 다른 것에서 찾으면 '외부적'으로 해석한 것이다. 또 상황이 바뀔 가능성이 전혀 없다고 생각하면 '고정적'으로 인식한 것이고, 상황이 충분히 바뀔 수 있다고 생각하면 '가변적'으로 인식한 것이다.
>
> (라) 와이너에 의하면, 큰 개에게 물렸지만 공포증에 시달리지 않는 사람들은 개에게 물린 상황에 대해 '내 대처 방식이 잘못되었어.'라며 내부적이고 가변적으로 해석한다. 이것은 나의 대처 방식에 따라 상황이 충분히 바뀔 수 있다고 생각하는 것이므로 이들은 개와 마주치는 상황을 굳이 피하지 않는다. 그 후 개에게 물리지 않는 상황이 반복되면 '나도 어떤 경우라도 개를 감당할 수 있어.'라며 내부적이고 고정적으로 해석하는 단계로 나아가게 된다.
>
> (마) 반면에 공포증을 겪는 사람들은 개에 물린 상황에 대해 '나는 약해서 개를 감당하지 못해.'라며 내부적이고 고정적으로 해석하거나 '개는 위험한 동물이야.'라며 외부적이고 고정적으로 해석한다. 자신의 힘이 개보다 약하다고 생각하거나 개를 맹수로 여기는 것이므로 이들은 자신이 개에게 물린 것을 당연한 일로 받아들인다. 하지만 공포증에 시달리지 않는 사람들처럼 상황을 해석하고 개를 피하지 않는 노력을 기울이면 공포증에서 벗어날 수 있다.

① (가) : 공포증이 생긴 구체적 상황

② (나) : 공포증의 개념과 공포증을 유발하는 대상

③ (다) : 와이너가 제시한 상황 해석의 기준

④ (라) : 공포증을 겪지 않는 사람들의 상황 해석 방식

⑤ (마) : 공포증을 겪는 사람들의 행동 유형

03 다음 글의 주제로 가장 적절한 것은?

우리는 주변에서 신호등 음성 안내기, 휠체어 리프트, 점자 블록 등의 장애인 편의 시설을 많이 볼 수 있다. 우리는 이러한 편의 시설을 장애인들이 지니고 있는 국민으로서의 기본 권리를 인정한 것이라는 시각에서 바라보고 있다. 물론, 장애인의 일상생활 보장이라는 측면에서 이 시각은 당연한 것이다. 하지만 또 다른 시각이 필요하다. 그것은 바로 편의 시설이 장애인만을 위한 것이 아니라 일상생활에서 활동에 불편을 겪는 모두를 위한 것이라는 시각이다. 편리하고 안전한 시설은 장애인 뿐만 아니라 우리 모두에게 유용하기 때문이다. 예를 들어, 건물의 출입구에 설치되어 있는 경사로는 장애인들의 휠체어만 다닐 수 있도록 설치해 놓은 것이 아니라, 몸이 불편해서 계단을 오르내릴 수 없는 노인이나 유모차를 끌고 다니는 사람들도 편하게 다닐 수 있도록 만들어 놓은 시설이다. 결국 이 경사로는 우리 모두에게 유용한 시설인 것이다.

그런 의미에서 근래에 대두되고 있는 '보편적 디자인', 즉 '유니버설 디자인(Universal Design)'이라는 개념은 우리에게 좋은 시사점을 제공해 준다. 보편적 디자인은 가능한 모든 사람이 이용할 수 있도록 제품, 건물, 공간을 디자인한다는 의미를 가지고 있다. 이러한 시각으로 바라본다면 장애인 편의 시설은 우리 모두에게 편리하고 안전한 시설로 인식될 것이다.

① 우리 주변에서는 장애인 편의 시설을 많이 볼 수 있다.
② 보편적 디자인은 근래에 대두되고 있는 중요한 개념이다.
③ 어떤 집단의 사람들이라도 이용할 수 있는 제품을 만들어야 한다.
④ 보편적 디자인이라는 관점에서 장애인 편의 시설을 바라볼 필요가 있다.
⑤ 장애인들의 기본 권리를 보장하기 위해 장애인 편의 시설을 확충해야 한다.

04 다음 글의 주장으로 가장 적절한 것은?

우리는 혈연, 지연, 학연 등에 의거한 생활양식 내지 행위원리를 연고주의라 한다. 특히 이에 대해 지극히 부정적인 의미를 부여하며 대부분의 한국병이 연고주의와 직·간접적인 어떤 관련을 갖는 것으로 진단한다. 그러나 여기서 주목할 만한 한 가지 사실은 연고주의가 그 자체로서는 반드시 역기능적인 어떤 것으로 치부될 이유가 없다는 점이다.

연고주의는 그 자체로서 비판받아야 할 것이라기보다는 나름의 고유한 가치를 갖는 사회적 자산이다. 이미 공동체적 요인이 청산·해체되어 버리고, 공동체에 대한 기억마저 사라진 서구 선진사회의 사람들은 오히려 삭막하고 황량한 사회생활의 긴장으로부터 해방되기 위해 새로운 형태의 공동체를 모색·시도하고 있다. 그에 비하면 우리의 연고주의는 인간적 온기를 지닌 것으로 그 나름의 가치 있는 삶의 원리가 아닐 수 없다.

① 연고주의는 그 자체로서 고유한 가치를 갖는 사회적 자산이다.
② 연고주의가 반드시 역기능적인 면을 가지는 것은 아니다.
③ 연고주의는 인간적 온기를 느끼게 하는 삶의 활력소이다.
④ 오늘날 연고주의에 대해 부정적 의미를 부여하기 쉽다.
⑤ 연고주의는 계속해서 유지하고 보존해야 하는 것이다.

05 다음 글의 제목으로 가장 적절한 것은?

우리는 처음 만난 사람의 외모를 보고, 그를 어떤 방식으로 대우해야 할지를 결정할 때가 많다. 그가 여자인지 남자인지, 얼굴색이 흰지 검은지, 나이가 많은지 적은지 혹은 그의 스타일이 조금은 상류층의 모습을 띠고 있는지 아니면 너무나 흔해서 별 특징이 드러나 보이지 않는 외모를 하고 있는지 등을 통해 그들과 나의 차이를 재빨리 감지한다. 일단 감지가 되면 우리는 둘 사이의 지위 차이를 인식하고 우리가 알고 있는 방식으로 그를 대하게 된다. 한 개인이 특정 집단에 속한다는 것은 단순히 다른 집단의 사람과 다르다는 것뿐만 아니라, 그 집단이 다른 집단보다는 지위가 높거나 우월하다는 믿음을 갖게 한다. 모든 인간은 평등하다는 우리의 신념에도 불구하고 왜 인간들 사이의 이러한 위계화(位階化)를 당연한 것으로 받아들일까? 위계화란 특정 부류의 사람들은 자원과 권력을 소유하고 다른 부류의 사람들은 낮은 사회적 지위를 갖게 되는 사회적이며 문화적인 체계이다.

이러한 불평등이 어떠한 방식으로 경험되고 조직화되는지를 살펴보기로 하자. 인간이 불평등을 경험하게 되는 방식은 여러 측면으로 나눌 수 있다. 산업 사회에서의 불평등은 계층과 계급의 차이를 통해서 정당화되는데, 이는 재산, 생산 수단의 소유 여부, 학력, 집안 배경 등등의 요소들의 결합에 의해 사람들 사이의 위계를 만들어 낸다. 또한 모든 사회에서 인간은 태어날 때부터 얻게 되는 인종, 성, 종족 등의 생득적 특성과 나이를 통해 불평등을 경험한다. 이러한 특성들은 단순히 생물학적인 차이를 지칭하는 것이 아니라, 개인의 열등성과 우등성을 가늠하게 만드는 사회적 개념이 되곤 한다.

한편 불평등이 재생산되는 다양한 사회적 기제들이 때로는 관습이나 전통이라는 이름 아래 특정 사회의 본질적인 문화적 특성으로 간주되고 당연시되는 경우가 많다. 불평등은 체계적으로 조직되고 개인에 의해 경험됨으로써 문화의 주요 부분이 되었고, 그 결과 같은 문화권 내의 구성원들 사이에 권력 차이와 그에 따른 폭력이나 비인간적인 행위들이 자연스럽게 수용될 때가 많다.

문화 인류학자들은 사회 집단의 차이와 불평등, 사회의 관습 또는 전통이라고 얘기되는 문화 현상에 대해 어떤 입장을 취해야 할지 고민을 한다. 문화 인류학자가 이러한 문화 현상은 고유한 역사적 산물이므로 나름대로 가치를 지닌다는 입장만을 반복하거나 단순히 관찰자로서의 입장에 안주한다면, 이러한 차별의 형태를 제거하는 데 도움을 줄 수 없다. 실제로 문화 인류학 연구는 기존의 권력 관계를 유지시켜주는 다양한 문화적 이데올로기를 분석하고, 인간 간의 차이가 우등성과 열등성을 구분하는 지표가 아니라 동등한 다름일 뿐이라는 것을 일깨우는 데 기여해 왔다.

① 차이와 불평등
② 차이의 감지 능력
③ 문화 인류학의 역사
④ 위계화의 개념과 구조
⑤ 관습과 전통의 계승과 창조

전국의 많은 근대건축물은 그동안 제도적 지원과 보호로부터 배제되고 대중과 소유주의 무관심 등으로 방치되어 왔다. 일부를 제외한 다수의 근대건축물이 철거와 멸실의 위기에 처해 있는 것이 사실이다.

국민이 이용하기 편리한 공간으로 용도를 바꾸면서도, 물리적인 본 모습은 유지하려는 노력을 일반적으로 '보전 가치'로 규정한다. 근대건축물의 보전 가치를 높이기 위해서는 자산의 상태를 합리적으로 진단하고, 소유자 및 이용자가 건물을 효율적으로 활용할 수 있도록 지원하는 관리체계가 필수적이다.

하지만 지금까지 건축자산의 등록, 진흥계획 수립 등을 통해 관리주체를 공공화하려는 노력은 있었으나 구체적인 관리 기법이나 모니터링에 대한 고민은 부족했다. 즉, 기초조사를 통해 현황을 파악하고 기본적인 관리를 하는 수준에만 그치고 있었던 것이다. 그중에는 오랜 시간이 지나 기록도 없이 건물만 존재하는 경우가 많다.

근대건축물은 현대 건물과는 다른 건축양식과 특성을 지니고 있어 단순 정보의 수집으로는 건물의 현황을 제대로 관리하기가 어렵다. 그렇다면 보전 가치를 높이기 위해서는 어떤 대책이 필요할까? 먼저 일반인이 개별 소유하고 있는 건축물의 현황정보를 통합하여 관리하기 위해서는 중립적이고 객관적인 공공의 참여와 지속적인 지원이 전제되어야 한다. 특히, 근대건축물은 현행 건축·도시 관련 법률 등과 관련되어 다양한 민원과 행정업무가 수반되므로, 법률 위반과 재정 지원 여부 등을 판단하는 데 있어 객관성과 중립성이 요구된다. 또한 근대건축물 관리는 도시재생, 문화관광 등의 분야에서 개별 사업으로 추진될 가능성이 높아 일원화된 관리기준도 필요하다. 만약 그렇지 못하면 사업이 일회성으로 전개될 우려가 크기 때문이다. 근대건축물이 그 정체성을 유지하고 가치를 증진하기 위해서 공공이 주축이 된 체계화·선진화된 관리방법론이 요구되는 이유이다.

① 근대건축물의 정의와 종류
② 근대건축물을 공공에 의해 체계적으로 관리해야 하는 이유
③ 근대건축물의 가치와 중요성
④ 현대 시민에게 요구되는 근대건축물에 대한 태도
⑤ 현시대에 근대건축물이 지니고 있는 문제점

07 다음은 A ~ D사의 남녀 직원 비율을 나타낸 자료이다. 이에 대한 설명으로 옳지 않은 것은?

〈회사별 남녀 직원 비율〉

(단위 : %)

구분	A사	B사	C사	D사
남	54	48	42	40
여	46	52	58	60

① 여직원 대비 남직원 비율이 가장 높은 회사는 A이며, 가장 낮은 회사는 D이다.

② B, C, D사의 여직원 수의 합은 남직원 수의 합보다 크다.

③ A사의 남직원이 B사의 여직원보다 많다.

④ A, B사의 전체 직원 중 남직원이 차지하는 비율이 52%라면 A사의 전체 직원 수는 B사 전체 직원 수의 2배이다.

⑤ A, B, C사의 전체 직원 수가 같다면 A, C사 여직원 수의 합은 B사 여직원 수의 2배이다.

08 다음은 기업 집중도에 대한 자료이다. 이에 대한 설명으로 옳지 않은 것은?

〈기업 집중도 현황〉

구분	2021년	2022년	2023년	전년 대비
상위 10대 기업	25.0%	26.9%	25.6%	▽ 1.3%p
상위 50대 기업	42.2%	44.7%	44.7%	−
상위 100대 기업	48.7%	51.2%	51.0%	▽ 0.2%p
상위 200대 기업	54.5%	56.9%	56.7%	▽ 0.2%p

① 2023년의 상위 10대 기업의 점유율은 전년도에 비해 낮아졌다.

② 2021년 상위 101 ~ 200대 기업이 차지하고 있는 비율은 5% 미만이다.

③ 전년 대비 2023년에는 상위 50대 기업을 제외하고 모두 점유율이 감소했다.

④ 전년 대비 2023년의 상위 100대 기업이 차지하고 있는 점유율은 약간 하락했다.

⑤ 2022 ~ 2023년까지 상위 10대 기업의 등락률과 상위 200대 기업의 등락률은 같은 방향을 보인다.

09 다음은 K그룹 직원 250명을 대상으로 조사한 자료이다. 이에 대한 설명으로 옳은 것은?(단, 소수점 이하는 버림한다)

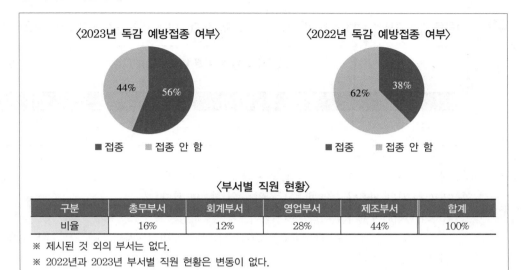

〈부서별 직원 현황〉

구분	총무부서	회계부서	영업부서	제조부서	합계
비율	16%	12%	28%	44%	100%

※ 제시된 것 외의 부서는 없다.
※ 2022년과 2023년 부서별 직원 현황은 변동이 없다.

① 2022년의 독감 예방접종자가 2023년에도 예방접종을 했다면, 2022년에는 예방접종을 하지 않았지만 2023년에 예방접종을 한 직원은 총 54명이다.

② 2022년 대비 2023년에 예방접종을 한 직원의 수는 49% 이상 증가했다.

③ 2022년의 예방접종을 하지 않은 직원들을 대상으로 2023년의 독감 예방접종 여부를 조사한 자료라고 한다면, 2022년과 2023년 모두 예방접종을 하지 않은 직원은 총 65명이다.

④ 2022년과 2023년의 독감 예방접종 여부가 총무부서에 대한 자료라고 할 때, 총무부서 직원 중 예방접종을 한 직원은 2022년 대비 2023년에 약 7명 증가했다.

⑤ 제조부서를 제외한 모든 부서 직원들이 2023년에 예방접종을 했다고 할 때, 제조부서 중 예방접종을 한 직원의 비율은 2%이다.

10 다음은 경기 일부 지역의 2022 ~ 2023년 월별 미세먼지 도시오염도 현황을 나타낸 자료이다. 이에 대한 설명으로 옳지 않은 것은?(단, 소수점 첫째 자리에서 반올림한다)

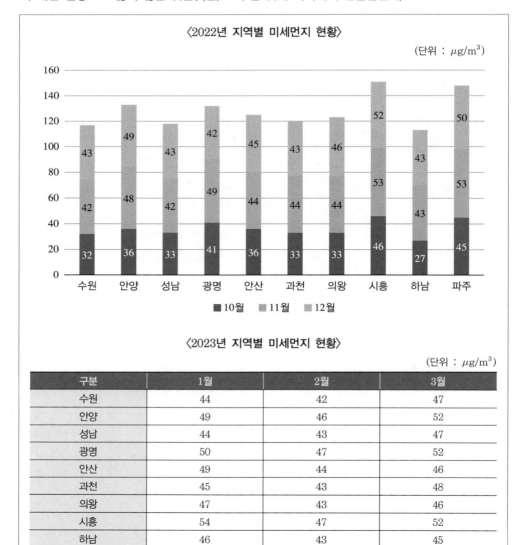

〈2022년 지역별 미세먼지 현황〉

(단위 : $\mu g/m^3$)

■ 10월   ■ 11월   ■ 12월

〈2023년 지역별 미세먼지 현황〉

(단위 : $\mu g/m^3$)

구분	1월	2월	3월
수원	44	42	47
안양	49	46	52
성남	44	43	47
광명	50	47	52
안산	49	44	46
과천	45	43	48
의왕	47	43	46
시흥	54	47	52
하남	46	43	45
파주	48	43	50

① 2022년 10 ~ 12월까지 미세먼지 농도의 합이 150$\mu g/m^3$ 이상인 지역은 한 곳이다.

② 2023년 1월 미세먼지 농도의 전월 대비 증감률이 0%인 지역의 2023년 2월 농도는 45$\mu g/m^3$ 이상이다.

③ 2022년 10월부터 2023년 3월까지 지역마다 미세먼지 농도가 가장 높은 달이 3월인 지역은 네 곳 이하이다.

④ 2023년 1월 대비 2월에 미세먼지 현황이 좋아진 지역은 모두 3월에 다시 나빠졌다.

⑤ 2022년 10월의 미세먼지 농도가 35$\mu g/m^3$ 미만인 지역의 2023년 2월 미세먼지 농도의 평균은 약 43$\mu g/m^3$이다.

※ 다음은 우리나라 업종별 근로자 수 및 고령근로자 비율과 국가별 65세 이상 경제활동 참가율 현황에 대한 자료이다. 이어지는 질문에 답하시오. [11~12]

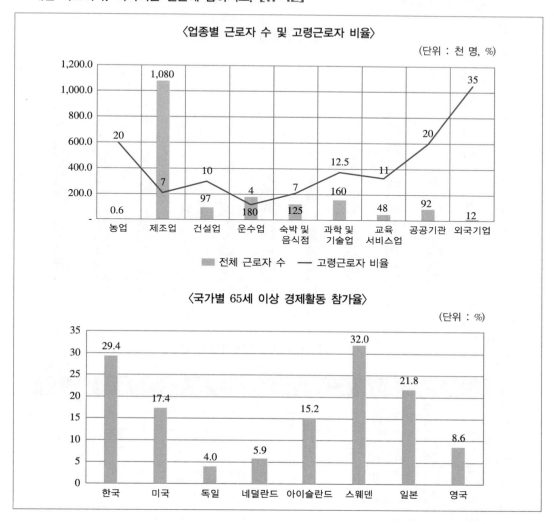

〈업종별 근로자 수 및 고령근로자 비율〉

(단위 : 천 명, %)

〈국가별 65세 이상 경제활동 참가율〉

(단위 : %)

11 다음 중 우리나라 고령근로자 현황과 국가별 경제활동 참가율에 대한 설명으로 옳은 것은?

① 건설업에 종사하는 고령근로자 수는 외국기업에 종사하는 고령근로자 수의 3배 이상이다.

② 국가별 65세 이상 경제활동 조사 인구가 같을 경우 미국의 고령근로자 수는 영국 고령근로자 수의 2배 미만이다.

③ 모든 업종의 전체 근로자 수에서 제조업에 종사하는 전체 근로자 비율은 80% 이상이다.

④ 농업과 교육 서비스업, 공공기관에 종사하는 총 고령근로자 수는 과학 및 기술업에 종사하는 고령 근로자 수보다 많다.

⑤ 독일, 네덜란드와 아이슬란드의 65세 이상 경제활동 참가율의 합은 한국의 65세 이상 경제활동 참가율의 90% 이상을 차지한다.

12 국가별 65세 이상 경제활동 참가조사 인구가 다음과 같을 때, (A), (B)에 들어갈 수를 바르게 짝지은 것은?

〈국가별 65세 이상 경제활동 참가조사 인구〉

(단위 : 만 명)

구분	한국	미국	독일	네덜란드	아이슬란드	스웨덴	일본	영국
조사 인구	750	14,200	2,800	3,510	3,560	5,600	15,200	13,800
고령근로자	(A)	2,470.8	112	207.09	541.12	(B)	3,313.6	1,186.8

	(A)	(B)
①	220.5	1,682
②	220.5	1,792
③	230.5	1,792
④	230.5	1,682
⑤	300.5	1,984

※ K공사 직원들은 초청행사 안내 현수막을 설치하려고 한다. 다음 자료를 참고하여 이어지는 질문에 답하시오. [13~14]

- 현수막 설치 후보 장소 : 주민센터, 공사 본부, 우체국, 주유소, 마트
- 현수막 설치일자 : 3월 29 ~ 31일

구분	주민센터	공사 본부	우체국	주유소	마트
설치가능 일자	3월 31일	3월 29일	3월 30일	3월 31일	4월 2일
게시기간	3월 31일 ~ 4월 15일	3월 29일 ~ 4월 18일	3월 30일 ~ 4월 8일	3월 31일 ~ 4월 8일	4월 2 ~ 25일
하루 평균 유동인구	230명	300명	260명	270명	310명
설치비용	200만 원	300만 원	250만 원	200만 원	300만 원
게시비용	10만 원/일	8만 원/일	12만 원/일	12만 원/일	7만 원/일

※ 현수막은 유동인구가 가장 많은 2곳에 설치한다.
※ 하루 평균 유동인구가 차순위 장소와 20명 이상 차이나지 않는 경우, 게시기간이 긴 장소에 설치한다.
※ 설치비용은 한 번만 지불한다.

13 다음 중 안내 현수막을 설치할 장소를 모두 고르면?(단, 설치장소 선정에 설치 및 게시 비용은 고려하지 않는다)

① 주민센터, 공사 본부　　　　　② 공사 본부, 우체국
③ 우체국, 주유소　　　　　　　　④ 우체국, 마트
⑤ 주유소, 마트

14 상부 지시로 다른 조건은 모두 배제하고 설치 및 게시비용만 고려하여 총비용이 가장 저렴한 곳에 현수막을 설치하기로 하였다. 다음 중 현수막을 설치할 장소는?(단, 현수막은 장소마다 제시되어 있는 게시기간을 모두 사용한다)

① 주민센터　　　　　　　　　　② 공사 본부
③ 우체국　　　　　　　　　　　④ 주유소
⑤ 마트

15 다음 글과 상황을 근거로 판단할 때, 갑이 납부해야 하는 송달료의 합계는?

송달이란 소송의 당사자와 그 밖의 이해관계인에게 소송상의 서류의 내용을 알 수 있는 기회를 주기 위해 법에 정한 방식에 따라 하는 통지행위를 말하며, 송달에 드는 비용을 송달료라고 한다. 소 또는 상소를 제기하려는 사람은 소장이나 상소장을 제출할 때 당사자 수에 따른 계산방식으로 산출된 송달료를 수납은행(대부분 법원구내 은행)에 납부하고 그 은행으로부터 교부받은 송달료 납부서를 소장이나 상소장에 첨부하여야 한다. 송달료 납부의 기준은 아래와 같다.

• 소 또는 상소 제기 시 납부해야 할 송달료
  가. 민사 제1심 소액사건 : (당사자 수)×(송달료 10회분)
  나. 민사 제1심 소액사건 이외의 사건 : (당사자 수)×(송달료 15회분)
  다. 민사 항소사건 : (당사자 수)×(송달료 12회분)
  라. 민사 상고사건 : (당사자 수)×(송달료 8회분)
• 송달료 1회분 : 3,200원
• 당사자 : 원고, 피고
• 사건의 구별
  가. 소액사건 : 소가 2,000만 원 이하의 사건
  나. 소액사건 이외의 사건 : 소가 2,000만 원을 초과하는 사건
  ※ 소가(訴價)는 원고가 승소하면 얻게 될 경제적 이익을 화폐단위로 평가한 금액을 말한다.

〈상황〉

갑은 보행로에서 자전거를 타다가 을의 상품진열대에 부딪쳐서 부상을 당하였고, 이 상황을 병이 목격하였다. 갑은 을에게 자신의 병원치료비와 위자료를 요구하였다. 그러나 을은 갑의 잘못으로 부상당한 것이므로 자신에게는 책임이 없으며, 오히려 갑 때문에 진열대가 파손되어 손해가 발생했으므로 갑이 손해를 배상해야 한다고 주장하였다. 갑은 자신을 원고로, 을을 피고로 하여 병원치료비와 위자료로 합계 금 2,000만 원을 구하는 소를 제기하였다. 제1심 법원은 증인 병의 증언을 바탕으로 갑에게 책임이 있다는 을의 주장이 옳다고 인정하여, 갑의 청구를 기각하는 판결을 선고하였다. 이 판결에 대해서 갑은 항소를 제기하였다.

① 76,800원
② 104,800원
③ 124,800원
④ 140,800원
⑤ 172,800원

16 다음은 4분기 성과급 지급 기준이다. 부서원 A ~ E에 대한 성과평가가 다음과 같을 때, 성과급을 가장 많이 받는 직원을 바르게 짝지은 것은?

〈성과급 지급 기준〉

• 성과급은 성과평가에 따라 다음 기준으로 지급한다.

등급	A	B	C	D
성과급	200만 원	170만 원	120만 원	100만 원

• 성과평가등급은 성과 점수에 따라 다음과 같이 산정된다.

성과 점수	90점 이상 100점 이하	80점 이상 90점 미만	70점 이상 80점 미만	70점 미만
등급	A	B	C	D

• 성과 점수는 개인실적 점수, 동료평가점수, 책임 점수, 가점 및 벌점을 합산하여 산정한다.
 - 개인실적 점수, 동료평가점수, 책임 점수는 각각 100점 만점으로 산정된다.
 - 세부 점수별 가중치는 개인실적 점수 40%, 동료평가점수 30%, 책임 점수 30%이다.
 - 가점 및 벌점은 개인실적 점수, 동료평가점수, 책임 점수에 가중치를 적용하여 합산한 값에 합산한다.
• 가점 및 벌점 부여기준
 - 분기 내 수상내역 1회, 신규획득 자격증 1개당 가점 2점을 부여한다.
 - 분기 내 징계내역 1회당 다음에 따른 벌점을 부여한다.

징계	경고	감봉	정직
벌점	1점	3점	5점

〈부서원 성과평가〉

직원	개인실적 점수	동료평가 점수	책임 점수	비고
가	85	70	80	수상 2회(4분기), 경고 2회(3분기)
나	80	80	70	경고 1회(4분기)
다	75	85	80	자격증 1개(4분기)
라	70	70	90	정직 1회(4분기)
마	80	65	75	경고 1회(3분기)

① 가, 다   ② 가, 마
③ 나, 다   ④ 나, 라
⑤ 다, 마

17 다음은 직원 인사규정 중 벌점 규정에 대한 자료이다. 팀원들의 올해 업무 평정 내역을 참고할 때, 올해 업무 평정 최종 점수에서 가장 낮은 점수를 받은 팀원은?

> **벌점(제25조)**
> 1. 일반사고는 회당 올해 업무 평정에서 20점을 차감한다.
> 2. 중대사고는 회당 올해 업무 평정에서 40점을 차감한다.
> 3. 수상 경력이 있는 경우 올해 업무 평정에서 100점을 더한다.

〈평정 내역〉

구분	올해 업무 평정(점)	일반사고(회)	중대사고(회)	수상 경력(회)
A사원	420	4	2	–
B사원	380	9	0	1
C대리	550	11	1	–
D대리	290	0	3	2
E과장	440	5	3	–

① A사원　　　　　　　　② B사원
③ C대리　　　　　　　　④ D대리
⑤ E과장

18 다음 주 당직 근무에 대한 일정표를 작성하고 있는데, 잘못된 점이 보여 수정을 하려고 한다. 한 사람만 옮겨 일정표를 완성하려고 할 때, 다음 중 일정을 변경해야 하는 사람은?

〈당직 근무 규칙〉
- 낮에 2명, 야간에 2명은 항상 당직을 서야 하고, 더 많은 사람이 당직을 설 수도 있다.
- 낮과 야간을 합하여 하루에 최대 6명까지 당직을 설 수 있다.
- 같은 날에 낮과 야간 당직 근무는 함께 설 수 없다.
- 낮과 야간 당직을 합하여 주에 세 번 이상 다섯 번 미만으로 당직을 서야 한다.
- 월요일부터 일요일까지 모두 당직을 선다.

〈당직 근무 일정〉

직원	낮	야간	직원	낮	야간
가	월요일	수요일, 목요일	바	금요일, 일요일	화요일, 수요일
나	월요일, 화요일	수요일, 금요일	사	토요일	수요일, 목요일
다	화요일, 수요일	금요일, 일요일	아	목요일	화요일, 금요일
라	토요일	월요일, 수요일	자	목요일, 금요일	화요일, 토요일
마	월요일, 수요일	화요일, 토요일	차	토요일	목요일, 일요일

① 나　　　　　　　　　② 라
③ 마　　　　　　　　　④ 바
⑤ 사

정답 및 해설 p.050

※ 다음 글의 내용으로 적절하지 않은 것을 고르시오. [1~2]

01

생물 농약이란 농작물에 피해를 주는 병이나 해충, 잡초를 제거하기 위해 자연에 있는 생물로 만든 천연 농약을 뜻한다. 생물 농약을 개발한 것은 흙 속에 사는 병원균으로부터 식물을 보호할 목적에서였다. 뿌리를 공격하는 병원균은 땅속에 살고 있으므로 병원균을 제거하기에 어려움이 있었다. 게다가 화학 농약의 경우 그 성분이 토양에 달라붙어 제 기능을 발휘하지 못했기 때문에 식물 성장을 돕고 항균 작용을 할 수 있는 미생물에 주목하기 시작한 것이다.

식물 성장을 돕고 항균 작용을 하는 미생물 집단을 '근권미생물'이라 하는데, 여러 종류의 근권미생물 중 농약으로 쓰기에 가장 좋은 것은 뿌리에 잘 달라붙는 것들이다. 근권미생물의 입장에서 뿌리 주변은 사막의 오아시스와 비슷한 조건이다. 뿌리 주변은 뿌리에서 공급되는 양분과 안락한 서식 환경을 제공받지만, 뿌리 주변에서 멀리 떨어진 곳은 황량한 지역이어서 먹을 것을 찾기가 어렵기 때문이다. 따라서 뿌리 주변에서는 좋은 위치를 선점하기 위해 미생물 간에 치열한 싸움이 벌어진다. 얼마나 뿌리에 잘 정착하느냐가 생물 농약으로 사용되는 미생물을 결정하는 데 중요한 기준이 되는 셈이다.

생물 농약으로 쓰이는 미생물은 식물 성장을 돕는 성질을 포함한다. 미생물이 만든 항균 물질은 농작물의 뿌리에 침입하려는 곰팡이나 병원균의 성장을 억제하거나 죽게 한다. 그리고 병원균이나 곤충, 선충에 기생하는 종들을 사용한 생물 농약은 유해 병원균이나 해충을 직접 공격하기도 한다. 예를 들자면, 흰가루병은 채소 대부분에 생겨나는 곰팡이 때문에 발생하는데, 흰가루병을 일으키는 곰팡이의 영양분을 흡수해 죽이는 천적 곰팡이(Ampelomyces Quisqualis)를 이용한 생물 농약이 만들어졌다.

① 화학 농약은 화학 성분이 토양에 달라붙어 제 기능을 발휘하지 못한다.
② 생물 농약으로 쓰이는 미생물들은 유해 병원균이나 해충을 직접 공격하지는 못한다.
③ '근권미생물'이란 식물의 성장에 도움을 주는 미생물이다.
④ 뿌리에 얼마만큼 정착하는지의 여부가 미생물의 생물 농약 사용 기준이 된다.
⑤ 다른 곰팡이를 죽이는 곰팡이가 존재한다.

02

우리는 매일의 날씨를 직접 체감하며 살아간다. 어제가 더웠기 때문에 오늘은 옷을 얇게 입고, 저녁에 비가 내리기 시작했기 때문에 다음날 가방에 우산을 챙기기도 한다. 즉, 과거의 날씨를 체험했기 때문에 오늘과 내일의 날씨를 준비하며 살아갈 수 있는 것이다. 이 때문에 19세기 중반부터 전 세계의 기상 관측소와 선박, 부표에서 온도를 측정해 왔고, 이를 통해 지난 160년 동안의 온도 변화를 알아낼 수 있었다. 또한 수천 년 동안의 역사 기록물을 통하여 기후와 관련된 정보를 파악함은 물론, 위성 체계가 갖춰진 1979년 이후부터는 지상 위 인간의 시야를 벗어나 대류권, 성층권에서도 지구의 기후 변화를 감시할 수 있게 되었다.

그렇다면 기록 이전의 기후를 알 수 있는 방법은 무엇일까? 인류는 '기후 대리지표'라고 불리는 바다의 퇴적물이나 산호, 빙하, 나무 등에 나타난 반응을 토대로 과거 기후를 추측하고 있다. 이러한 기후 대리지표를 분석하기 위해서는 물리학, 화학, 생물학 등 기초과학을 필요로 한다.

바다의 퇴적물은 1억 7,000만 년 이상 된 해저가 없어 최대 1억 5,000만 년 전까지의 기후가 산출된다. 특히 고요한 바닷가의 물에서 어떠한 방해 없이 쌓인 퇴적물은 대륙에서만 발견되며 1억 7,000만 년을 넘는 과거의 기후를 알 수 있는데, 퇴적물에 포함된 플랑크톤 껍질에 당시의 기후 변화가 담겨 있다.

'얼음 기둥'은 극지방에 쌓인 눈이 얼음으로 변하고, 또 다시 눈이 쌓여 얼음이 되는 과정을 수십만 년 동안 반복해 만들어진 빙하를 막대기 모양으로 시추한 것을 의미한다. 남극 대륙의 빙하 기둥에서는 약 80만 년 전, 그린란드 빙하에서는 12만 5,000년 전 기후를 알 수 있으며, 산악 빙하의 경우에는 최대 1만 년 전까지의 기후 정보를 담고 있다.

한편, 위와 같은 퇴적물이나 빙하 기둥 안에 있는 산소동위원소를 이용하여 과거 온도를 알 수도 있다. 빙하의 물 분자는 가벼운 산소로 구성되는 비율이 높고 빙하기에는 바닷물에 무거운 산소 비율이 높아지기 때문에, 온도가 낮은 물에서 무거운 산소는 가벼운 산소보다 탄산칼슘에 더 많이 녹아 들어간다. 이를 이용해 퇴적물의 플랑크톤 껍질 속 탄산칼슘의 산소동위원소 비율로 과거 바닷물 온도를 알 수 있는 것이다. 또한 빙하를 만드는 눈의 경우 기온이 높아질수록 무거운 산소 비율이 높아지는 것을 이용해 과거 온도를 추정하기도 한다.

① 빙하를 만드는 눈은 기온이 높아질수록 무거운 산소에 비해 가벼운 산소 비율이 낮아진다.

② 기후 대리지표를 통하여 인류가 기록하기 전의 기후도 알 수 있게 되었다.

③ 대륙의 퇴적물을 이용하면 바다의 퇴적물로는 알 수 없는 과거의 기후 변화를 알 수 있다.

④ 얼음 기둥으로 가장 오래 전 기후를 알기 위해서는 산악 빙하나 그린란드 빙하보다는 남극 대륙의 빙하를 시추해야 한다.

⑤ 19세기 후반부터 세계 각지에서 온도를 측정하기 시작해 1979년 이후부터는 전 세계가 기후 변화를 감시하게 되었다.

03 다음 문단에 이어질 문단을 논리적 순서대로 바르게 나열한 것은?

우리는 자본주의 체제에서 살고 있다. '우리는 자본주의라는 체제의 종말보다 세계의 종말을 상상하는 것이 더 쉬운 시대에 살고 있다.'고 할 만큼 현재 세계는 자본주의의 논리 아래에 굴러가고 있다. 이러한 자본주의는 어떻게 발생하였을까?

(가) 그러나 1920년대에 몰아친 세계 대공황은 자본주의가 완벽하지 않은 체제이며 수정이 필요함을 모든 사람에게 각인시켜줬다. 학문적으로 보자면 대표적으로 존 메이너드 케인스의 『고용·이자 및 화폐에 관한 일반이론』 등의 저작을 통해 수정자본주의가 꾀해졌다.

(나) 애덤 스미스로부터 학문화된 자본주의는 데이비드 리카도의 비교우위론 등의 이론을 포섭해 나가며 자신의 영역을 공고히 했다. 자본의 폐해에 대한 마르크스 등의 경고가 있었지만, 자본주의는 그 위세를 계속 떨칠 것 같이 보였다.

(다) 1950년대에는 중산층의 신화가 이루어지면서 수정자본주의 체제는 영원할 것 같이 보였지만, 오일 쇼크 등으로 인해서 수정자본주의 또한 그 한계를 보이게 되었고, 빈 학파로부터 파생된 신자유주의 이론이 가미되기 시작하였다.

(라) 자본주의의 시작이라 하면 대부분 애덤 스미스의 『국부론』을 떠올리겠지만, 역사학자인 페르낭 브로델에 의하면 자본주의는 16세기 이탈리아에서부터 시작된 것이라고 한다. 이를 학문적으로 정립한 최초의 저작이 『국부론』이다.

① (나) - (라) - (가) - (다)
② (나) - (라) - (다) - (가)
③ (다) - (나) - (가) - (라)
④ (라) - (가) - (다) - (나)
⑤ (라) - (나) - (가) - (다)

04 다음 글을 근거로 판단할 때 적절하지 않은 것은?

> 개발도상국으로 흘러드는 외국자본은 크게 원조, 부채, 투자가 있다. 원조는 다른 나라로부터 지원받는 돈으로, 흔히 해외 원조 혹은 공적개발원조라고 한다. 부채는 은행 융자와 정부 혹은 기업이 발행한 채권으로, 투자는 포트폴리오 투자와 외국인 직접투자로 이루어진다. 포트폴리오 투자는 경영에 대한 영향력보다는 경제적 수익을 추구하기 위한 투자이고, 외국인 직접투자는 회사 경영에 일상적으로 영향력을 행사하기 위한 투자이다.
>
> 개발도상국에 유입되는 이러한 외국자본은 여러 가지 문제점을 보이고 있다. 해외 원조는 개발도상국에 대한 경제적 효과가 있다고 여겨져 왔으나 최근 경제학자들 사이에서는 그러한 경제적 효과가 없다는 주장이 점차 힘을 얻고 있다.
>
> 부채는 변동성이 크다는 단점이 지적되고 있다. 특히 은행 융자는 변동성이 큰 것으로 유명하다. 예컨대 1998년 개발도상국에 대하여 이루어진 은행 융자 총액은 500억 달러였다. 하지만 1998년 러시아와 브라질, 2002년 아르헨티나에서 일어난 일련의 금융 위기가 개발도상국을 강타하여 1999 ~ 2002년의 4개년 동안에는 은행 융자 총액이 연평균 −65억 달러가 되었다가, 2005년에는 670억 달러가 되었다. 은행 융자만큼 변동성이 큰 것은 아니지만, 채권을 통한 자본 유입 역시 변동성이 크다. 외국인은 1997년에 380억 달러의 개발도상국 채권을 매수했다. 그러나 1998 ~ 2002년에는 연평균 230억 달러로 떨어졌고, 2003 ~ 2005년에는 연평균 440억 달러로 증가했다.
>
> 한편 포트폴리오 투자는 은행 융자만큼 변동성이 크지는 않지만 채권에 비하면 변동성이 크다. 개발도상국에 대한 포트폴리오 투자는 1997년의 310억 달러에서 1998 ~ 2002년에는 연평균 90억 달러로 떨어졌고, 2003 ~ 2005년에는 연평균 410억 달러에 달했다.

① 개발도상국에 대한 2005년의 은행 융자 총액은 1998년의 수준을 회복하지 못하였다.

② 해외 원조는 개발도상국에 대한 경제적 효과가 없다고 주장하는 경제학자들이 있다.

③ 개발도상국에 유입되는 외국자본에는 해외 원조, 은행 융자, 채권, 포트폴리오 투자, 외국인 직접투자가 있다.

④ 개발도상국에 대한 투자는 경제적 수익뿐만 아니라 회사 경영에 영향력을 행사하기 위해서도 이루어질 수 있다.

⑤ 1998 ~ 2002년과 2003 ~ 2005년의 연평균 금액을 비교할 때, 개발도상국에 대한 포트폴리오 투자가 채권보다 증감액이 크다.

05 다음 글의 제목으로 가장 적절한 것은?

일반적으로 소비자들은 합리적인 경제 행위를 추구하기 때문에 최소 비용으로 최대 효과를 얻으려 한다는 것이 소비의 기본 원칙이다. 그들은 '보이지 않는 손'이라고 일컬어지는 시장 원리 아래에서 생산자와 만난다. 그러나 이러한 일차적 의미의 합리적 소비가 언제나 유효한 것은 아니다. 생산보다는 소비가 화두가 된 소비 자본주의 시대에서 소비는 단순히 필요한 재화, 그리고 경제학적으로 유리한 재화를 구매하는 행위에 머물지 않는다. 최대 효과 자체에 정서적이고 사회 심리학적인 요인이 개입하면서, 이제 소비는 개인이 세계와 만나는 다분히 심리적인 방법이 되어버린 것이다. 즉, 인간의 기본적인 생존 욕구를 충족시켜 주는 합리적 소비 수준에 머물지 않고, 자신을 표현하는 상징적 행위가 된 것이다. 이처럼 오늘날의 소비문화는 물질적 소비 차원이 아닌 심리적 소비 형태를 띠게 된다.

소비 자본주의의 화두는 과소비가 아니라 '과시 소비'로 넘어간 것이다. 과시 소비의 중심에는 신분의 논리가 있다. 신분의 논리는 유용성의 논리, 나아가 시장의 논리로 설명되지 않는 것들을 설명해준다. 혈통으로 이어지던 폐쇄적 계층 사회는 소비 행위에 대해 계급에 근거한 제한을 부여했다. 먼 옛날 부족 사회에서 수장들만이 걸칠 수 있었던 장신구에서부터 제아무리 권문세가의 정승이라도 아흔아홉 칸을 넘을 수 없던 집이 좋은 예이다. 권력을 가진 자는 힘을 통해 자기의 취향을 주위 사람들과 분리시킴으로써 경외감을 강요하고, 그렇게 자기 취향을 과시함으로써 잠재적 경쟁자들을 통제한 것이다.

가시적 신분 제도가 사라진 현대 사회에서도 이러한 신분의 논리는 여전히 유효하다. 이제 개인은 소비를 통해 자신의 물질적 부를 표현함으로써 신분을 과시하려 한다.

① '보이지 않는 손'에 의한 합리적 소비의 필요성
② 소득을 고려하지 않은 무분별한 과소비의 폐해
③ 계층별 소비 규제의 필요성
④ 신분사회에서 의복 소비와 계층의 관계
⑤ 소비가 곧 신분이 되는 과시 소비의 원리

06 다음 글의 내용으로 가장 적절한 것은?

> 음악에서 화성이나 멜로디가 하나의 음 또는 하나의 화음을 중심으로 일정한 체계를 유지하는 것을 조성(調性)이라 한다. 조성을 중심으로 한 음악은 서양음악에 지배적인 영향을 미쳤는데, 여기에서 벗어나 자유롭게 표현하고 싶은 음악가의 열망이 무조(無調) 음악을 탄생시켰다. 무조 음악에서는 한 옥타브 안의 12음 각각에 동등한 가치를 두어 음들을 자유롭게 사용하였다. 이로 인해 무조 음악은 표현의 자유를 누리게 되었지만 조성이 주는 체계성은 잃게 되었다. 악곡의 형식을 유지하는 가장 기초적인 뼈대가 흔들린 것이다. 이와 같은 상황 속에서 무조 음악이 지닌 자유로움에 체계성을 더하고자 고민한 작곡가 쇤베르크는 '12음 기법'이라는 독창적인 작곡 기법을 만들어 냈다. 쇤베르크의 12음 기법은 12음을 한 번씩 사용하여 만든 기본 음렬(音列)에 이를 '전위', '역행', '역행 전위'의 방법으로 파생시킨 세 가지 음렬을 더해 악곡을 창작하는 체계적인 작곡 기법이다.

① 조성은 하나의 음으로 여러 음을 만드는 것을 말한다.
② 무조 음악은 조성이 발전한 형태라고 말할 수 있다.
③ 무조 음악은 한 옥타브 안의 음 각각에 가중치를 두어서 사용했다.
④ 조성은 체계성을 추구하고, 무조 음악은 자유로움을 추구한다.
⑤ 쇤베르크의 12음 기법은 무조 음악과 조성 모두에서 벗어나고자 한 작곡 기법이다.

07 어떤 고등학생이 13살 동생, 40대 부모님, 65세 할머니와 함께 박물관에 가려고 한다. 주말에 입장할 때와 주중에 입장할 때의 요금 차이는?

〈박물관 입장료〉

구분	주말	주중
어른	20,000원	18,000원
중·고등학생	15,000원	13,000원
어린이	11,000원	10,000원

※ 어린이 : 3살 이상 13살 이하
※ 경로 : 65세 이상은 50% 할인

① 8,000원　　　　　　　　② 9,000원
③ 10,000원　　　　　　　 ④ 11,000원
⑤ 12,000원

08 다음은 창의경진대회에 참가한 A ~ C팀 인원수 및 평균 점수와 팀 연합 인원수 및 평균 점수를 산출한 자료이다. (가)와 (나)에 들어갈 값을 순서대로 바르게 나열한 것은?

〈팀 인원수 및 평균 점수〉

(단위 : 명, 점)

팀	A	B	C
인원수	( )	( )	( )
평균 점수	40.0	60.0	90.0

※ 1) 각 참가자는 A, B, C팀 중 하나의 팀에만 속하고, 개인별로 점수를 획득함

2) (팀 평균 점수)= $\dfrac{(해당\ 팀\ 참가자\ 개인별\ 점수의\ 합)}{(해당\ 팀\ 참가자\ 인원수)}$

〈팀 연합 인원수 및 평균 점수〉

(단위 : 명, 점)

팀 연합	A+B	B+C	A+C
인원수	80	120	(가)
평균 점수	52.5	77.5	(나)

※ 1) A+B는 A팀과 B팀, B+C는 B팀과 C팀, C+A는 C팀과 A팀의 인원을 합친 팀 연합임

2) (팀 연합 평균 점수)= $\dfrac{(해당\ 팀\ 연합\ 참가자\ 개인별\ 점수의\ 합)}{(해당\ 팀\ 연합\ 참가자\ 인원수)}$

	(가)	(나)
①	90	72.5
②	90	75.0
③	100	72.5
④	100	75.0
⑤	110	72.5

09 농도 5%의 설탕물 600g을 1분 동안 가열하면 10g의 물이 증발한다. 이 설탕물을 10분 동안 가열한 후, 다시 설탕물 200g을 더 넣었더니 10%의 설탕물 700g이 되었다. 이때 더 넣은 설탕물 200g의 농도는 얼마인가?(단, 용액의 농도와 관계없이 가열하는 시간과 증발하는 물의 양은 비례한다)

① 5% ② 15%

③ 20% ④ 25%

⑤ 30%

10 다음은 민간 분야 사이버 침해사고 발생현황에 대한 자료이다. 이에 대한 설명으로 옳지 않은 것을 〈보기〉에서 모두 고르면?

〈민간 분야 사이버 침해사고 발생현황〉

(단위 : 건)

구분	2020년	2021년	2022년	2023년
홈페이지 변조	650	900	600	390
스팸릴레이	100	90	80	40
기타 해킹	300	150	170	165
단순 침입시도	250	300	290	175
피싱 경유지	200	430	360	130
전체	1,500	1,870	1,500	900

보기

ㄱ. 단순 침입시도 분야의 침해사고는 매년 스팸릴레이 분야의 침해사고 건수의 2배 이상이다.
ㄴ. 2020년 대비 2023년 침해사고 건수가 50% 이상 감소한 분야는 2개 분야이다.
ㄷ. 2022년 홈페이지 변조 분야의 침해사고 건수가 차지하는 비중은 35% 이상이다.
ㄹ. 2021년 대비 2023년에는 모든 분야의 침해사고 건수가 감소하였다.

① ㄱ, ㄴ
② ㄱ, ㄹ
③ ㄴ, ㄷ
④ ㄴ, ㄹ
⑤ ㄷ, ㄹ

11 K전자회사의 기획팀에 근무 중인 A사원은 자사에 대한 마케팅 전략 보고서를 작성하려고 한다. A사원이 SWOT 분석을 한 결과가 다음과 같을 때, 분석 결과에 대응하는 전략과 그 내용의 연결이 적절하지 않은 것은?

강점(Strength)	약점(Weakness)
• 세계 판매량 1위의 높은 시장 점유율 • 제품의 뛰어난 내구성 • 다수의 특허 확보	• 보수적 기업 이미지 • 타사 제품에 비해 높은 가격 • 경쟁업체 제품과의 차별성 약화
기회(Opportunity)	위협(Threat)
• 경쟁업체 제품의 결함 발생 • 해외 신규시장의 등장 • 인공지능, 사물인터넷 등 새로운 기술 등장	• 중국 업체의 성장으로 가격 경쟁 심화 • 미·중 무역전쟁 등 시장의 불확실성 증가에 따른 소비 위축

① SO전략 : 뛰어난 내구성을 강조한 마케팅 전략을 수립한다.

② SO전략 : 확보한 특허 기술을 바탕으로 사물인터넷 기반의 신사업을 추진한다.

③ WO전략 : 안정적 기업 이미지를 활용한 홍보 전략으로 해외 신규시장에 진출한다.

④ ST전략 : 해외 공장 설립으로 원가 절감을 통한 가격 경쟁력을 확보한다.

⑤ WT전략 : 경쟁업체와 차별화된 브랜드 고급화 전략을 수립한다.

12 재무팀 A과장, 개발팀 B부장, 영업팀 C대리, 홍보팀 D차장, 디자인팀 E사원은 봄, 여름, 가을, 겨울에 중국, 러시아, 일본으로 출장을 간다. 다음 〈조건〉을 바탕으로 할 때 항상 옳은 것은?(단, A~E는 중국, 러시아, 일본 중 반드시 한 국가로 출장을 가며, 아무도 가지 않은 국가와 계절은 없다)

> **조건**
> • 중국은 2명이 출장을 가고, 각각 여름 혹은 겨울에 출장을 간다.
> • 러시아로 출장을 가는 사람은 봄 혹은 여름에 출장을 간다.
> • 재무팀 A과장은 반드시 개발팀 B부장과 함께 출장을 간다.
> • 홍보팀 D차장은 혼자서 봄에 출장을 간다.
> • 개발팀 B부장은 가을에 일본으로 출장을 간다.

① 홍보팀 D차장은 혼자서 중국으로 출장을 간다.

② 영업팀 C대리와 디자인팀 E사원은 함께 일본으로 출장을 간다.

③ 재무팀 A과장과 개발팀 B부장은 함께 중국으로 출장을 간다.

④ 영업팀 C대리가 여름에 중국 출장을 가면, 디자인팀 E사원은 겨울에 중국 출장을 간다.

⑤ 홍보팀 D차장이 어디로 출장을 가는지는 주어진 조건만으로 알 수 없다.

※ 다음은 K공사의 출장비 지급규정이다. 이어지는 질문에 답하시오. [13~14]

<출장비 지급규정>

- 일비는 직급별로 지급되는 금액을 기준으로 출장일수에 맞게 지급한다.
- 교통비는 대중교통(버스, 기차 등) 및 택시를 이용한 금액만 실비로 지급한다.
- 숙박비는 1박당 제공되는 숙박비를 넘지 않는 선에서 실비로 지급한다.
- 식비는 직급별로 지급되는 금액을 기준으로 1일당 3식으로 계산하여 지급한다.

<출장 시 지급 비용>

(단위 : 원)

구분	일비(1일)	숙박비(1박)	식비(1식)
사원	20,000	100,000	6,000
대리	30,000	120,000	8,000
과장	50,000	150,000	10,000
부장	60,000	180,000	10,000

13 대리 1명과 과장 1명이 2박 3일간 부산으로 출장을 다녀왔다면, 지급받을 수 있는 출장비는 총 얼마인가?

<부산 출장 지출내역>

- 서울 시내버스 및 지하철 이동 : 3,200원(1인당)
- 서울 – 부산 KTX 이동(왕복) : 121,800원(1인당)
- 부산 P호텔 스탠다드 룸 : 150,000원(1인당, 1박)
- 부산 시내 택시 이동 : 10,300원

① 1,100,300원
② 1,124,300원
③ 1,179,300원
④ 1,202,300원
⑤ 1,224,300원

14 사원 2명과 대리 1명이 1박 2일간 강릉으로 출장을 다녀왔다면, 지급받을 수 있는 출장비는 총 얼마인가?

<강릉 출장 지출내역>

- 서울 – 강릉 자가용 이동(왕복) : 주유비 100,000원
- 강릉 X호텔 트리플 룸 : 80,000원(1인당, 1박)
- 식비 : 총 157,000원

① 380,000원
② 480,000원
③ 500,000원
④ 537,000원
⑤ 545,000원

※ 다음은 2024년 상반기 K공사 신입사원 채용공고이다. 이어지는 질문에 답하시오. **[15~16]**

〈2024년 상반기 K공사 신입사원 채용공고〉

- 채용인원 및 선발분야 : 총 ○○명(기능직 ○○명, 행정직 ○○명)
- 지원자격

구분	주요 내용
학력	• 기능직 : 해당 분야 전공자 또는 관련 자격 소지자 • 행정직 : 학력 및 전공 제한 없음
자격	• 기능직의 경우 관련 자격증 소지 여부 확인 • 외국어 능력 성적 보유자에 한해 성적표 제출
연령	• 만 18세 이상(채용공고일 2024. 1. 23. 기준)
병역	• 병역법에 명시한 병역기피 사실이 없는 자(단, 현재 군복무 중인 경우 채용예정일 이전 전역 예정자 지원 가능)
기타	• 2023년 하반기 신입사원 채용부터 지역별 지원 제한 폐지

- 채용전형 순서 : 서류전형 – 필기전형 – 면접전형 – 건강검진 – 최종합격
- 채용예정일 : 2024년 5월 15일

15 K공사 채용 Q&A 게시판에 다음과 같은 질문이 올라왔다. 질문에 대한 답변으로 가장 적절한 것은?

> 안녕하세요. 이번 K공사 채용공고를 확인하고 지원하려고 하는데 지원자격과 관련하여 여쭤보려고 합니다. 대학을 졸업하고 현재 군인 신분인 제가 이번 채용에 지원할 수 있는지 확인하고 싶어서요. 답변 부탁드립니다.

① 죄송하지만 이번 채용에서는 대학 졸업예정자만을 대상으로 하고 있습니다.
② 채용예정일 이전 전역 예정자라면 지원 가능합니다.
③ 기능직의 경우 필요한 자격증을 보유하고 있다면 누구든지 지원 가능합니다.
④ 지역별로 지원 제한이 있으므로 확인하고 지원하시기 바랍니다.
⑤ 행정직의 경우 외국어 능력 성적 기준 제한이 있으므로 확인하고 지원하시기 바랍니다.

16 다음 중 K공사에 지원할 수 없는 사람은 누구인가?

① 최종학력이 고등학교 졸업인 A
② 관련 학과를 전공하고 기능직에 지원한 B
③ 2024년 2월 10일 기준으로 만 18세가 된 C
④ 현재 군인 신분으로 2024년 5월 5일 전역 예정인 D
⑤ 외국어 능력 성적 유효 기간이 경과한 E

17 다음은 K공사의 당직 근무 규칙과 이번 주 당직 근무자들의 일정표이다. 당직 근무 규칙에 따라 이번 주에 당직 근무 일정을 추가해야 하는 사람은?

<당직 근무 규칙>

- 1일 당직 근무 최소 인원은 오전 1명, 오후 2명으로 총 3명이다.
- 1일 최대 6명을 넘길 수 없다.
- 같은 날 오전·오후 당직 근무는 서로 다른 사람이 해야 한다.
- 오전 또는 오후 당직을 모두 포함하여 당직 근무는 주당 3회 이상 5회 미만으로 해야 한다.

<당직 근무 일정>

성명	일정	성명	일정
공주원	월요일 오전 / 수요일 오후 / 목요일 오전	최민관	월요일 오후 / 화요일 오후 / 토요일 오전 / 일요일 오전
이지유	월요일 오후 / 화요일 오전 / 금요일 오전 / 일요일 오후	이영유	화요일 오후 / 수요일 오전 / 금요일 오후 / 토요일 오후
강리환	수요일 오전 / 목요일 오전 / 토요일 오후	지한준	월요일 오전 / 수요일 오후 / 금요일 오전
최유리	화요일 오전 / 목요일 오후 / 토요일 오후	강지공	화요일 오후 / 수요일 오후 / 금요일 오후 / 토요일 오전
이건율	목요일 오전 / 일요일 오전	김민정	월요일 오후 / 수요일 오후 / 토요일 오전 / 일요일 오후

① 공주원
② 이지유
③ 최유리
④ 지한준
⑤ 김민정

18 다음은 K제품의 생산계획을 나타낸 자료이다. 〈조건〉에 따라 공정이 진행될 때, 첫 번째 완제품이 생산되기 위해서는 최소 몇 시간이 소요되는가?

〈K제품 생산계획〉

공정	선행공정	소요시간
A	없음	3
B	A	1
C	B, E	3
D	없음	2
E	D	1
F	C	2

조건

• 공정별로 1명의 작업 담당자가 공정을 수행한다.
• A공정과 D공정의 작업 시점은 같다.
• 공정 간 제품의 이동 시간은 무시한다.

① 6시간   ② 7시간
③ 8시간   ④ 9시간
⑤ 10시간

01 다음 글을 읽고 추론한 내용으로 가장 적절한 것은?

> EU는 1995년부터 철제 다리 덫으로 잡은 동물 모피의 수입을 금지하기로 했다. 모피가 이런 덫으로 잡은 동물의 것인지, 아니면 상대적으로 덜 잔혹한 방법으로 잡은 동물의 것인지 구별하는 것은 불가능하다. 그렇기 때문에 EU는 철제 다리 덫 사용을 금지하는 나라의 모피만 수입하기로 결정했다. 이런 수입 금지 조치에 대해 미국, 캐나다, 러시아는 WTO에 제소하겠다고 위협했다. 결국 EU는 WTO가 내릴 결정을 예상하여, 철제 다리 덫으로 잡은 동물의 모피를 계속 수입하도록 허용했다.
> 또한 1998년부터 EU는 화장품 실험에 동물을 이용하는 것을 금지했을 뿐만 아니라, 동물실험을 거친 화장품의 판매조차 금지하는 법령을 채택했다. 그러나 동물실험을 거친 화장품의 판매 금지는 WTO 규정 위반이 될 것이라는 유엔의 권고를 받았다. 결국 EU의 판매 금지는 실행되지 못했다.
> 한편 그 외에도 EU는 성장 촉진 호르몬이 투여된 쇠고기의 판매 금지 조치를 시행하기도 했다. 동물복지를 옹호하는 단체들이 소의 건강에 미치는 영향을 우려해 호르몬 투여 금지를 요구했지만, EU가 쇠고기 판매를 금지한 것은 주로 사람의 건강에 대한 염려 때문이었다. 미국은 이러한 판매 금지 조치에 반대하며 EU를 WTO에 제소했고, 결국 WTO 분쟁패널로부터 호르몬 사용이 사람의 건강을 위협한다고 믿을 만한 충분한 과학적 근거가 없다는 판정을 이끌어 내는 데 성공했다. EU는 항소했다. 그러나 WTO의 상소 기구는 미국의 손을 들어주었다. 그럼에도 불구하고 EU는 금지 조치를 철회하지 않았다. 이에 미국은 1억 1,600만 달러에 해당하는 EU의 농업 생산물에 100% 관세를 물리는 보복 조치를 발동했고 WTO는 이를 승인했다.

① EU는 환경의 문제를 통상 조건에서 최우선적으로 고려한다.

② WTO는 WTO 상소기구의 결정에 불복하는 경우 적극적인 제재조치를 취한다.

③ WTO는 사람의 건강에 대한 위협을 방지하는 것보다 국가 간 통상의 자유를 더 존중한다.

④ WTO는 제품의 생산과정에서 동물의 권리를 침해한다는 이유로 해당 제품 수입을 금지하는 것을 허용하지 않는다.

⑤ WTO 규정에 의하면 각 국가는 타국의 환경, 보건, 사회 정책 등이 자국과 다르다는 이유로 타국의 특정 제품의 수입을 금지할 수 있다.

※ 다음 글을 읽고 이어지는 질문에 답하시오. [2~3]

지난 2002년 프랑스의 보케 교수는 물수제비 횟수는 돌의 속도가 빠를수록 증가하며, 최소 한 번 이상 튀게 하려면 시속 1km는 돼야 한다는 실험 결과를 발표하면서 수평으로 걸어준 회전 역시 중요한 변수라고 지적했다. 즉, 팽이가 쓰러지지 않고 균형을 잡는 것처럼 돌에 회전을 걸어주면 돌이 수평을 유지하여 평평한 쪽이 수면과 부딪칠 수 있다. 그러면 돌은 물의 표면장력을 효율적으로 이용해 위로 튕겨 나간다는 것이다.

물수제비 현상에서는 또 다른 물리적 원리를 생각할 수 있다. 단면(斷面)이 원형인 물체를 공기 중에 회전시켜 던지면 물체 표면 주변의 공기가 물체에 끌려 물체와 동일한 방향으로 회전하게 된다. 또한 물체 외부의 공기는 물체의 진행 방향과는 반대 방향으로 흐르게 된다. 이때 베르누이의 원리에 따르면, 물체 표면의 회전하는 공기가 물체 진행 방향과 반대편으로 흐르는 쪽은 공기의 속도가 빨라져 압력이 작아지지만 물체 진행 방향과 동일한 방향으로 흐르는 쪽의 공기는 속도가 느려 압력이 커지게 되고, 결국 회전하는 물체는 압력이 낮은 쪽으로 휘어 날아가게 된다. 이를 '마그누스 효과'라고 하는데, 돌을 회전시켜 던지면 바로 이런 마그누스 효과로 인해 물수제비가 더 잘 일어날 수 있는 것이다. 또한 보케 교수는 공기의 저항을 줄이기 위해 돌에 구멍을 내는 것도 물수제비 발생에 도움이 될 것이라고 말했다.

최근 프랑스 물리학자 클라네 박사와 보케 교수가 밝혀낸 바에 따르면 물수제비의 핵심은 돌이 수면을 치는 각도에 있었다. 이들은 알루미늄 원반을 자동 발사하는 장치를 만들고 1백 분의 1초 이하의 순간도 잡아내는 고속 비디오카메라로 원반이 수면에 부딪치는 순간을 촬영했다. 그 결과 알루미늄 원반이 물에 빠지지 않고 최대한 많이 수면을 튕겨 가게 하려면 원반과 수면의 각도를 20°에 맞춰야 한다는 사실을 알아냈다. 클라네 박사의 실험에서 20°보다 낮은 각도로 던져진 돌은 수면에서 튕겨 나가기는 하지만 그 다음엔 수면에 맞붙어 밀려가면서 운동에너지를 모두 잃어버리고 물에 빠져 버렸다. 반면에 돌이 수면과 부딪치는 각도가 45°보다 크게 되면 곧바로 물에 빠져 들어가 버렸다.

물수제비를 실제로 활용한 예도 있다. 2차 대전이 한창이던 1943년, 영국군은 독일 루르 지방의 수력 발전용 댐을 폭파해 군수 산업에 치명타를 가했다. 고공 폭격으로는 댐을 정확하게 맞추기 어렵고, 저공으로 날아가 폭격을 하자니 폭격기마저 폭발할 위험이 있었다. 그래서 영국 공군은 4t 무게의 맥주통 모양 폭탄을 제작하여 18m의 높이로 저공비행을 하다가 댐 약 800m 앞에서 폭탄을 분당 500회 정도의 역회전을 시켜 투하했다. 폭탄은 수면을 몇 번 튕겨 나간 다음 의도한 대로 정확히 댐 바로 밑에서 폭발했다.

이러한 물수제비 원리가 응용된 것이 성층권 비행기 연구다. 비행기 이륙 후 약 40km 상공의 성층권까지 비행기가 올라가서 엔진을 끄면 아래로 떨어지다가 밀도가 높은 대기층을 만나 물수제비처럼 튕겨 오르게 된다. 이때 엔진을 다시 점화해 성층권까지 올라갔다가 또 다시 아래로 떨어지면서 대기층을 튕겨 가는 방식을 되풀이한다. 과학자들은 비행기가 이런 식으로 18번의 물수제비를 뜨면 시카고에서 로마까지 72분에 갈 수 있을 것으로 기대하고 있다. 과학자들은 ㉠ 우리 주변에서 흔히 보는 물수제비를 바탕으로 초고속 비행기까지 생각해 냈다. 그 통찰력이 참으로 놀랍다.

02 다음 중 윗글의 내용으로 가장 적절한 것은?

① 돌이 무거울수록 물수제비 현상은 더 잘 일어난다.

② 돌의 표면이 거칠수록 물의 표면장력은 더 커진다.

③ 돌을 회전시켜 던지면 공기 저항을 최소화할 수 있다.

④ 돌의 중력이 크면 클수록 물수제비 현상이 잘 일어난다.

⑤ 수면에 부딪친 돌의 운동에너지가 유지되어야 물수제비가 일어난다.

03 다음 중 밑줄 친 ㉠과 유사한 사례로 볼 수 없는 것은?

① 프리즘을 통해 빛이 분리되는 것을 알고 무지개 색을 규명해 냈다.

② 새가 날아갈 때 날개에 양력이 생김을 알고 비행기를 발명하게 되었다.

③ 푸른곰팡이에 세균을 죽이는 성분이 있음을 알고 페니실린을 만들어냈다.

④ 물이 넘치는 것을 통해 부력이 존재함을 알고 거대한 유조선을 바다에 띄웠다.

⑤ 수증기가 올라가는 현상을 통해 공기가 데워지면 상승한다는 것을 알고 열기구를 만들었다.

04 A과장은 산림청이 주관하는 학술발표회에 참석하였다. A과장이 다음 글을 이해한 내용으로 적절하지 않은 것은?

우리나라에만 자생하는 희귀·멸종 위기수종인 미선나무에 발광다이오드(LED)광을 처리해 대량증식을 할 수 있는 기술을 개발했다. 이번에 개발된 기술은 줄기증식이 어려운 미선나무의 조직배양 단계에서 LED를 이용해 줄기의 생장을 유도하는 특정 파장의 빛을 쬐어주어 대량생산이 가능하게 하는 기술이다.

미선나무의 눈에서 조직배양한 기내식물체에 청색과 적색(1 : 1) 혼합광을 쬐어준 결과, 일반광(백색광)에서 자란 것보다 줄기 길이가 1.5배 이상 증가하였고, 한 줄기에서 3개 이상의 새로운 줄기가 유도되었다. LED광은 광파장의 종류에 따라 식물의 광합성 효율, 줄기의 생장, 잎의 발달, 뿌리 형성 등 식물이 자라는 것을 조절할 수 있다. 이러한 방법은 미선나무 외에 다른 희귀·멸종위기수종에도 적용하여 고유한 특성을 가진 식물자원의 보존과 증식에 효과적인 기술이다.

또한, 어미나무의 작은 부분을 재료로 사용해서 나무를 훼손하지 않고도 어미나무와 같은 형질을 가진 복제묘를 대량으로 생산할 수 있다는 점에서 희귀멸종위기수종의 보존을 위한 기술로 의미가 있다.

새로 개발된 기술로 생산된 미선나무는 경기도 오산의 물향기수목원에 기증되어 시민들과 만나게 된다. 한반도에만 서식하는 1속 1종인 미선나무는 우리나라와 북한 모두 천연기념물로 지정해 보호하고 있는 귀한 나무이다. 미선나무 꽃의 모양은 아름답고 향기가 있으며, 추출물은 미백과 주름개선에 효과가 있는 것으로 알려져 있다.

앞으로 미선나무와 같은 희귀·멸종 위기 식물의 복제 및 증식을 위한 조직배양 기술을 지속적으로 개발하고, 우리나라 자생식물의 유전자원 보전과 활용을 위한 기반을 마련해 '나고야 의정서' 발효에 대응해 나갈 계획이다.

※ 기내식물체 : 조직배양 방법으로 무균상태의 특수한 배양용기에 식물이 자라는 데 필요한 영양분이 들어 있고 외부자연 환경과 유사한 인공적인 환경에서 자라는 식물체이다.

※ 나고야 의정서 : 생물자원을 활용하며 생기는 이익을 공유하기 위한 지침을 담은 국제협약이다.

① 미선나무의 조직배양 단계에서 LED 파장을 쬐어주어야 줄기의 생장을 유도할 수 있다.
② 청색과 적색의 혼합광은 줄기의 생장을 조절할 수 있다.
③ 복제묘 생산 시 어미나무의 작은 부분을 재료로 사용해 나무를 훼손하지 않을 수 있다.
④ LED 파장으로 미선나무의 줄기의 길이는 증가하고, 줄기의 개수는 줄어들었다.
⑤ 미선나무는 한반도에서만 서식하고, 우리나라와 북한 모두에서 천연기념물로 지정되어 있으니 보존에 많은 노력을 해야 한다.

05 다음 글의 내용으로 가장 적절한 것은?

연료전지는 전해질의 종류에 따라 구분한다. 먼저 알칼리형 연료전지가 있다. 대표적인 강염기인 수산화칼륨을 전해질로 이용하는데, 85% 이상의 진한 농도는 고온용에, 35 ~ 50%의 묽은 농도는 저온용에 사용한다. 촉매로는 은, 금속 화합물, 귀금속 등 다양한 고가의 물질을 쓰지만 가장 많이 사용하는 것은 니켈이다. 전지가 연료나 촉매에서 발생하는 이산화탄소를 잘 버티지 못한다는 단점이 있는데, 이 때문에 1960년대부터 우주선에 주로 사용해 왔다.

인산형 연료전지는 진한 인산을 전해질로, 백금을 촉매로 사용한다. 인산은 안정도가 높아 연료전지를 장기간 사용할 수 있게 하는데, 원래 효율은 40% 정도이지만 열병합발전 시 최대 85%까지 상승하고, 출력 조정이 가능하다. 천연가스 외에도 다양한 에너지를 대체 연료로 사용하는 것도 가능하며 현재 분산형 발전 컨테이너 패키지나 교통수단 부품으로 세계에 많이 보급되어 있다.

세 번째 용융 탄산염형 연료전지는 수소와 일산화탄소를 연료로 쓰고, 리튬·나트륨·칼륨으로 이뤄진 전해질을 사용하며 고온에서 작동한다. 일반적으로 연료전지는 백금이나 귀금속 등의 촉매제가 필요한데, 고온에서는 이런 고가의 촉매제가 필요치 않고, 열병합에도 용이한 덕분에 발전 사업용으로 활용할 수 있다.

다음은 용융 탄산염형과 공통점이 많은 고체 산화물형 연료전지이다. 일단 수소와 함께 일산화탄소를 연료로 이용한다는 점이 같고, 전해질은 용융 탄산염형과 다르게 고체 세라믹을 주로 이용하는데, 대체로 산소에 의한 이온 전도가 일어나는 800 ~ 1,000℃에서 작동한다. 이렇게 고온에서 작동하다 보니, 발전 사업용으로 활용할 수 있다는 공통점도 있다. 원래부터 기존의 발전 시설보다 장점이 있는 연료전지인데, 연료전지의 특징이자 한계인 전해질 투입과 전지 부식 문제를 보완해서 한 단계 더 나아간 형태라고 볼 수 있다. 이러한 장점들 때문에 소형기기부터 대용량 시설까지 다방면으로 개발하고 있다.

다섯 번째로 고분자 전해질형 연료전지이다. 주로 탄소를 운반체로 사용한 백금을 촉매로 사용하지만, 연료인 수소에 일산화탄소가 조금이라도 들어갈 경우 백금과 루테늄의 합금을 사용한다. 고체 산화물형과 더불어 가정용으로 주로 개발되고 있고, 자동차, 소형 분산 발전 등 휴대성과 이동성이 필요한 장치에 유용하다.

① 알칼리형 연료전지는 이산화탄소를 잘 버려내기 때문에 우주선에 주로 사용해 왔다.

② 안정도가 높은 인산형 연료전지는 진한 인산을 촉매로, 백금을 전해질로 사용한다.

③ 발전용으로 적절한 연료전지는 용융 탄산염형 연료전지와 고체 산화물형 연료전지이다.

④ 고체 산화물형 연료전지는 전해질을 투입하지 않아 전지 부식 문제를 보완한 형태이다.

⑤ 고분자 전해질형 연료전지는 수소에 일산화탄소가 조금이라도 들어갈 경우 백금을 촉매로 사용한다.

06 다음 글의 빈칸에 들어갈 문장을 〈보기〉에서 찾아 순서대로 바르게 나열한 것은?

한 조사 기관에 따르면, 해마다 척추 질환으로 병원을 찾는 청소년들이 연평균 5만 명에 이르며 그 수가 지속적으로 증가하고 있다. 청소년의 척추 질환은 성장을 저해하고 학업의 효율성을 저하시킬 수 있다. ＿＿＿＿(가)＿＿＿＿ 따라서 청소년 척추 질환의 원인을 알고 예방하기 위한 노력이 필요하다. 전문가들은 앉은 자세에서 척추에 가해지는 하중이 서 있는 자세에 비해 1.4배 정도 크기 때문에 책상 앞에 오래 앉아 있는 청소년들의 경우, 척추 건강에 적신호가 켜질 가능성이 매우 높다고 말한다. 또한 전문가들은 청소년들의 운동 부족도 청소년 척추 질환의 원인이라고 강조한다. 척추 건강을 위해서는 기립근과 장요근 등을 강화하는 근력 운동이 필요하다. 그런데 실제로 질병관리본부의 조사에 따르면, 청소년들 가운데 주 3일 이상 근력 운동을 하고 있다고 응답한 비율은 남성이 약 33%, 여성이 약 9% 정도밖에 되지 않았다.

청소년들이 생활 속에서 비교적 쉽게 척추 질환을 예방할 수 있는 방법은 무엇일까? 첫째, 바른 자세로 책상 앞에 앉아 있는 습관을 들여야 한다. ＿＿＿＿(나)＿＿＿＿ 또한 책을 보기 위해 고개를 아래로 많이 숙이는 행동은 목뼈가 받는 부담을 크게 늘려 척추 질환을 유발하므로 책상 높이를 조절하여 목과 허리를 펴고 반듯하게 앉아 책을 보는 것이 좋다. 둘째, 틈틈이 척추 근육을 강화하는 운동을 해 준다. ＿＿＿＿(다)＿＿＿＿ 그리고 발을 어깨보다 약간 넓게 벌리고 서서 양손을 허리에 대고 상체를 서서히 뒤로 젖혀 준다. 이러한 동작들은 척추를 지지하는 근육과 인대를 강화시켜 척추가 휘어지거나 구부러지는 것을 막아 준다. 따라서 이런 운동은 척추 건강을 위해 반드시 필요하다.

보기

㉠ 허리를 곧게 펴고 앉아 어깨를 뒤로 젖히고 고개를 들어 하늘을 본다.

㉡ 그렇기 때문에 적절한 대응 방안이 마련되지 않으면 문제가 더욱 심각해질 것이다.

㉢ 의자에 앉아 있을 때는 엉덩이를 의자 끝까지 밀어 넣고 등받이에 반듯하게 상체를 기대 척추를 꼿꼿하게 유지해야 한다.

	(가)	(나)	(다)
①	㉠	㉡	㉢
②	㉡	㉠	㉢
③	㉡	㉢	㉠
④	㉢	㉠	㉡
⑤	㉢	㉡	㉠

07 다음 글의 밑줄 친 ⊙~⑩의 수정방안으로 적절하지 않은 것은?

실제로 예상보다 많은 청소년이 아르바이트를 하고 있거나, 아르바이트를 했던 경험이 있다고 응답했다. ⊙ 청소년들이 가장 많은 아르바이트는 '광고 전단 돌리기'였다. 전단지 아르바이트는 ⓛ 시급이 너무 높지만 아르바이트 중에서도 가장 짧은 시간에 할 수 있는 대표적인 단기 아르바이트로 유명하다. 이러한 특징으로 인해 대부분의 사람이 전단지 아르바이트를 꺼리게 되고, 돈은 필요하지만 학교에 다니면서 고정적으로 일하기는 어려운 청소년들이 주로 하게 된다고 한다. 전단지 아르바이트 다음으로는 음식점에서 아르바이트를 해보았다는 청소년들이 많았다. 음식점 중에서도 패스트푸드점에서 아르바이트를 하고 있거나 해보았다는 청소년들이 가장 많았는데, 패스트푸드점은 ⓒ 대체로 최저임금을 주거나 대형 프랜차이즈가 아닌 경우에는 최저임금마저도 주지 않는다는 조사 결과가 나왔다. 또한 식대나 식사를 제공하지 않아서 몇 시간 동안 서서 일하면서도 ⓔ 끼니만도 제대로 해결하지 못했던 경험을 한 청소년이 많은 것으로 밝혀졌다. ⓜ 근로자로써 당연히 보장받아야 할 권리를 청소년이라는 이유로 보호받지 못하고 있다.

① ⊙ : 호응 관계를 고려하여 '청소년들이 가장 많이 경험해 본'으로 수정한다.
② ⓛ : 앞뒤 문맥을 고려하여 '시급이 매우 낮지만'으로 수정한다.
③ ⓒ : 호응 관계를 고려하여 '대체로 최저임금으로 받거나'로 수정한다.
③ ⓔ : 호응 관계를 고려하여 '끼니조차'로 수정한다.
④ ⓜ : '로써'는 어떤 일의 수단이나 도구를 나타내는 격조사이므로 '근로자로서'로 수정한다.

08 다음 글의 제목으로 가장 적절한 것은?

많은 경제학자는 제도의 발달이 경제 성장의 중요한 원인이라고 생각해 왔다. 예를 들어 재산권 제도가 발달하면 투자나 혁신에 대한 보상이 잘 이루어져 경제 성장에 도움이 된다는 것이다. 그러나 이를 입증하기는 쉽지 않다. 제도의 발달 수준과 소득 수준 사이에 상관관계가 있다 하더라도, 제도는 경제 성장에 영향을 줄 수 있지만 경제 성장으로부터 영향을 받을 수도 있으므로 그 인과관계를 판단하기 어렵기 때문이다.

① 경제 성장과 소득 수준 ② 경제 성장과 제도 발달
③ 소득 수준과 제도 발달 ④ 소득 수준과 투자 수준
⑤ 제도 발달과 투자 수준

09 다음 문단을 논리적 순서대로 바르게 나열한 것은?

(가) 주장애관리는 장애정도가 심한 장애인이 의원뿐만 아니라 병원 및 종합병원급에서 장애 유형별 전문의에게 전문적인 장애관리를 받을 수 있는 서비스이다. 이전에는 대상 관리 유형이 지체장애, 시각장애, 뇌병변장애로 제한되어 있었으나, 3단계부터는 지적장애, 정신장애, 자폐성장애까지 확대되어 더 많은 중증장애인들이 장애관리를 받을 수 있게 되었다.

(나) 이와 같이 3단계 장애인 건강주치의 시범사업은 기존 1·2단계 시범사업보다 더욱 확대되어 많은 중증장애인들의 참여를 예상하고 있다. 장애인 건강주치의 시범사업에 신청하기 위해서는 K공단 홈페이지의 건강IN에서 장애인 건강주치의 의료기관을 찾은 후 해당 의료기관에 방문하여 장애인 건강주치의 이용 신청사실 통지서를 작성하면 신청할 수 있다.

(다) 장애인 건강주치의 제도가 제공하는 서비스는 일반건강관리, 주(主)장애관리, 통합관리로 나누어진다. 일반건강관리 서비스는 모든 유형의 중증장애인이 만성질환 등 전반적인 건강관리를 받을 수 있는 서비스로, 의원급에서 원하는 의사를 선택하여 참여할 수 있다. 1·2단계까지의 사업에서는 만성질환관리를 위해 장애인 본인이 검사비용의 30%를 부담해야 했지만, 3단계부터는 본인부담금 없이 질환별 검사바우처로 제공한다.

(라) 마지막으로 통합관리는 일반건강관리와 주장애관리를 동시에 받을 수 있는 서비스로, 동네에 있는 의원급 의료기관에 속한 지체·뇌병변·시각·지적·정신·자폐성 장애를 진단하는 전문의가 주장애관리와 만성질환관리를 모두 제공한다. 이 3가지 서비스들은 거동이 불편한 환자를 위해 의사나 간호사가 직접 집으로 방문하는 방문 서비스를 제공하고 있으며 기존까지는 연 12회였으나, 3단계 시범사업부터 연 18회로 증대되었다.

(마) 보건복지부와 K공단은 2021년 9월부터 3단계 장애인 건강주치의 시범사업을 진행하였다. 장애인 건강주치의 제도는 중증장애인이 인근 지역에서 주치의로 등록 신청한 의사 중 원하는 의사를 선택하여 장애로 인한 건강문제, 만성질환 등 건강상태를 포괄적이고 지속적으로 관리받을 수 있는 제도로, 2018년 5월 1단계 시범사업을 시작으로 2단계 시범사업까지 완료되었다.

① (다) – (가) – (마) – (나) – (라)　　② (다) – (나) – (라) – (마) – (가)
④ (라) – (가) – (마) – (나) – (다)　　④ (마) – (가) – (라) – (나) – (다)
⑤ (마) – (다) – (가) – (라) – (나)

10 다음 글에서 언급되지 않은 내용은?

전 세계적인 과제로 탄소중립이 대두되자 친환경적 운송 수단인 철도가 주목받고 있다. 특히 국제에너지기구는 철도를 에너지 효율이 가장 높은 운송 수단으로 꼽으며, 철도 수송을 확대하면 세계 수송 부문에서 온실가스 배출량이 그렇지 않을 때보다 약 6억 톤이 줄어들 수 있다고 하였다.

특히 철도의 에너지 소비량은 도로의 22분의 1이고, 온실가스 배출량은 9분의 1에 불과해, 탄소 배출이 높은 도로 운행의 수요를 친환경 수단인 철도로 전환한다면 수송 부문 총배출량이 획기적으로 감소될 것이라 전망하고 있다.

이에 발맞춰 우리나라의 K공단도 '녹색교통'인 철도 중심 교통체계를 구축하기 위해 박차를 가하고 있으며, 정부 역시 '2050 탄소중립 실현' 목표에 발맞춰 저탄소 철도 인프라 건설·관리로 탄소를 지속적으로 감축하고자 노력하고 있다.

K공단은 철도 인프라 생애주기 관점에서 탄소를 감축하기 위해 먼저 철도 건설 단계에서부터 친환경·저탄소 자재를 적용해 탄소 배출을 줄이고 있다. 실제로 중앙선 안동 ~ 영천 간 궤도 설계 당시 철근 대신에 저탄소 자재인 유리섬유 보강근을 콘크리트 궤도에 적용했으며, 이를 통한 탄소 감축효과는 약 6,000톤으로 추정된다. 이 밖에도 저탄소 철도 건축물 구축을 위해 2025년부터 모든 철도 건축물을 에너지 자립률 60% 이상(3등급)으로 설계하기로 결정했으며, 도심의 철도 용지는 지자체와 협업을 통해 도심 속 철길 숲 등 탄소 흡수원이자 지역민의 휴식처로 철도부지 특성에 맞게 조성되고 있다.

K공단은 이와 같은 철도로의 수송 전환으로 약 20%의 탄소 감축 목표를 내세웠으며, 이를 위해서는 정부의 노력도 필요하다고 강조하였다. 특히 수송 수단 간 공정한 가격 경쟁이 이루어질 수 있도록 도로 차량에 집중된 보조금 제도를 화물차의 탄소배출을 줄이기 위한 철도 전환교통 보조금으로 확대하는 등 실질적인 방안의 필요성을 제기하고 있다.

① 녹색교통으로 철도 수송이 대두된 배경
② 철도 수송 확대를 통해 기대할 수 있는 효과
③ 국내의 탄소 감축 방안이 적용된 설계 사례
④ 정부의 철도 중심 교통체계 구축을 위해 시행된 조치
⑤ K공단의 철도 중심 교통체계 구축을 위한 방안

다음은 K기업 체육대회 결과이다. 이에 대한 설명으로 옳은 것을 〈보기〉에서 모두 고르면?

〈종목별 체육대회 결과〉

- K기업은 청팀과 백팀으로 나누어 체육대회를 진행하였다.
- 각 팀에 속한 부서의 점수를 합산하여 청팀과 백팀의 최종점수를 산정하며, 최종점수가 더 높은 쪽이 승리한다.
- 종목별로 부서들이 획득한 승점은 다음과 같다.

(단위 : 점)

구분		청팀			백팀		
		재정팀	운영팀	기획팀	전략팀	기술팀	지원팀
구기 종목	축구	590	742	610	930	124	248
	배구	470	784	842	865	170	443
육상 종목	50m 달리기	471	854	301	441	653	321
	100m 달리기	320	372	511	405	912	350

보기

ㄱ. 모든 종목에서 가장 높은 승점을 획득한 부서는 운영팀이며, 가장 낮은 승점을 획득한 부서는 기술팀이다.

ㄴ. 청팀이 축구에서 획득한 승점은 청팀이 구기종목에서 획득한 승점의 45% 미만이다.

ㄷ. 체육대회 결과, 백팀의 최종점수는 청팀의 최종점수의 80% 이상이다.

ㄹ. 백팀이 구기종목에서 획득한 승점은 백팀이 육상종목에서 획득한 승점의 85% 이상이다.

① ㄱ, ㄴ
② ㄱ, ㄷ
③ ㄴ, ㄷ
④ ㄴ, ㄹ
⑤ ㄷ, ㄹ

12 K기업은 해외 기업으로부터 대리석을 수입하여 국내 건설업체에 납품하고 있다. 최근 파키스탄의 H기업과 대리석 1톤을 수입하는 거래를 체결하였다. 수입대금으로 내야 할 금액은 원화로 얼마인가?

> • 환율정보
>   - 1달러＝100루피
>   - 1달러＝1,160원
> • 대리석 10kg당 가격 : 35,000루피

① 3,080만 원   ② 3,810만 원
③ 4,060만 원   ④ 4,600만 원
⑤ 5,800만 원

2주 차

13 A씨는 최근 승진한 공무원 친구에게 선물로 개당 12만 원인 수석을 보내고자 한다. 다음 부정청탁 및 금품 등 수수의 금지에 관한 법률에 따라 선물을 보낼 때, 최대한 많이 보낼 수 있는 수석의 수는?(단, A씨는 공무원인 친구와 직무 연관성이 없는 일반인이며, 선물은 한 번만 보낸다)

> **금품 등의 수수 금지(부정청탁 및 금품 등 수수의 금지에 관한 법률 제8조 제1항)**
> 공직자 등은 직무 관련 여부 및 기부·후원·증여 등 그 명목에 관계없이 동일인으로부터 1회에 100만 원 또는 매 회계연도에 300만 원을 초과하는 금품 등을 받거나 요구 또는 약속해서는 아니 된다.

① 7개   ② 8개
③ 9개   ④ 10개
⑤ 11개

14 전체가 200명인 집단을 대상으로 S, K, M 3개의 방송사 오디션 프로그램에 대한 선호도를 조사하였더니 다음과 같은 결과를 얻었다. S방송사의 오디션 프로그램을 좋아하는 사람 중 남자의 비율은 얼마인가?

〈선호도 조사 결과〉

- 응답자는 S사, K사, M사 중 하나로 응답하였다.
- 전체 응답자 중 여자는 60%이다.
- 여자 응답자 중 50%가 S사를 선택했다.
- K사를 선택한 남자 응답자는 30명이다.
- 남자 응답자 중 M사를 선택한 사람은 40%이다.
- M사를 선택한 여자 응답자는 20명이다.

① $\dfrac{1}{5}$　　　　　　　　② $\dfrac{2}{5}$

③ $\dfrac{3}{13}$　　　　　　　　④ $\dfrac{19}{39}$

⑤ $\dfrac{5}{23}$

15 동전을 던져 앞면이 나오면 +2만큼 이동하고, 뒷면이 나오면 −1만큼 이동하는 게임을 하려고 한다. 동전을 5번 던져서 다음 수직선 위의 점 A가 4로 이동할 확률은?

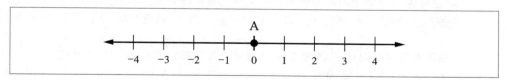

① $\dfrac{3}{32}$　　　　　　　　② $\dfrac{5}{32}$

③ $\dfrac{1}{4}$　　　　　　　　④ $\dfrac{5}{16}$

⑤ $\dfrac{7}{16}$

16 K사원은 인사평가에서 A ~ D 네 가지 항목의 점수를 받았다. 이 점수를 각각 1 : 1 : 1 : 1의 비율로 평균을 구하면 82.5점이고, 2 : 3 : 2 : 3의 비율로 평균을 구하면 83점, 2 : 2 : 3 : 3의 비율로 평균을 구하면 83.5점이다. 각 항목의 만점은 100점이라고 할 때, K사원이 받을 수 있는 최고점과 최저점의 차는?

① 45점   ② 40점

③ 30점   ④ 25점

⑤ 20점

17 다음은 A와 B음식점에 대한 만족도를 5개 부문으로 나누어 평가한 자료이다. 이에 대한 설명으로 옳지 않은 것은?

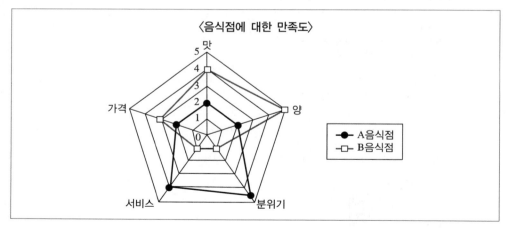

① A음식점은 2개 부문에서 B음식점을 능가한다.

② 맛 부문에서 만족도가 더 높은 음식점은 B음식점이다.

③ A음식점과 B음식점 간 가장 큰 차이를 보이는 부문은 서비스이다.

④ B음식점은 가격보다 맛과 양 부문에서 상대적 만족도가 더 높다.

⑤ B음식점은 3개 부문에서 A음식점을 능가한다.

18 다음은 K국 국회의원의 SNS(소셜네트워크서비스) 이용자 수 현황에 대한 자료이다. 이를 참고하여 작성한 그래프로 옳지 않은 것은?(단, 소수점 둘째 자리에서 반올림한다)

〈K국 국회의원의 SNS 이용자 수 현황〉

(단위 : 명)

구분	정당	당선 횟수별				당선 유형별		성별	
		초선	2선	3선	4선 이상	지역구	비례대표	남자	여자
여당	A	82	29	22	12	126	19	123	22
야당	B	29	25	13	6	59	14	59	14
	C	7	3	1	1	7	5	10	2
합계		118	57	36	19	192	38	192	38

① 국회의원의 여야별 SNS 이용자 수

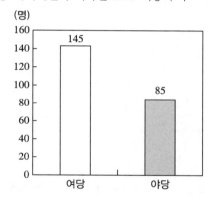

② 남녀 국회의원의 여야별 SNS 이용자 구성비

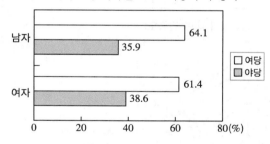

③ 야당 국회의원의 당선 횟수별 SNS 이용자 구성비

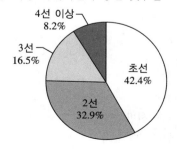

④ 2선 이상 국회의원의 정당별 SNS 이용자 수

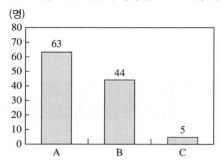

⑤ 여당 국회의원의 당선 유형별 SNS 이용자 구성비

□ 지역구　■ 비례대표

19 다음은 성인의 종이책 및 전자책 독서율에 대한 자료이다. 빈칸 (가)에 들어갈 수치로 옳은 것은?
(단, 각 항목의 2023년 수치는 2022년 수치 대비 일정한 규칙으로 변화한다)

〈종이책 및 전자책 성인 독서율〉

(단위 : %)

항목	연도	2022년			2023년		
		사례수(건)	1권 이상	읽지 않음	사례수(건)	1권 이상	읽지 않음
전체	소계	5,000	60	40	6,000	72	48
성별	남자	2,000	60	40	3,000	90	60
	여자	3,000	65	35	3,000	65	35
연령별	20대	1,000	87	13	1,000	87	13
	30대	1,000	80.5	19.5	1,100	88.6	21.5
	40대	1,000	75	25	1,200	90	30
	50대	1,000	60	40	1,200	(가)	
	60대 이상	1,000	37	63	1,400	51.8	88.2

① 44　　　　　　　② 52

③ 72　　　　　　　④ 77

⑤ 82

다음은 어느 나라의 최종에너지 소비량에 대한 자료이다. 이에 대한 설명으로 옳은 것을 〈보기〉에서 모두 고르면?

〈2021 ~ 2023년 유형별 최종에너지 소비량 비중〉

(단위 : %)

구분	석탄		석유제품	도시가스	전력	기타
	무연탄	유연탄				
2021년	2.7	11.6	53.3	10.8	18.2	3.4
2022년	2.8	10.3	54.0	10.7	18.6	3.6
2023년	2.9	11.5	51.9	10.9	19.1	3.7

〈2023년 부문별·유형별 최종에너지 소비량〉

(단위 : 천 TOE)

구분	석탄		석유제품	도시가스	전력	기타	합계
	무연탄	유연탄					
산업	4,750	15,317	57,451	9,129	23,093	5,415	115,155
가정·상업	901	4,636	6,450	11,105	12,489	1,675	37,256
수송	0	0	35,438	188	1,312	0	36,938
기타	0	2,321	1,299	669	152	42	4,483
합계	5,651	22,274	100,638	21,091	37,046	7,132	193,832

보기

ㄱ. 2021 ~ 2023년 동안 전력 소비량은 매년 증가한다.
ㄴ. 2023년 산업부문의 최종에너지 소비량은 전체 최종에너지 소비량의 50% 이상을 차지한다.
ㄷ. 2021 ~ 2023년 동안 석유제품 소비량 대비 전력 소비량의 비율은 매년 증가한다.
ㄹ. 2023년에는 산업부문과 가정·상업부문에서 유연탄 소비량 대비 무연탄 소비량의 비율이 각각 25% 미만이다.

① ㄱ, ㄴ
② ㄱ, ㄹ
③ ㄴ, ㄷ
④ ㄴ, ㄹ
⑤ ㄷ, ㄹ

21 다음은 K공단이 공개한 부패공직자 사건 및 징계 현황이다. 이에 대한 설명으로 옳지 않은 것을 〈보기〉에서 모두 고르면?

〈부패공직자 사건 및 징계 현황〉

구분	부패행위 유형	부패금액	징계 종류	처분일	고발 여부
1	이권개입 및 직위의 사적 사용	23만 원	감봉 1월	2017. 06. 19.	미고발
2	직무관련자로부터 금품 및 향응수수	75만 원	해임	2018. 05. 20.	미고발
3	직무관련자로부터 향응수수	6만 원	견책	2019. 12. 22.	미고발
4	직무관련자로부터 금품 및 향응수수	11만 원	감봉 1월	2020. 02. 04.	미고발
5	직무관련자로부터 금품수수	40만 원 가량	경고 (무혐의 처분, 징계시효 말소)	2021. 03. 06.	미고발
6	직권남용(직위의 사적이용)	–	해임	2021. 05. 24.	고발
7	직무관련자로부터 금품수수	526만 원	해임	2021. 09. 17.	고발
8	직무관련자로부터 금품수수 등	300만 원	해임	2022. 05. 18.	고발

보기

ㄱ. K공단에서 해당 사건의 부패금액이 일정 수준 이상인 경우에만 고발한 것으로 해석할 수 있다.
ㄴ. 해임당한 공직자들은 모두 고발되었다.
ㄷ. 직무관련자로부터 금품을 수수한 사건은 총 5건이 있었다.
ㄹ. 동일한 부패행위 유형에 해당하더라도 다른 징계처분을 받을 수 있다.

① ㄱ, ㄴ
② ㄱ, ㄷ
③ ㄴ, ㄷ
④ ㄴ, ㄹ
⑤ ㄷ, ㄹ

22 다음은 도서코드(ISBN)에 대한 자료이다. 이를 참고할 때, 주문 도서에 대한 설명으로 가장 적절한 것은?

〈도서코드(ISBN)〉

국제표준도서번호					부가기호		
접두부	국가번호	발행자번호	서명식별번호	체크기호	독자대상	발행형태	내용분류
123	12	1234567		1	1	1	123

※ 국제표준도서번호는 5개의 군으로 나누어지고 군마다 '-'로 구분한다.

〈도서코드(ISBN) 세부사항〉

접두부	국가번호	발행자번호	서명식별번호	체크기호
978 또는 979	한국 89 미국 05 중국 72 일본 40 프랑스 22	발행자번호 – 서명식별번호 7자리 숫자 예 8491 – 208 : 발행자번호가 8491번인 출판사에서 208번째 발행한 책		0 ~ 9

독자대상	발행형태	내용분류
0 교양 1 실용 2 여성 3 (예비) 4 청소년 5 중고등 학습참고서 6 초등 학습참고서 7 아동 8 (예비) 9 전문	0 문고본 1 사전 2 신서판 3 단행본 4 전집 5 (예비) 6 도감 7 그림책, 만화 8 혼합자료, 점자자료, 전자책, 마이크로자료 9 (예비)	030 백과사전 100 철학 170 심리학 200 종교 360 법학 470 생명과학 680 연극 710 한국어 770 스페인어 740 영미문학 720 유럽사

〈주문 도서〉

978 – 05 – 441 – 1011 – 3 14710

① 한국에서 출판한 도서이다.
② 441번째 발행된 도서이다.
③ 발행자번호는 총 7자리이다.
④ 한 권으로만 출판되지는 않았다.
⑤ 한국어로 되어 있다.

23 다음 명제를 토대로 할 때 빈칸에 들어갈 수 있는 내용으로 가장 적절한 것은?

> • 모든 손님들은 A와 B 중에서 하나만을 주문했다.
> • A를 주문한 손님 중에서 일부는 C를 주문했다.
> • B를 주문한 손님들만 추가로 주문할 수 있는 D도 많이 판매되었다.
> • _____

① A와 D를 동시에 주문하는 손님도 있었다.
② B를 주문한 손님은 C를 주문하지 않았다.
③ D를 주문한 손님은 C를 주문하지 않았다.
④ D를 주문한 손님은 A를 주문하지 않았다.
⑤ C를 주문한 손님은 모두 A를 주문했다.

2주 차

24 K회사에서는 근무 연수가 1년씩 높아질수록 사용할 수 있는 여름 휴가 일수가 하루씩 늘어난다. K회사에 근무하는 A ~ E사원은 각각 서로 다른 해에 입사하였고, 최대 근무 연수가 4년을 넘지 않는다고 할 때, 다음 〈조건〉을 바탕으로 바르게 추론한 것은?

> **조건**
> • 올해로 3년 차인 A사원은 여름 휴가일로 최대 4일을 사용할 수 있다.
> • B사원은 올해 여름휴가로 5일을 모두 사용하였다.
> • C사원이 사용할 수 있는 여름 휴가 일수는 A사원의 휴가 일수보다 짧다.
> • 올해 입사한 D사원은 1일을 여름 휴가일로 사용할 수 있다.
> • E사원의 여름 휴가 일수는 D사원보다 길다.

① E사원은 C사원보다 늦게 입사하였다.
② 근무한 지 1년이 채 되지 않으면 여름휴가를 사용할 수 없다.
③ C사원의 올해 근무 연수는 2년이다.
④ B사원의 올해 근무 연수는 4년이다.
⑤ 근무 연수가 높은 순서대로 나열하면 'B - A - C - E - D'이다.

25 귀하는 사내 워크숍 준비를 위해 A ~ E직원의 참석 여부를 조사하고 있다. C가 워크숍에 참석한다고 할 때, 다음 〈조건〉에 따라 워크숍에 참석하는 직원을 바르게 짝지은 것은?

> **조건**
> • B가 워크숍에 참석하면 E는 참석하지 않는다.
> • D는 B와 E가 워크숍에 참석하지 않을 때 참석한다.
> • A가 워크숍에 참석하면 B 또는 D 중 한 명이 함께 참석한다.
> • C가 워크숍에 참석하면 D는 참석하지 않는다.
> • C가 워크숍에 참석하면 A도 참석한다.

① A, B, C
② A, C, D
③ B, C, D
④ A, B, C, E
⑤ B, C, D, E

26 K씨는 인터넷뱅킹 사이트에 가입하기 위해 가입절차에 따라 정보를 입력하는데, 패스워드 만드는 과정이 까다로워 계속 실패 중이다. 다음 〈조건〉에 따라 패스워드를 만들어야 할 때, 사용이 가능한 패스워드는 무엇인가?

> **조건**
> • 패스워드는 7자리이다.
> • 알파벳 대문자와 소문자, 숫자, 특수기호를 적어도 하나씩은 포함해야 한다.
> • 숫자 0은 다른 숫자와 연속해서 나열할 수 없다.
> • 알파벳 대문자는 다른 알파벳 대문자와 연속해서 나열할 수 없다.
> • 특수기호를 첫 번째로 사용할 수 없다.

① a?102CB
② 7!z0bT4
③ #38Yup0
④ ssng99&
⑤ 6LI◇234

27 다음 자료와 상황을 근거로 판단할 때, 〈보기〉에서 옳은 것을 모두 고르면?

K국에서는 모든 법인에 대하여 다음과 같이 구분하여 주민세를 부과하고 있다.

구분	세액(원)
• 자본금액 100억 원을 초과하는 법인으로서 종업원 수가 100명을 초과하는 법인	500,000
• 자본금액 50억 원 초과 100억 원 이하 법인으로서 종업원 수가 100명을 초과하는 법인	350,000
• 자본금액 50억 원을 초과하는 법인으로서 종업원 수가 100명 이하인 법인 • 자본금액 30억 원 초과 50억 원 이하 법인으로서 종업원 수가 100명을 초과하는 법인	200,000
• 자본금액 30억 원 초과 50억 원 이하 법인으로서 종업원 수가 100명 이하인 법인 • 자본금액 10억 원 초과 30억 원 이하 법인으로서 종업원 수가 100명을 초과하는 법인	100,000
• 그 밖의 법인	50,000

〈상황〉

법인	자본금액(억 원)	종업원 수(명)
갑	200	?
을	20	?
병	?	200

보기

ㄱ. 갑이 납부해야 할 주민세 최소 금액은 20만 원이다.
ㄴ. 을의 종업원이 50명인 경우 10만 원의 주민세를 납부해야 한다.
ㄷ. 병이 납부해야 할 주민세 최소 금액은 10만 원이다.
ㄹ. 갑, 을, 병이 납부해야 할 주민세 금액의 합계는 최대 110만 원이다.

① ㄱ, ㄴ   ② ㄱ, ㄷ
③ ㄱ, ㄹ   ④ ㄴ, ㄷ
⑤ ㄴ, ㄹ

28 다음 글과 상황을 근거로 판단할 때, 주택 A ~ E 중 관리대상주택의 수는?

K국은 주택에 도달하는 빛의 조도를 다음과 같이 예측한다.

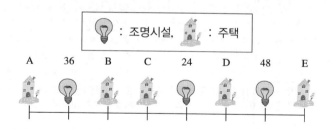

1. 각 조명시설에서 방출되는 광량은 그림에 표시된 값이다.
2. 위 그림에서 1칸의 거리는 2이며, 빛의 조도는 조명시설에서 방출되는 광량을 거리로 나눈 값이다.
3. 여러 조명시설로부터 동시에 빛이 도달할 경우, 각 조명시설로부터 주택에 도달한 빛의 조도를 예측하여 단순 합산한다.
4. 주택에 도달하는 빛은 그림에 표시된 세 개의 조명시설에서 방출되는 빛 외에는 없다고 가정한다.

〈상황〉

빛공해로부터 주민생활을 보호하기 위해, 주택에서 예측된 빛의 조도가 30을 초과할 경우 관리대상 주택으로 지정한다.

① 1채
② 2채
③ 3채
④ 4채
⑤ 5채

29 K공사는 우리나라 사람들의 해외취업을 돕기 위해 박람회를 열고자 한다. 국가별 상황과 〈조건〉을 근거로 할 때, K공사가 박람회 장소로 선택할 나라는?

<table>
<tr><td colspan="3" align="center">〈국가별 상황〉</td></tr>
<tr><td>국가</td><td>경쟁력</td><td>비고</td></tr>
<tr><td>인도네시아</td><td>한국 기업이 100개 이상 진출해 있으며, 안정적인 정치 및 경제 구조를 가지고 있다.</td><td>두 번의 박람회를 열었으나 실제 취업까지 연결되는 성과가 미미하였다.</td></tr>
<tr><td>아랍에미리트</td><td>UAE 자유무역지역에 다양한 다국적 기업이 진출해 있다.</td><td>석유가스산업, 금융산업에는 외국 기업의 진출이 불가하다.</td></tr>
<tr><td>중국</td><td>한국 기업이 170개 이상 진출해 있으며, 현지 기업의 80% 이상이 우리나라 사람의 고용을 원한다.</td><td>중국 청년의 실업률이 높아 사회문제가 되고 있다.</td></tr>
<tr><td>미얀마</td><td>2013년 기준 약 2,500명의 한인이 거주 중이며, 한류 열풍이 거세게 불고 있다.</td><td>내전으로 우리나라 사람들의 치안이 보장되지 않는다.</td></tr>
<tr><td>베트남</td><td>여성의 사회진출이 높고 정치, 경제, 사회 각 분야에서 많은 여성이 활약 중이다.</td><td>한국 기업 진출을 위한 인프라 구축이 잘 되어 있다.</td></tr>
</table>

조건

1. K공사의 해외 EPS센터가 있는 나라여야 한다.
   - 해외 EPS센터(15개국) : 필리핀, 태국, 인도네시아, 베트남, 스리랑카, 몽골, 우즈베키스탄, 파키스탄, 캄보디아, 중국, 방글라데시, 키르기스스탄, 네팔, 미얀마, 동티모르
2. 100개 이상의 한국 기업이 진출해 있어야 한다.

① 인도네시아 ② 아랍에미리트
③ 중국 ④ 미얀마
⑤ 베트남

30 다음은 수제 초콜릿에 대한 분석 기사이다. 〈보기〉를 참고하여 SWOT 분석에 의한 마케팅 전략을 진행하고자 할 때, 적절하지 않은 것은?

> 오늘날 식품 시장을 보면 원산지와 성분이 의심스러운 제품들로 넘쳐 납니다. 이로 인해 소비자들은 고급스럽고 안전한 먹거리를 찾고 있습니다. 우리의 수제 초콜릿은 이러한 요구를 완벽하게 충족시켜주고 있습니다. 풍부한 맛, 고급 포장, 모양, 건강상의 혜택, 강력한 스토리텔링 모두 높은 품질을 원하는 소비자들의 요구를 충족시키는 것입니다. 사실 수제 초콜릿을 만드는 데는 비용이 많이 듭니다. 각종 장비 및 유지 보수에서부터 값비싼 포장과 유통 업체의 높은 수익을 보장해 주다 보면 초콜릿을 생산하는 업체에게 남는 이익은 많지 않습니다. 또한 수제 초콜릿의 존재 자체를 많은 사람들이 알지 못하는 상황입니다. 하지만 보다 좋은 식품에 대한 인기가 높아짐에 따라 더 많은 업체들이 수제 초콜릿을 취급하기를 원하고 있습니다. 따라서 수제 초콜릿은 일반 초콜릿보다 더 높은 가격으로 판매될 수 있을 것입니다. 현재 초콜릿을 대량으로 생산하는 대형 기업들은 자신들의 일반 초콜릿과 수제 초콜릿의 차이를 줄이는 데 최선을 다하고 있습니다. 그리고 직접 맛을 보기 전에는 일반 초콜릿과 수제 초콜릿의 차이를 알 수 없기 때문에 소비자들은 굳이 초콜릿에 더 많은 돈을 지불해야 하는 이유를 알지 못할 수 있습니다. 따라서 수제 초콜릿의 효과적인 마케팅 전략이 필요한 시점입니다.

보기

- SO전략(강점 – 기회전략) : 강점을 살려 기회를 포착한다.
- ST전략(강점 – 위협전략) : 강점을 살려 위협을 회피한다.
- WO전략(약점 – 기회전략) : 약점을 보완하여 기회를 포착한다.
- WT전략(약점 – 위협전략) : 약점을 보완하여 위협을 회피한다.

---

① 수제 초콜릿의 스토리텔링을 포장에 명시한다면 소비자들이 믿고 구매할 수 있을 거야.

② 수제 초콜릿을 고급 포장하여 수제 초콜릿의 스토리텔링을 더 살려보는 것은 어떨까?

③ 수제 초콜릿의 값비싸고 과장된 포장을 바꾸고, 그 비용으로 안전하고 맛있는 수제 초콜릿을 홍보하면 어떨까?

④ 수제 초콜릿의 마케팅을 강화하는 방법으로 수제 초콜릿의 차이를 알려 대기업과의 경쟁에서 이겨야겠어.

⑤ 전문가의 의견을 통해 수제 초콜릿의 풍부한 맛을 알리는 동시에 일반 초콜릿과 맛의 차이도 알려야겠어.

31 일본 도쿄에 있는 거래처에 방문한 K씨는 회사에서 삿포로에 위치한 거래처에도 다녀오라는 연락을 받았다. K씨가 선택할 수 있는 교통편과 결정 조건이 다음과 같을 때, K씨가 선택할 교통편은? (단, 소수점 셋째 자리에서 반올림한다)

〈교통수단별 시간 및 요금〉

교통편	교통수단	시간(시간)	편안함 계수	요금(원)
A	일반열차	10	5	50,000
B	일반열차	8	5	60,000
C	고속열차	6	7	80,000
D	고속열차	5	7	100,000
E	고속열차	2	10	150,000

※ 편안함 계수 : 1 ~ 10까지의 숫자로 산정하며, 계수가 클수록 편안하다.

〈교통수단의 결정 조건〉

• 결정 조건 계수 : $\dfrac{(\text{편안함 계수})\times 700}{(\text{시간})\times 1,000+(\text{요금})\times 0.5}$

• 결정 조건 계수가 큰 교통수단을 선택한다.

① A
② B
③ C
④ D
⑤ E

32 자동차 부품을 생산하는 K기업은 반자동과 자동생산라인을 하나씩 보유하고 있는데, 최근 일본의 자동차 회사와 수출계약을 체결하여 자동차 부품 34,500개를 납품하였다. 다음 K기업의 생산 조건을 고려할 때, 일본에 납품할 부품을 생산하는 데 소요된 시간은 얼마인가?

〈자동차 부품 생산 조건〉

• 반자동라인은 4시간에 300개의 부품을 생산하며, 그중 20%는 불량품이다.
• 자동라인은 3시간에 400개의 부품을 생산하며, 그중 10%는 불량품이다.
• 반자동라인은 8시간마다 2시간씩 생산을 중단한다.
• 자동라인은 9시간마다 3시간씩 생산을 중단한다.
• 불량 부품은 생산 후 폐기하고 정상인 부품만 납품한다.

① 230시간
② 240시간
③ 250시간
④ 260시간
⑤ 270시간

33 A팀장은 6월부터 10월까지 매월 부산에서 열리는 세미나에 참석하기 위해 숙소를 예약해야 한다. A팀장이 다음 〈조건〉에 따라 예약사이트 M투어, H트립, S닷컴, T호텔스 중 한 곳을 통해 숙소를 예약하고자 할 때, A팀장이 이용할 예약사이트와 6월부터 10월까지의 총 숙박비용이 바르게 연결된 것은?

〈예약사이트별 예약 정보〉

예약사이트	가격(원/1박)	할인행사
M투어	120,500	3박 이용 시(연박 아니어도 3박 기록 있으면 유효) 다음 달에 30% 할인 쿠폰 1매 제공
H트립	111,000	6월부터 8월 사이 1박 이상 숙박 이용내역이 있을 시 10% 할인
S닷컴	105,500	2박 이상 연박 시 10,000원 할인
T호텔스	105,000	멤버십 가입 시 1박당 10% 할인(멤버십 가입비 20,000원)

조건
- 세미나를 위해 6월부터 10월까지 매월 1박 2일로 숙소를 예약한다.
- 숙소는 항상 □□호텔을 이용한다.
- A팀장은 6월부터 10월까지 총 5번의 숙박비용의 합을 최소화하고자 한다.

	예약사이트	총 숙박비용
①	M투어	566,350원
②	H트립	492,500원
③	H트립	532,800원
④	S닷컴	527,500원
⑤	T호텔스	492,500원

34 K건설은 다음 〈조건〉에 따라 자재를 구매하고자 한다. A안과 B안의 비용 차이는 얼마인가?

구분	A안		B안	
	3분기	4분기	3분기	4분기
분기별 소요량	30개	50개	30개	50개
분기별 구매량	40개	40개	60개	20개
자재구매단가	7,000원/개	10,000원/개	7,000원/개	10,000원/개

조건
- 3 ~ 4분기 동안 80개의 자재를 구매한다.
- 자재의 분기당 재고 관리비는 개당 1,000원이다.
- 자재는 묶음 단위로만 구매할 수 있고, 한 묶음은 20개이다.

① 1만 원 ② 2만 원
③ 3만 원 ④ 4만 원
⑤ 5만 원

35 K공사는 평가지표별 가중치를 이용하여 각 지원자의 최종 점수를 계산하고, 점수가 가장 높은 두 지원자를 채용하려고 한다. K공사가 채용할 두 지원자를 바르게 짝지은 것은?

〈지원자별 평가지표 결과〉

(단위 : 점)

구분	면접 점수	영어 실력	팀내 친화력	직무 적합도	발전 가능성	비고
A지원자	3	3	5	4	4	군필자
B지원자	5	5	2	3	4	군필자
C지원자	5	3	3	3	5	–
D지원자	4	3	3	5	4	군필자
E지원자	4	4	2	5	5	군 면제자

※ 군필자(만기제대)에게는 5점의 가산점을 부여한다.

〈평가지표별 가중치〉

구분	면접 점수	영어 실력	팀내 친화력	직무 적합도	발전 가능성
가중치	3	3	5	4	5

※ 가중치는 해당 평가지표 결과 점수에 곱한다.

① A지원자, D지원자 ② B지원자, C지원자
③ B지원자, E지원자 ④ C지원자, D지원자
⑤ D지원자, E지원자

36 인사팀의 6월 일정표와 〈조건〉을 고려하여 인사팀의 1박 2일 워크숍 날짜를 결정하려고 한다. 다음 중 인사팀의 워크숍 날짜로 가장 적절한 것은?

〈6월 일정표〉

월요일	화요일	수요일	목요일	금요일	토요일	일요일
	1	2 **오전 10시** 연간 채용계획 발표(A팀장)	3	4 **오전 10시** 주간업무보고 **오후 7시** B대리 송별회	5	6
7	8 **오후 5시** 총무팀과 팀 연합회의	9	10	11 **오전 10시** 주간업무보고	12	13
14 **오전 11시** 승진대상자 목록 취합 및 보고(C차장)	15	16	17 A팀장 출장	18 **오전 10시** 주간업무보고	19	20
21 **오후 1시** 팀미팅(30분 소요 예정)	22	23 D사원 출장	24 외부인사 방문 일정	25 **오전 10시** 주간업무보고	26	27
28 E대리 휴가	29	30				

조건

- 워크숍은 평일로 한다.
- 워크숍에는 모든 팀원들이 빠짐없이 참석해야 한다.
- 워크숍 일정은 첫날 오후 3시 출발부터 다음날 오후 2시까지이다.
- 다른 팀과 함께 하는 업무가 있는 주에는 워크숍 일정을 잡지 않는다.
- 매월 말일에는 월간 업무 마무리를 위해 워크숍 일정을 잡지 않는다.

① 9 ~ 10일
② 18 ~ 19일
③ 21 ~ 22일
④ 28 ~ 29일
⑤ 29 ~ 30일

37 K기업의 1~3년 차 근무를 마친 사원들은 인사이동 시기를 맞아 근무지를 이동해야 한다. 근무지 이동 규정과 각 사원의 근무지 이동 신청 내용이 다음과 같을 때, 이에 대한 설명으로 옳지 않은 것은?

2주 차

〈근무지 이동 규정〉

- 수도권 지역은 여의도, 종로, 영등포이고, 지방 지역은 광주, 제주, 대구이다.
- 2번 이상 같은 지역을(예 여의도 → 여의도×) 신청할 수 없다.
- 3년 연속 같은 수도권 지역이나 지방 지역을 신청할 수 없다.
- 2, 3년 차보다 1년 차 신입 및 1년 차 근무를 마친 직원이 신청한 내용이 우선 된다.
- 1년 차 신입은 전년도 평가 점수를 100점으로 한다.
- 직원 A ~ E는 서로 다른 곳에 배치된다.
- 같은 지역으로의 이동을 신청한 경우 전년도 평가 점수가 더 높은 사람이 우선하여 이동한다.
- 규정에 부합하지 않게 이동 신청을 한 경우, 신청한 곳에 배정받을 수 없다.

〈근무지 이동 신청〉

직원	1년 차 근무지	2년 차 근무지	3년 차 근무지	신청지	전년도 평가
A	대구	–	–	종로	–
B	여의도	광주	–	영등포	92
C	종로	대구	여의도	미정	88
D	영등포	종로	–	여의도	91
E	광주	영등포	제주	영등포	89

① B는 영등포로 이동하게 될 것이다.

② C는 지방 지역으로 이동하고, E는 여의도로 이동하게 될 것이다.

③ A는 대구를 1년 차 근무지로 신청하였을 것이다.

④ D는 자신의 신청지로 이동하게 될 것이다.

⑤ C가 제주로 이동한다면, D는 광주나 대구로 이동하게 된다.

38 K공사는 폐수의 정화에 대한 연구를 하고자 한다. 다음 정화공정 및 실험 내용에 대한 정보를 참고할 때, 실험을 거친 폐수에 포함된 P균과 Q균의 양이 바르게 짝지어진 것은?(단, 소수점 둘째 자리에서 반올림한다)

<A형 폐수에 대한 정보>

• 폐수 1L당 P균이 400mL, Q균이 200mL 포함되어 있다.
• 각 정화공정에 따른 P균과 Q균의 세균수 변화는 다음과 같다.

구분	P균	Q균
공정 1(150℃ 이상의 온도로 가열)	40% 감소	30% 증식
공정 2(3단 여과기로 물리적 여과)	2/5로 감소	1/3로 감소
공정 3(A형 정화제 투입)	20% 감소	50% 감소

<실험 내용>

• 3L의 폐수를 준비하여 다음의 순서로 정화공정을 거친다.
  공정 1 → 공정 2 → 공정 3 → 공정 2

	P균	Q균
①	30.7mL	14.4mL
②	92.2mL	43.3mL
③	92.2mL	130mL
④	230.4mL	43.3mL
⑤	230.4mL	130mL

39 다음은 K학교의 교사 성과급 기준표이다. 이를 참고하여 K학교 교사들의 성과급 배점을 계산하고자 할 때, A~E교사 중 가장 높은 배점을 받을 교사는?

〈교사 성과급 기준표〉

항목	평가 사항	배점 기준		배점
수업 지도	주당 수업 시간	24시간 이하	14점	20점
		25시간	16점	
		26시간	18점	
		27시간 이상	20점	
	수업 공개 유무	교사 수업 공개	10점	10점
		학부모 수업 공개	5점	
생활 지도	담임 유무	담임교사	10점	10점
		비담임교사	5점	
담당 업무	업무 곤란도	보직교사	30점	30점
		비보직교사	20점	
경력	호봉	10호봉 이하	5점	30점
		11 ~ 15호봉	10점	
		16 ~ 20호봉	15점	
		21 ~ 25호봉	20점	
		26 ~ 30호봉	25점	
		31호봉 이상	30점	

※ 수업지도 항목에서 교사 수업 공개, 학부모 수업 공개를 모두 진행했을 경우 10점으로 배점하며, 수업 공개를 하지 않았을 경우 배점은 없다.

〈교사별 정보〉

구분	주당 수업 시간	수업 공개 유무	담임 유무	업무 곤란도	호봉
A교사	20시간	–	담임교사	비보직교사	32호봉
B교사	29시간	–	비담임교사	비보직교사	35호봉
C교사	26시간	학부모 수업 공개	비담임교사	보직교사	22호봉
D교사	22시간	교사 수업 공개	담임교사	보직교사	17호봉
E교사	25시간	교사 수업 공개, 학부모 수업 공개	비담임교사	비보직교사	30호봉

① A교사
② B교사
③ C교사
④ D교사
⑤ E교사

40 K공사에서 근무하는 귀하는 프로젝트에 필요한 모든 단위작업을 다음과 같이 네트워크로 표현하였다. 이에 대한 설명으로 옳지 않은 것은?

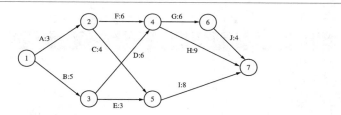

※ 화살표는 단위작업의 방향을 나타냄
※ 화살표 위의 알파벳은 단위작업의 명칭이고, 숫자는 소요되는 기간(단위 : 주)을 나타냄
※ 각각의 단위작업은 직전의 선행 작업이 모두 종료되기 전까지는 시작할 수 없음

① 이 프로젝트를 완료하는 데는 적어도 16주가 소요된다.

② 이 프로젝트를 완료하는 데 드는 최소 기간은 21주이다.

③ 작업 D를 일주일 줄이면, 전체 프로젝트 기간 또한 일주일 줄어든다.

④ 작업 A와 C를 최대한 단축하더라도 전체 프로젝트 기간에는 영향을 주지 못한다.

⑤ 만약 프로젝트를 일찍 끝내야 한다면, 작업 B, D, G, J 중에서 단축 비용이 가장 적게 드는 것을 선택해서 줄여야 한다.

PART 3

3주 차 학습

정답 및 해설 p.066

의사소통능력 | 내용 일치

※ 다음 글의 내용으로 가장 적절한 것을 고르시오. [1~3]

01

> '청렴(淸廉)'은 현대 사회에서 좁게는 반부패와 동의어로 사용되며, 넓게는 투명성과 책임성 등을 포괄적 개념으로 사용되고 있다. 유학자들은 청렴을 효제와 같은 인륜의 덕목보다는 하위에 두었지만 군자라면 마땅히 지켜야 할 일상의 덕목으로 중시하였다. 조선의 대표적 유학자였던 이황과 이이는 청렴을 사회 규율이자 개인 처세의 지침으로 강조하였다. 특히 공적 업무에 종사하는 사람이라면 사회 규율로서의 청렴이 개인의 처세와 직결된다는 점에 유념해야 한다고 보았다.
>
> 청렴에 대한 논의는 정약용의 『목민심서』에서 본격적으로 나타난다. 정약용은 청렴이야말로 목민관이 지켜야 할 근본적인 덕목이며, 목민관의 직무는 청렴이 없이는 불가능하다고 강조하였다. 정약용은 청렴을 당위의 차원에서 주장하는 기존의 학자들과 달리 행위자 자신에게 실질적 이익이 된다는 점을 들어 설득하고자 한다. 그는 청렴은 큰 이득이 남는 장사라고 말하면서, 지혜롭고 욕심이 큰 사람은 청렴을 택하지만 지혜가 짧고 욕심이 작은 사람은 탐욕을 택한다고 설명한다. 정약용은 "지자(知者)는 인(仁)을 이롭게 여긴다."라는 공자의 말을 빌려 "지혜로운 자는 청렴함을 이롭게 여긴다."라고 하였다. 비록 재물을 얻는 데 뜻이 있더라도 청렴함을 택하는 것이 결과적으로는 지혜로운 선택이라고 정약용은 말한다. 목민관의 작은 탐욕은 단기적으로 보면 눈 앞의 재물을 취하여 이익을 얻을 수 있겠지만 궁극에는 개인의 몰락과 가문의 불명예를 가져올 수 있기 때문이다.
>
> 정약용은 청렴을 지키는 것은 두 가지 효과가 있다고 보았다. 첫째, 청렴은 다른 사람에게 긍정적 효과를 미친다. 목민관이 청렴할 경우 백성을 비롯한 공동체 구성원에게 좋은 혜택이 돌아갈 것이다. 둘째, 청렴한 행위를 하는 것은 목민관 자신에게도 좋은 결과를 가져다준다. 청렴은 그 자신의 덕을 높이는 것일 뿐 아니라 자신의 가문에 빛나는 명성과 영광을 가져다줄 것이다.

① 정약용은 청렴이 목민관이 반드시 지켜야 할 덕목임을 당위론 차원에서 정당화하였다.

② 정약용은 탐욕을 택하는 것보다 청렴을 택하는 것이 이롭다는 공자의 뜻을 계승하였다.

③ 정약용은 청렴한 사람은 욕심이 작기 때문에 재물에 대한 탐욕에 빠지지 않는다고 보았다.

④ 정약용은 청렴이 백성에게 이로움을 줄 뿐 아니라 목민관 자신에게도 이로운 행위라고 보았다.

⑤ 이황과 이이는 청렴을 개인의 처세에 있어 주요 지침으로 여겼으나 사회 규율로는 보지 않았다.

02

사회 진화론은 다윈의 생물 진화론을 개인과 집단에 적용시킨 사회 이론이다. 사회 진화론의 중심 개념은 19세기에 등장한 '생존경쟁'과 '적자생존'인데, 이 두 개념의 적용 범위가 개인인가 집단인가에 따라 자유방임주의와 결합하기도 하고 민족주의나 제국주의와 결합하기도 하였다. 1860년대 대표적인 사회 진화론자인 스펜서는 인간 사회의 생활은 개인 간의 '생존경쟁'이며, 그 경쟁은 '적자생존'에 의해 지배된다고 주장하였다. 19세기 말 키드, 피어슨 등은 인종이나 민족, 국가 등의 집단 단위로 '생존경쟁'과 '적자생존'을 적용하여 우월한 집단이 열등한 집단을 지배하는 것은 자연법칙이라고 주장함으로써 인종 차별이나 제국주의를 정당화하였다. 또한, 일본에서는 19세기 말 문명개화론자들이 사회 진화론을 수용하였다.
이들은 '생존경쟁'과 '적자생존'을 국가와 민족 단위에 적용하여 '약육강식'과 '우승열패'의 논리를 바탕으로 서구식 근대 문명국가 건설과 군국주의를 역설하였다.

① 사회 진화론은 생물 진화론을 개인에게만 적용시킨 사회 이론이다.
② 사회 진화론은 19세기 이전에는 존재하지 않았다.
③ '생존경쟁'과 '적자생존'의 개념이 개인의 범위에 적용되면 민족주의와 결합한다.
④ 키드, 피어슨 등의 주장은 사회 진화론의 개념을 집단 단위에 적용한 결과이다.
⑤ 문명개화론자들은 생물 진화론을 수용하였다.

03

그녀는 저녁 10시면 잠이 들었다. 퇴근하고 집에 돌아오면 아주 오랫동안 샤워를 했다. 한 달에 수도 요금이 5만 원 이상 나왔고, 생활비를 줄이기 위해 휴대폰을 정지시켰다. 일주일에 한 번씩 고향에 있는 어머니께 전화를 드렸고, 매달 말일에는 고시공부를 하는 동생에게 50만 원을 온라인으로 송금했다. 의사로부터 신경성 위염이라는 진단을 받은 후로는 밥을 먹을 때 꼭 백 번씩 씹었다. 밥을 먹고 30분 후에는 약을 먹었다. 그녀는 8년째 도서관에서 일했지만, 정작 자신은 책을 읽지 않았다.

① 그녀는 8년째 도서관에서 고시공부를 하고 있다.
② 그녀는 신경성 위염 때문에 식사 후에는 약을 먹는다.
③ 그녀는 휴대폰 요금이 한 달에 5만 원 이상 나오자 정지시켰다.
④ 그녀는 일주일에 한 번씩 어머니께 온라인으로 용돈을 보내 드렸다.
⑤ 그녀는 생활비를 벌기 위해 아르바이트를 한다.

※ 다음 글의 내용으로 적절하지 않은 것을 고르시오. [4~5]

04

최근 4차 산업혁명과 사물인터넷에 대한 관심이 매우 증대하고 있다. 제4차 산업혁명은 디지털, 바이오, 물리학 등 다양한 경계를 융합한 기술혁명이 그 핵심이며, 기술융합을 위하여 사물인터넷을 적극적으로 활용한다는 것이 주요 내용이라 할 수 있다. 제4차 산업혁명은 2016년 초 세계경제포럼의 가장 중요한 회의인 다보스포럼의 주제로 '제4차 산업혁명의 이해'가 채택됨으로써 전 세계 많은 사람들의 주목을 받는 어젠다로 급부상하게 된다. 제4차 산업혁명을 촉발시키는 중요한 기술 중 하나는 사물인터넷이다.

미국의 정보기술 연구회사 가트너(Gartner)는 2011년 10대 전략기술 중 하나로 사물인터넷을 선정한 이후 사물인터넷과 그 확장개념들이라 할 수 있는 만물인터넷 및 만물정보 등을 현재까지 매년 10대 전략기술에 포함시키고 있을 정도로 사물인터넷은 정보통신기술 중 가장 중요한 기술로 자리잡았다.

사물인터넷을 활용하는 정보통신기술의 변화를 반영하는 스마트도시가 전 세계적으로 확산 중에 있다. 그 결과 2008년 선진국 중심으로 20여 개에 불과하던 스마트도시 관련 프로젝트는 최근 빠르게 증가하여 중국, 인도, 동남아시아, 남미, 중동 국가들을 포함하여 600여 개 이상의 도시에서 스마트도시 관련 프로젝트들이 추진 중에 있다.

우리나라는 한국형 스마트도시라고 할 수 있는 유비쿼터스도시(U – City) 프로젝트를 해외 도시들에 비하여 비교적 빠르게 추진하였다. 한국에서는 2003년부터 시민 삶의 질 향상 및 도시 경쟁력 제고를 목표로 신도시 개발과정에 직접 적용하는 U – City 프로젝트를 추진하였으며 해외 국가들에 비하여 빠른 정책적 지원 및 스마트도시 구축과 운영을 위한 재정 투자 등을 통하여 실무적 경험이 상대적으로 우위에 있다.

하지만 최근 신도시형 스마트도시 구축 위주의 한국형 스마트도시 모델은 한계점을 노출하게 된다. 최근 국내 건설경기 침체, 수도권 제2기 신도시 건설의 만료 도래 등으로 U – City 투자가 위축되었으며, 대기업의 U – City 참여 제한 등으로 신도시 중심의 U – City 사업 모델 성장 동력이 축소되는 과정을 최근까지 겪어왔다. 또한, U – City 사업이 지능화시설물 구축 혹은 통합운영센터의 건설로 표면화되었지만 공공주도 및 공급자 중심의 스마트도시 시설투자는 정책 수혜자인 시민의 체감으로 이어지지 못하는 한계가 발생하게 된다.

※ 어젠다 : 모여서 서로 의논할 사항이나 주제를 의미한다.

① 제4차 산업혁명은 디지털, 바이오, 물리학 등 다양한 경계를 융합한 기술혁명이 그 핵심이다.

② 제4차 산업혁명을 촉발시키는 중요한 기술 중 하나는 사물인터넷이다.

③ 만물인터넷 및 만물정보 등은 사물인터넷의 확장개념으로 정보통신기술의 중요한 기술로 자리잡았다.

④ 우리나라는 한국형 스마트도시라고 할 수 있는 유비쿼터스도시(U – City) 프로젝트를 비교적 빠르게 추진하였다.

⑤ 스마트도시 시설투자의 수혜자인 시민의 체감으로 이어지지 못하는 이유는 대기업 주도의 투자이기 때문이다.

05

1930년대 대공황 상황에서 케인스는 당시 영국과 미국에 만연한 실업의 원인을 총수요의 부족이라고 보았다. 그는 총수요가 증가하면 기업의 생산과 고용이 촉진되고 가계의 소득이 늘어 경기를 부양할 수 있다고 주장했다. 따라서 정부의 재정정책을 통해 총수요를 증가시킬 필요성을 제기하였다. 케인스는 총수요를 늘리기 위해서 총수요 중 많은 부분을 차지하는 가계의 소비에 주목하였고, 소비는 소득과 밀접한 관련이 있다고 생각하였다. 케인스는 절대소득가설을 내세워 소비를 결정하는 요인들 중에서 가장 중요한 것은 현재의 소득이라고 하였다. 그리고 소득이 없더라도 생존을 위해 꼭 필요한 소비인 기초소비가 존재하며, 소득이 증가함에 따라 일정 비율로 소비도 증가한다고 주장하였다. 이러한 절대소득가설은 1950년대까지 대표적인 소비결정이론으로 사용되었다.

그러나 쿠즈네츠는 절대소득가설로는 설명하기 어려운 소비 행위가 이루어지고 있음에 주목하였다. 쿠즈네츠가 미국에서 장기간에 걸쳐 일어난 각 가계의 실제 소비 행위를 분석한 결과, 절대소득가설로는 명확히 설명하기 어려웠다.

이러한 현상을 설명하기 위해 프리드만은 장기적인 기대소득으로서의 항상소득에 의존한다는 항상소득가설을 내세웠다. 프리드만은 실제로 측정되는 소득을 실제소득이라 하고, 실제소득은 항상소득과 임시소득으로 구성된다고 보았다. 항상소득이란 평생 동안 벌어들일 것으로 기대되는 소득의 매기 평균 또는 장기적 평균 소득이다. 임시소득은 장기적으로 예견되지 않은 일시적인 소득으로서 양(+)일 수도, 음(−)일 수도 있다. 프리드만은 소비가 임시소득과는 아무런 상관관계가 없고 오직 항상소득에만 의존한다고 보았으며, 임시소득의 대부분은 저축된다고 설명했다. 사람들은 월급과 같이 자신이 평균적으로 벌어들이는 돈을 고려하여 소비를 하지, 예상치 못한 복권 당첨이나 주가 하락에 의한 손실을 고려하여 소비하지는 않는다는 것이다.

항상소득가설을 바탕으로 프리드만은 쿠즈네츠가 발견한 현상을 단기적인 소득의 증가는 임시소득이 증가한 것에 해당하므로, 소비가 늘어나지 않은 것이라고 설명하였다. 항상소득가설에 따른다면 소비를 늘리기 위해서는 단기적 재정정책보다 장기적인 재정정책을 펴는 것이 바람직하다. 가령 정부가 일시적으로 세금을 줄여 가계의 소득을 증가시키고 그에 따른 소비 진작을 기대한다 해도 가계는 일시적인 소득의 증가를 항상소득의 증가로 받아들이지 않아 소비를 늘리지 않기 때문이다.

① 케인스는 소득이 없어도 기초소비가 발생한다고 보았다.
② 케인스는 대공황 상황에서 총수요를 늘릴 것을 제안했다.
③ 쿠즈네츠는 미국에서 실제로 일어난 소비 행위를 분석하였다.
④ 프리드만은 쿠즈네츠의 연구 결과를 설명하는 가설을 내놓았다.
⑤ 케인스는 가계가 미래의 소득을 예측하여 소비를 결정한다고 주장했다.

06 다음 글의 '패시브 하우스'에 대한 설명으로 적절하지 않은 것은?

'패시브 하우스(Passive House)'는 단열을 강화하여 에너지 손실을 최대한 줄인 건축물이다. 이 건축물은 실내의 에너지 손실을 최소화하면서도 햇빛과 신선한 공기를 공급받을 수 있고, 습도 조절을 잘 할 수 있도록 설계된 것이다.

패시브 하우스는 특히 겨울철에 건물 안으로 들어온 에너지와 안에서 발생한 에너지가 오랫동안 건물 안에 머물러 있도록 만들어졌다. 에너지 손실을 최소화하기 위해서는 열이 빠져 나가지 않게 전체 단열 계획을 잘 짠 다음, 까다로운 기준에 부합하는 특수 단열재로 시공해야 한다.

건물의 실내에는 신선한 공기가 공급되어야 한다. 일반적인 건물은 창문을 열거나 환풍기를 돌려서 신선한 공기를 공급받지만, 패시브 하우스에서는 그렇게 할 수 없다. 왜냐하면 외부 공기가 공급되면 실내 에너지가 빠져 나가기 때문이다. 이러한 문제는 나가는 공기가 품고 있는 에너지를 들어오는 공기가 회수해 올 수만 있으면 해결할 수 있다. 패시브 하우스에서 이 일을 가능하게 해 주는 것이 열 교환 환기 장치이다. 이 장치는 주로 실내 바닥이나 벽면에 설치하는데, 실내의 각 방과 실외로 연결되는 배관을 따로 시공하여 실내외 공기를 교환한다. 구성 요소는 팬, 열 교환 소자, 공기 정화 필터, 외부 후드 등이다.

그중 핵심 요소인 열 교환 소자는 열과 수분의 투과율을 높이기 위해 열전도율이 뛰어나도록 만든다. 실내외의 공기가 나가고 들어올 때 이 열 교환 소자를 통과하는데, 그 과정에서 실내 공기의 주 오염원인 CO_2는 통과시켜 배출한다. 하지만 열 교환 소자는 나가는 공기가 지니고 있던 80% 내외의 열과 수분을 배출하지 않고 투과시켜 들어오는 공기와 함께 실내로 되돌아오게 한다. 이러한 장치 덕분에 창을 열지 않아도 환기가 가능하다. 실외의 황사나 꽃가루 등은 공기 정화 필터로 걸러지므로 외부로부터 신선한 공기를 공급 받을 수 있다.

햇빛을 통한 에너지 공급도 건물에서는 중요하다. 햇빛은 창호를 통해 들어오는데, 여기서 에너지의 손실 방지와 햇빛의 공급 사이에 모순이 생긴다. 일반적으로 실내에 햇빛을 많이 공급하기 위해서는 두께가 얇은 유리나 창호지를 사용해야 한다. 그러나 두께가 얇을수록 에너지의 손실이 더 커질 수밖에 없다. 패시브 하우스에서는 이 문제를 해결하기 위해서 3중 로이유리(Low – E Glass)를 사용한다. 이는 두께가 얇고 투명한 유리 세 장에 에너지 흐름을 줄이는 금속 막이 씌워져 있고, 이들 유리 사이에는 무거운 기체가 채워져 있다. 투명한 유리는 햇빛을 많이 통과시키고, 금속 막과 무거운 기체는 실내 에너지가 빠져나가는 것을 막는다.

습도 조절도 중요한 요소이다. 일반 건물에서 습도 조절이 제대로 이루어지지 않아 곰팡이가 피는 것은 외부 공기가 스며들어 벽체 표면의 습도를 높이기 때문이다. 또, 곰팡이는 집 안 전체의 습도가 아주 높거나, 전체 습도는 낮고 벽체 표면이나 벽체 속의 습도가 높아도 생긴다. 그러나 패시브 하우스는 밀폐성과 단열성이 뛰어나 겨울철 벽체의 온도와 실내 온도가 거의 비슷하기 때문에 이슬 맺힘이나 곰팡이가 생기지 않는다.

① 외부 후드를 설치하여 실내 습도를 조절한다.
② 황사나 꽃가루가 실내로 유입되는 것을 차단한다.
③ 특수 단열재를 사용해 내부의 열 손실을 최소화한다.
④ 두께가 얇은 3중 로이유리를 활용하여 에너지 손실을 막는다.
⑤ 단열성과 밀폐성이 뛰어나서 이슬 맺힘이나 곰팡이가 생기지 않는다.

07 김대리는 대전으로, 이대리는 부산으로 출장을 간다. 출장에서의 업무가 끝난 후 김대리와 이대리는 K지점에서 만나기로 하였다. 다음 〈조건〉을 참고하여 김대리와 이대리가 같은 시간에 K지점으로 출발했을 때, 이대리는 시속 몇 km로 이동했는가?

조건
- 대전과 부산의 거리는 500km이다.
- 김대리는 시속 80km로 이동했다.
- 대전에서 200km 떨어진 지점인 K지점에서 만나기로 하였다.
- 이대리의 속력은 김대리보다 빠르다.
- 이대리는 김대리보다 4시간 30분 늦게 K지점에 도착했다.
- 대전, K지점, 부산은 일직선상에 있다.

① 80km
② 90km
③ 100km
④ 110km
⑤ 120km

08 각각의 무게가 1kg, 2kg, 3kg인 추가 총 30개 있다. 다음 〈조건〉을 모두 만족할 때, 무게가 2kg인 추는 몇 개 있는가?

조건
- 추의 무게의 총합은 50kg이다.
- 무게마다 사용된 추의 개수는 모두 짝수 개이다.
- 2kg 추 개수는 3kg 추 개수보다 2배 이상 많다.
- 추의 개수는 무게가 적을수록 많다.

① 8개
② 10개
③ 12개
④ 14개
⑤ 16개

09 K공사에서 해외 연수를 가기로 하였다. 김대리는 신입사원의 숙소 배정 업무를 맡았다. 다음 〈조건〉을 참고할 때, 해외 연수를 가는 신입사원은 총 몇 명인가?

> **조건**
> • 5명씩 방을 배정하면 9명이 방 배정을 못 받는다.
> • 7명씩 방을 배정하면 방이 3개가 남는다.

① 70명　　　　　　　　　　　　　② 74명
③ 79명　　　　　　　　　　　　　④ 84명
⑤ 89명

10 A ~ G 7명은 일렬로 배치된 의자에 다음 〈조건〉과 같이 앉는다. 이때 가능한 경우의 수는?

> **조건**
> • A는 양 끝에 앉지 않는다.
> • G는 가운데에 앉는다.
> • B는 G의 바로 옆에 앉는다.

① 60가지　　　　　　　　　　　　② 72가지
③ 144가지　　　　　　　　　　　④ 288가지
⑤ 366가지

11 K공사 직원 A ~ F 6명은 점심 식사를 위해 구내식당에서 각자 원하는 음식을 주문하였다. 다음 〈조건〉을 참고할 때, 중식 1인분 가격은 얼마인가?

> **조건**
> • 6명의 점심 식사 총금액은 25,800원이다.
> • 점심 메뉴는 한식, 중식, 양식 세 가지가 있다.
> • A를 포함한 3명의 직원은 중식을 시켰다.
> • E와 F는 양식을 주문하였다.
> • 나머지 한 사람은 4,200원인 한식을 주문하였다.
> • A와 E가 시킨 메뉴의 금액 합은 8,900원이다.

① 3,800원　　　　　　　　　　　② 4,000원
③ 4,200원　　　　　　　　　　　④ 4,400원
⑤ 4,600원

※ 다음 글을 읽고 이어지는 질문에 답하시오. [12~13]

당면한 문제를 해결하기 위해 개인이 가지고 있는 경험과 지식을 가치 있는 새로운 아이디어로 결합함으로써 참신한 아이디어를 산출하는 능력을 창의적 사고라고 한다.
이때, 창의적 사고를 기를 수 있는 방법 중 어떤 생각에서 다른 생각을 계속해서 떠올리는 작용을 통해 어떤 주제에서 생각나는 것을 계속해서 열거해 나가는 발산적 사고 방법을 _____이라고 한다.

※ 예 브레인스토밍

12 다음 중 윗글의 빈칸에 들어갈 말로 가장 적절한 것은?

① 강제연상법   ② 비교발상법

③ 자유연상법   ④ 강제결합법

⑤ 자유발상법

13 다음 중 브레인스토밍의 진행 순서에 대한 설명으로 가장 적절한 것은?

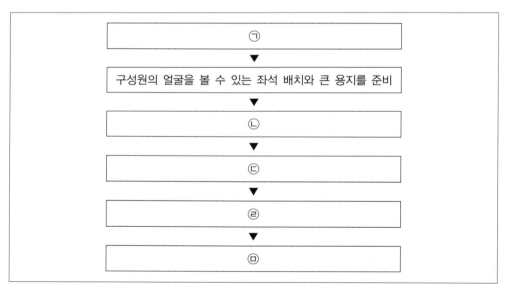

① ㉠ : 구성원들의 다양한 의견을 도출할 수 있는 리더 선출

② ㉡ : 주제를 구체적이고 명확하게 선정

③ ㉢ : 다양한 분야의 5 ~ 8명 정도의 사람으로 구성원 구성

④ ㉣ : 제시된 아이디어 비판 및 실현 가능한 아이디어 평가

⑤ ㉤ : 구성원들의 자유로운 발언 및 발언 내용 기록 후 구조화

14 다음 〈보기〉 중 창의적 사고에 대해 잘못 설명하고 있는 사람을 모두 고르면?

> **보기**
>
> A : 창의적 사고는 아무것도 없는 무에서 유를 만들어 내는 것이다.
> B : 창의적 사고는 끊임없이 참신한 아이디어를 산출하는 힘이다.
> C : 우리는 매일매일 끊임없이 창의적 사고를 계속하고 있다.
> D : 필요한 물건을 싸게 사기 위해서 하는 많은 생각들은 창의적 사고에 해당하지 않는다.
> E : 창의적 사고를 대단하게 여기는 사람들의 편견과 달리 창의적 사고는 누구에게나 존재한다.

① A, C
② A, D
③ C, D
④ C, E
⑤ D, E

15 독일인 A씨는 베를린에서 한국을 경유하여 일본으로 가는 비행기표를 구매하였다. A씨의 일정이 다음과 같을 때, A씨가 인천공항에 도착하는 한국시각과 A씨가 참여할 수 있는 환승투어를 바르게 짝지은 것은?(단, 제시된 조건 외에 고려하지 않는다)

〈A씨의 일정〉

한국행 출발시각 (독일시각 기준)	비행시간	인천공항 도착시각	일본행 출발시각 (한국시각 기준)
11월 2일 19:30	12시간 20분		11월 3일 19:30

※ 독일은 한국보다 8시간 느리다.
※ 비행 출발 1시간 전에는 공항에 도착해야 한다.

〈환승투어 코스 안내〉

구분	코스	소요시간
엔터테인먼트	• 인천공항 → 파라다이스시티 아트테인먼트 → 인천공항	2시간
인천시티	• 인천공항 → 송도한옥마을 → 센트럴파크 → 인천공항 • 인천공항 → 송도한옥마을 → 트리플 스트리트 → 인천공항	2시간
산업	• 인천공항 → 광명동굴 → 인천공항	4시간
전통	• 인천공항 → 경복궁 → 인사동 → 인천공항	5시간
해안관광	• 인천공항 → 을왕리해변 또는 마시안해변 → 인천공항	1시간

	도착시각	환승투어
①	11월 2일 23:50	산업
②	11월 2일 15:50	엔터테인먼트
③	11월 3일 23:50	전통
④	11월 3일 15:50	인천시티
⑤	11월 3일 14:50	해안관광

16 K공사에서 근무하는 김사원은 수출계약 건으로 한국에 방문하는 바이어를 맞이하기 위해 인천공항에 가야 한다. 미국 뉴욕에서 오는 바이어는 현지시각으로 21일 오전 8시 30분에 한국행 비행기에 탑승할 예정이며, 비행시간은 17시간이다. K공사에서 인천공항까지는 1시간 30분이 걸리고, 바이어의 도착 예정시각보다는 30분 일찍 도착하여 대기하려고 할 때, 김사원이 회사에서 출발해야 하는 시각은?(단, 뉴욕은 한국보다 13시간이 느리다)

① 21일 10시 30분
③ 22일 12시
⑤ 22일 14시 30분

② 21일 12시 30분
④ 22일 12시 30분

17 K은행 A지점에서는 5월 둘째 주(5월 8일 ~ 5월 12일) 중 2회에 걸쳐 전 직원을 대상으로 고객 개인정보 유출 방지에 대한 교육을 지역 문화회관에서 진행하려고 한다. 다음 자료를 토대로 A지점이 교육을 진행할 수 있는 요일과 시간대를 순서대로 바르게 나열한 것은?(단, 교육은 1회당 3시간씩 진행된다)

〈문화회관 이용 가능 요일〉

구분	월요일	화요일	수요일	목요일	금요일
9 ~ 12시	○	×	○	×	○
12 ~ 13시	점심시간(운영 안 함)				
13 ~ 17시	×	○	○	×	×

〈주간 주요 일정표〉

일정	내용
5월 8일 월요일	• 08:30 ~ 09:30 주간 조회 및 부서별 회의 • 14:00 ~ 15:00 팀별 전략 회의
5월 9일 화요일	• 09:00 ~ 10:00 경쟁력 강화 회의
5월 10일 수요일	• 11:00 ~ 13:00 부서 점심 회식 • 17:00 ~ 18:00 팀 회식
5월 11일 목요일	• 15:00 ~ 16:00 경력사원 면접
5월 12일 금요일	• 특이사항 없음

※ 주요 일정이 있는 시간 이외에 문화회관 이용 시간과 일정 시간이 겹치지 않는다면 언제든지 교육을 받을 수 있음

① 월요일 오전, 수요일 오후, 금요일 오전
② 화요일 오전, 수요일 오후, 목요일 오전
③ 화요일 오후, 수요일 오전, 금요일 오전
④ 화요일 오후, 수요일 오후, 금요일 오전
⑤ 수요일 오전, 수요일 오후, 금요일 오전

18 K사원의 팀은 출장근무를 마치고 서울로 복귀하고자 한다. 다음 자료를 참고할 때, 서울에 가장 일찍 도착할 수 있는 예정시각은 언제인가?

〈상황〉

• K사원이 소속된 팀원은 총 4명이다.
• 대전에서 출장을 마치고 서울로 돌아가려고 한다.
• 고속버스터미널에는 은행, 편의점, 화장실, 패스트푸드점 등이 있다.
  ※ 시설별 소요시간 : 은행 30분, 편의점 10분, 화장실 20분, 패스트푸드점 25분

〈대화 내용〉

A과장 : 긴장이 풀려서 그런가? 배가 출출하네. 햄버거라도 사 먹어야겠어.
B대리 : 저도 출출하긴 한데 그것보다 화장실이 더 급하네요. 금방 다녀오겠습니다.
C주임 : 그럼 그사이에 버스표를 사야 하니 은행에 들러 현금을 찾아오겠습니다.
K사원 : 저는 그동안 버스 안에서 먹을 과자를 편의점에서 사 오겠습니다.
A과장 : 지금이 16시 50분이니까 다들 각자 볼일 보고 빨리 돌아와. 다 같이 타고 가야 하니까.

〈시외버스 배차정보〉

대전 출발	서울 도착	잔여 좌석수
17:00	19:00	6
17:15	19:15	8
17:30	19:30	3
17:45	19:45	4
18:00	20:00	8
18:15	20:15	5
18:30	20:30	6
18:45	20:45	10
19:00	21:00	16

① 17:45
② 19:15
③ 19:45
④ 20:15
⑤ 20:45

정답 및 해설 p.070

의사소통능력 | 내용 추론

01 다음 글을 토대로 추론한 내용으로 가장 적절한 것은?

> 아파트를 분양받을 경우 전용면적, 공용면적, 공급면적, 계약면적, 서비스면적이라는 용어를 자주 접하게 된다.
>
> 전용면적은 아파트의 방이나 거실, 주방, 화장실 등을 모두 포함한 면적으로, 개별 세대 현관문 안쪽의 전용 생활공간을 말한다. 다만 발코니 면적은 전용면적에서 제외된다.
>
> 공용면적은 주거공용면적과 기타공용면적으로 나뉜다. 주거공용면적은 세대가 거주를 위하여 공유하는 면적으로, 세대가 속한 건물의 공용계단, 공용복도 등의 면적을 더한 것을 말한다. 기타공용면적은 주거공용면적을 제외한 지하층, 관리사무소, 노인정 등의 면적을 더한 것이다.
>
> 공급면적은 통상적으로 분양에 사용되는 용어로, 전용면적과 주거공용면적을 더한 것이다. 계약면적은 공급면적과 기타공용면적을 더한 것이다. 서비스면적은 발코니 같은 공간의 면적으로 전용면적과 공용면적에서 제외된다.

① 발코니 면적은 계약면적에 포함된다.

② 관리사무소 면적은 공급면적에 포함된다.

③ 계약면적은 전용면적, 주거공용면적, 기타공용면적을 더한 것이다.

④ 공용계단과 공용복도의 면적은 공급면적에 포함되지 않는다.

⑤ 개별 세대 내 거실과 주방의 면적은 주거공용면적에 포함된다.

02 다음 글을 읽고 나눈 대화로 적절하지 않은 것은?

식사 후 달고 시원한 수박 한 입이면 하루 종일 더위에 지친 몸이 되살아나는 느낌이다. 한 번 먹기 시작하면 쉽게 멈추기가 힘든 수박때문에 살찔 걱정을 하는 이들도 많다. 그러나 수분이 대부분인 수박은 100g당 21kcal에 불과하다. 당도는 높지만 수분이 대부분을 차지하고 있어 다이어트를 하는 이들에게도 도움이 된다. 또한, 수박의 붉은 과육에는 항산화 성분인 라이코펜이 토마토보다 훨씬 더 많이 함유되어 있고, 칼륨이 많아 나트륨을 배출하는 데도 효과적이다.

많은 사람이 수박을 고를 때 수박을 손으로 두들겨 보는데, 이는 수박을 두들겨 경쾌한 소리가 난다면 잘 익었는지를 확인할 수 있기 때문이다. 그런데 이것저것 두들겨도 잘 모르겠다면 눈으로 확인하면 된다. 먼저 수박의 검은색 줄무늬가 진하고 선명한지를 확인하고 꼭지 반대편에 있는 배꼽을 확인한다. 배꼽은 꽃이 떨어진 자리로, 배꼽이 크면 덜 익은 수박일 가능성이 높으며, 작게 여물었으면 대체로 잘 익은 수박일 가능성이 높다.

일반 과일보다 큰 수박을 한 번에 섭취하기란 쉽지 않다. 대부분 수박을 반으로 잘라 랩으로 보관하는 경우가 많은데, 이 경우 수박 껍질에 존재하는 세균이 수박 과육까지 침투하여 과육에도 많은 세균이 자랄 수 있다. 따라서 수박을 보관할 때는 수박 껍질에 남아있는 세균과 농약 성분이 과육으로 침투되지 않도록 수박을 깨끗이 씻은 후 과육만 잘라내어 밀폐 용기에 넣어 냉장 보관하는 것이 좋다.

① 갑 : 손으로 두들겨 보았을 때 경쾌한 소리가 나는 것이 잘 익은 거야.
② 을 : 그래도 잘 모르겠다면 배꼽이 큰 것을 고르면 돼.
③ 병 : 다이어트 중이라 일부러 수박을 피했는데, 오히려 도움이 되는 과일이네!
④ 정 : 맞아, 하지만 보관할 때 세균과 농약이 침투하지 않도록 과육만 잘라 보관해야 해.
⑤ 무 : 수박은 라이코펜과 칼륨이 풍부한 과일이구나.

03 다음 글의 주장을 강화할 수 있는 논거를 〈보기〉에서 모두 고르면?

에너지 빈곤 요인은 상호복합적이기 때문에 에너지 복지정책도 이에 따라 복합적인 형태로 접근해야 한다. 단순 가격보조 형태의 에너지 복지대책을 확대하는 것은 낮은 에너지 효율성이라는 에너지 빈곤 요인을 제거하지 못하기 때문에 행정적 부담만 지속적으로 증가할 것이다. 따라서 에너지 빈곤 해소의 가장 중요한 포인트는 에너지 효율성을 높여 에너지 소비량을 줄이는 방향으로 정책을 설계하는 것이며 이를 통해 가격보조 효과가 발생할 수 있도록 유도해야 하는 것이다.

에너지 복지 프로그램은 크게 '공급형', '효율형', '전환형' 세 가지로 유형화할 수 있다. 정부가 주로 활용하고 있는 '공급형'은 긴급 구호형태를 띄는 연료비 보존 및 단전 유예 등을 들 수 있다. 그러나 공급형은 에너지 수요관리를 해야 하는 에너지 정책과 상충하고, 복지효과 역시 지속적이지 않다는 단점이 있다. 이를 발전시킨 것이 미국의 저소득층 에너지 효율화 집수리 서비스(WAP; Weatherization Assistance Program)와 같은 '효율형' 에너지 복지 대책이다. 이는 에너지 수요를 줄이면서도, 중장기적으로는 요금 절감 효과가 있어 '공급형'에 비해 훨씬 효과가 높은 것으로 평가받고 있다. 또한 저소득층을 에너지 효율화 집수리 사업에 고용하여 일자리 창출 효과도 높일 수 있다. 마지막으로 에너지지원 자체를 재생가능 에너지로 전환해 주는 '전환형' 방법이 있다. 앞의 두 유형보다 복지·환경 효과는 더 높은 데 비해 재원이 많이 소요되고, 법·제도적으로도 보완해야 할 점이 많다는 점에서 시기상조로 보는 시각도 존재한다.

따라서 중단기적으로는 '효율형' 에너지 복지 대책에 집중하되, '전환형' 에너지 복지 프로그램을 병행하는 단계적 접근 전략이 필요하다. 그러나 현재 우리나라의 에너지 복지 정책들은 에너지 비용을 지원하는 단기적이고, 화석 에너지 중심의 기본적인 수준에 머물고 있다. 이에 따라 복지 효과는 지속되지 못하고, 오히려 에너지 사용량이 늘어나 에너지 절감과 같은 환경 보호 효과는 다른 정책에 역행하는 양상을 나타내고 있다. 따라서 한국의 에너지 복지 정책 역시 단계적인 에너지 효율 개선과 에너지 전환을 위한 발전으로 확장할 필요가 있다.

보기

㉠ 저소득층에게 에너지 지원은 필수이다.
㉡ 현물이나 현금을 지원하는 것은 일시적 미봉책에 불과하다.
㉢ 에너지 복지 사업은 고용 창출과 환경보호를 고려해야 한다.

---

① ㉠
③ ㉠, ㉢
⑤ ㉠, ㉡, ㉢

② ㉠, ㉡
④ ㉡, ㉢

04 다음 글을 읽고 추론할 수 있는 내용이 아닌 것은?

> '정보 파놉티콘(Panopticon)'은 사람에 대한 직접적 통제와 규율에 정보 수집이 합쳐진 것이다. 정보 파놉티콘에서의 '정보'는 벤담의 파놉티콘에서의 시선(視線)을 대신하여 규율과 통제의 메커니즘으로 작동한다. 작업장에서 노동자들을 통제하고 이들에게 규율을 강제한 메커니즘은 시선에서 정보로 진화했다. 19세기에는 사진 기술을 이용하여 범죄자 프로파일링을 했는데, 이 기술이 20세기의 폐쇄회로 텔레비전이나 비디오 카메라와 결합한 통계학으로 이어진 것도 그러한 맥락에서 이해할 수 있다. 더 극단적인 예를 들자면, 미국은 발목에 채우는 전자기기를 이용하여 죄수를 자신의 집 안과 같은 제한된 공간에 가두어 감시하면서 교화하는 프로그램을 운용하고 있다. 이 경우 개인의 집이 교도소로 변하고, 국가가 관장하던 감시가 기업이 판매하는 전자기기로 대체됨으로써 전자 기술이 파놉티콘에서의 간수의 시선을 대신한다.
>
> 컴퓨터나 전자기기를 통해 얻은 정보가 간수의 시선을 대체했지만, 벤담의 파놉티콘에 갇힌 죄수가 자신이 감시를 당하는지 아닌지를 모르듯이, 정보 파놉티콘에 노출된 사람들 또한 자신의 행동이 국가나 직장의 상관에 의해 열람될지의 여부를 확신할 수 없다. 한 관료가 "그들이 감시당하는지 모를 때도 우리가 그들을 감시하고 있다고 생각하도록 만든다."라고 논평했는데, 이는 파놉티콘과 전자 감시의 유사성을 뚜렷하게 보여준다.
>
> 전자 감시는 파놉티콘의 감시 능력을 전 사회로 확장했다. 무엇보다 시선에는 한계가 있지만 컴퓨터를 통한 정보 수집은 국가적이고 전 지구적이기 때문이다. "컴퓨터화된 정보 시스템이 작은 지역 단위에서만 효과적으로 작동했을 파놉티콘을 근대 국가에 의한 일상적인 대규모 검열로 바꾸었는가?"라고 한 정보사회학자 롭 클링은 시선의 국소성과 정보의 보편성 사이의 차이를 염두에 두고 있었다. 철학자 들뢰즈는 이러한 인식을 한 단계 더 높은 차원으로 일반화하여, 지금 우리가 살고 있는 사회는 푸코의 규율 사회를 벗어난 새로운 통제 사회라고 주장했다.
>
> 그에 의하면 규율 사회는 증기 기관과 공장이 지배하고 요란한 구호에 의해 통제되는 사회이지만, 통제 사회는 컴퓨터와 기업이 지배하고 숫자와 코드에 의해 통제되는 사회이다.

① 정보 파놉티콘은 범죄자만 감시 대상에 해당하는 것이 아니다.
② 정보 파놉티콘이 종국에는 감시 체계 자체를 소멸시킬 것이다.
③ 정보 파놉티콘은 교정 시설의 체계를 효율적으로 바꿀 수 있다.
④ 정보 파놉티콘이 발달할수록 개인의 사생활은 보장될 수 없을 것이다.
⑤ 정보 파놉티콘은 기술이 발달할수록 더욱 정교해질 것이다.

05 다음 글을 읽고 추론한 내용으로 가장 적절한 것은?

> 보름달 중에 가장 크게 보이는 보름달을 슈퍼문이라고 한다. 이때 보름달이 크게 보이는 이유는 달이 평소보다 지구에 가까이 있기 때문이다. 슈퍼문이 되려면 보름달이 되는 시점과 달이 지구에 가장 가까워지는 시점이 일치하여야 한다. 달의 공전 궤도가 완벽한 원이라면 지구에서 달까지의 거리가 항상 똑같을 것이다. 하지만 실제로는 타원 궤도여서 달이 지구에 가까워지거나 멀어지는 현상이 생긴다. 유독 달만 그런 것은 아니고 태양계의 모든 행성이 태양을 중심으로 타원 궤도로 돈다. 이것이 바로 그 유명한 케플러의 행성운동 제1법칙이다.
>
> 지구와 달의 평균 거리는 약 38만 km인 반면 슈퍼문일 때는 그 거리가 35만 7,000km 정도로 가까워진다. 달의 반지름은 약 1,737km이므로, 지구와 달의 거리가 평균 정도일 때 지구에서 보름달을 바라보는 시각도는 0.52도 정도인 반면, 슈퍼문일 때는 시각도가 0.56도로 커진다. 반대로 보름달이 가장 작게 보일 때, 다시 말해 보름달이 지구에서 제일 멀 때는 그 거리가 약 40만 km여서 보름달을 보는 시각도가 0.49도로 작아진다.
>
> 밀물과 썰물이 생기는 원인은 지구에 작용하는 달과 태양의 중력 때문인데, 달이 태양보다는 지구에 훨씬 더 가깝기 때문에 더 큰 영향을 미친다. 달이 지구에 가까워지면 평소 달이 지구를 당기는 힘보다 더 강하게 지구를 당긴다. 그리고 달의 중력이 더 강하게 작용하면, 달을 향한 쪽의 해수면은 평상시보다 더 높아진다. 실제 우리나라에서도 슈퍼문일 때 제주도 등 해안가에 바닷물이 평소보다 더 높게 밀려 들어와서 일부 지역이 침수 피해를 겪기도 했다.
>
> 한편 달의 중력 때문에 높아진 해수면이 지구와 함께 자전을 하다보면 지구의 자전을 방해하게 된다. 일종의 브레이크가 걸리는 셈이다. 이 때문에 지구의 자전 속도가 느려지게 되고 그 결과 하루의 길이에 미세하게 차이가 생긴다. 실제 연구 결과에 따르면 100만 년에 17초 정도씩 길어지는 효과가 생긴다고 한다.
>
> ※ 시각도 : 물체의 양끝에서 눈의 결합점을 향하여 그은 두 선이 이루는 각을 의미한다.

① 지구에서 태양까지의 거리는 1년 동안 항상 일정하다.

② 해수면의 높이는 지구와 달의 거리와 관계가 없다.

③ 달이 지구에서 멀어지면 궤도에서 벗어나지 않기 위해 평소보다 더 강하게 지구를 잡아당긴다.

④ 달의 중력 때문에 지구가 자전하는 속도는 점점 빨라지고 있다.

⑤ 지구와 달의 거리가 36만 km 정도인 경우, 지구에서 보름달을 바라보는 시각도는 0.49도보다 크다.

06 다음 글의 밑줄 친 ⊙의 사례로 적절하지 않은 것은?

> ⊙<u>닻내림 효과</u>란 닻을 내린 배가 크게 움직이지 않듯 처음 접한 정보가 기준점이 돼 판단에 영향을 미치는 일종의 편향(왜곡) 현상을 말한다. 즉, 사람들이 어떤 판단을 하게 될 때 초기에 접한 정보에 집착해, 합리적 판단을 내리지 못하는 현상을 일컫는 행동경제학 용어이다. 대부분의 사람은 제시된 기준을 그대로 받아들이지 않고 기준점을 토대로 약간의 조정과정을 거치기는 하나, 그런 조정과정이 불완전하므로 최초 기준점에 영향을 받는 경우가 많다.

① 연봉 협상 시 본인의 적정 기준보다 더 높은 금액을 제시한다.

② 원래 1만 원이던 상품에 2만 원의 가격표를 붙이고 50% 할인한 가격에 판매한다.

③ 명품업체가 매장에서 최고가 상품들의 가격표를 보이게 진열하여 다른 상품들이 그다지 비싸지 않은 것처럼 느끼게 만든다.

④ 홈쇼핑에서 '이번 시즌 마지막 세일', '오늘 방송만을 위한 한정 구성' '매진 임박' 등의 표현을 사용하여 판매한다.

⑤ '온라인 정기구독 연간 25\$'와 '온라인 및 오프라인 정기구독 연간 125\$' 사이에 '오프라인 정기구독 연간 125\$'의 항목을 넣어 판촉한다.

07 희경이의 회사는 본사에서 지점까지의 거리가 총 50km이다. 버스를 타고 60km/h의 속력으로 20km를 갔더니 지점에서의 미팅시간이 얼마 남지 않아서, 택시로 바꿔 타고 90km/h의 속력으로 갔더니 오후 3시에 도착할 수 있었다. 희경이가 본사에서 나온 시각은 언제인가?(단, 본사에서 나와 버스를 기다린 시간과 버스에서 택시로 바꿔 탄 시간은 생각하지 않는다)

① 오후 1시 40분   ② 오후 2시
③ 오후 2시 20분   ④ 오후 2시 40분
⑤ 오후 3시

08 다음 그림과 같이 한 대각선의 길이가 6으로 같은 마름모 2개가 겹쳐져 있다. 다른 대각선 길이가 각각 4, 9일 때 두 마름모의 넓이의 차는?

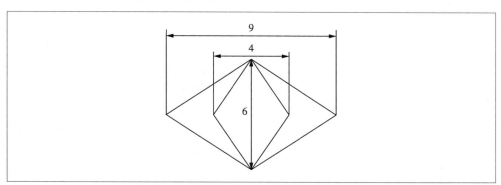

① 9   ② 12
③ 15   ④ 24
⑤ 30

09 한국인의 혈액형 중 O, A, B, AB형이 차지하는 비율이 $3:4:2:1$이라면 한국인 2명을 임의로 선택할 때, 혈액형이 다를 확률은?

① $\dfrac{1}{10}$ ② $\dfrac{3}{10}$

③ $\dfrac{1}{2}$ ④ $\dfrac{7}{10}$

⑤ $\dfrac{9}{10}$

3주 차

10 최대 70대의 항공기를 세워 둘 수 있는 어느 공항이 있다. 현재 30대가 세워져 있고 착륙하여 들어오는 항공기가 시간당 9대이고, 이륙하여 나가는 항공기가 시간당 3대일 때, 몇 시간이 지나야 더 이상 항공기를 세워 둘 수 없는가?

① 5시간 30분   ② 5시간 50분
③ 6시간 20분   ④ 6시간 30분
⑤ 6시간 40분

11 K매장은 모자를 전문으로 판매하는 곳으로, 이 매장에서 가장 잘 판매되는 모자는 F이다. F모자는 유아용과 성인용으로 구분되어 있고, 색상은 흰색과 파란색이 있다. 성인용 흰색 모자와 파란색 모자는 $1:2$의 비율로 매장에 구비되어 있고, 유아용 파란색 모자와 성인용 파란색 모자는 $3:2$의 비율로 매장에 구비되어 있다. 유아용 흰색 모자가 F모자 전체 개수의 40%일 때, 다음 중 가장 적은 값은?

① 유아용 흰색 + 유아용 파란색
② 유아용 흰색 + 성인용 흰색
③ 유아용 흰색 + 성인용 파란색
④ 유아용 파란색 + 성인용 흰색
⑤ 유아용 파란색 + 성인용 파란색

12 오늘 철도씨는 종합병원에 방문하여 A ~ C과 진료를 모두 받아야 한다. 〈조건〉이 다음과 같을 때, 가장 빠르게 진료를 받을 수 있는 경로는?(단, 주어진 조건 외에는 고려하지 않는다)

> **조건**
> - 모든 과의 진료와 예약은 오전 9시 시작이다.
> - 모든 과의 점심시간은 오후 12시 30분부터 1시 30분이다.
> - A과와 C과는 본관에 있고 B과는 별관동에 있다. 본관과 별관동 이동에는 셔틀로 약 30분이 소요되며, 점심시간에는 셔틀이 운행하지 않는다.
> - A과는 오전 10시부터 오후 3시까지만 진료를 한다.
> - B과는 점심시간 후에 사람이 몰려 약 1시간의 대기시간이 필요하다.
> - A과 진료는 단순 진료로 30분 정도 소요될 예정이다.
> - B과 진료는 치료가 필요하여 1시간 정도 소요될 예정이다.
> - C과 진료는 정밀 검사가 필요하여 2시간 정도 소요될 예정이다.

① A – B – C
② A – C – B
③ B – C – A
④ C – A – B
⑤ C – B – A

13 K회사는 세 상품 A ~ C에 대한 선호도 조사를 실시했다. 가장 좋아하는 상품부터 1 ~ 3순위를 부여했을 때, 조사 결과가 다음 〈조건〉과 같다면 C에 3순위를 부여한 사람은 몇 명인가?(단, 두 상품에 같은 순위를 표시할 수는 없다)

> **조건**
> - 조사에 응한 사람은 20명이다.
> - A를 B보다 선호한 사람은 11명이다.
> - B를 C보다 선호한 사람은 14명이다.
> - C를 A보다 선호한 사람은 6명이다.
> - C에 1순위를 부여한 사람은 없다.

① 4명
② 5명
③ 6명
④ 7명
⑤ 8명

14 갑 ~ 병 3명의 사람이 다트게임을 하고 있다. 다트 과녁은 색깔에 따라 점수를 부여한다. 다음 〈조건〉에 따라 나올 수 있는 게임 결과의 경우의 수는?

〈다트 과녁 점수〉

(단위 : 점)

구분	빨강	노랑	파랑	검정
점수	10	8	5	0

조건

- 모든 다트는 네 가지 색깔 중 한 가지를 맞힌다.
- 각자 다트를 5번씩 던진다.
- 을은 40점 이상을 획득하여 가장 높은 점수를 얻었다.
- 병의 점수는 5점 이상 10점 이하이고, 갑의 점수는 36점이다.
- 검정을 제외한 똑같은 색깔은 3번 이상 맞힌 적이 없다.

① 9가지　　　　　　　　　　② 8가지
③ 7가지　　　　　　　　　　④ 6가지
⑤ 5가지

15 환경부의 인사실무 담당자는 환경정책과 관련된 특별위원회를 구성하는 과정에서 외부 환경전문가를 위촉하려 한다. 현재 거론되고 있는 외부 환경전문가는 A ~ F 6명으로, 인사실무 담당자는 다음 〈조건〉에 따라 외부 환경전문가를 위촉해야 한다. 만약 B가 위촉되지 않는다면, 총 몇 명의 환경전문가가 위촉되는가?

조건

- 만약 A가 위촉되면, B와 C도 위촉되어야 한다.
- 만약 A가 위촉되지 않는다면, D가 위촉되어야 한다.
- 만약 B가 위촉되지 않는다면, C나 E가 위촉되어야 한다.
- 만약 C와 E가 위촉되면, D는 위촉되지 않는다.
- 만약 D나 E가 위촉되면, F도 위촉되어야 한다.

① 1명　　　　　　　　　　② 2명
③ 3명　　　　　　　　　　④ 4명
⑤ 5명

16 다음은 K공사의 사원 월급과 사원수에 대한 정보이다. 이를 참고하여 구한 K공사의 사원수와 사원 월급 총액이 바르게 짝지어진 것은?(단, 월급 총액은 K공사가 사원 모두에게 주는 한 달 월급의 합을 말한다)

〈정보〉

- 사원은 모두 동일한 월급을 받는다.
- 사원이 10명 더 늘어나면, 기존 월급보다 100만 원 적어지고, 월급 총액은 기존의 80%이다.
- 사원이 20명 줄어들면, 월급은 기존과 동일하고, 월급 총액은 기존의 60%가 된다.

	사원수	월급 총액
①	45명	1억 원
②	45명	1억 2천만 원
③	50명	1억 2천만 원
④	50명	1억 5천만 원
⑤	55명	1억 5천만 원

17 작년 한 해 업무평가 점수가 가장 높았던 A ~ D 네 명의 직원에게 성과급을 지급했다. 다음 〈조건〉에 따라 A직원부터 D직원까지 차례로 지급되었다고 할 때, 네 직원에게 지급된 성과급의 총액은?

조건

- A직원은 성과급 총액의 $\frac{1}{3}$보다 20만 원을 더 받았다.

- B직원은 A직원이 받고 남은 성과급의 $\frac{1}{2}$보다 10만 원을 더 받았다.

- C직원은 A, B직원이 받고 남은 성과급의 $\frac{1}{3}$보다 60만 원을 더 받았다.

- D직원은 A, B, C직원이 받고 남은 성과급의 $\frac{1}{2}$보다 70만 원을 더 받았다.

① 860만 원
② 900만 원
③ 940만 원
④ 960만 원
⑤ 1,020만 원

18 A도시락 전문점은 요일별 도시락 할인 이벤트를 진행하고 있다. K공사가 지난 한 주간 A도시락 전문점에서 구매한 내역이 다음과 같을 때, K공사의 지난주 도시락 구매비용은?

〈A도시락 요일별 할인 이벤트〉

요일	월		화		수		목		금	
할인 품목	치킨마요		동백		돈까스		새치고기		진달래	
구분	정가	할인가	정가	할인가	정가	할인가	정가	할인가	정가	할인가
가격(원)	3,400	2,900	5,000	3,900	3,900	3,000	6,000	4,500	7,000	5,500

요일	토		일				매일			
할인 품목	치킨제육		육개장		김치찌개		치킨(대)		치킨(중)	
구분	정가	할인가	정가	할인가	정가	할인가	정가	할인가	정가	할인가
가격(원)	4,300	3,400	4,500	3,700	4,300	3,500	10,000	7,900	5,000	3,900

※ 요일별 할인 품목이 아닌 품목들은 정가로 계산한다.

〈K공사의 A도시락 구매내역〉

요일	월	화	수	목	금	토	일
구매 내역	동백 3개, 치킨마요 10개	동백 10개, 김치찌개 3개	돈까스 8개, 치킨(중) 2개	새치고기 4개, 치킨(대) 2개	진달래 4개, 김치찌개 7개	돈까스 2개, 치킨제육 10개	육개장 10개, 새치고기 4개

① 316,400원 ② 326,800원
③ 352,400원 ④ 375,300원
⑤ 392,600원

의사소통능력 | 문단 나열

※ 다음 문단을 논리적 순서대로 바르게 나열한 것을 고르시오. [1~4]

01

> (가) 이러한 특징은 구엘 공원에 잘 나타나 있는데, 산의 원래 모양을 최대한 유지하기 위해 지면을 받치는 돌기둥을 만드는가 하면, 건축물에 식물을 심어 그 뿌리로 하여금 무너지지 않게 했다.
> (나) 스페인을 대표하는 천재 건축가 가우디가 만든 건축물의 대표적인 특징을 꼽자면, 먼저 곡선을 들 수 있다. 그의 여러 건축물 중 곡선미가 가장 잘 나타나는 것은 바로 1984년 유네스코 세계 문화유산으로 지정된 까사 밀라이다.
> (다) 또 다른 특징으로는 자연과의 조화로, 그는 건축 역시 사람들이 살아가는 공간이자 자연의 일부라고 생각하여 가능한 자연을 훼손하지 않고 건축하는 것을 원칙으로 삼았다.
> (라) 이 건축물의 겉 표면에는 일렁이는 파도를 연상시키는 곡선이 보이는데, 이는 당시 기존 건축 양식과는 거리가 매우 멀어 처음엔 조롱거리가 되었다. 하지만 훗날 비평가들은 그의 창의성을 인정하게 됐고 현대 건축의 출발점으로 지금까지 평가되고 있다.

① (가) – (나) – (라) – (다) ② (가) – (다) – (나) – (라)
③ (나) – (라) – (가) – (다) ④ (나) – (라) – (다) – (가)
⑤ (다) – (나) – (가) – (라)

02

(가) 베커는 "주말이나 저녁에는 회사들이 문을 닫기 때문에 활용할 수 있는 시간의 길이가 길어지고 이에 따라 특정 행동의 시간 비용이 줄어든다."라고도 지적한다. 시간의 비용이 가변적이라는 개념은 기대수명이 늘어나서 사람들에게 더 많은 시간이 주어지는 것이 시간의 비용에 영향을 미칠 수 있다는 점에서 의미가 있다.

(나) 베커와 린더는 사람들에게 주어진 시간을 고정된 양으로 전제했다. 1965년 당시의 기대수명은 약 70세였다. 하루 24시간 중 8시간을 수면에 쓰고 나머지 시간에 활동이 가능하다면, 평생 408,800시간의 활동가능 시간이 주어지는 셈이다. 하지만 이 방정식에서 변수 하나가 바뀌면 어떻게 될까? 기대수명이 크게 늘어난다면 시간의 가치 역시 달라져서, 늘 시간에 쫓기는 조급한 마음에도 영향을 주게 되지 않을까?

(다) 시간의 비용이 가변적이라고 생각한 이는 베커만이 아니었다. 스웨덴의 경제학자 스테판 린더는 서구인들이 엄청난 경제성장을 이루고도 여유를 누리지 못하는 이유를 논증한다. 경제가 성장하면 사람들의 시간을 쓰는 방식도 달라진다. 임금이 상승하면 직장 밖 활동에 들어가는 시간의 비용이 늘어난다. 일하는 데 쓸 수 있는 시간을 영화나 책을 보는 데 소비하면 그만큼의 임금을 포기하는 것이다. 따라서 임금이 늘어난 만큼 일 이외의 활동에 들어가는 시간의 비용도 함께 늘어난다는 것이다.

(라) 1965년 노벨 경제학상 수상자 게리 베커는 '시간의 비용'이 시간을 소비하는 방식에 따라 변화한다고 주장하였다. 예를 들어 수면이나 식사 활동은 영화 관람에 비해 단위 시간당 시간의 비용이 작다. 그 이유는 수면과 식사가 생산적인 활동에 기여하기 때문이다. 잠을 못 자거나 식사를 제대로 하지 못해 체력이 떨어진다면, 생산적인 활동에 제약을 받기 때문에 수면과 식사 활동에 들어가는 시간의 비용이 영화관람에 비해 작다고 할 수 있다.

① (가) – (다) – (나) – (라)

② (가) – (라) – (다) – (나)

③ (라) – (가) – (다) – (나)

④ (라) – (나) – (다) – (가)

⑤ (라) – (다) – (가) – (나)

03

(가) 매년 수백만 톤의 황산이 애팔래치아 산맥에서 오하이오 강으로 흘러들어 간다. 이 황산은 강을 붉게 물들이고 산성으로 변화시킨다. 이렇게 강이 붉게 물드는 것은 티오바실러스라는 세균으로 인해 생성된 침전물 때문이다. 철2가 이온(Fe^{2+})과 철3가 이온(Fe^{3+})의 용해도가 이러한 침전물의 생성에 중요한 역할을 한다.

(나) 애팔래치아 산맥의 석탄 광산에 있는 황철광에는 이황화철(FeS_2)이 함유되어 있다. 티오바실러스는 이 황철광에 포함된 이황화철(FeS_2)을 산화시켜 철2가 이온(Fe^{2+})과 강한 산인 황산을 만든다. 이 과정에서 티오바실러스는 일차적으로 에너지를 얻는다. 일단 만들어진 철2가 이온(Fe^{2+})은 티오바실러스에 의해 다시 철3가 이온(Fe^{3+})으로 산화되는데, 이 과정에서 또 다시 티오바실러스는 에너지를 이차적으로 얻는다.

(다) 이황화철(FeS_2)의 산화는 다음과 같이 가속된다. 티오바실러스에 의해 생성된 황산은 황철광을 녹이게 된다. 황철광이 녹으면 황철광 안에 들어 있던 이황화철(FeS_2)은 티오바실러스와 공기 중의 산소에 더 노출되어 화학반응이 폭발적으로 증가하게 된다. 티오바실러스의 생장과 번식에는 이와 같이 에너지의 원료가 되는 이황화철(FeS_2)과 산소 그리고 세포 구성에 필요한 무기질이 꼭 필요하다. 이러한 환경조건이 자연적으로 완비된 광산 지역에서는 일반적인 방법으로 티오바실러스의 생장을 억제하기가 힘들다. 이황화철(FeS_2)과 무기질이 다량으로 광산에 있으므로 이 경우 오하이오 강의 오염을 막기 위한 방법은 광산을 밀폐시켜 산소의 공급을 차단하는 것뿐이다.

(라) 철2가 이온(Fe^{2+})은 강한 산(pH 3.0 이하)에서 물에 녹은 상태를 유지한다. 그러한 철2가 이온(Fe^{2+})은 자연 상태에서 pH 4.0 ~ 5.0 사이가 되어야 철3가 이온(Fe^{3+})으로 산화된다. 놀랍게도 티오바실러스는 강한 산에서 잘 자라고, 강한 산에 있는 철2가 이온(Fe^{2+})을 적극적으로 산화시켜 철3가 이온(Fe^{3+})을 만든다. 그리고 물에 녹지 않는 철3가 이온(Fe^{3+})은 다른 무기 이온과 결합하여 붉은 침전물을 만든다. 환경에 영향을 미칠 정도로 다량의 붉은 침전물을 만들기 위해서는 엄청난 양의 철2가 이온(Fe^{2+})과 강한 산이 있어야 한다. 이것들은 어떻게 만들어지는 것일까?

① (가) – (나) – (라) – (다)　　　　② (가) – (라) – (나) – (다)
③ (라) – (가) – (다) – (나)　　　　④ (라) – (나) – (가) – (다)
⑤ (라) – (나) – (다) – (가)

04

(가) '빅뱅 이전에 아무 일도 없었다.'는 말을 달리 해석하는 방법도 있다. 그것은 바로 빅뱅 이전에는 시간도 없었다고 해석하는 것이다. 그 경우 '빅뱅 이전'이라는 개념 자체가 성립하지 않으므로 그 이전에 아무 일도 없었던 것은 당연하다. 그렇게 해석한다면 빅뱅이 일어난 이유도 설명할 수 있게 된다. 즉 빅뱅은 '0년'을 나타내는 것이다. 시간의 시작은 빅뱅의 시작으로 정의되기 때문에 우주가 그 이전이든 이후이든 왜 탄생했느냐고 묻는 것은 이치에 닿지 않는다.

(나) 단지 지금 설명할 수 없다는 뜻이 아니라 설명 자체가 있을 수 없다는 뜻이다. 어떻게 설명이 가능하겠는가? 수도관이 터진 이유는 그전에 닥쳐온 추위로 설명할 수 있다. 공룡이 멸종한 이유는 그 전에 지구와 운석이 충돌했을 가능성으로 설명하면 된다. 바꿔 말해서, 우리는 한 사건을 설명하기 위해 그 사건 이전에 일어났던 사건에서 원인을 찾는다. 그러나 빅뱅의 경우에는 그 이전에 아무것도 없었으므로 어떠한 설명도 찾을 수 없는 것이다.

(다) 그런데 이런 식으로 사고하려면, 아무 일도 일어나지 않고 시간만 존재하는 것을 상상할 수 있어야 한다. 그것은 곧 시간을 일종의 그릇처럼 상상하고 그 그릇 안에 담긴 것과 무관하게 여긴다는 뜻이다. 시간을 이렇게 본다면 변화는 일어날 수 없다. 여기서 변화는 시간의 경과가 아니라 사물의 변화를 가리킨다. 이런 전제하에서 우리가 마주하는 문제는 이것이다. 어떤 변화가 생겨나기도 전에 영겁의 시간이 있었다면, 왜 우주가 탄생하게 되었는지를 설명할 수 없다.

(라) 우주론자들에 따르면 우주는 빅뱅으로부터 시작되었다고 한다. 빅뱅이란 엄청난 에너지를 가진 아주 작은 우주가 폭발하듯 갑자기 생겨난 사건을 말한다. 그게 사실이라면 빅뱅 이전에는 무엇이 있었느냐는 질문이 나오는 게 당연하다. 아마 아무것도 없었을 것이다. 그렇다면 빅뱅 이전에 아무것도 없었다는 말은 무슨 뜻일까? 영겁의 시간 동안 단지 진공이었다는 뜻이다. 움직이는 것도, 변화하는 것도 없었다는 것이다.

① (가) – (나) – (다) – (라) 　　　② (가) – (다) – (나) – (라)

③ (가) – (라) – (나) – (다) 　　　④ (라) – (가) – (나) – (다)

⑤ (라) – (다) – (나) – (가)

05 다음 글의 논리 전개 방식과 같은 방식으로 〈보기〉를 순서대로 바르게 나열한 것은?

낙수효과는 대기업·재벌·고소득층 등 선도 부문의 성과가 늘어나면, 연관 산업을 통해 후발 또는 낙후 부문에 유입되는 효과를 의미한다. 마치 컵을 층층이 피라미드처럼 쌓아 놓고 맨 위의 컵에 물을 붓는다면, 물이 컵을 가득 채운 후에는 자연스럽게 아래로 흘러내려가는 것처럼 경제 흐름 또한 마찬가지라는 이론이다.

낙수효과 이론은 선(先) 성장, 후(後) 분배를 주장하는 성장론자들의 금과옥조처럼 여겨져 왔다. 그러나 최근 OECD는 회원국들의 지니계수를 분석한 결과 소득불평등이 오히려 경제 성장을 방해한다는 결론을 내렸다. 낙수효과를 신봉하며 선 성장 기조를 내걸었던 영국과 미국은 조사기간 동안 각각 50%와 45%의 성장을 이룰 수 있었으나, 실제로는 양극화 때문에 41%와 38% 성장하는 데 그쳤다.

OECD의 조사 결과는 낙수효과의 허상을 드러낸 것으로 평가해야 한다. 조사 결과에서 알 수 있듯이, 소득불평등을 외면한 무조건적인 성장은 오히려 비효율성을 낳을 뿐이다. 우리나라의 경제 구조 역시 양극화 현상이 뚜렷이 나타나고 있지만, 정부는 성장만을 외치고 있다. 하루빨리 낙수효과의 허상에서 벗어나 진정한 경제 성장의 길을 도모할 때이다.

보기

(가) 한슬리크는 음악에서 대사의 도입이 자유로운 해석의 가능성을 차단한다고 생각했다.

(나) 이는 〈합창〉이 4악장까지 순수 기악곡으로 편성되었음에도 불구하고, 마지막 악장에서 갑자기 대사를 도입했기 때문이다.

(다) 따라서 한슬리크는 음악의 본질과 아름다움이란 음악적 형식과 음 자체에 있으며, 음악의 표제나 가사 같은 직접적인 표현은 음악의 예술성을 떨어뜨린다고 주장했다.

(라) 음악비평가 한슬리크는 베토벤의 교향곡 〈합창〉이 '다 완성한 대리석 조각에 머리만 색을 칠했다.'며 비판했다.

(마) 음악의 제목이나 대사를 듣는다면, 우리의 해석은 자연스럽게 이를 중심으로 나아갈 것이기 때문이다.

① (가) – (나) – (마) – (다) – (라)
② (가) – (마) – (다) – (나) – (라)
③ (가) – (마) – (라) – (다) – (나)
④ (라) – (나) – (가) – (다) – (마)
⑤ (라) – (나) – (가) – (마) – (다)

06 다음 문단에 이어질 문단을 논리적 순서대로 바르게 나열한 것은?

> 오늘날과 달리 과거에는 마을에서 일어난 일들을 '원님'이 조사하고 그에 따라서 자의적으로 판단하여 형벌을 내렸다. 현대에서 법에 의하지 않고 재판행위자의 입장에서 이루어진다고 생각되는 재판을 비판하는 '원님재판'이라는 용어의 원류이다.

> (가) 죄형법정주의는 앞서 말한 '원님재판'을 법적으로 일컫는 죄형전단주의와 대립되는데, 범죄와 형벌을 미리 규정하여야 한다는 것으로서, 서구에서 권력자의 가혹하고 자의적인 법 해석에 따른 반발로 등장한 것이다.
>
> (나) 앞서 살펴본 죄형법정주의가 정립되면서 파생원칙 또한 등장하였는데, 관습형법금지의 원칙, 명확성의 원칙, 유추해석금지의 원칙, 소급효금지의 원칙, 적정성의 원칙 등이 있다. 이러한 파생원칙들은 모두 죄와 형벌은 미리 설정된 법에 근거하여 정확하게 내려져야 한다는 죄형법정주의의 원칙과 연관하여 쉽게 이해될 수 있다.
>
> (다) 그러나 현대에서 '원님재판'은 이루어질 수 없다. 형사법의 영역에 논의를 한정하여 보자면, 형사법을 전반적으로 지배하고 있는 대원칙은 형법 제1조에 규정되어있는 소위 '죄형법정주의'이다.
>
> (라) 그 반발은 프랑스 혁명의 결과물인 '인간 및 시민의 권리선언' 제8조에서 '누구든지 범죄 이전에 제정·공포되고 또한 적법하게 적용된 법률에 의하지 아니하고는 처벌되지 아니한다.'라고 하여 실질화되었다.

① (가) – (다) – (나) – (라) 　② (가) – (다) – (라) – (나)
③ (다) – (가) – (나) – (라) 　④ (다) – (가) – (라) – (나)
⑤ (다) – (라) – (가) – (나)

07 다음은 과일의 종류별 무게에 따른 가격표이다. 이를 토대로 종류별 무게를 가중치로 적용하여 가격에 대한 가중평균을 구하면 42만 원이다. 이때, 빈칸 ㉠에 들어갈 수치로 옳은 것은?

〈과일 종류별 가격 및 무게〉

(단위 : 만 원, kg)

구분	(가)	(나)	(다)	(라)
가격	25	40	60	㉠
무게	40	15	25	20

① 40

② 45

③ 50

④ 55

⑤ 60

08 다음은 2023년 우리나라의 LPCD(Liter Per Capital Day)에 대한 자료이다. 1인 1일 사용량에서 영업용 사용량이 차지하는 비중과 1인 1일 가정용 사용량의 하위 두 항목이 차지하는 비중을 순서 대로 바르게 나열한 것은?(단, 소수점 셋째 자리에서 반올림한다)

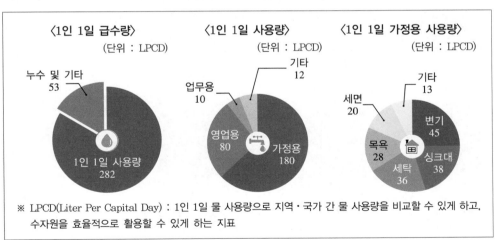

※ LPCD(Liter Per Capital Day) : 1인 1일 물 사용량으로 지역·국가 간 물 사용량을 비교할 수 있게 하고, 수자원을 효율적으로 활용할 수 있게 하는 지표

① 27.57%, 16.25%

② 27.57%, 19.24%

③ 28.37%, 18.33%

④ 28.37%, 19.24%

⑤ 30.56%, 20.78%

09 다음은 국내총생산 상위 20위에 해당하는 국가들의 2021년부터 3년간 국내 총생산에 대한 추이를 보여주는 자료이다. 2022년 대비 2023년의 독일의 국내총생산의 증가율은?(단, 소수점 셋째 자리에서 반올림한다)

〈주요 20개국의 국내총생산〉

(단위 : 10억 USD)

구분	2021년	2022년	2023년
미국	17,348.1	17,947.0	18,569.1
중국	10,351.1	10,866.4	11,199.1
일본	4,596.2	4,123.3	4,939.0
독일	3,868.3	3,355.8	3,466.0
영국	2,990.2	2,848.8	2,618.8
프랑스	2,829.2	2,421.7	2,462.1
인도	2,042.4	2,073.5	2,263.5
이태리	2,138.5	1,814.8	1,849.7
브라질	2,417.0	1,774.7	1,796.1
캐나다	1,783.8	1,550.5	1,529.8
대한민국	1,411.0	1,377.5	1,411.2
러시아	2,031.0	1,326.0	1,283.1
스페인	1,381.3	1,199.1	1,232.1
호주	1,454.7	1,339.5	1,204.6
멕시코	1,297.8	1,144.3	1,045.9
인도네시아	890.5	861.9	932.2
터키	798.8	718.2	857.7
네덜란드	879.3	752.5	770.8
스위스	701.0	664.7	659.8
사우디	753.8	646.0	646.4

① 1.92%
② 2.04%
③ 2.57%
④ 2.96%
⑤ 3.28%

10 다음은 권장 소비자 가격과 판매 가격 차이를 조사한 자료이다. 〈조건〉을 적용했을 때, 할인가 판매 시 괴리율이 가장 높은 품목은?(단, 괴리율은 소수점 둘째 자리에서 버림한다)

〈권장 소비자 가격 및 판매 가격 정보〉

(단위 : 원, %)

상품	판매 가격		권장 소비자 가격과의 괴리율	
	정상가	할인가	권장 소비자 가격	정상가 판매 시 괴리율
세탁기	600,000	580,000	640,000	6.2
무선전화기	175,000	170,000	181,000	3.3
오디오세트	470,000	448,000	493,000	4.6
골프채	750,000	720,000	786,000	4.5
운동복	195,000	180,000	212,500	8.2

조건

• [권장 소비자 가격과의 괴리율(%)]$= \dfrac{(권장\ 소비자\ 가격)-(판매\ 가격)}{(권장\ 소비자\ 가격)} \times 100$

• 정상가 : 할인 판매를 하지 않는 상품의 판매 가격

• 할인가 : 할인 판매를 하는 상품의 판매 가격

① 세탁기   ② 무선전화기
③ 오디오세트   ④ 골프채
⑤ 운동복

11 다음은 유배우 가구 중 연도별 맞벌이 가구의 비율을 나타낸 자료이다. 이를 토대로 ⓐ+ⓑ와 ⓒ+ⓓ를 구하면?(단, 맞벌이 가구는 소수점 첫째 자리에서 반올림하고, 비율은 소수점 둘째 자리에서 반올림한다)

〈맞벌이 가구 비율〉

(단위 : 천 가구, %)

구분	2021년			2022년			2023년		
	유배우 가구	맞벌이 가구	비율	유배우 가구	맞벌이 가구	비율	유배우 가구	맞벌이 가구	비율
전체	11,780	5,054	42.9	11,825	5,186	43.9	11,858	5,206	43.9
남자	10,549	ⓐ	43.3	10,538	4,611	ⓒ	10,528	4,623	43.9
여자	1,231	ⓑ	39.5	1,287	575	44.7	1,330	583	ⓓ

- 유배우 가구 : 가구주의 배우자가 있는 가구
- 맞벌이 가구 : 유배우 가구 중 동거 여부와 상관없이 가구주와 배우자가 모두 취업자인 가구
- $[비율(\%)]=\dfrac{(맞벌이\ 가구)}{(유배우\ 가구)}\times100$

	ⓐ+ⓑ	ⓒ+ⓓ
①	5,054	87.6
②	5,186	87.6
③	5,054	87.8
④	5,054	87.7
⑤	5,186	87.9

12 K은행에 근무 중인 A사원은 국내 금융 시장에 대한 보고서를 작성하면서 K은행에 대한 SWOT 분석을 진행하였다. 다음 중 위협 요인에 들어갈 내용으로 옳지 않은 것은?

〈K은행 SWOT 분석 결과〉

강점(Strength)	약점(Weakness)
• 지속적 혁신에 대한 경영자의 긍정적 마인드 • 고객만족도 1위의 높은 고객 충성도 • 다양한 투자 상품 개발	• 해외 투자 경험 부족으로 취약한 글로벌 경쟁력 • 소매 금융에 비해 부족한 기업 금융
기회(Opportunity)	위협(Threat)
• 국내 유동자금의 증가 • 해외 금융시장 진출 확대 • 정부의 규제 완화 정책	

① 정부의 정책 노선 혼란 등으로 인한 시장의 불확실성 증가

② 경기 침체 장기화

③ 부족한 리스크 관리 능력

④ 금융업의 경계 파괴에 따른 경쟁 심화

⑤ 글로벌 금융사의 국내 시장 진출

13 다음 중 SWOT 분석에 대한 설명으로 적절하지 않은 것은?

강점, 약점, 기회, 위협 요인을 분석·평가하고 이들을 서로 연관 지어 전략을 개발하고 문제해결 방안을 개발하는 방법이다.

	강점 (Strengths)	약점 (Weaknesses)
기회 (Opportunities)	SO	WO
위협 (Threats)	ST	WT

① 강점과 약점은 외부환경 요인에 해당하며, 기회와 위협은 내부환경 요인에 해당한다.

② SO전략은 강점을 살려 기회를 포착하는 전략을 의미한다.

③ ST전략은 강점을 살려 위협을 회피하는 전략을 의미한다.

④ WO전략은 약점을 보완하여 기회를 포착하는 전략을 의미한다.

⑤ WT전략은 약점을 보완하여 위협을 회피하는 전략을 의미한다.

14 다음은 K공사가 추진 중인 그린수소 사업 관련 보도 자료와 K공사에 대한 SWOT 분석 결과이다. SWOT 분석 결과를 참고할 때, 그린수소 사업에 해당하는 전략은 무엇인가?

K공사는 전라남도, 나주시와 '그린수소 사업 협력 MOU'를 체결하였다. 지난 5월 정부는 탄소 배출 없는 그린수소 생산을 위해 K공사를 사업자로 선정하였고, 재생에너지 잉여전력을 활용한 수전해 (P2G) 기술을 통해 그린수소를 만들어 저장하는 사업을 정부 과제로 선정하여 추진하기로 하였다. 그린(Green)수소란 이산화탄소 배출을 수반하지 않는 수소로, 주로 수전해(P2G) 기술을 통해 생산 된다. 현재 국내에서 생산되는 수소는 그레이(Gray)수소로, 추출·생산하는 과정에서 질소산화물, 이산화탄소 등을 배출한다.

수전해(P2G) 기술은 재생에너지 잉여전력을 활용하여 물의 전기분해를 통해 수소(H_2)를 생산 및 저장하거나, 생산된 수소와 이산화탄소(CO_2)를 결합하여 천연가스의 주성분인 메탄(CH_4)으로 전환함으로써 수송, 발전 및 도시가스 연료로 활용하는 전력 가스화(P2G, Power To Gas) 기술을 말한다.

그린수소 사업은 정부의 '재생에너지 3020 계획'에 따라 계속 증가하는 재생에너지를 활용해 수소를 생산함으로써 재생에너지 잉여전력 문제를 해결할 것으로 예상된다.

MOU 체결식에서 K공사 사장은 "K공사는 전라남도, 나주시와 지속적으로 협력하여 정부 에너지전환 정책에 부응하고, 사업에 필요한 기술개발을 위해 더욱 노력할 것이다."라고 밝혔다.

〈SWOT 분석 결과〉

장점(Strength)	약점(Weakness)
• 적극적인 기술개발 의지 • 차별화된 환경기술 보유	• 해외시장 진출에 대한 두려움 • 경험 많은 기술 인력의 부족
기회(Opportunity)	위협(Threat)
• 발전설비를 동반한 환경설비 수출 유리 • 세계 전력 시장의 지속적 성장	• 재생에너지의 잉여전력 증가 • 친환경 기술 경쟁 심화

① SO전략

② ST전략

③ WO전략

④ WT전략

⑤ OT전략

15 다음은 국내의 한 화장품 제조 회사에 대한 SWOT 분석 자료이다. 〈보기〉 중 분석에 따른 대응 전략으로 옳은 것을 모두 고르면?

〈화장품 제조 회사 SWOT 분석 결과〉

강점(Strength)	약점(Weakness)
• 신속한 제품 개발 시스템 • 차별화된 제조 기술 보유	• 신규 생산 설비 투자 미흡 • 낮은 브랜드 인지도
기회(Opportunity)	위협(Threat)
• 해외시장에서의 한국 제품 선호 증가 • 새로운 해외시장의 출현	• 해외 저가 제품의 공격적 마케팅 • 저임금의 개발도상국과 경쟁 심화

보기

ㄱ. 새로운 해외시장의 소비자 기호를 반영한 제품을 개발하여 출시한다.
ㄴ. 국내에 화장품 생산 공장을 추가로 건설하여 제품 생산량을 획기적으로 증가시킨다.
ㄷ. 차별화된 제조 기술을 통해 품질 향상과 고급화 전략을 추구한다.
ㄹ. 해외 현지 기업과의 인수 · 합병을 통해 해당 회사의 브랜드로 제품을 출시한다.

① ㄱ, ㄴ
② ㄱ, ㄷ
③ ㄴ, ㄷ
④ ㄴ, ㄹ
⑤ ㄷ, ㄹ

16 K회사 마케팅 팀장은 팀원 50명에게 연말 선물을 하기 위해 물품을 구매하려고 한다. 아래는 업체별 품목 가격과 팀원들의 품목 선호도를 나타낸 자료이다. 다음 〈조건〉에 따라 팀장이 구매하는 물품과 업체를 순서대로 바르게 나열한 것은?

〈업체별 품목 가격〉

구분		한 벌당 가격(원)
A업체	티셔츠	6,000
	카라 티셔츠	8,000
B업체	티셔츠	7,000
	후드 집업	10,000
	맨투맨	9,000

〈팀원 품목 선호도〉

순위	품목
1	카라 티셔츠
2	티셔츠
3	후드 집업
4	맨투맨

조건

• 팀원의 선호도를 우선으로 품목을 선택한다.
• 총구매금액이 30만 원 이상이면 총금액에서 5%를 할인해 준다.
• 차순위 품목이 1순위 품목보다 총금액이 20% 이상 저렴하면 차순위를 선택한다.

① 티셔츠, A업체　　　　　　② 카라 티셔츠, A업체
③ 티셔츠, B업체　　　　　　④ 후드 집업, B업체
⑤ 맨투맨, B업체

17 K사에 근무하는 L주임은 입사할 신입사원에게 지급할 볼펜과 스케줄러를 구매하기 위해 A ~ C 세 도매업체의 판매정보를 다음과 같이 정리하였다. 입사 예정인 신입사원은 총 600명이고, 신입사원 1명당 볼펜과 스케줄러를 각각 1개씩 증정한다고 할 때, 가장 저렴하게 구매할 수 있는 업체와 구매가격을 바르게 나열한 것은?

<세 업체의 상품가격표>

업체명	품목	수량(1SET당)	가격(1SET당)
A도매업체	볼펜	150개	13만 원
	스케줄러	100권	25만 원
B도매업체	볼펜	200개	17만 원
	스케줄러	600권	135만 원
C도매업체	볼펜	100개	8만 원
	스케줄러	300권	65만 원

<세 업체의 특가상품 정보>

업체명	볼펜의 특가상품 구성	특가상품 구매 조건
A도매업체	300개 25.5만 원 or 350개 29만 원	스케줄러 150만 원 이상 구입
B도매업체	600개 48만 원 or 650개 50만 원	스케줄러 100만 원 이상 구입
C도매업체	300개 23.5만 원 or 350개 27만 원	스케줄러 120만 원 이상 구입

※ 특가상품 구매 조건을 만족했을 때 볼펜을 특가로 구매할 수 있다.
※ 각 물품은 묶음 단위로 구매가 가능하며, 개당 구매는 불가능하다.
※ 업체별 특가상품은 둘 중 한 가지만 선택해 1회 구입 가능하다.

	도매업체	구매가격
①	A업체	183만 원
②	B업체	177.5만 원
③	B업체	183만 원
④	C업체	177.5만 원
⑤	C업체	183만 원

18. 식료품 소매업을 하고 있는 A ~ C슈퍼가 있다. 도매점별 가격과 주문량을 참고하여 콜라를 주문하려고 할 때, 어느 도매점에서 주문을 하는 것이 각 슈퍼에 유리한가?

〈도매점별 가격〉

구분	회원가입비용	콜라
회원제 도매점	50,000원	1,100원/병
일반 도매점	–	1,500원/병

〈주문량〉

구분	A슈퍼	B슈퍼	C슈퍼
주문량	100병	120병	150병

	A슈퍼	B슈퍼	C슈퍼
①	일반 도매점	회원제 도매점	회원제 도매점
②	일반 도매점	일반 도매점	회원제 도매점
③	일반 도매점	일반 도매점	일반 도매점
④	회원제 도매점	회원제 도매점	회원제 도매점
⑤	회원제 도매점	회원제 도매점	일반 도매점

의사소통능력 | 주제·제목

01 다음 글의 제목으로 가장 적절한 것은?

> 감시용으로만 사용되는 CCTV가 최근에 개발된 신기술과 융합되면서 그 용도가 점차 확대되고 있다. 대표적인 것이 인공지능(AI)과의 융합이다. CCTV가 지능을 가지게 되면 단순 행동 감지에서 벗어나 객체를 추적해 행위를 판단할 수 있게 된다. 단순히 사람의 눈을 대신하던 CCTV가 사람의 두뇌를 대신하는 형태로 진화하고 있는 셈이다.
>
> 인공지능을 장착한 CCTV는 범죄현장에서 이상 행동을 하는 사람을 선별하고, 범인을 추적하거나 도주 방향을 예측해 통합관제센터로 통보할 수 있다. 또 수상한 사람의 행동 패턴에 따라 지속적인 추적이나 감시를 수행하고, 차량번호 및 사람 얼굴 등을 인식해 관련 정보를 분석해 제공할 수 있다. 한국전자통신연구원(ETRI)에서는 CCTV 등의 영상 데이터를 활용해 특정 인물이 어떤 행동을 할지를 사전에 예측하는 영상분석 기술을 연구 중인 것으로 알려져 있다. 인공지능 CCTV는 범인 추적뿐만 아니라 자연재해를 예측하는 데 사용할 수도 있다. 장마철이나 국지성 집중호우 때 홍수로 범람하는 하천의 수위를 감지하는 것은 물론 산이나 도로 등의 붕괴 예측 등 다양한 분야에 적용될 수 있기 때문이다.

① AI와 융합한 CCTV의 진화
② 범죄를 예측하는 CCTV
③ 당신을 관찰한다, CCTV의 폐해
④ CCTV와 AI의 현재와 미래
⑤ 인공지능과 사람의 공존

최근에 사이버 공동체를 중심으로 한 시민의 자발적 정치 참여 현상이 많은 관심을 끌고 있다. 이러한 현상과 관련하여 A의 연구가 새삼 주목 받고 있다. A의 연구에 따르면 공동체의 구성원이 됨으로써 얻게 되는 '사회적 자본'이 시민사회의 성숙과 민주주의 발전을 가져오는 원동력이다. A의 이론에서는 공동체에 대한 자발적 참여를 통해 사회 구성원 간의 상호 의무감과 신뢰, 구성원들이 공유하는 규칙과 관행, 사회적 유대 관계와 같은 사회적 자본이 늘어나면, 사회 구성원 간의 협조적인 행위가 가능하게 된다고 보았다. 더 나아가 A는 자원봉사자와 같이 공동체 참여도가 높은 사람이 투표할 가능성이 높고 정부 정책에 대한 의견 개진도 활발해지는 등 정치 참여도가 높아진다고 주장하였다.

몇몇 학자들은 A의 이론을 적용하여 면대면 접촉에 따른 인간관계의 산물인 사회적 자본이 사이버 공동체에서도 충분히 형성될 수 있다고 보았다. 그리고 사이버 공동체에서 사회적 자본의 증가는 곧 정치 참여도 활성화시킬 것으로 기대되었다. 하지만 이러한 기대와는 달리 정치 참여가 활성화되지 않았다. 요즘 젊은이들을 보면 각종 사이버 공동체에 자발적으로 참여하는 수준은 높지만 투표나 다른 정치 활동에는 무관심하거나 심지어 정치를 혐오하기도 한다. 이런 측면에서 A의 주장은 사이버 공동체가 활성화된 오늘날에는 잘 맞지 않는다.

이러한 이유 때문에 오늘날 사이버 공동체를 중심으로 한 정치 참여를 더 잘 이해하기 위해서 '정치적 자본' 개념의 도입이 필요하다. 정치적 자본은 사회적 자본의 구성 요소와는 달리 정치 정보의 습득과 이용, 정치적 토론과 대화, 정치적 효능감 등으로 구성된다. 정치적 자본은 사회적 자본과 마찬가지로 공동체 참여를 통해서 획득되지만, 정치 과정에의 관여를 촉진한다는 점에서 사회적 자본과는 구분될 필요가 있다. 사회적 자본만으로는 정치 참여를 기대하기가 어렵고, 사회적 자본과 정치 참여 사이를 정치적 자본이 매개할 때 비로소 정치 참여가 활성화된다.

① 사이버 공동체를 통해 축적된 사회적 자본에 정치적 자본이 더해질 때 정치 참여가 활성화된다.
② 사회적 자본은 정치적 자본을 포함하기 때문에 그 자체로 정치 참여의 활성화를 가져온다.
③ 사회적 자본이 많은 사회는 정치 참여가 활발하기 때문에 민주주의가 실현된다.
④ 사이버 공동체의 특수성으로 인해 시민들의 정치 참여가 어렵게 되었다.
⑤ 사이버 공동체에의 자발적 참여 증가는 정치 참여를 활성화시킨다.

20세기 한국 사회는 내부 노동시장에 의존한 평생직장 개념을 갖고 있었으나, 1997년 외환위기 이후 인력 관리의 유연성이 향상하면서 그것은 사라지기 시작하였다. 기업은 필요한 우수 인력을 외부 노동시장에서 적기에 채용하고, 저숙련 인력은 주변화하여 비정규직을 계속 늘려간다는 전략을 구사하고 있다. 이러한 기업의 인력 관리 방식에 따라서 실업률은 계속 하락하는 동시에 주당 18시간 미만으로 일하는 불완전 취업자가 많이 증가하고 있다.

이러한 현상은 우리나라의 경제가 지식 기반 산업 위주로 점차 바뀌고 있음을 말해 준다. 지식 기반 산업이 주도하는 경제 체제에서는 고급 지식을 갖거나 숙련된 노동자는 더욱 높은 임금을 받게 된다. 다시 말해, 지식 기반 경제로의 이행은 지식 격차에 의한 소득 불평등의 심화를 의미한다. 우수한 기술과 능력을 갖춘 핵심 인력은 능력 개발 기회를 얻게 되어 '고급 기술 → 높은 임금 → 양질의 능력 개발 기회'의 선순환 구조를 갖지만, 비정규직·장기 실업자 등 주변 인력은 악순환을 겪을 수밖에 없다. 이러한 '양극화' 현상을 국가가 적절히 통제하지 못할 경우, 사회 계급 간의 간극은 더욱 확대될 것이다. 결국 고도 기술 사회가 온다고 해도 자본주의 사회 체제가 지속되는 한, 사회 불평등 현상은 여전히 계급 간 균열선을 따라 존재하게 될 것이다. 국가가 포괄적 범위에서 강력하게 사회 정책적 개입을 추진하면 계급 간 차이를 현재보다는 축소시킬 수 있겠지만 아주 없어지는 못할 것이다.

사회 불평등 현상은 나라들 사이에서도 발견된다. 각국 간 발전 격차가 지속 확대되면서 전 지구적 생산의 재배치는 이미 20세기 중엽부터 진행됐다. 정보통신 기술은 지구의 자전 주기와 공간적 거리를 '장애물'에서 '이점'으로 변모시켰다. 그 결과, 전 지구적 노동시장이 탄생하였다. 기업을 비롯한 각 사회 조직은 국경을 넘어 인력을 충원하고, 재화와 용역을 구매하고 있다. 개인들도 인터넷을 통해 이러한 흐름에 동참하고 있다. 생산 기능은 저개발국으로 이전되고, 연구·개발·마케팅 기능은 선진국으로 모여드는 경향이 지속·강화되어, 나라 간 정보 격차가 확대되고 있다. 유비쿼터스 컴퓨팅 기술에 의거하여 전 지구 사회를 잇는 지역 간 분업은 앞으로 더욱 활발해질 것이다. 나라 간의 경제적 불평등 현상은 국제 자본 이동과 국제 노동 이동으로 표출되고 있다. 노동 집약적 부문의 국내 기업이 해외로 생산 기지를 옮기는 현상에서 나아가, 초국적 기업화현상이 본격적으로 대두되고 있다. 전 지구에 걸친 외부 용역 대치가 이루어지고, 콜센터를 외국으로 옮기는 현상도 보편화될 것이다.

① 국가 간 노동 인력의 이동이 가져오는 폐해
② 사회 계급 간 불평등 심화 현상의 해소 방안
③ 지식 기반 산업 사회에서의 노동시장의 변화
④ 선진국과 저개발국 간의 격차 축소 정책의 필요성
⑤ 저개발국에서 나타나는 사회 불평등 현상

04 다음 기사의 제목으로 적절하지 않은 것은?

> 대·중소기업 간 동반성장을 위한 '상생'이 산업계의 화두로 조명 받고 있다. 4차 산업혁명 시대 도래 등 글로벌 시장에서의 경쟁이 날로 치열해지는 상황에서 대기업과 중소기업이 힘을 합쳐야 살아남을 수 있다는 위기감이 상생의 중요성을 부각하고 있다고 분석된다. 재계 관계자는 "그동안 반도체, 자동차 등 제조업에서 세계적인 경쟁력을 갖출 수 있었던 배경에는 대기업과 협력업체 간 상생의 역할이 컸다."며, "고속 성장기를 지나 지속 가능한 구조로 한 단계 더 도약하기 위해 상생경영이 중요하다."라고 강조했다.
>
> 기업들은 협력사의 경쟁력 향상이 곧 기업의 성장으로 이어질 것으로 보고 2·3차 중소 협력업체들과의 상생경영에 힘쓰고 있다. 단순히 갑을 관계에서 대기업을 서포트 해야 하는 존재가 아니라 상호 발전을 위한 동반자라는 인식이 자리 잡고 있다는 분석이다. 이에 따라 협력사들에 대한 지원도 거래대금 현금 지급 등 1차원적인 지원 방식에서 벗어나 경영 노하우 전수, 기술 이전 등을 통한 '상생 생태계' 구축에 도움을 주는 방향으로 초점이 맞춰지는 추세다.
>
> 특히 최근에는 상생 협력이 대기업이 중소기업에 주는 일시적인 시혜 차원의 문제가 아니라 경쟁에서 살아남기 위한 생존 문제와 직결된다는 인식이 강하다. 협약을 통해 협력업체를 지원해 준 대기업이 업체의 기술력 향상으로 더 큰 이득으로 보상받고 이를 통해 우리 산업의 경쟁력이 강화된다는 것이다.
>
> 경제 전문가는 "대·중소기업 간의 상생 협력이 강제 수단이 아니라 문화적으로 자리 잡아야 할 시기"라며 "대기업, 특히 오너 중심의 대기업들도 단기적인 수익이 아닌 장기적인 시각에서 질적 평가를 통해 협력업체의 경쟁력을 키울 방안을 고민해야 한다."라고 강조했다.
>
> 이와 관련해 국내 주요 기업들은 대기업보다 연구개발(R&D) 인력과 관련 노하우가 부족한 협력사들을 위해 각종 노하우를 전수하는 프로그램을 운영 중이다. S전자는 협력사들에 기술 노하우를 전수하기 위해 경영관리 제조 개발 품질 등 해당 전문 분야에서 20년 이상 노하우를 가진 S전자 임원과 부장급 100여 명으로 '상생컨설팅팀'을 구성했다. 지난해부터는 해외에 진출한 국내 협력사에도 노하우를 전수하고 있다.

① 지속 가능한 구조를 위한 상생 협력의 중요성
② 상생경영, 함께 가야 멀리 간다.
③ 대기업과 중소기업, 상호 발전을 위한 동반자로
④ 시혜적 차원에서의 대기업 지원의 중요성
⑤ 동반성장을 위한 상생의 중요성

05 다음 글의 핵심 내용으로 가장 적절한 것은?

1948년에 제정된 대한민국 헌법은 공동체의 정치적 문제는 기본적으로 국민의 의사에 의해 결정된다는 점을 구체적인 조문으로 명시하고 있다. 그러나 이러한 공화제적 원리는 1948년에·이르러 갑작스럽게 등장한 것이 아니다. 이미 19세기 후반부터 한반도에서는 이와 같은 원리가 공공 영역의 담론 및 정치적 실천 차원에서 표명되고 있었다.

공화제적 원리는 1885년부터 발행되기 시작한 근대적 신문인 『한성주보』에서도 어느 정도 언급된 바 있지만 특히 1898년에 출현한 만민 공동회에서 그 내용이 명확하게 드러난다. 독립협회를 중심으로 촉발되었던 만민 공동회는 민회를 통해 공론을 형성하고 이를 국정에 반영하고자 했던 완전히 새로운 형태의 정치운동이었다. 이것은 전통적인 집단상소나 민란과는 전혀 달랐다. 이 민회는 자치에 대한 국민의 자각을 기반으로 공동생활의 문제들을 협의하고 함께 행동해 나가려 하였다. 이것은 자신들이 속한 정치공동체에 대한 소속감과 연대감을 갖지 않고서는 불가능한 현상이었다. 즉, 만민 공동회는 국민이 스스로 정치적 주체가 되고자 했던 시도였다. 전제적인 정부가 법을 통해 제한하려고 했던 정치참여를 국민이 스스로 쟁취하여 정치체제를 변화시키고자 하였던 것이다.

19세기 후반부터 한반도에 공화제적 원리가 표명되고 있었다는 사례는 이뿐만이 아니다. 당시 독립협회가 정부와 함께 개최한 관민 공동회에서 발표한 「헌의 6조」를 살펴보면 제3조에 '예산과 결산은 국민에게 공표할 일'이라고 명시하고 있는 것을 확인할 수 있다. 이것은 오늘날의 재정운용의 기본원칙으로 여겨지는 예산공개의 원칙과 정확하게 일치하는 것으로, 국민과 함께 협의하여 정치를 하여야 한다는 공화주의 원리를 보여 주고 있다.

① 만민 공동회는 전제 정부의 법적 제한에 맞서 국민의 정치 참여를 쟁취하고자 했다.
② 한반도에서 예산공개의 원칙은 19세기 후반 관민 공동회에서 처음으로 표명되었다.
③ 예산과 결산이라는 용어는 관민 공동회가 열렸던 19세기 후반에 이미 소개되어 있었다.
④ 만민 공동회를 통해 대한민국 헌법에 공화제적 원리를 포함시키는 것이 결정되었다.
⑤ 한반도에서 공화제적 원리는 이미 19세기 후반부터 담론 및 실천의 차원에서 표명되고 있었다.

06 다음은 국내 이민자의 경제활동에 대한 자료이다. 이에 대한 설명으로 옳은 것을 〈보기〉에서 모두 고르면?

〈국내 이민자 경제활동인구〉

(단위 : 천 명, %)

구분	이민자			국내인 전체
	외국인		귀화허가자	
	남성	여성		
15세 이상 인구	695.7	529.6	52.7	43,735
경제활동인구	576.1	292.6	35.6	27,828
취업자	560.5	273.7	33.8	26,824
실업자	15.6	18.8	1.8	1,003.0
비경제활동인구	119.5	237.0	17.1	15,907.0
경제활동 참가율	82.8	55.2	67.6	63.6

보기

㉠ 15세 이상 국내 인구 중 이민자가 차지하는 비율은 4% 이상이다.
㉡ 15세 이상 외국인 중 실업자의 비율이 귀화허가자 중 실업자의 비율보다 낮다.
㉢ 외국인 취업자의 수는 귀화허가자 취업자 수의 20배 이상이다.
㉣ 외국인 여성의 경제활동 참가율이 국내인 여성의 경제활동 참가율보다 낮다.

① ㉠, ㉡
② ㉠, ㉣
③ ㉡, ㉢
④ ㉠, ㉡, ㉢
⑤ ㉡, ㉢, ㉣

※ 다음은 K기업의 주요경영지표를 나타낸 자료이다. 이어지는 질문에 답하시오. [7~8]

〈경영지표〉

(단위 : 십억 원)

구분	공정자산총액	부채총액	자본총액	자본금	매출액	당기순이익
2018년	2,610	1,658	952	464	1,139	170
2019년	2,794	1,727	1,067	481	2,178	227
2020년	5,383	4,000	1,383	660	2,666	108
2021년	5,200	4,073	1,127	700	4,456	−266
2022년	5,242	3,378	1,864	592	3,764	117
2023년	5,542	3,634	1,908	417	4,427	65

07 K기업의 투자자 A씨는 당해년도 당기순이익을 매출액으로 나눈 수치를 평가하여 다음 해 투자 규모를 결정한다고 한다. 투자자 A씨의 투자규모가 가장 큰 해는?

① 2018년   ② 2019년
③ 2020년   ④ 2021년
⑤ 2022년

08 다음 중 자료에 대한 설명으로 옳은 것은?

① 자본총액은 전년 대비 꾸준히 증가하고 있다.
② 전년 대비 당기순이익이 가장 많이 증가한 해는 2019년이다.
③ 공정자산총액과 부채총액의 차가 가장 큰 해는 2023년이다.
④ 지표 중 총액 규모가 가장 큰 것은 매출액이다.
⑤ 2018 ~ 2023년간 자본총액 중 자본금이 차지하는 비중은 계속 증가하고 있다.

09 다음은 K공장에서 근무하는 근로자들의 임금 수준 분포를 나타낸 자료이다. 근로자 전체에게 지급된 임금(월 급여)의 총액이 2억 원일 때, 〈보기〉 중 옳은 것을 모두 고르면?

〈K공장 근로자의 임금 수준 분포〉

임금 수준(만 원)	근로자 수(명)
월 300 이상	4
월 270 이상 300 미만	8
월 240 이상 270 미만	12
월 210 이상 240 미만	26
월 180 이상 210 미만	30
월 150 이상 180 미만	6
월 150 미만	4
합계	90

보기

㉠ 근로자당 평균 월 급여액은 230만 원 이하이다.
㉡ 절반 이상의 근로자들이 월 210만 원 이상의 급여를 받고 있다.
㉢ 월 180만 원 미만의 급여를 받는 근로자의 비율은 약 14%이다.
㉣ 적어도 15명 이상의 근로자가 월 250만 원 이상의 급여를 받고 있다.

① ㉠

② ㉠, ㉡

③ ㉢, ㉣

④ ㉡, ㉢, ㉣

⑤ ㉠, ㉡, ㉢, ㉣

10 다음은 기계 100대의 업그레이드 전·후 성능지수에 대한 자료이다. 이에 대한 설명으로 옳은 것은?

〈업그레이드 전·후 성능지수별 대수〉

(단위 : 대)

구분 \ 성능지수	65	79	85	100
업그레이드 전	80	5	0	15
업그레이드 후	0	60	5	35

※ 성능지수는 네 가지 값(65, 79, 85, 100)만 존재하고, 그 값이 클수록 성능지수가 향상됨을 의미함

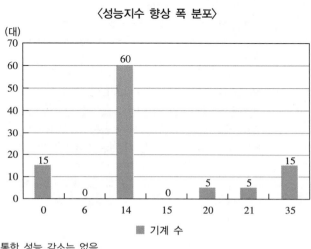

〈성능지수 향상 폭 분포〉

※ 업그레이드를 통한 성능 감소는 없음
※ (성능지수 향상 폭)=(업그레이드 후 성능지수)−(업그레이드 전 성능지수)

① 업그레이드 후 1대당 성능지수는 20 이상 향상되었다.
② 업그레이드 전 성능지수가 65였던 기계의 15%가 업그레이드 후 성능지수 100이 되었다.
③ 업그레이드 전 성능지수가 79였던 모든 기계가 업그레이드 후 성능지수 100이 된 것은 아니다.
④ 업그레이드 전 성능지수가 100이 아니었던 기계 중 업그레이드를 통한 성능지수 향상 폭이 0인 기계가 있다.
⑤ 업그레이드를 통한 성능지수 향상 폭이 35인 기계 대수는 업그레이드 전 성능지수가 100이었던 기계 대수와 같다.

11 다음은 한국·중국·일본의 평판 TV 시장점유율 추이를 나타낸 자료이다. 이에 대한 설명으로 옳지 않은 것은?

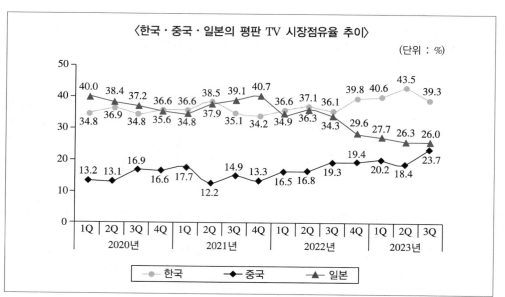

〈한국·중국·일본의 평판 TV 시장점유율 추이〉

① 15분기 동안 한국이 10번, 일본이 5번 시장점유율 1위를 차지했다.
② 2022년 4분기의 한국과 일본, 일본과 중국의 점유율 차이는 같다.
③ 한국과 중국의 점유율 차이는 매 분기 15%p 이상이다.
④ 2020년 2분기에 중국과 일본의 점유율 차이는 2023년 3분기의 10배 이상이다.
⑤ 중국과 일본의 점유율 차이는 2022년부터 계속 줄어들고 있다.

12 귀하는 점심식사 중 식당에 있는 TV에서 정부의 정책에 대한 뉴스가 나오는 것을 보았다. 함께 점심을 먹는 동료들과 뉴스를 보고 나눈 대화의 내용으로 적절하지 않은 것은?

〈뉴스〉

앵커 : 저소득층에게 법률서비스를 제공하는 정책을 구상 중입니다. 정부는 무료로 법률자문을 하겠다고 자원하는 변호사를 활용하는 자원봉사제도, 정부에서 법률 구조공단 등의 기관을 신설하고 변호사를 유급으로 고용하여 법률서비스를 제공하는 유급법률구조제도, 정부가 법률서비스의 비용을 대신 지불하는 법률보호제도 등의 세 가지 정책대안 중 하나를 선택할 계획입니다.

이 정책대안을 비교하는 데 고려해야 할 정책목표는 비용저렴성, 접근용이성, 정치적 실현가능성, 법률서비스의 전문성입니다. 정책대안과 정책목표의 상관관계는 화면으로 보여드립니다. 각 대안이 정책목표를 달성하는 데 유리한 경우는 (+)로, 불리한 경우는 (−)로 표시하였으며, 유·불리 정도는 같습니다. 정책목표에 대한 가중치의 경우, '0'은 해당 정책목표를 무시하는 것을, '1'은 해당 정책목표를 고려하는 것을 의미합니다.

〈정책대안과 정책목표의 상관관계〉

정책목표	가중치		정책대안		
	A안	B안	자원봉사제도	유급법률구조제도	법률보호제도
비용저렴성	0	0	+	−	−
접근용이성	1	0	−	+	−
정치적 실현가능성	0	0	+	−	+
전문성	1	1	−	+	−

① 비용저렴성을 달성하기에 가장 유리한 정책대안은 자원봉사제도로군.

② A안과 B안 중 어떤 것을 적용하더라도 정책대안 비교의 결과는 달라지지 않을 것으로 보여.

③ 반대로 B안에 가중치를 적용할 경우 자원봉사제도가 가장 적절한 정책대안으로 평가받게 될 것 같아.

④ 아마도 전문성 면에서는 유급법률구조제도가 자원봉사제도보다 더 좋은 정책 대안으로 평가받게 되겠군.

⑤ A안에 가중치를 적용할 경우 유급법률구조제도가 가장 적절한 정책대안으로 평가받게 되지 않을까?

13 K공사는 직원들의 체력증진 및 건강개선을 위해 점심시간을 이용해 운동 프로그램을 운영하고자 한다. 해당 프로그램을 운영할 업체는 직원들의 사전조사 결과를 바탕으로 한 선정 점수에 따라 결정된다. 다음 〈조건〉에 따라 업체를 선정할 때, 최종적으로 선정될 업체는?

〈후보 업체 사전조사 결과〉

(단위 : 점)

업체명	프로그램	흥미 점수	건강증진 점수
A업체	집중GX	5	7
B업체	필라테스	7	6
C업체	자율 웨이트	5	5
D업체	근력운동 트레이닝	6	4
E업체	스피닝	4	8

조건

• K공사는 전 직원들을 대상으로 후보 업체들에 대한 사전조사를 하였다. 후보 업체들에 대한 흥미 점수와 건강증진 점수는 전 직원들이 10점 만점으로 부여한 점수의 평균값이다.
• 흥미 점수와 건강증진 점수를 2 : 3의 가중치로 합산하여 1차 점수를 산정하고, 1차 점수가 높은 후보 업체 3개를 1차 선정한다.
• 직원들의 흥미가 더 중요하다고 생각되어, 1차 선정된 후보 업체 중 흥미점수와 건강증진 점수에 3 : 3 가중치로 합산하여 2차 점수를 산정한다.
• 2차 점수가 가장 높은 1개의 업체를 최종적으로 선정한다. 만일 1차 선정된 후보 업체들의 2차 점수가 모두 동일한 경우, 건강증진 점수가 가장 높은 후보업체를 선정한다.

① A업체
② B업체
③ C업체
④ D업체
⑤ E업체

14 K기업은 가전전시회에서 자사의 제품을 출품하기로 하였다. 자사의 제품을 보다 효과적으로 홍보하기 위하여 다음과 같이 행사장의 A ~ G 중 세 곳에서 홍보판촉물을 배부하려고 한다. 가장 많은 사람들에게 홍보판촉물을 나눠 줄 수 있는 위치는 어디인가?

- 전시관은 제1전시관 → 제2전시관 → 제3전시관 → 제4전시관 순서로 배정되어 있다.
- 행사장 출입구는 한 곳이며, 다른 곳으로는 출입이 불가능하다.
- 방문객은 행사장 출입구로 들어와서 시계 반대 방향으로 돌며, 4개의 전시관 중 2개의 전시관만을 골라 관람한다.
- 방문객은 자신이 원하는 2개의 전시관을 모두 관람하면 행사장 출입구를 통해 나가기 때문에 한 바퀴를 초과해서 도는 방문객은 없다.
- 방문객은 전시관 입구로 들어가면 출구로 나오기 때문에 전시관의 입구와 출구 사이에 있는 외부 통로를 동시에 지나치지 않는다.
- 행사장에는 시간당 평균 400명이 방문하며, 각 전시관의 시간당 평균 방문객 수는 다음과 같다.

제1전시관	제2전시관	제3전시관	제4전시관
100명	250명	150명	300명

행사장 출입구

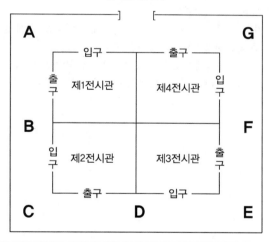

① A, B, C
② A, D, G
③ B, C, E
④ B, D, F
⑤ C, E, F

15 K공사는 맞춤형 산업용수 공급 사업을 통해 기업의 요구에 맞는 수질의 산업용수를 생산, 공급하고 있다. 다음 자료를 통해 알 수 있는 내용으로 가장 적절한 것은?

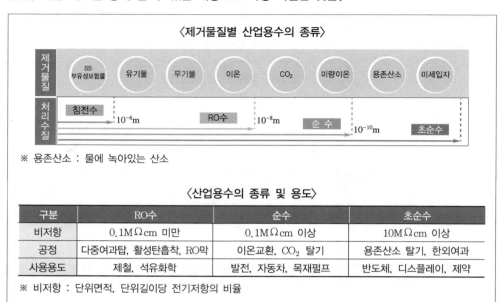

〈제거물질별 산업용수의 종류〉

※ 용존산소 : 물에 녹아있는 산소

〈산업용수의 종류 및 용도〉

구분	RO수	순수	초순수
비저항	$0.1M\Omega cm$ 미만	$0.1M\Omega cm$ 이상	$10M\Omega cm$ 이상
공정	다중여과탑, 활성탄흡착, RO막	이온교환, CO_2 탈기	용존산소 탈기, 한외여과
사용용도	제철, 석유화학	발전, 자동차, 목재펄프	반도체, 디스플레이, 제약

※ 비저항 : 단위면적, 단위길이당 전기저항의 비율

① RO수를 생산하기 위해서 다중여과탑, 한외여과 공정이 필요하다.
② 정밀한 작업이 필요한 반도체 회사에는 용존산소 탈기, 한외여과 공정을 거쳐 생산된 초순수를 공급한다.
③ 이온교환, CO_2 탈기 공정을 통해 제거물질 순서 중 무기물과 이온까지 제거해 순수를 생산한다.
④ 침전수는 10^{-8}m 크기의 물질까지 제거한다.
⑤ 석유화학 회사에는 예상치 못한 화학반응을 줄이기 위해 미량이온을 제거한 RO수를 공급한다.

※ K공사는 2024년 상반기 승진 후보자 중 승진자를 선발하고자 한다. 다음은 승진자 선발 방식 및 승진 후보자들에 대한 자료이다. 이어지는 질문에 답하시오. **[16~17]**

〈2024년 상반기 승진자 선발〉

1. 승진자 선발 방식
   - 승진점수(100)는 실적평가점수(40), 동료평가점수(30), 혁신사례점수(30)에 교육 이수에 따른 가점을 합산하여 산정한다.
   - 교육 이수에 따른 가점은 다음과 같다.

교육	조직문화	전략적 관리	혁신역량	다자협력
가점	2	2	3	2

   - 승진 후보자 중 승진점수가 가장 높은 2인을 선발하여 승진시킨다.

2. 승진 후보자 평가정보

승진 후보자	실적평가점수	동료평가점수	혁신사례점수	이수교육
A	34	26	22	다자협력
B	36	25	18	혁신역량
C	39	26	24	–
D	37	21	23	조직문화, 혁신역량
E	36	29	21	–

16 승진자 선발 방식에 따라 승진 후보자 A ~ E 중 2명을 승진시키고자 한다. 동점자가 있는 경우 실적평가점수가 더 높은 후보자를 선발한다고 할 때, 승진할 2명은?

① A, B
② A, C
③ C, D
④ C, E
⑤ D, E

17 상반기 인사에 혁신의 반영률을 높이라는 내부 인사위원회의 권고에 따라 승진자 선발 방식이 다음 과 같이 변경되었다. 변경된 승진자 선발 방식에 따라 승진자를 선발할 때, 승진할 2명은?

<승진자 선발 방식 변경 내용>

<변경 전>

1. 승진점수(100) 총점 및 배점
   • 실적평가점수(40)
   • 동료평가점수(30)
   • 혁신사례점수(30)

2. 혁신역량 교육 가점

교육	혁신역량
가점	3

<변경 후>

1. 승진점수(115) 총점 및 배점
   • 실적평가점수(40)
   • 동료평가점수(30)
   • 혁신사례점수(45)
     – 혁신사례점수에 50%의 가중치를 부여

2. 혁신역량 교육 가점

교육	혁신역량
가점	4

① A, D
② B, C
③ B, E
④ C, D
⑤ C, E

18 다음은 어느 회사의 승진대상과 승진 규정이다. 이를 참고할 때, 2024년에 직급이 대리인 사람은?

〈승진 규정〉

- 2023년까지 근속연수가 3년 이상인 자를 대상으로 한다.
- 출산 휴가 및 병가 기간은 근속 연수에서 제외한다.
- 평가연도 업무평가 점수가 80점 이상인 자를 대상으로 한다.
- 평가연도 업무평가 점수는 직전 연도 업무평가 점수에서 벌점을 차감한 점수이다.
- 벌점은 결근 1회당 −10점, 지각 1회당 −5점이다.

〈승진후보자 정보〉

구분	근무기간	직전 연도 업무평가(점)	근태현황(회)		기타
			지각	결근	
A사원	1년 4개월	79	1	–	–
B주임	3년 1개월	86	–	1	출산휴가 35일
C대리	7년 1개월	89	1	1	병가 10일
D과장	10년 3개월	82	–	–	–
E차장	12년 7개월	81	2	–	–

① A

② B

③ C

④ D

⑤ E

정답 및 해설 p.084

01 다음 문단을 논리적 순서대로 바르게 나열한 것은?

> (가) '인력이 필요해서 노동력을 불렀더니 사람이 왔더라.'라는 말이 있다. 인간을 경제적 요소로만 단순하게 생각했으나, 이에 따른 인권문제, 복지문제, 내국인과 이민자와의 갈등 등이 수반된 다는 말이다. 프랑스처럼 우선 급하다고 이민자를 선별하지 않고 받으면 인종 갈등과 이민자의 빈곤화 등 많은 사회비용이 발생한다.
>
> (나) 이제 다문화정책의 패러다임을 전환해야 한다. 한국에 들어온 다문화가족을 적극적으로 지원 해야 한다. 다문화 가족과 더불어 살면서 다양성과 개방성을 바탕으로 상생의 발전을 도모해야 한다. 그리고 결혼이민자만 다문화가족으로 볼 것이 아니라 외국인 근로자와 유학생, 북한이탈 주민까지 큰 틀에서 함께 보는 것도 필요하다.
>
> (다) 다문화정책의 핵심은 두 가지이다. 첫째, 새로운 사회에 적응하려는 의지가 강해서 언어 배우 기, 일자리, 문화 이해에 매우 적극적인 태도를 지닌 좋은 인력을 선별해서 입국하도록 하는 것이다. 둘째, 이민자가 새로운 사회에 잘 정착할 수 있도록 사회통합에 주력해야 하는 것이다. 해외 인구 유입 초기부터 사회 비용을 절약할 수 있는 사람들을 들어오게 하는 것이 중요하기 때문이다.
>
> (라) 또한, 이미 들어온 이민자에게는 적극적인 지원을 해야 한다. 언어와 문화, 환경이 모두 낯선 이민자에게는 이민 초기에 세심한 배려가 필요하다. 특히 중요한 것은 다문화 가족이 그들이 가지고 있는 강점을 활용하여 취약 계층이 아닌 주류층으로 설 수 있도록 지원해야 한다. 뿐만 아니라 이민자에 대한 지원 시기를 놓치거나 차별과 편견으로 내국인에게 증오감을 갖게 해서 는 안 된다.

① (가) – (다) – (라) – (나) ② (다) – (가) – (라) – (나)
③ (다) – (나) – (라) – (가) ④ (라) – (나) – (다) – (가)
⑤ (라) – (다) – (나) – (가)

3주 차

어떤 보상을 얻기 위해서 환경에 조작을 가하는 것을 '조작적 조건화'라고 한다. 조작적 조건화는 어떤 행동을 한 후에 '강화'가 주어지면 그 행동을 빈번히 하게 되고, '처벌'이 주어지면 그 행동을 더 이상 하지 않는다는 기본 원리를 갖고 있다.

조작적 조건화에서 '강화'는 외적 자극을 주기 전의 반응자, 즉 반응을 하는 대상자의 행동이 미래에도 반복해서 나타날 가능성을 높이는 사건이라고 정의할 수 있다. 강화는 두 가지로 구분되는데, 하나는 정적 강화이고, 다른 하나는 부적 강화이다. 정적 강화는 반응자가 어떤 행동을 한 직후 그가 좋아하는 것을 주어 그 행동의 빈도를 증가시키는 사건을 말한다. 단것을 좋아하는 아이가 착한 일을 했을 경우, 그 아이에게 사탕을 줌으로써 착한 일의 발생 빈도를 증가시키는 것이 그 예가 될 수 있다.

부적 강화는 반응자가 어떤 행동을 했을 때 그가 싫어하는 것을 제거해 주어 그 행동의 빈도를 증가시키는 것이다. 예를 들어 아이가 바람직한 행동을 했을 때 그 아이가 하기 싫어하는 숙제를 취소 또는 감소시켜 줌으로써 바람직한 행동을 자주 할 수 있도록 만들 수 있다. 사탕을 주거나 숙제를 취소하는 등의 행위는 강화를 유도하는 자극에 해당하며, 이를 '강화물'이라고 한다. 강화물은 상황에 따라 변할 수 있다. 음식은 배고픈 사람에게는 강화물이지만 그렇지 않은 사람에게는 강화물이 되지 않을 수 있다.

'처벌'은 강화와 반대로 외적 자극을 주기 전 반응자의 행동이 미래에도 반복해서 나타날 가능성을 낮추는 사건을 가리킨다. 처벌에도 정적 처벌과 부적 처벌이 존재한다. 정적 처벌은 반응자가 싫어하는 어떤 것을 제시함으로써 그에 앞서 나타났던 행동을 감소시킬 수 있는 사건을 의미한다. 아이들이 나쁜 짓을 해서 벌을 받은 후, 그 다음에 나쁜 짓을 하지 않는 것이 그 예가 될 수 있다.

반면에 반응자가 선호하는 어떤 것을 주지 않음으로써 반응자의 행동을 감소시킬 수도 있다. 이것이 부적 처벌이다. 부적 처벌은 부모님의 말을 잘 듣지 않는 어린이에게 용돈을 줄임으로써 말을 잘 듣지 않는 행동을 감소시키는 것에서 찾아 볼 수 있다.

이처럼 강화와 처벌은 외적 자극을 통해 반응자의 행동을 변화시키는 사건이다. 강화와 달리 처벌은 바람직하지 않은 행동을 억압하기는 하지만 반응자의 바람직한 행동을 증가시키는 데는 한계가 있다. 따라서 바람직한 행동을 유도하려면 처벌만 사용하기보다 처벌을 강화와 결합하여 사용할 때, 일반적으로 더 효과가 있다. 강화와 처벌은 조작적 조건화의 기본 원리로서 가정이나 학교, 회사, 스포츠 분야 등에서 활용되고 있다.

① 조작적 조건화는 외적 자극을 사용한다.

② 강화는 반응자의 행동을 증가시킬 수 있다.

③ 자극은 상황에 관계없이 모두 강화물이 된다.

④ 처벌은 반응자의 부정적 행동 가능성을 낮춘다.

⑤ 강화와 처벌을 결합하면 바람직한 행동을 증가시키는 데 효과적이다.

03 다음 글을 읽고 추론한 내용으로 가장 적절한 것은?

> 사람들은 단순히 공복을 채우기 위해서가 아니라 다른 많은 이유로 '먹는다.'는 행위를 행한다. 먹는다는 것에 대한 비생리학적인 동기에 관해서 연구하고 있는 과학자들에 따르면 비만인 사람들과 표준체중인 사람들은 식사 패턴에서 꽤나 차이를 보이는 것을 알 수 있다고 한다. 한 연구에서는 비만인 사람들에 대해 식사 전에 그 식사에 대한 상세한 설명을 하면 설명을 하지 않은 경우에 비해서 식사량이 늘었지만, 표준체중인 사람들에게서는 그런 현상이 보이지 않았다. 또한 표준체중인 사람들은 밝은 색 접시에 담긴 견과류와 어두운 색 접시에 담긴 견과류를 먹은 개수의 차가 거의 없는 것에 비해, 비만인 사람들은 밝은 색 접시에 담긴 견과류를 어두운 색 접시에 담긴 견과류보다 2배 더 많이 먹었다는 연구도 있다.

① 비만인 사람들은 표준체중인 사람들에 비해 외부 자극에 의해 식습관에 영향을 받기 쉽다.
② 표준체중인 사람들은 비만체중인 사람들에 비해 식사량이 적다.
③ 표준체중인 사람들은 음식에 대한 욕구를 절제할 수 있다.
④ 비만인 사람들은 표준체중인 사람들보다 감각이 예민하다.
⑤ 비만인 사람들은 생리학적인 필요성이라기보다 감정적 또는 심리적인 필요성에 쫓겨서 식사를 하고 있다.

04 다음 글의 주제로 가장 적절한 것은?

> 높은 휘발유세는 자동차를 사용함으로써 발생하는 다음과 같은 문제들을 줄이는 교정적 역할을 수행한다. 첫째, 휘발유세는 사람들의 대중교통수단 이용을 유도하고, 자가용 사용을 억제함으로써 교통 혼잡을 줄여준다. 둘째, 교통사고 발생 시 대형 차량이나 승합차가 중소형 차량에 비해 보다 치명적인 피해를 줄 가능성이 높다. 이와 관련해서 휘발유세는 휘발유를 많이 소비하는 대형 차량을 운행하는 사람에게 보다 높은 비용을 치르게 함으로써 교통사고 위험에 대한 간접적인 비용을 징수하는 효과를 가진다. 셋째, 휘발유세는 휘발유 소비를 억제함으로써 대기오염을 줄이는 데 기여한다.

① 휘발유세의 용도   ② 높은 휘발유세의 정당성
③ 휘발유세의 지속적 인상   ④ 에너지 소비 절약
⑤ 휘발유세의 감소 원인

05 커피 동아리 회원은 남자 4명, 여자 6명으로 구성되어 있다. 동아리에서 송년회를 맞아 회원 중 3명에게 드립커피 세트를 사은품으로 주려고 할 때, 사은품을 받을 3명 중 남자가 여자보다 많을 확률은?(단, 확률은 소수점 셋째 자리에서 반올림한다)

① 12.55%

② 20.17%

③ 28.36%

④ 33.33%

⑤ 40.25%

06 금연 프로그램을 신청한 흡연자 A씨는 K공단에서 진료 및 상담 비용과 금연보조제 비용의 일정 부분을 지원받고 있다. A씨가 의사와 상담을 6회 받았고, 금연보조제로 니코틴패치 3묶음을 구입 했다고 할 때, 다음 지원 현황에 따라 흡연자 A씨가 지불해야 하는 부담금은 얼마인가?

〈금연 프로그램 지원 현황〉		
구분	진료 및 상담	금연보조제(니코틴패치)
가격	30,000원/회	12,000원/묶음
지원금 비율	90%	75%

※ 진료 및 상담료 지원금은 6회까지 지원한다.

① 21,000원

② 23,000원

③ 25,000원

④ 27,000원

⑤ 30,000원

07 다음은 우리나라 학생들의 성별 및 연령별 체력검정 현황이다. 이에 대한 설명으로 옳은 것은?

〈성별 및 연령별 초·중·고 체력검정 현황〉

성별	학교	연령	2021년			2023년		
			50m 달리기 (초)	제자리 멀리뛰기 (cm)	윗몸 일으키기 (회)	50m 달리기 (초)	제자리 멀리뛰기 (cm)	윗몸 일으키기 (회)
남자	초등학교	10세	10.1	152.9	32.0	9.7	156.0	31.0
		11세	9.5	165.0	35.0	9.2	166.8	36.0
	중학교	12세	8.8	181.9	38.0	9.1	180.8	36.0
		13세	8.4	196.4	41.0	8.3	197.5	38.0
		14세	8.1	207.3	43.0	8.1	204.8	38.0
	고등학교	15세	7.8	219.1	44.0	7.7	226.5	46.0
		16세	7.8	224.1	45.0	7.7	225.0	45.0
		17세	7.9	226.0	45.0	7.5	236.0	45.0
여자	초등학교	10세	10.5	136.8	24.0	1.1	142.2	24.0
		11세	10.2	165.0	26.0	10.1	143.3	29.0
	중학교	12세	10.0	149.7	27.0	9.8	154.3	26.0
		13세	10.1	151.8	27.0	10.0	152.3	29.0
		14세	10.2	154.0	28.0	10.1	154.7	26.0
	고등학교	15세	10.1	157.0	29.0	9.9	151.3	26.0
		16세	10.3	156.0	30.0	9.7	159.0	28.0
		17세	10.5	154.1	28.0	9.9	159.8	28.0

① 남학생의 경우, 2021년과 2023년 모두 연령이 높아질수록 50m 달리기 기록이 좋아진다.

② 2023년 11세 여학생의 제자리 멀리뛰기 기록은 16세 남학생의 제자리 멀리뛰기 기록의 60% 이상이다.

③ 2023년 14세 여학생의 경우, 모든 체력검정 영역에서 2021년의 14세 여학생 대비 기록이 좋아졌다.

④ 2021년 중학교 남학생의 경우, 연령이 높아질수록 직전연령 대비 윗몸일으키기 기록의 증가율이 커진다.

⑤ 남학생의 경우, 2021년과 2023년 모두 제자리 멀리뛰기 기록이 가장 좋은 연령이 윗몸일으키기 기록도 가장 좋다.

08 다음은 한국, 미국, 일본, 프랑스가 화장품산업 경쟁력 4대 분야에서 획득한 점수에 대한 자료이다. 이에 대한 설명으로 옳은 것은?

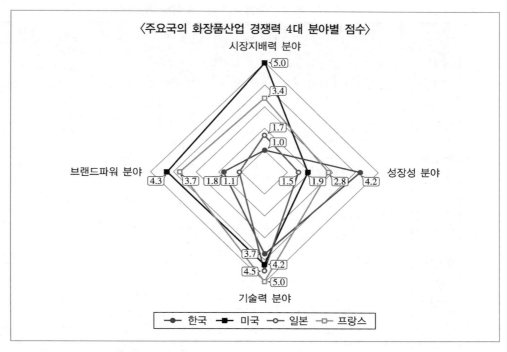

① 기술력 분야에서는 한국의 점수가 가장 높다.
② 성장성 분야에서 점수가 가장 높은 국가는 시장지배력 분야에서도 점수가 가장 높다.
③ 브랜드파워 분야에서 각국 점수 중 최댓값과 최솟값의 차이는 3점 이하이다.
④ 미국이 4대 분야에서 획득한 점수의 합은 프랑스가 4대 분야에서 획득한 점수의 합보다 높다.
⑤ 시장지배력 분야의 점수는 일본이 프랑스보다 높지만 미국보다는 낮다.

09 A~E사원은 회사 업무로 인해 외근을 나가려 한다. 다음 〈조건〉이 모두 참일 때, 항상 참인 것은?

조건

- A가 외근을 나가면 B도 외근을 나간다.
- A가 외근을 나가면 D도 외근을 나간다.
- D가 외근을 나가면 E도 외근을 나간다.
- C가 외근을 나가지 않으면 B도 외근을 나가지 않는다.
- D가 외근을 나가지 않으면 C도 외근을 나가지 않는다.

① B가 외근을 나가면 A도 외근을 나간다.
② D가 외근을 나가면 C도 외근을 나간다.
③ A가 외근을 나가면 E도 외근을 나간다.
④ C가 외근을 나가지 않으면 D도 외근을 나가지 않는다.
⑤ B가 외근을 나가지 않으면 D도 외근을 나가지 않는다.

10 A~D 네 사람이 등산을 갔다가 길을 잃어서 지도와 나침반을 가지고 있는 두 사람을 찾고 있다. A~D가 말한 2개의 문장 중 적어도 하나는 진실이라고 할 때, 다음 중 지도와 나침반을 갖고 있는 사람을 바르게 짝지은 것은?(단, 지도와 나침반은 동시에 갖고 있을 수 없다)

A : D가 지도를 갖고 있어. B는 나침반을 갖고 있고 말이야.
B : A는 지도를 갖고 있지 않아. C가 나침반을 갖고 있어.
C : B가 지도를 갖고 있어. 나는 나침반을 갖고 있지 않아.
D : 나는 나침반도 지도도 갖고 있지 않아. C가 지도를 갖고 있어.

	지도	나침반
①	A	B
②	B	C
③	C	B
④	D	A
⑤	E	D

11 K회사는 창립 10주년을 맞이하여 전 직원 단합대회를 준비하고 있다. 이를 위해 사장인 B씨는 여행상품 중 한 가지를 선정하려 하는데, 직원 투표 결과를 통해 결정하려고 한다. 직원 투표 결과와 여행지별 1인당 경비는 다음과 같고, 부서별 고려사항을 참고하여 선택하려고 할 때, 〈보기〉 중 옳은 것을 모두 고르면?

〈직원 투표 결과〉

상품내용		투표 결과(표)					
여행상품	1인당 비용(원)	총무팀	영업팀	개발팀	홍보팀	공장1	공장2
A	500,000	2	1	2	0	15	6
B	750,000	1	2	1	1	20	5
C	600,000	3	1	0	1	10	4
D	1,000,000	3	4	2	1	30	10
E	850,000	1	2	0	2	5	5

〈여행상품별 혜택 정리〉

상품	날짜	장소	식사제공	차량지원	편의시설	체험시설
A	5/10 ~ 5/11	해변	○	○	×	×
B	5/10 ~ 5/11	해변	○	○	○	×
C	6/7 ~ 6/8	호수	○	○	○	×
D	6/15 ~ 6/17	도심	○	×	○	○
E	7/10 ~ 7/13	해변	○	○	○	×

〈부서별 고려사항〉

- 총무팀 : 행사 시 차량 지원이 가능함
- 영업팀 : 6월 초순에 해외 바이어와 가격 협상 회의 일정이 있음
- 공장1 : 3일 연속 공장 비가동 시 제품의 품질 저하가 예상됨
- 공장2 : 7월 중순 공장 이전 계획이 있음

보기

ㄱ. 필요한 여행상품 비용은 총 1억 500만 원이다.
ㄴ. 투표 결과, 가장 인기가 좋은 여행상품은 B이다.
ㄷ. 공장1의 A, B 투표 결과가 바뀐다면 여행상품 선택은 변경된다.

① ㄱ
② ㄱ, ㄴ
③ ㄱ, ㄷ
④ ㄴ, ㄷ
④ ㄱ, ㄴ, ㄷ

12 X제품을 운송하는 Q씨는 업무상 편의를 위해 고객의 주문 내역을 임의의 기호로 기록하고 있다. 다음과 같은 주문 전화가 왔을 때 Q씨가 기록한 기호로 가장 적절한 것은?

〈임의기호〉

재료	연강	고강도강	초고강도강	후열처리강
	MS	HSS	AHSS	PHTS
판매량	낱개	1묶음	1box	1set
	01	10	11	00
지역	서울	경기남부	경기북부	인천
	E	S	N	W
윤활유 사용	청정작용	냉각작용	윤활작용	밀폐작용
	P	C	I	S
용도	베어링	스프링	타이어코드	기계구조
	SB	SS	ST	SM

※ Q씨는 [재료] – [판매량] – [지역] – [윤활유 사용] – [용도]의 순서로 기호를 기록한다.

〈주문전화〉

어이~ Q씨 나야, 나. 인천 지점에서 같이 일했던 P. 내가 필요한 것이 있어서 전화했어. 일단 서울 지점의 B씨가 스프링으로 사용할 제품이 필요하다고 하는데 한 박스 정도면 될 것 같아. 이전에 주문했던 대로 연강에 윤활용으로 윤활유를 사용한 제품으로 부탁하네. 나는 이번에 경기 남쪽으로 가는데 거기에 있는 내 사무실 알지? 거기로 초고강도강 타이어코드용으로 1세트 보내줘. 튼실한 걸로 밀폐용 윤활유 사용해서 부탁해. 저번에 냉각용으로 사용한 제품은 생각보다 좋진 않았어.

① MS11EISB, AHSS00SSST

② MS11EISS, AHSS00SSST

③ MS11EISS, HSS00SSST

④ MS11WISS, AHSS10SSST

⑤ MS11EISS, AHSS00SCST

※ 다음 글을 읽고 이어지는 질문에 답하시오. [13~14]

〈상황〉

설탕과 프림을 넣지 않은 고급 인스턴트 블랙커피를 커피믹스와 같은 스틱 형태로 선보이겠다는 아이디어를 제시하였지만, 인스턴트커피를 제조하고 판매하는 K회사의 경영진의 반응은 차가웠다. K회사의 커피믹스가 너무 잘 판매되고 있었기 때문이었다.

〈회의 내용〉

기획팀 부장 : 신제품 개발과 관련된 회의를 진행하도록 하겠습니다. 이 자리는 누구에게 책임이 있는지를 묻는 회의가 아닙니다. 신제품 개발에 대한 서로의 상황을 인지하고 문제 상황을 해결해 보자는 데 그 의미가 있습니다. 먼저 신제품 개발과 관련하여 마케팅팀 의견을 제시해 주십시오.

마케팅 부장 : A제품이 생산될 수 있도록 연구소 자체 공장에 파일럿 라인을 만들어 샘플을 생산하였으면 합니다.

연구소 소장 : 성공 여부가 불투명한 신제품을 위한 파일럿 라인을 만들기는 어렵습니다.

기획팀 부장 : 신제품 개발을 위해 조금이라도 생산현장에서 무언가 협력할 방안은 없을까요?

마케팅 부장 : 고급 인스턴트커피의 생산이 가능한지를 먼저 알아본 후 한 단계씩 전진하면 어떨까요?

기획팀 부장 : 좋은 의견인 것 같습니다. 소장님은 어떻게 생각하십니까?

연구소 소장 : 커피 전문점 수준의 고급 인스턴트커피를 만들기 위해서는 최대한 커피 전문점이 만드는 커피와 비슷한 과정을 거쳐야 할 것 같습니다.

마케팅 부장 : 그렇습니다. 하지만 100% 커피전문점 원두커피를 만드는 것이 아닙니다. 전문점 커피를 100으로 봤을 때, 80~90% 정도 수준이면 됩니다.

연구소 소장 : 퀄리티는 높이고 일회용 스틱 형태의 제품인 믹스의 사용 편리성은 그대로 두자는 이야기죠?

마케팅 부장 : 그렇습니다. 우선 120°로 커피를 추출하는 장비가 필요합니다. 또한, 액체인 커피를 봉지에 담지 못하니 동결건조방식을 활용해야 할 것 같습니다.

연구소 소장 : 보통 믹스커피는 하루 1t 분량의 커피를 만들 수 있는데, 이야기한 방법으로는 하루에 100kg도 못 만듭니다.

마케팅 부장 : 예, 잘 알겠습니다. 그 부분에 대해서는 조금 더 논의가 필요할 것 같습니다. 검토를 해보겠습니다.

---

13 다음 중 마케팅 부장이 사용하는 문제해결방법은 무엇인가?

① 소프트 어프로치 ② 하드 어프로치
③ 퍼실리테이션 ④ 비판적 사고
⑤ 창의적 사고

14 다음 중 K회사의 신제품 개발과 관련하여 가장 필요했던 것은?

① 전략적 사고 ② 분석적 사고
③ 발상의 전환 ④ 내·외부자원의 효과적 활용
⑤ 성과지향 사고

278 • 하루 18문제로 18일 만에 끝내는 NCS

15 K사에서 승진 후보자 중 2명을 승진시키려고 한다. 승진의 기준은 동료평가에서 '하'를 받지 않고 합산점수가 높은 순이다. 합산점수는 100점 만점의 점수로 환산한 승진시험 성적, 영어 성적, 성과 평가의 수치를 합산하여 구한다. 승진시험의 만점은 100점, 영어 성적의 만점은 500점, 성과 평가의 만점은 200점이라고 할 때, 승진 대상자 2명은 누구인가?

〈승진 후보자 평가 점수〉

구분	승진시험 성적	영어 성적	동료 평가	성과 평가
A	80	400	중	120
B	80	350	상	150
C	65	500	상	120
D	70	400	중	100
E	95	450	하	185
F	75	400	중	160
G	80	350	중	190
H	70	300	상	180
I	100	400	하	160
J	75	400	상	140
K	90	250	중	180

① A, C

② B, K

③ E, I

④ F, G

⑤ H, D

16 직원들의 사기 증진과 친화력 도모를 위해 전 직원이 참여하는 사내 가족 체육대회를 열기로 하였다. 7월 달력과 〈조건〉을 참고할 때, 다음 중 체육대회를 열기에 가장 적절한 날은?

〈7월 달력〉

월요일	화요일	수요일	목요일	금요일	토요일	일요일
	1	2	3	4	5	6
7	8	9	10	11	12	13
14	15	16	17	18	19	20
21	22	23	24	25	26	27
28	29	30	31			

조건

- 7월 3일부터 7일까지는 장마 기간으로 비가 온다.
- 가족 모두가 참여해야 하므로 주말로 정한다.
- 마케팅팀은 토요일에 격주로 출근한다.
- 서비스팀은 토요일에 격주로 출근한다.
- 사장님은 7월 11일부터 15일까지 중국으로 출장을 간다.
- 마케팅팀 M사원은 12일에 출근했다.
- 서비스팀 L과장은 5일에 출근했다.
- 운동장은 둘째 · 넷째 주말에는 개방하지 않는다.

① 6일
② 12일
③ 13일
④ 20일
⑤ 21일

17 한국이 뉴욕보다 16시간 빠르고, 런던은 한국보다 8시간 느릴 때, 다음 비행기가 현지에 도착할 때의 시간이 바르게 짝지어진 것은?

구분	출발 일자	출발 시각	비행 시간	도착 시각
뉴욕행 비행기	6월 6일	22:20	13시간 40분	㉠
런던행 비행기	6월 13일	18:15	12시간 15분	㉡

	㉠	㉡
①	6월 6일 09시	6월 13일 09시 30분
②	6월 6일 20시	6월 13일 22시 30분
③	6월 7일 09시	6월 14일 09시 30분
④	6월 7일 13시	6월 14일 15시 30분
⑤	6월 7일 20시	6월 14일 20시 30분

18 대구에서 광주까지 편도운송을 하는 K사는 다음과 같이 화물차량을 운용한다. 수송비 절감을 통해 경영에 필요한 예산을 확보하기 위하여 적재효율을 기존 1,000상자에서 1,200상자로 높여 운행 횟수를 줄인다면, K사가 절감할 수 있는 월 수송비는?

〈K사의 화물차량 운용 정보〉
• 차량 운행대수 : 4대
• 1대당 1일 운행횟수 : 3회
• 1대당 1회 수송비 : 100,000원
• 월 운행일수 : 20일

① 3,500,000원   ② 4,000,000원
③ 4,500,000원   ④ 5,000,000원
⑤ 5,500,000원

정답 및 해설 p.089

01 다음 기사를 읽고 난 후의 감상으로 적절하지 않은 것은?

> 고등학교 환경 관련 교과서 대부분이 특정 주장을 검증 없이 게재하는 등 많은 오류가 존재한다는 보수 환경·시민단체의 지적이 제기됐다. 사단법인 환경정보평가원과 바른사회시민행동은 지난 5월부터 6개월간 고등학교 환경 관련 교과서 23종을 분석한 결과 총 1,175개의 오류를 발견했다고 밝혔다. 이들 단체에 따르면 교과서 23종 모두 편향적 내용을 검증 없이 인용하거나 부실한 통계를 일반화하는 등의 문제점을 보였으며 환경과 녹색성장 교과서 5종에서만 오류 897건이 확인됐다. 우선 교과서 13종이 서울, 부산 등 6대 대도시의 온도 상승 평균값만을 보고 한반도의 기온 상승이 세계 평균보다 2배 높다고 과장해 기술한 것으로 나타났다. 도시화의 영향을 받지 않은 추풍령은 100년간 기온이 0.79℃ 상승했지만 이런 사실을 언급한 교과서는 1종에 불과했다. 방조제를 허물고 간척한 농경지를 갯벌로 만든 역간척 사례는 우리나라에서 찾을 수 없지만, 교과서 7종이 일부 환경단체의 주장만을 인용해 역간척을 사실인 것처럼 서술하고 있다고 이들 단체는 주장했다. 또한, 우리나라 전력 생산의 상당 부분을 차지하는 원자력 발전의 경우 단점만을 자세히 기술하고, 경제성과 효율성이 낮은 신재생에너지는 장점만 언급한 교과서도 있었다고 덧붙였다.
>
> 환경정보평가원의 사무처장은 "환경 관련 교과서 대부분이 표면적으로 드러나는 사실을 검증하지 않고 그대로 싣는 문제점을 보였다."며 "고등학생들이 보는 교과서인 만큼 객관적 사실에 기반을 둬 균형 있는 내용을 실어야 한다."고 주장했다.

① 갑 : 교과서의 잘못된 내용을 바로잡는 일은 계속 이어져야 합니다.

② 을 : 교과서를 집필할 때 객관성 유지의 원칙을 지키지 못하면, 일부 자료를 확대하여 해석함으로써 사실을 왜곡할 수 있습니다.

③ 병 : 중·고교생들이 쓰는 교과서 전체를 검토해 사실이 아닌 것을 모두 솎아내는 일이 시급합니다.

④ 정 : 일부 환경 관련 교과서에 실린 원전 폐쇄 찬반문제에 대해 대부분의 환경 보호 단체들은 찬성하지만, 원전 폐쇄는 또 다른 사회적 혼란을 일으킬 수 있습니다.

⑤ 무 : 대부분 표면적으로 드러나는 사실을 검증하지 않고 그대로 사용해 잘못된 정보를 전달하는 경우가 있습니다.

02 다음 글의 빈칸에 들어갈 문장을 〈보기〉에서 찾아 순서대로 바르게 나열한 것은?

요즘에는 낯선 곳을 찾아갈 때 직접 지도를 해석하며 어렵게 길을 찾지 않아도 된다. 이는 기술력의 발달에 따라 제공되는 공간 정보를 바탕으로 최적의 경로를 탐색할 수 있게 되었기 때문이다. ＿＿＿＿＿＿＿＿＿＿＿＿＿＿＿ 이처럼 공간 정보가 시간에 따른 변화를 반영할 수 있게 된 것은 정보를 수집하고 분석하는 정보 통신 기술의 발전과 밀접한 관련이 있다.

공간 정보의 활용은 '위치정보시스템(GPS)'과 '지리정보시스템(GIS)' 등의 기술적 발전과 휴대전화나 태블릿 PC 등 정보 통신 기기의 보급을 기반으로 한다. 위치정보시스템은 공간에 대한 정보를 수집하고, 지리정보시스템은 정보를 저장, 분류, 분석한다. 이렇게 분석된 정보는 사용자의 요구에 따라 휴대전화나 태블릿 PC 등을 통해 최적화되어 전달된다.

길 찾기를 예로 들어 이 과정을 살펴보자. 휴대전화 애플리케이션을 이용해 사용자가 가려는 목적지를 입력하고 이동 수단으로 버스를 선택하였다면, 우선 사용자의 현재 위치가 위치정보시스템에 의해 실시간으로 수집된다. 그리고 목적지와 이동 수단 등 사용자의 요구와 실시간으로 수집된 정보에 따라 지리정보시스템은 탑승할 버스 정류장의 위치, 다양한 버스 노선, 최단 시간 등을 분석하여 제공한다. ＿＿＿＿＿＿＿＿＿＿＿＿

＿＿＿＿＿＿＿＿＿＿＿＿＿＿＿ 예를 들어, 여행지와 관련한 공간 정보는 여행자의 요구와 선호에 따라 선별적으로 분석되어 활용된다. 나아가 유동 인구를 고려한 상권 분석과 교통의 흐름을 고려한 도시 계획 수립에도 공간 정보 활용이 가능하게 되었다. 획기적으로 발전되고 있는 첨단 기술이 적용된 공간 정보가 국가 차원의 자연재해 예측 시스템에도 활발히 활용된다면 한층 정밀한 재해 예방 및 대비가 가능해질 것이다. 이로 인해 우리의 삶도 더 편리하고 안전해질 것으로 기대된다.

보기

㉠ 어떤 곳의 위치 좌표나 지리적 형상에 대한 정보뿐만 아니라 시간에 따른 공간의 변화를 포함한 공간 정보를 이용할 수 있게 되면서 가능해진 것이다.

㉡ 더 나아가 교통 정체와 같은 돌발 상황과 목적지에 이르는 경로의 주변 정보까지 분석하여 제공한다.

㉢ 공간 정보의 활용 범위는 계속 확대되고 있다.

---

① ㉠, ㉡, ㉢   ② ㉠, ㉢, ㉡

③ ㉡, ㉠, ㉢   ④ ㉡, ㉢, ㉠

⑤ ㉢, ㉠, ㉡

※ 다음 글을 읽고 이어지는 질문에 답하시오. [3~5]

저작권은 저자의 권익을 보호함으로써 활발한 저작 활동을 촉진하여 인류의 문화 발전에 기여하기 위한 것이다. 그러나 이렇게 공적 이익을 추구하기 위한 저작권이 현실에서는 일반적으로 지나치게 사적 재산권을 행사하는 도구로 인식되고 있다. 저작물 이용자들의 권리를 보호하기 위해 마련한 공익적 성격의 법 조항도 법적 분쟁에서는 항상 사적 재산권의 논리에 밀려 왔다.

저작권 소유자 중심의 저작권 논리는 실제로 저작권이 담당해야 할 사회적 공유를 통한 문화 발전을 방해한다. '애국가 저작권'에 대한 논란은 이러한 문제를 단적으로 보여준다. 저자 사후 50년 동안 적용되는 국내 저작권법에 따라 애국가가 포함된『한국 환상곡』의 저작권이 작곡가 안익태의 유족들에게 2015년까지 주어진다는 사실이 언론을 통해 알려진 것이다. 누구나 자유롭게 이용할 수 있는 국가(國歌)마저 공공재가 아닌 개인 소유라는 사실에 많은 사람들이 놀랐다.

창작은 백지 상태에서 완전히 새로운 것을 만드는 것이 아니라 저작자와 인류가 쌓은 지식 간의 상호 작용을 통해 이루어진다. "내가 남들보다 조금 더 멀리보고 있다면, 이는 내가 거인의 어깨 위에 올라서 있는 난쟁이이기 때문이다."라는 뉴턴의 겸손은 바로 이를 말한다. 이렇듯 창작자의 저작물은 인류의 지적 자원에서 영감을 얻은 결과이다. 그러한 저작물을 다시 인류에게 되돌려주는 데 저작권의 의의가 있다. 이러한 생각은 이미 1960년대 프랑스 철학자들에 의해 형성되었다. 예컨대 기호학자인 바르트는 저자의 죽음을 거론하면서 저자가 만들어 내는 텍스트는 단지 인용의 조합일 뿐 어디에도 '오리지널'은 존재하지 않는다고 단언한다.

전자 복제 기술의 발전과 디지털 혁명은 정보나 자료의 공유가 지니는 의의를 잘 보여주고 있다. 인터넷과 같은 매체 환경의 변화는 원본을 무한히 복제하고 자유롭게 이용함으로써 누구나 창작의 주체로서 새로운 문화 창조에 기여할 수 있도록 돕는다. 인터넷 환경에서 이용자는 저작물을 자유롭게 교환할 뿐 아니라 수많은 사람들과 생각을 나눔으로써 새로운 창작물을 생산하고 있다. 이러한 상황은 저작권을 사적 재산권의 측면에서보다는 공익적 측면에서 바라볼 필요가 있음을 보여준다.

03 다음 중 윗글의 내용으로 적절하지 않은 것은?

① 저작권 보호기간인 사후 50년이 지난 저작물은 누구나 자유롭게 이용할 수 있다.
② 공적 이익 추구를 위한 저작권이 사적 재산권 보호를 위한 도구로 전락하였다.
③ 창작은 이미 존재하는 지적 자원의 영향을 받아 이루어진다.
④ 매체 환경의 변화로 누구나 새로운 문화 창조에 기여할 수 있게 되었다.
⑤ 저작권의 의의는 전혀 새로운 문화를 창작한다는 데 있다.

04 다음 중 윗글의 구성 방식에 대한 설명으로 가장 적절한 것은?

① 문제점을 나열한 후, 그 해결 방안을 제시하고 있다.
② 현상의 발생, 전개, 결과를 순차적으로 제시하고 있다.
③ 기존의 이론들이 지닌 장점과 단점을 차례로 제시하고 있다.
④ 현상의 발생 원리를 일반화하여 사회적 의미를 제시하고 있다.
⑤ 기존 통념의 문제를 지적한 후, 이와 다른 견해를 제시하고 있다.

05 다음 중 윗글의 주장에 대한 비판으로 가장 적절한 것은?

① 저작권의 사회적 공유에 대해 일관성 없는 주장을 하고 있다.

② 저작물이 개인의 지적, 정신적 창조물임을 과소평가하고 있다.

③ 저작권의 사적 보호가 초래한 사회적 문제의 사례가 적절하지 않다.

④ 인터넷이 저작권의 사회적 공유에 미치는 영향을 드러내지 못하고 있다.

⑤ 객관적인 사실을 제시하지 않고 추측에 근거하여 논리를 전개하고 있다.

06 다음 글의 주제로 가장 적절한 것은?

> 옛날에 어진 인재는 보잘것없는 집안에서 많이 나왔다. 그때에도 지금 우리나라와 같은 법을 썼다면, 범중엄이 재상 때에 이룬 공업이 없었을 것이요, 진관과 반양귀는 곧은 신하라는 이름을 얻지 못하였을 것이며, 사마양저, 위청과 같은 장수와 왕부의 문장도 끝내 세상에서 쓰이지 못했을 것이다. 하늘이 냈는데도 사람이 버리는 것은 하늘을 거스르는 것이다. 하늘을 거스르고도 하늘에 나라를 길이 유지하게 해달라고 비는 것은 있을 수 없는 일이다.

① 인재는 많을수록 좋다.

② 인재 선발에 투자하여야 한다.

③ 인재를 적재적소에 배치해야 한다.

④ 인재를 차별 없이 등용해야 한다.

⑤ 인재는 능력과 출신을 함께 고려하여 선발해야 한다.

07 다음 글을 바탕으로 세미나를 개최하고자 한다. 세미나의 안내장에 들어갈 표제와 부제로 적절하지 않은 것은?

인간은 자연 속에서 태어나 살다가 자연으로 돌아간다. 이처럼 자연은 인간 삶의 무대요, 안식처이다. 그러므로 자연과 인간의 관계는 불가분의 관계이다. 유교는 바로 이 점에 주목하여 인간과 자연의 원만한 관계를 추구하였다. 이는 자연이 인간을 위한 수단이 아니라 인간과 공존해야 할 대상이라는 것을 뜻한다.

유교는 자연을 인간의 부모로 생각하고 인간은 자연의 자식이라고 여겨왔다. 그러므로 유교에서는 인간의 본질적 근원을 천(天)에 두었다. 하늘이 명한 것을 성(性)이라 하고, 하늘이 인간에게 덕(德)을 낳아 주었다고 하였다. 이는 인간에게 주어진 본성과 인간에 내재한 덕이 하늘에서 비롯한 것임을 밝힌 것이다. 이와 관련하여 이이는 "사람이란 천지의 이(理)를 부여받아 성(性)을 삼고, 천지의 기(氣)를 나누어 형(形)을 삼았다."라고 하였다. 이는 인간 존재를 이기론(理氣論)으로 설명한 것이다. 인간은 천지의 소산자(所産者)이며, 이 인간 생성의 모태는 자연이다. 그러므로 천지 만물이 본래 나와 한몸이라고 할 수 있는 것이다.

유교에서는 천지를 인간의 모범 혹은 완전자(完全者)로 이해하였다. 유교 사상에 많은 영향을 미친 『주역』에 의하면 성인(聖人)은 천지와 더불어 그 덕을 합한 자이며, 해와 달과 함께 그 밝음을 합한 자이며, 사시(四時)와 더불어 그 질서를 합한 자이다. 이에 대하여 이이는 '천지란 성인의 준칙이요, 성인이란 중인의 준칙'이라 하여 천지를 성인의 표준으로 이해하였다. 따라서 성인의 덕은 하늘과 더불어 하나가 되므로 신묘하여 헤아릴 수 없다고 하였다. 이와 같이 천지는 인간의 모범으로 일컬어졌고, 인간은 그 천지의 본성을 부여받은 존재로 규정되었다. 그러므로 『중용』에서는 성(誠)은 하늘의 도(道)요, 성(誠)이 되고자 노력하는 것이 인간의 도리라고 하였다. 즉, 참된 것은 우주 자연의 법칙이며, 그 진실한 자연의 법칙을 좇아 살아가는 것은 인간의 도리라는 것이다. 이처럼 유교는 인간 삶의 도리를 자연의 법칙에서 찾았고, 자연의 질서에 맞는 인간의 도리를 이상으로 여겼다. 이렇게 볼 때, 유교에서는 인간과 자연을 하나로 알고 상호 의존하고 있는 유기적 존재로 인식함으로써 천인합일(天人合一)을 추구하였음을 알 수 있다. 이러한 바탕 위에서 유교는 자존과 공존의 자연관을 말하였다. 만물은 저마다 자기 생을 꾸려나간다. 즉, 인간은 인간대로, 동물은 동물대로, 식물은 식물대로 각기 자기 삶을 살아가지만 서로 해치지 않는다. 약육강식의 먹이 사슬로 보면 이러한 설명은 타당하지 않은 듯하다. 그러나 생태계의 질서를 살펴보면 먹고 먹히면서도 전체적으로는 평등하다는 것을 알 수 있다. 또한 만물의 도는 함께 운행되고 있지만 전체적으로 보면 하나의 조화를 이루어 서로 어긋나지 않는다. 이것이야말로 자존과 공존의 질서가 서로 어긋나지 않으면서 하나의 위대한 조화를 이루고 있는 것이다. 나도 살고 너도 살지만, 서로 해치지 않는 조화의 질서가 바로 유교의 자연관인 것이다.

① 유교와 현대 철학 – 환경 파괴 문제에 관하여
② 우주를 지배하는 자연의 질서 – 자연이 보여준 놀라운 복원력
③ 유교에서 바라본 자연관 – 자연과 인간의 공존을 찾아서
④ 유교의 현대적인 의미 – 자연에서 발견하는 삶의 지혜
⑤ 유교에서 바라본 현대 문명 – 자존과 공존의 문명을 그리며

08 다음 글의 밑줄 친 ㉠~㉤을 바꾸어 쓸 때 적절하지 않은 것은?

산등성이가 검은 바위로 끊기고 산봉우리가 여기저기 솟아 있어서 이들 산은 때로 ㉠ 경사가 급하고 접근할 수 없는 것처럼 험준해 보인다. 산봉우리들은 분홍빛의 투명한 자수정으로 빛나고, 그 그림자는 짙은 코발트빛을 띠며 내려앉고, 하늘은 푸른 금빛을 띤다. 서울 인근의 풍광은 이른 봄에도 아름답다. 이따금 녹색의 연무가 산자락을 ㉡ 휘감고, 산등성이는 연보랏빛 진달래로 물들고, 불그레한 자두와 화사한 벚꽃, 그리고 ㉢ 흐드러지게 핀 복숭아꽃이 예상치 못한 곳에서 나타난다. 서울처럼 인근에 아름다운 산책로와 마찻길이 있고 외곽지대로 조금만 나가더라도 한적한 숲이 펼쳐져 있는 도시는 동양에서는 거의 찾아볼 수 없다. 또 한 가지 덧붙여 말한다면, 서울만큼 안전한 도시는 없다는 것이다. 내가 직접 경험한 바이지만, 이곳에서는 여자들이 유럽에서처럼 누군가를 ㉣ 대동하지 않고도 성 밖의 어느 곳이든 아무런 ㉤ 성가신 일을 겪지 않고 나다닐 수 있다.

① ㉠ : 황량하고
② ㉡ : 둘러 감고
③ ㉢ : 탐스럽게
④ ㉣ : 데리고 가지
⑤ ㉤ : 번거로운

09 다음 문단을 논리적 순서대로 바르게 나열한 것은?

(가) 그러나 캐넌과 바드는 신체 반응 이후 정서가 나타난다는 제임스와 랑에의 이론에 대해 다른 의견을 제시한다. 첫째, 그들은 정서와 신체 반응은 거의 동시에 나타난다고 주장한다. 즉, 정서를 일으키는 외부 자극이 대뇌에 입력되는 것과 동시에 우리 몸의 신경계가 자극되므로, 정서와 신체 반응은 거의 동시에 발생한다는 것이다.

(나) 둘째, 특정한 신체 반응에 하나의 정서가 일대일로 대응되어 연결되는 것이 아니라고 주장한다. 즉, 특정한 신체 반응이 여러 가지 정서들에 대응되기도 한다는 것이다. 따라서 특정한 신체 반응 이후에 특정한 정서가 유발된다고 한 제임스와 랑에의 이론은 한계가 있다고 본 것이다.

(다) 이 이론에 따르면 외부자극은 인간의 신체 내부에 자율신경계의 반응을 일으키고, 정서는 이러한 신체 반응의 결과로 나타난다는 것이다. 이는 만약 우리가 인위적으로 신체 반응을 유발할 수 있다면 정서를 바꿀 수도 있다는 것을 시사해 주기도 한다.

(라) 인간의 신체 반응은 정서에 의해 유발되는 것일까? 이에 대해 제임스와 랑에는 정서에 의해 신체 반응이 유발되는 것이 아니라, 신체 반응이 오히려 정서보다 앞서 나타난다고 주장한다. 즉, 웃으니까 기쁜 감정이 생기고, 우니까 슬픈 감정이 생긴다는 것이다. 이는 외부자극에 대한 자율 신경계의 반응으로 신체의 변화가 먼저 일어나고, 이러한 변화에 대한 자각을 한 이후 공포감이나 놀라움이라는 정서를 느끼게 되었음을 보여준다.

③ (나) – (다) – (가) – (라)
① (다) – (가) – (나) – (라)
③ (다) – (라) – (나) – (가)
④ (라) – (가) – (다) – (나)
⑤ (라) – (다) – (가) – (나)

10 다음은 문서 작성 시 유의해야 할 한글 맞춤법 및 어법에 대한 설명이다. 이를 토대로 한 표기로 적절하지 않은 것은?

〈한글 맞춤법 및 어법〉

1) 고 / 라고
   앞말이 직접 인용되는 말임을 나타내는 조사는 '라고'이다. '고'는 앞말이 간접 인용되는 말임을 나타내는 격조사이다.

2) 로써 / 로서
   지위나 신분 또는 자격을 나타내는 격조사는 '로서'이며, '로써'는 어떤 일의 수단이나 도구를 나타내는 격조사이다.

3) 율 / 률
   받침이 있는 말 뒤에서는 '렬, 률', 받침이 없는 말이나 'ㄴ' 받침으로 끝나는 말 뒤에서는 '열, 율'로 적는다.

4) 년도 / 연도
   한자음 '녀, 뇨, 뉴, 니'가 단어 첫머리에 올 때는 두음 법칙에 따라 '여, 요, 유, 이'로 적는다. 단, 의존 명사의 경우 두음 법칙을 적용하지 않는다.

5) 연월일의 표기
   아라비아 숫자만으로 연월일을 표시할 경우 마침표는 연월일 다음에 모두 사용해야 한다.

---

① 이사장은 "이번 기회를 통해 소중함을 깨닫게 되었으면 좋겠다."라고 말했다.

② 모든 것이 말로써 다 표현되는 것은 아니다.

③ 올해의 상반기 목표 성장률을 달성하기 위해서는 모두가 함께 노력해야 한다.

④ 노인 일자리 추가 지원 사업을 시작한 지 반 연도 되지 않아 지원이 끝이 났다.

⑤ 시험 원서 접수는 2024. 04. 30.(화)에 마감됩니다.

11 다음은 청소년의 경제의식에 대한 설문조사 결과이다. 이에 대한 설명으로 옳은 것은?

〈경제의식에 대한 설문조사 결과〉

(단위 : %)

설문 내용	구분	전체	성별		학교별	
			남	여	중학교	고등학교
용돈을 받는지 여부	예	84.2	82.9	85.4	87.6	80.8
	아니오	15.8	17.1	14.6	12.4	19.2
월간 용돈 금액	5만 원 미만	75.2	73.9	76.5	89.4	60
	5만 원 이상	24.8	26.1	23.5	10.6	40
금전출납부 기록 여부	기록한다.	30	22.8	35.8	31	27.5
	기록 안 한다.	70	77.2	64.2	69.0	72.5

① 용돈을 받는 남학생의 비율이 용돈을 받는 여학생의 비율보다 높다.
② 월간 용돈을 5만 원 미만으로 받는 비율은 중학생이 고등학생보다 높다.
③ 고등학생 전체 인원을 100명이라 한다면, 월간 용돈을 5만 원 이상 받는 학생은 40명이다.
④ 금전출납부는 기록하는 비율이 기록 안 하는 비율보다 높다.
⑤ 용돈을 받지 않는 중학생 비율이 용돈을 받지 않는 고등학생 비율보다 높다.

12 다음은 예식장 사업 형태에 대한 자료이다. 이에 대한 설명으로 옳지 않은 것은?

〈예식장 사업 형태〉

(단위 : 개, 백만 원, m²)

구분	개인 경영	회사 법인	회사 이외의 법인	비법인 단체	합계
사업체 수	1,160	44	91	9	1,304
매출	238,789	43,099	10,128	791	292,807
비용	124,446	26,610	5,542	431	157,029
면적	1,253,791	155,379	54,665	3,534	1,467,369

※ $[수익률(\%)]=\left[\dfrac{(매출)}{(비용)}-1\right]\times100$

① 예식장 사업은 대부분 개인 경영 형태로 이루어지고 있다.
② 사업체당 매출액이 평균적으로 제일 큰 예식장 사업 형태는 회사 법인 예식장이다.
③ 예식장 사업은 매출액의 40% 이상이 수익이 되는 사업이다.
④ 수익률이 가장 높은 예식장 사업 형태는 회사 법인 형태이다.
⑤ 사업체당 평균 면적이 가장 작은 예식장 사업 형태는 비법인 단체 형태이다.

13 50원, 100원, 500원짜리 동전이 총 14개가 있다. 동전들의 합이 2,250원이라면 50원짜리 동전은 몇 개인가?

① 5개   ② 6개

③ 7개   ④ 8개

⑤ 9개

14 농도 10% 설탕물 480g에 20% 설탕물 120g을 섞었다. 이 설탕물에서 한 컵의 설탕물을 퍼내고, 퍼낸 설탕물의 양만큼 다시 물을 부었더니 11%의 설탕물 600g이 되었다. 이때 컵으로 퍼낸 설탕물의 양은?

① 30g   ② 50g

③ 60g   ④ 90g

⑤ 100g

15 K회사의 해외사업부, 온라인 영업부, 영업지원부에서 각각 2명, 2명, 3명이 대표로 회의에 참석하기로 하였다. 원탁 테이블에 같은 부서 사람이 옆자리로 앉는다고 할 때, 7명이 앉을 수 있는 방법은 몇 가지인가?

① 48가지   ② 36가지

③ 27가지   ④ 24가지

⑤ 16가지

16 다음은 K공사의 모집단위별 지원자 수 및 합격자 수를 나타낸 자료이다. 이에 대한 설명으로 옳지 않은 것은?

〈모집단위별 지원자 수 및 합격자 수〉

(단위 : 명)

모집단위	남성		여성		합계	
	합격자 수	지원자 수	합격자 수	지원자 수	모집정원	지원자 수
A집단	512	825	89	108	601	933
B집단	353	560	17	25	370	585
C집단	138	417	131	375	269	792
합계	1,003	1,802	237	508	1,240	2,310

※ [경쟁률(%)] $= \dfrac{(\text{지원자 수})}{(\text{모집정원})} \times 100$

※ 경쟁률은 소수점 첫째 자리에서 반올림한다.

① 세 개의 모집단위 중 총 지원자 수가 가장 많은 집단은 A집단이다.

② 세 개의 모집단위 중 합격자 수가 가장 적은 집단은 C집단이다.

③ K공사의 남성 합격자 수는 여성 합격자 수의 5배 이상이다.

④ B집단의 경쟁률은 158%이다.

⑤ C집단에서는 남성의 경쟁률이 여성의 경쟁률보다 높다.

17 다음 〈조건〉은 200명의 시민을 대상으로 A~C회사에서 생산한 자동차의 소유 현황을 조사한 결과이다. 이를 참고할 때, 조사 대상자 중 세 회사에서 생산된 어떤 자동차도 가지고 있지 않은 사람의 수는?

> **조건**
> • 자동차를 2대 이상 가진 사람은 없다.
> • A사 자동차를 가진 사람은 B사 자동차를 가진 사람보다 10명 많다.
> • B사 자동차를 가진 사람은 C사 자동차를 가진 사람보다 20명 많다.
> • A사 자동차를 가진 사람 수는 C사 자동차를 가진 사람 수의 2배이다.

① 20명   ② 40명

③ 60명   ④ 80명

⑤ 100명

18 다음은 2023년도 연령별 인구수 현황을 나타낸 그래프이다. 연령대를 기준으로 남성 인구가 40% 이하인 연령대 ㉠과 여성 인구가 50% 초과 60% 이하인 연령대 ㉡이 바르게 짝지어진 것은?(단, 소수점 둘째 자리에서 반올림한다)

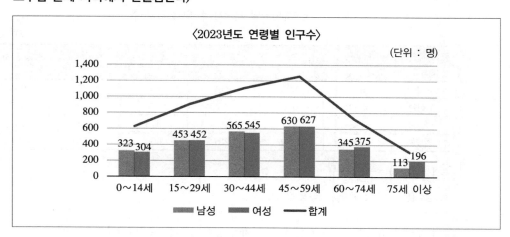

	㉠	㉡
①	0 ~ 14세	15 ~ 29세
②	30 ~ 44세	15 ~ 29세
③	45 ~ 59세	60 ~ 74세
④	75세 이상	60 ~ 74세
⑤	75세 이상	45 ~ 59세

19 다음은 2023년 테니스 팀 A~E의 선수 인원수 및 총연봉과 각각의 전년 대비 증가율에 대한 자료이다. 이에 대한 설명으로 옳지 않은 것은?

〈2023년 테니스 팀 A~E의 선수 인원수 및 총연봉〉

(단위 : 명, 억 원)

테니스 팀	선수 인원수	총연봉
A	5	15
B	10	25
C	10	24
D	6	30
E	6	24

※ (팀 선수 평균 연봉)= $\dfrac{(총연봉)}{(선수\ 인원수)}$

〈2023년 테니스 팀 A~E의 선수 인원수 및 총연봉의 전년 대비 증가율〉

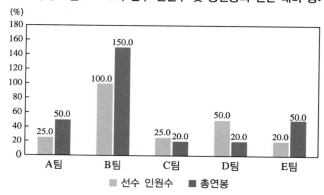

① 2023년 테니스 팀 선수당 평균 연봉은 D팀이 가장 많다.
② 2023년 전년 대비 증가한 선수 인원수는 C팀과 D팀이 동일하다.
③ 2023년 A팀의 팀 선수 평균 연봉은 전년 대비 증가하였다.
④ 2023년 선수 인원수가 전년 대비 가장 많이 증가한 팀은 총연봉도 가장 많이 증가하였다.
⑤ 2022년 총연봉은 A팀이 E팀보다 많다.

20 다음은 K회사의 연도별 자동차 판매현황이다. 이에 대한 설명으로 옳은 것을 〈보기〉에서 모두 고르면?

〈자동차 판매현황〉

(단위 : 천 대)

구분	2021년	2022년	2023년
소형	27.8	32.4	30.2
준중형	181.3	179.2	180.4
중형	209.3	202.5	205.7
대형	186.1	185.0	177.6
SUV	452.2	455.7	450.8

보기
ㄱ. 2021 ~ 2023년 동안 판매량이 감소하는 차종은 2종류이다.
ㄴ. 2022년 대형 자동차 판매량은 전년 대비 2% 미만 감소했다.
ㄷ. SUV 자동차의 3년 동안 총판매량은 대형 자동차 총판매량의 2.5배 이하이다.
ㄹ. 2022년 대비 2023년 판매량 증가율이 가장 높은 차종은 준중형이다.

① ㄱ, ㄷ
② ㄴ, ㄷ
③ ㄴ, ㄹ
④ ㄱ, ㄴ, ㄹ
⑤ ㄱ, ㄷ, ㄹ

21 K은행에서는 A ~ E팀이 사용하는 사무실을 회사 건물의 1층부터 5층에 배치하고 있다. 각 부서의 배치는 2년에 한 번씩 바꾸며, 올해가 새롭게 배치될 해이다. 〈조건〉을 참고할 때, 반드시 옳은 것은?

조건
• 한 번 배치된 층에는 같은 부서가 배치되지 않는다.
• A팀과 C팀은 1층과 3층을 사용한 적이 있다.
• B팀과 D팀은 2층과 4층을 사용한 적이 있다.
• E팀은 2층을 사용한 적이 있고, 5층에 배치되었다.
• B팀은 1층에 배치되었다.

① A팀은 2층을 사용한 적이 있을 것이다.
② D팀은 이번에 확실히 3층에 배정될 것이다.
③ E팀은 이전에 5층을 사용한 적이 있을 것이다.
④ 2층을 쓸 가능성이 있는 것은 총 세 팀이다.
⑤ C팀은 이번에 확실히 4층에 배정될 것이다.

22 왼쪽부터 순서대로 빨간색, 갈색, 검은색, 노란색, 파란색 5개 컵이 일렬로 놓여 있다. 그중 4개의 컵에는 각각 물, 주스, 맥주, 포도주가 들어 있고, 하나의 컵은 비어 있다. 다음 〈조건〉이 항상 참일 때, 컵에 들어 있는 내용물이 바르게 짝지어진 것은?

> **조건**
> • 물은 항상 포도주가 들어 있는 컵의 바로 오른쪽 컵에 들어 있다.
> • 주스는 항상 비어 있는 컵의 바로 왼쪽 컵에 들어 있다.
> • 맥주는 빨간색 또는 검은색 컵에 들어 있다.
> • 맥주가 빨간색 컵에 들어 있지 않으면 파란색 컵에는 물이 들어 있지 않다.
> • 포도주는 빨간색, 검은색, 파란색 컵 중에 들어 있다.

① 빨간색 컵 – 물 　　　　　　② 갈색 컵 – 포도주

③ 검은색 컵 – 맥주 　　　　　④ 노란색 컵 – 포도주

⑤ 파란색 컵 – 주스

23 K기업은 인사팀, 영업팀, 홍보팀, 기획팀, 개발팀, 디자인팀의 신입사원 20명을 대상으로 보고서 작성 교육과 사내 예절 교육을 실시하였다. 다음 〈조건〉을 참고할 때, 교육에 참석한 홍보팀 신입사원은 모두 몇 명인가?

> **조건**
> • 보고서 작성 교육에 참석한 신입사원의 수는 총 14명이다.
> • 영업팀 신입사원은 중요한 팀 회의로 인해 모든 교육에 참석하지 못했다.
> • 인사팀 신입사원은 사내 예절교육에만 참석하였다.
> • 디자인팀 신입사원의 인원수는 인사팀 신입사원의 2배로 모든 교육에 참석하였다.
> • 최다 인원 참석팀은 개발팀이고, 인사팀과 홍보팀의 사내 예절 교육 참석인원 합과 동일하다.
> • 기획팀 신입사원의 수와 인사팀 신입사원의 수는 같다.
> • 사내 예절교육에 참석한 팀은 총 다섯 팀으로 16명이 참석했다.

① 없음 　　　　　　　　　　② 1명

③ 2명 　　　　　　　　　　④ 3명

⑤ 4명

24 다음은 창의적 사고에 대한 설명이다. 빈칸에 들어갈 말로 적절하지 않은 것은?

> 창의적 사고란 당면한 문제를 해결하기 위해 이미 알고 있는 경험지식을 해체하여 새로운 아이디어를 다시 도출하는 것을 말한다. 즉, 창의적 사고는 개인이 가지고 있는 경험과 지식을 통해 새로운 가치 있는 아이디어로 다시 결합함으로써 참신한 아이디어를 산출하는 힘을 의미하며, _____ 특징을 지닌다.

① 발산적
③ 가치 지향성
⑤ 통상적

② 독창성
④ 다양성

25 다음 〈조건〉에 따라 악기를 배치하고자 할 때, 옳지 않은 것은?

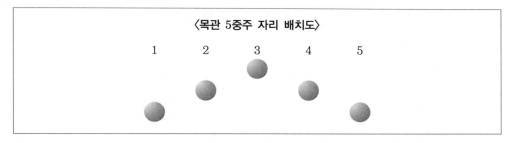

〈목관 5중주 자리 배치도〉

1   2   3   4   5

조건
- 목관 5중주는 플루트, 클라리넷, 오보에, 바순, 호른 각 1대씩으로 이루어진다.
- 최상의 음향 효과를 내기 위해서는 음색이 서로 잘 어울리는 악기는 바로 옆자리에 놓아야 하고, 서로 잘 어울리지 않는 악기는 바로 옆자리에 놓아서는 안 된다.
- 오보에와 클라리넷의 음색은 서로 잘 어울리지 않는다.
- 플루트와 클라리넷의 음색은 서로 잘 어울린다.
- 플루트와 오보에의 음색은 서로 잘 어울린다.
- 호른과 오보에의 음색은 서로 잘 어울리지 않는다.
- 바순의 음색과 서로 잘 어울리지 않는 악기는 없다.
- 바순은 그 음이 낮아 제일 왼쪽(1번) 자리에는 놓일 수 없다.

① 플루트는 3번 자리에 놓일 수 있다.
② 클라리넷은 5번 자리에 놓일 수 있다.
③ 바순은 3번 자리에 놓일 수 없다.
④ 오보에는 2번 자리에 놓일 수 있다.
⑤ 호른은 2번 자리에 놓일 수 없다.

26 K사는 신제품의 품번을 다음과 같은 규칙에 따라 정한다고 한다. 제품에 설정된 임의의 영단어가 'INTELLECTUAL'이라면 이 제품의 품번으로 옳은 것은?

〈규칙〉

1단계 : 알파벳 A ~ Z를 숫자 1, 2, 3, …으로 변환하여 계산한다.
2단계 : 제품에 설정된 임의의 영단어를 숫자로 변환한 값의 합을 구한다.
3단계 : 임의의 영단어 속 자음의 합에서 모음의 합을 뺀 값의 절댓값을 구한다.
4단계 : 2단계와 3단계의 값을 더한 다음 4로 나누어 2단계의 값에 더한다.
5단계 : 4단계의 값이 정수가 아닐 경우에는 소수점 첫째 자리에서 버림한다.

① 120
② 140
③ 160
④ 180
⑤ 200

27 J씨는 페인트 도장 전문업자이다. 최근 A건물의 외벽 페인트 도장을 진행했을 때, 총 3명의 직원이 15시간 동안 36통의 페인트를 사용하여 작업을 완료하였다. 두 번째 작업장인 B건물에서는 근로시간을 고려하여 총 5명을 투입하였다. 다음 〈조건〉을 참고할 때, B건물 작업에 소요되는 작업시간과 페인트 수량이 바르게 짝지어진 것은?

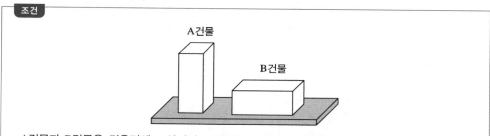

조건

• A건물과 B건물은 직육면체 모양이며, B건물은 A건물을 눕혀 놓은 것이다.
• A건물의 밑면은 정사각형이며, 높이는 밑면 한 변 길이의 2배이다.
• 페인트 도장작업은 건물의 옆면 4개와 윗면에 같은 방식으로 진행한다.
• 페인트 도장작업자의 능률은 모두 동일한 것으로 간주한다.

	작업시간	페인트 수량
①	8시간	30통
②	8시간	32통
③	8시간	34통
④	10시간	32통
⑤	10시간	34통

28 레저용 차량을 생산하는 K기업에 대한 다음 SWOT 분석 결과를 참고할 때, 〈보기〉 중 각 전략에 따른 대응으로 적절한 것을 모두 고르면?

SWOT 분석은 조직의 외부환경 분석을 통해 기회와 위협 요인을 파악하고, 조직의 내부 역량 분석을 통해서 조직의 강점과 약점을 파악하여, 이를 토대로 강점은 최대화하고 약점은 최소화하며, 기회는 최대한 활용하고 위협에는 최대한 대처하는 전략을 세우기 위한 분석 방법이다.

〈SWOT 분석 매트릭스〉

구분	강점(Strength)	약점(Weakness)
기회(Opportunity)	SO전략 : 공격적 전략 강점으로 기회를 살리는 전략	WO전략 : 방향전환 전략 약점을 보완하여 기회를 살리는 전략
위협(Threat)	ST전략 : 다양화 전략 강점으로 위협을 최소화하는 전략	WT전략 : 방어적 전략 약점을 보완하여 위협을 최소화하는 전략

〈K기업의 SWOT 분석 결과〉

강점(Strength)	약점(Weakness)
• 높은 브랜드 이미지・평판 • 훌륭한 서비스와 판매 후 보증수리 • 확실한 거래망, 딜러와의 우호적인 관계 • 막대한 R&D 역량 • 자동화된 공장 • 대부분의 차량 부품 자체 생산	• 한 가지 차종에만 집중 • 고도의 기술력에 대한 과도한 집중 • 생산설비에 막대한 투자 → 차량모델 변경의 어려움 • 한 곳의 생산 공장만 보유 • 전통적인 가족형 기업 운영
기회(Opportunity)	위협(Threat)
• 소형 레저용 차량에 대한 수요 증대 • 새로운 해외시장의 출현 • 저가형 레저용 차량에 대한 선호 급증	• 휘발유의 부족 및 가격의 급등 • 레저용 차량 전반에 대한 수요 침체 • 다른 회사들과의 경쟁 심화 • 차량 안전 기준의 강화

보기

ㄱ. ST전략 : 기술개발을 통하여 연비를 개선한다.
ㄴ. SO전략 : 대형 레저용 차량을 생산한다.
ㄷ. WO전략 : 규제 강화에 대비하여 보다 안전한 레저용 차량을 생산한다.
ㄹ. WT전략 : 생산량 감축을 고려한다.
ㅁ. WO전략 : 국내 다른 지역이나 해외에 공장들을 분산 설립한다.
ㅂ. ST전략 : 경유용 레저 차량 생산을 고려한다.
ㅅ. SO전략 : 해외 시장 진출보다는 내수 확대에 집중한다.

① ㄱ, ㄴ, ㅁ, ㅂ
② ㄱ, ㄹ, ㅁ, ㅂ
③ ㄴ, ㄷ, ㅂ, ㅅ
④ ㄴ, ㄹ, ㅁ, ㅅ
⑤ ㄷ, ㅁ, ㅂ, ㅅ

29 다음은 K교통카드의 환불 방법에 대한 자료이다. 이에 대한 설명으로 적절하지 않은 것은?

〈K교통카드 정상카드 잔액 환불 안내〉

환불처		환불금액	환불 방법	환불 수수료	비고
편의점	A편의점	2만 원 이하	• 환불처에 방문하여 환불 수수료를 제외한 카드 잔액 전액을 현금으로 환불받음	500원	카드값 환불 불가
	B편의점	3만 원 이하			
	C편의점				
	D편의점				
	E편의점				
지하철	역사 내 K교통카드 서비스센터	5만 원 이하	• 환불처에 방문하여 환불수수료를 제외한 카드 잔액 전액 또는 일부 금액을 현금으로 환불받음 ※ 한 카드당 한 달에 최대 50만 원까지 환불 가능	500원 ※ 기본운임료 (1,250원) 미만 잔액은 수수료 없음	
은행 ATM	A은행	20만 원 이하	• 본인 명의의 해당은행 계좌로 환불 수수료를 제외한 잔액 이체 ※ 환불불가 카드 : 모바일 K교통카드, Y사 플러스카드	500원	
	B은행	50만 원 이하			
	C은행				
	D은행				
	E은행				
	F은행				
모바일 (P사, Q사, R사)		50만 원 이하	• 1인 월 3회, 최대 50만 원까지 환불 가능 : 10만 원 초과 환불은 월 1회, 연 5회 가능 ※ App에서 환불신청 가능하며 고객명의 계좌로 환불 수수료를 제외한 금액이 입금	500원 ※ 기본운임료 (1,250원) 미만 잔액은 수수료 없음	
K교통카드 본사			• 1인 1일 최대 50만 원까지 환불 가능 • 5만 원 이상 환불 요청 시 신분 확인 (이름, 생년월일, 연락처) ※ 10만 원 이상 고액 환불의 경우 내방 당일 카드 잔액 차감 후 익일 18시 이후 계좌로 입금(주말, 공휴일 제외) ※ 지참서류 : 통장사본, 신분증	월 누적 50만 원까지 수수료 없음 (50만 원 초과 시 수수료 1%)	

※ 잔액이 5만 원을 초과하는 경우 K교통카드 본사로 내방하시거나, K교통카드 잔액 환불 기능이 있는 ATM에서 해당은행 계좌로 환불이 가능합니다(단, 모바일 K교통카드, Y사 플러스카드는 ATM에서 환불이 불가능합니다).
※ ATM 환불은 주민번호 기준으로 월 50만 원까지 가능하며, 환불금액은 해당은행의 본인명의 계좌로 입금됩니다.
　－ 환불접수처 : K교통카드 본사, 지하철 역사 내 K교통카드 서비스센터, 은행 ATM, 편의점 등
　　단, 부분환불 서비스는 K교통카드 본사, 지하철 역사 내 K교통카드 서비스센터에서만 가능합니다.
　－ 부분 환불 금액 제한 : 부분 환불 요청금액 1만 원 이상 5만 원 이하만 가능(이용 건당 수수료는 500원입니다)

① 환불금액이 13만 원일 경우 K교통카드 본사 방문 시 수수료 없이 전액 환불받을 수 있다.

② 모바일에서 환불 시 카드 잔액이 40만 원일 경우 399,500원을 환불받을 수 있다.

③ 카드 잔액 30만 원을 환불할 경우 A은행을 제외한 은행 ATM에서 299,500원을 환불받을 수 있다.

④ 카드 잔액이 4만 원이고 환불 요청금액이 2만 원일 경우 지하철 역사 내 K교통카드 서비스센터에서 환불이 가능하다.

⑤ 카드 잔액 17만 원을 K교통카드 본사에 방문해 환불한다면 당일 카드 잔액을 차감하고 즉시 계좌로 이체받을 수 있다.

30 A ~ E 5명이 순서대로 퀴즈게임을 해서 벌칙 받을 사람 1명을 선정하고자 한다. 다음 게임 규칙과 결과에 근거할 때, 항상 옳은 것을 〈보기〉에서 모두 고르면?

- 규칙
  - A → B → C → D → E 순서대로 퀴즈를 1개씩 풀고, 모두 한 번씩 퀴즈를 풀고 나면 한 라운드가 끝난다.
  - 퀴즈 2개를 맞힌 사람은 벌칙에서 제외되고, 다음 라운드부터는 게임에 참여하지 않는다.
  - 라운드를 반복하여 맨 마지막까지 남는 한 사람이 벌칙을 받는다.
  - 벌칙에서 제외되는 4명이 확정되면 라운드 중이라도 더 이상 퀴즈를 출제하지 않는다. 이 외에는 라운드 끝까지 퀴즈를 출제한다.
- 결과
  3라운드에서 A는 참가자 중 처음으로 벌칙에서 제외되었고, 4라운드에서는 오직 B만 벌칙에서 제외되었으며, 벌칙을 받을 사람은 5라운드에서 결정되었다.

보기

ㄱ. 5라운드까지 참가자들이 정답을 맞힌 퀴즈는 총 9개이다.
ㄴ. 게임이 종료될 때까지 총 22개의 퀴즈가 출제되었다면 E는 5라운드에서 퀴즈의 정답을 맞혔다.
ㄷ. 게임이 종료될 때까지 총 21개의 퀴즈가 출제되었다면 퀴즈를 푸는 순서가 벌칙을 받을 사람 선정에 영향을 미친 것으로 볼 수 있다.

① ㄱ
② ㄴ
③ ㄱ, ㄷ
④ ㄴ, ㄷ
⑤ ㄱ, ㄴ, ㄷ

31 K회사에서 다음과 같은 조건으로 임원용 보고서와 직원용 보고서를 제작하려고 한다. 임원용 보고서와 직원용 보고서의 제작비를 계산한 값이 바르게 연결된 것은?

- 보고서 : 85페이지(표지 포함)
- 임원용(10부) : 컬러 단면 복사, 양면 플라스틱 커버, 스프링 제본
- 직원용(20부) : 흑백 양면 복사, 2쪽씩 모아 찍기, 집게(2개)

(단위 : 페이지당, 개당)

컬러 복사	흑백 복사	플라스틱 커버	스프링 제본	집게
양면 200원	양면 70원	2,000원	2,000원	50원
단면 300원	단면 100원			

※ 표지는 모두 컬러 단면 복사를 한다.
※ 플라스틱 커버 1개는 한 면만 커버할 수 있다.

	임원용	직원용
①	325,000원	42,300원
②	315,000원	37,700원
③	315,000원	37,400원
④	295,000원	35,300원
⑤	292,000원	32,100원

32 K회사는 해외지사와 화상 회의를 1시간 동안 하기로 하였다. 모든 지사의 업무시간은 오전 9시부터 오후 6시까지이며, 점심시간은 낮 12시부터 오후 1시까지이다. 다음 〈조건〉을 참고할 때, 회의가 가능한 시간은 언제인가?(단, 회의가 가능한 시간은 서울 기준이다)

조건

- 헝가리는 서울보다 7시간 느리고, 현지시각으로 오전 10시부터 2시간 동안 외부출장이 있다.
- 호주는 서울보다 1시간 빠르고, 현지시각으로 오후 2시부터 3시간 동안 회의가 있다.
- 베이징은 서울보다 1시간 느리다.
- 헝가리와 호주는 서머타임 +1시간을 적용한다.

① 오전 10시 ~ 오전 11시 ② 오전 11시 ~ 낮 12시
③ 오후 1시 ~ 오후 2시 ④ 오후 2시 ~ 오후 3시
⑤ 오후 3시 ~ 오후 4시

33 K공사는 직원들에게 매월 25일 월급을 지급하고 있다. A대리는 이번 달 급여명세서를 보고 자신의 월급이 잘못 나왔음을 알았다. 다음 〈조건〉을 참고하여 다음 달 A대리가 상여금과 다른 수당들이 없다고 할 때, 소급된 금액과 함께 받을 월급은 총 얼마인가?(단, 4대 보험은 국민연금, 건강보험, 장기요양, 고용보험이며, 각 항목의 금액은 10원 미만 절사한다)

〈급여명세서〉

(단위 : 원)

성명 : A		직책 : 대리		지급일 : 2024-4-25	
지급항목	지급액		공제항목		공제액
기본급	2,000,000		소득세		17,000
야근수당(2일)	80,000		주민세		1,950
휴일수당	–		고용보험		13,000
상여금	50,000		국민연금		90,000
기타	–		장기요양		4,360
식대	100,000		건강보험		67,400
교통비	–		연말정산		–
복지후생	–				
			공제합계		193,710
지급총액	2,230,000		차감수령액		2,036,290

조건

- 국민연금은 9만 원이고, 건강보험은 기본급의 6.24%이며 회사와 50%씩 부담한다.
- 장기요양은 건강보험 총금액의 7.0% 중 50%만 내고 고용보험은 13,000원이다.
- 잘못 계산된 금액은 다음 달에 소급한다.
- 야근수당은 하루당 기본급의 2%이며, 상여금은 5%이다.
- 다른 항목들의 금액은 급여명세서에 명시된 것과 같으며, 매달 같은 조건이다.

① 1,865,290원
② 1,866,290원
③ 1,924,290원
④ 1,966,290원
⑤ 1,986,290원

34 K공사에서는 신입사원 2명을 채용하기 위하여 서류와 필기전형을 통과한 갑 ~ 정 네 명의 최종 면접을 실시하려고 한다. 다음과 같이 네 개 부서의 팀장이 각각 네 명을 모두 면접하여 채용 우선 순위를 결정하였다. 면접 결과에 대한 〈보기〉의 설명 중 옳은 것을 모두 고르면?

〈면접 결과〉

면접관 순위	인사팀장	경영관리팀장	복지사업팀장	회계팀장
1순위	을	갑	을	병
2순위	정	을	병	정
3순위	갑	정	정	갑
4순위	병	병	갑	을

※ 우선순위가 높은 순서대로 2명을 채용한다.
※ 동점자는 인사팀장, 경영관리팀장, 복지사업팀장, 회계팀장 순서로 부여한 고순위자로 결정한다.
※ 각 팀장이 매긴 순위에 대한 가중치는 모두 동일하다.

보기

㉠ '을' 또는 '정' 중 한 명이 입사를 포기하면 '갑'이 채용된다.
㉡ 인사팀장이 '을'과 '정'의 순위를 바꾼다면 '갑'이 채용된다.
㉢ 경영관리팀장이 '갑'과 '병'의 순위를 바꾼다면 '정'은 채용되지 못한다.

① ㉠
② ㉠, ㉡
③ ㉠, ㉢
④ ㉡, ㉢
⑤ ㉠, ㉡, ㉢

35 K물류회사에서 근무 중인 귀하에게 화물운송기사 두 명이 찾아와 운송시간에 대한 질문을 하였다. 주요 도시 간 이동시간을 참고했을 때, 두 기사에게 안내해야 할 시간은?(단, 귀하와 두 기사는 A도시에 위치하고 있다)

> K기사 : 저는 여기서 화물을 싣고 E도시로 운송한 후에 C도시로 가서 다시 화물을 싣고 여기로 돌아와야 하는데 시간이 얼마나 걸릴까요? 최대한 빨리 마무리지었으면 좋겠는데….
>
> P기사 : 저는 여기서 출발해서 모든 도시를 한 번씩 거쳐 다시 여기로 돌아와야 해요. 만약에 가장 짧은 이동시간으로 다녀오면 얼마나 걸릴까요?

〈주요도시 간 이동시간〉

(단위 : 시간)

도착도시 출발도시	A	B	C	D	E
A	–	1.0	0.5	–	–
B	–	–	–	1.0	0.5
C	0.5	2.0	–	–	–
D	1.5	–	–	–	0.5
E	–	–	2.5	0.5	–

※ 화물을 싣고 내리기 위해 각 도시에서 정차하는 시간은 고려하지 않음
※ '–' 표시가 있는 구간은 이동이 불가능함

	K기사	P기사
①	4시간	4시간
②	4.5시간	5시간
③	4.5시간	5.5시간
④	5.5시간	5시간
⑤	5.5시간	5.5시간

36 대학 서적을 도서관에서 빌리면 10일간 무료이고 그 이상은 하루에 100원의 연체료가 부과되며, 연체료가 부과되는 시점부터 한 달 단위마다 연체료는 두 배로 늘어난다. 1학기 동안 대학 서적을 도서관에서 빌려 사용하는 데 필요한 비용은 얼마인가?(단, 1학기의 기간은 15주이고, 한 달은 30일이다)

① 20,000원   ② 25,000원

③ 31,000원   ④ 33,000원

⑤ 35,000원

37 K사에서는 A～N직원 중 면접위원을 선발하고자 한다. 면접위원의 구성 조건을 근거로 할 때, 다음 중 옳지 않은 것은?

〈면접위원 구성 조건〉

- 면접관은 총 6명으로 구성한다.
- 이사 이상의 직급으로 50% 이상 구성해야 한다.
- 인사팀을 제외한 모든 부서는 두 명 이상 선출할 수 없고, 인사팀은 반드시 두 명 이상을 포함한다.
- 모든 면접위원의 입사 후 경력은 3년 이상으로 한다.

직원	직급	부서	입사 후 경력
A	대리	인사팀	2년
B	과장	경영지원팀	5년
C	이사	인사팀	8년
D	과장	인사팀	3년
E	사원	홍보팀	6개월
F	과장	홍보팀	2년
G	이사	고객지원팀	13년
H	사원	경영지원	5개월
I	이사	고객지원팀	2년
J	과장	영업팀	4년
K	대리	홍보팀	4년
L	사원	홍보팀	2년
M	과장	개발팀	3년
N	이사	개발팀	8년

---

① L사원은 면접위원으로 선출될 수 없다.

② N이사는 반드시 면접위원으로 선출된다.

③ B과장이 면접위원으로 선출됐다면 K대리도 선출된다.

④ 과장은 두 명 이상 선출되었다.

⑤ 모든 부서에서 면접위원이 선출될 수는 없다.

38 지점별 수요량과 공급량, 지점 간 수송비용이 다음과 같을 때, 최소 총수송비는?(단, 자료에 제시된 금액은 톤당 수송비용을 나타낸다)

<지점별 수요·공급량 및 수송비용>

공급지 \ 수요지	A	B	C	D	공급 합계
X	7만 원	9만 원	6만 원	5만 원	70톤
Y	5만 원	8만 원	7만 원	6만 원	100톤
Z	6만 원	7만 원	9만 원	8만 원	80톤
수요 합계	100톤	80톤	50톤	20톤	250톤

① 1,360만 원
② 1,460만 원
③ 1,530만 원
④ 1,640만 원
⑤ 1,720만 원

39 같은 상품을 각기 다른 공장에서 생산하고 있다. 선택할 수 있는 공장의 운송요금이 다음과 같을 때, 1,000kg 상품을 구매하는 경우와 2,000kg 상품을 구매하는 경우 각각 가장 저렴한 공장은?(단, 전체 요금은 기본요금과 무게당 요금, 세금, 거리당 요금을 합산한 것을 말한다)

<공장별 운송요금 정보>

구분	기본요금	1kg당 요금	세금	거리	1km당 요금
A	3,000원	200원	1,000원	2,500km	450원
B	2,000원	150원	1,500원	3,500km	350원
C	2,500원	150원	1,500원	5,000km	250원
D	1,000원	200원	2,500원	3,000km	400원
E	0원	200원	2,000원	6,000km	200원

	1,000kg	2,000kg
①	A	B
②	A	C
③	B	D
④	D	A
⑤	D	E

40 K사는 개발 상품 매출 순이익에 기여한 직원에게 성과급을 지급하고자 한다. 기여도에 따른 성과급 지급 기준과 〈보기〉를 참고하여 성과급을 차등 지급할 때, 가장 많은 성과급을 지급받는 직원은? (단, 팀장에게 지급하는 성과급은 기준 금액의 1.2배이다)

〈기여도에 따른 성과급 지급 기준〉

매출 순이익	개발 기여도			
	1% 이상 5% 미만	5% 이상 10% 미만	10% 이상 20% 미만	20% 이상
1천만 원 미만	−	−	매출 순이익의 1%	매출 순이익의 2%
1천만 원 이상 3천만 원 미만	5만 원	매출 순이익의 1%	매출 순이익의 2%	매출 순이익의 5%
3천만 원 이상 5천만 원 미만	매출 순이익의 1%	매출 순이익의 2%	매출 순이익의 3%	매출 순이익의 5%
5천만 원 이상 1억 원 미만	매출 순이익의 1%	매출 순이익의 3%	매출 순이익의 5%	매출 순이익의 7.5%
1억 원 이상	매출 순이익의 1%	매출 순이익의 3%	매출 순이익의 5%	매출 순이익의 10%

보기

직원	직책	매출 순이익	개발 기여도
A	팀장	4,000만 원	25%
B	팀장	2,500만 원	12%
C	팀원	1억 2,500만 원	3%
D	팀원	7,500만 원	7%
E	팀원	800만 원	6%

① A
② B
③ C
④ D
⑤ E

배우고 때로 익히면,
또한 기쁘지 아니한가.

- 공자-

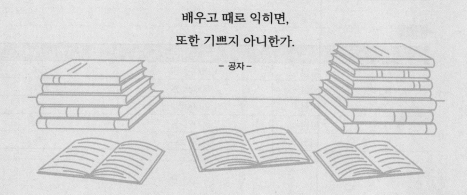

현재 나의 실력을 객관적으로 파악해 보자!

모바일 OMR
답안채점 / 성적분석 서비스

도서에 수록된 모의고사에 대한 객관적인 결과(정답률, 순위)를 종합적으로 분석하여 제공합니다.

OMR 입력

성적분석

채점결과

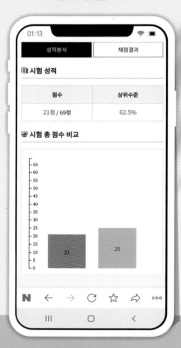

※OMR 답안채점 / 성적분석 서비스는 등록 후 30일간 사용 가능합니다.

도서 내 모의고사 우측 상단에 위치한 QR코드 찍기 → 로그인 하기 → '시작하기' 클릭 → '응시하기' 클릭 → 나의 답안을 모바일 OMR 카드에 입력 → '성적분석 & 채점결과' 클릭 → 현재 내 실력 확인하기

SD에듀

공기업 취업을 위한 NCS
직업기초능력평가 시리즈

NCS부터 전공까지 완벽 학습 "통합서" 시리즈

공기업 취업의 기초부터 차근차근! 취업의 문을 여는 Master Key!

NCS 영역 및 유형별 체계적 학습 "집중학습" 시리즈

영역별 이론부터 유형별 모의고사까지! 단계별 학습을 통한 Only Way!

2024 최신판

NCS 주요 핵심영역 수록

의사소통능력·수리능력·문제해결능력·자원관리능력

하루 18문제로 일 만에 끝내는 NCS

1위
기업별 NCS 시리즈
누적 판매량

편저 | SDC(Sidae Data Center)

합격의 모든 것!

정답 및 해설

SD에듀
(주)시대고시기획

PART 1

1주 차 학습

끝까지 책임진다! SD에듀!

QR코드를 통해 도서 출간 이후 발견된 오류나 개정법령, 변경된 시험 정보, 최신기출문제, 도서 업데이트 자료 등이 있는지 확인해 보세요! **시대에듀 합격 스마트 앱**을 통해서도 알려 드리고 있으니 구글 플레이나 앱 스토어에서 다운받아 사용하세요. 또한, 파본 도서인 경우에는 구입하신 곳에서 교환해 드립니다.

01	02	03	04	05	06	07	08	09	10	11	12	13	14	15	16	17	18		
①	⑤	③	⑤	④	⑤	②	①	④	①	③	④	②	③	②	②	③	③		

01
정답 ①

제시문에서 언급되지 않은 내용이다.

오답분석

② 두 번째 문단을 통해 확인할 수 있다.
③ 첫 번째 문단에서 '위기(爲己)란 자아가 성숙하는 것을 추구하며'라고 하였다.
④ 첫 번째 문단에서 '공자는 공부하는 사람의 관심이 어디에 있느냐를 가지고 학자를 두 부류로 구분했다.'라고 하였다.
⑤ 마지막 문단을 통해 확인할 수 있다.

02
정답 ⑤

전시면 사용요령에서 현수막 크기는 가로 $4.7m \times$ 세로 $1m$이며, 미술관 1·2관에서 현수막 사용 시 미술관 입구에 현수막 봉이 설치되어 있으므로 현수막을 봉에 설치하라고 언급하고 있다.

오답분석

① 일반쓰레기는 종로구 종량제 규격봉투에 담아 처리해야 한다.
② 불량 고리는 역무실에 교체를 요구해야 한다.
③ 전시장 벽면에 못은 사용할 수 없다.
④ 작품설명표지는 액자틀에 부착해야 한다.

03
정답 ③

제시문에 따르면 거래에 참여하는 사람들 간에는 목적이나 재산 등의 측면에서 큰 차이가 존재하는 것이 보통이다. 이런 경우에는 상품의 가격이 우리의 상식으로는 도저히 이해하기 힘든 수준까지 일시적으로 뛰어오르는 현상이 나타날 가능성이 있다.

오답분석

①·④ 네 번째 문단을 통해 확인할 수 있다.
② 마지막 문단을 통해 확인할 수 있다.
⑤ 세 번째 문단을 통해 확인할 수 있다.

04
정답 ⑤

마지막 문단에 따르면 교수 및 교직원은 제출한 자료에 더 많은 비리가 있을 것으로 생각하고 있다.

05

첫 번째 문단을 통해 확인할 수 있다.

[오답분석]

① 마지막 문단에서 모든 광자는 광속으로 움직인다고 하였다.
② 두 번째 문단을 통해 광자의 개념은 1905년 알버트 아인슈타인이 광전 효과를 설명하기 위해 도입했다는 것을 알 수 있다.
③ 두 번째 문단에서 '광자는 많은 에너지를 가진 감마선과 X선부터 가시광선을 거쳐 적은 에너지를 가진 적외선과 라디오파에 이르기까지 모든 에너지 상태에 걸쳐 존재한다.'고 하였다.
⑤ 첫 번째 문단에서 '직진성을 가지는 입자의 성질로는 파동의 원형으로 퍼져나가는 회절 및 간섭현상을 설명할 수 없다.'고 하였다.

06

제11조 제1항에 해당하는 내용이다.

[오답분석]

① 응급조치에 소요된 비용에 대해서는 제시문을 통해 확인할 수 없다.
② '을'은 공사감리자로부터 요청이 있으면 상세시공도면을 작성해야 하지만, 그렇지 않은 경우에는 어떻게 해야 하는지 알 수 없다.
③ '을'이 미리 긴급조치를 취할 수 있지만, 즉시 '갑'에게 통지해야 한다.
④ 설계상의 하자나 '갑'의 요구에 의한 작업으로 인한 재해에 대해서는 '을'의 책임은 없다.

07

각 점포의 일일매출액을 a, b, c, d, e만 원이라고 하면, 주어진 조건을 다음과 같이 나타낼 수 있다.
- $a = b - 30 \cdots$ ㉠
- $b = d \div 5 \cdots$ ㉡
- $d + e + 2,450 = c \cdots$ ㉢
- $2c - 12d = 3,500 \cdots$ ㉣
- $30e = 9,000 \cdots$ ㉤ → $e = 300$

e를 ㉢에 대입하면 $c - d = 2,750$이고, 이를 ㉣과 연립하면 $d = 200$, $c = 2,950$이다. 즉, ㉡에서 $b = 40$, ㉠에서 $a = 10$임을 알 수 있다. 따라서 총매출액은 $10 + 40 + 2,950 + 200 + 300 = 3,500$만 원이다.

08

- (운동에너지) $= \frac{1}{2} \times$ (질량) $\times$ (속력)$^2 = \frac{1}{2} \times 2 \times 4^2 = 16J$
- (위치에너지) $=$ (질량) $\times$ (중력가속도) $\times$ (높이) $= 2 \times 10 \times 0.5 = 10J$
- (역학적 에너지) $=$ (운동에너지) $+$ (위치에너지) $= 16 + 10 = 26J$

공의 역학적 에너지는 26J이고, 튀어 오를 때 가장 높은 지점에서 운동에너지가 0이므로 역학적 에너지는 위치에너지와 같다. 따라서 공이 튀어 오를 때 가장 높은 지점에서의 위치에너지는 26J이다.

09

수인이가 베트남 현금 1,670만 동을 환전하기 위해 수수료를 제외하고 필요한 한국 돈은 1,670만 동×483원/만 동=806,610원이다. 우대사항에서 50만 원 이상 환전 시 70만 원까지 수수료가 0.4%로 낮아진다고 하였으므로, 70만 원의 수수료는 0.4%가 적용되고 나머지는 0.5%가 적용되어 총수수료는 $700,000 \times 0.004 + (806,610 - 700,000) \times 0.005 = 2,800 + 533.05 ≒ 3,330$원이다. 따라서 수인이가 원하는 금액을 환전하는 데 필요한 총금액은 수수료를 포함하여 $806,610 + 3,330 = 809,940$원이다.

10

정답 ①

A와 B의 근속연수는 각각 x년, y년이므로 첫 번째 조건에 의하여 다음 식이 성립한다.

$x+y=21 \cdots$ ㉠

두 번째 조건에 의하여 다음 식이 성립한다.

$4(x-3)=(y-3) \rightarrow 4x-12=y-3 \rightarrow 4x-y=9 \cdots$ ㉡

㉠, ㉡을 연립하면 $x=6$, $y=15$이다.

이때, B의 근속연수가 A의 근속연수의 2배가 되는 것을 z년 후라 하자.

$2(6+z)=15+z$

$\rightarrow 12+2z=15+z$

$\therefore z=3$

따라서 B의 근속연수가 A의 근속연수의 2배가 되는 것은 3년 후이다.

11

정답 ③

★, ◎, ◇, □, ▲를 각각 A, B, C, D, E라고 하면, 조건의 식은 다음과 같다.

- $E=2(A+B) \cdots$ ①
- $B=A+C \cdots$ ②
- $2B=C+D \cdots$ ③
- $2C=D \cdots$ ④

③에 ④를 대입하면 $2B=3C \rightarrow B=\dfrac{3}{2}C \cdots$ ㉠

이를 ②에 대입하면 $\dfrac{3}{2}C=A+C \rightarrow A=\dfrac{1}{2}C \cdots$ ㉡

㉠과 ㉡을 ①에 대입하면 $E=2A+2B=C+3C=4C$

즉, $A=\dfrac{1}{2}C$, $B=\dfrac{3}{2}C$, $D=2C$, $E=4C$이다.

따라서 구한 값을 보기에 대입하면 $\boxed{} \times C=\dfrac{1}{2}C+\dfrac{3}{2}C+2C+4C=8C$이므로, 빈칸에 들어갈 알맞은 숫자는 8이다.

12

정답 ④

4×6 사이즈는 x장, 5×7 사이즈는 y장, 8×10 사이즈는 z장을 인화한다고 하면 $150x+300y+1,000z=21,000$원이다. 모든 사이즈를 최소 1장씩은 인화하므로 $x+1=x'$, $y+1=y'$, $z+1=z'$라고 하면 $150x'+300y'+1,000z'=19,550$원이다. 십 원 단위는 300원과 1,000원으로 나올 수 없는 금액이므로 4×6 사이즈 1장을 더 구매한 것으로 보고, 나머지 금액을 300원과 1,000원으로 구매할 수 있는지 확인한다. 19,400원에서 백 원 단위는 1,000원으로 구매할 수 없으므로 300원으로 구매해야 한다. 5×7 사이즈인 300×8=2,400원을 제외하면 19,400-2,400=17,000원이 남는데 나머지는 1,000원으로 구매할 수 있으나, 5×7 사이즈를 최대로 구매해야 하므로 300의 배수인 300×50=15,000원을 추가로 구매한다. 나머지 2,000원은 8×10 사이즈로 구매한다. 따라서 5×7 사이즈는 최대 1+8+50=59장을 인화할 수 있다.

13

정답 ②

창의적 사고를 개발하는 방법

- 자유 연상법 : 어떤 생각에서 다른 생각을 계속해서 떠올리는 작용을 통해 어떤 주제에서 생각나는 것을 계속해서 열거해 나가는 방법 예 브레인스토밍
- 강제 연상법 : 각종 힌트에서 강제적으로 연결지어서 발상하는 방법 예 체크리스트
- 비교 발상법 : 주제와 본질적으로 닮은 것을 힌트로 하여 새로운 아이디어를 얻는 방법 예 NM법, Synetics법

14

정답 ③

K사는 모바일 게임 시장은 사라질 것이라는 과거의 고정관념에서 벗어나 인식의 틀을 전환하여 신기술인 AR을 게임에 도입하여 큰 성공을 거두었다. 즉, K사는 기존에 가지고 있는 인식의 틀을 전환하여 새로운 관점에서 사물과 세상을 바라보는 발상의 전환을 통해 문제를 해결한 것이다.

15

정답 ②

창의적 사고는 선천적으로 타고 날 수도 있지만, 후천적 노력에 의해서도 개발이 가능하기 때문에 적절하지 않은 조언이다.

[오답분석]

① 새로운 경험을 찾아 나서는 사람은 적극적이고, 모험심과 호기심 등을 가진 사람으로, 창의력 교육훈련에 필요한 요소를 가지고 있는 사람이다.
③ 창의적인 사고는 창의력 교육훈련을 통해 후천적 노력에 의해서도 개발이 가능하다.
④ 창의력은 본인 스스로 자신의 틀에서 벗어나도록 노력하는 것으로, 통상적인 사고가 아니라 기발하고 독창적인 것을 말한다.
⑤ 창의적 사고는 전문지식보다 자신의 경험 및 기존의 정보를 특정한 요구 조건에 맞추거나 유용하도록 새롭게 조합시킨 것이다.

16

정답 ②

B버스(9시 출발, 소요시간 40분) → KTX(9시 45분 출발, 소요시간 1시간 32분) → 도착시각 오전 11시 17분으로 가장 먼저 도착한다.

[오답분석]

① A버스(9시 20분 출발, 소요시간 24분) → 새마을호(9시 45분 출발, 소요시간 3시간) → 도착시각 오후 12시 45분
③ 지하철(9시 30분 출발, 소요시간 20분) → KTX(10시 30분 출발, 소요시간 1시간 32분) → 도착시각 오후 12시 2분
④ B버스(9시 출발, 소요시간 40분) → 새마을호(9시 40분 출발, 소요시간 3시간) → 도착시각 오후 12시 40분
⑤ 지하철(9시 30분 출발, 소요시간 20분) → 새마을호(9시 50분 출발, 소요시간 3시간) → 도착시각 오후 12시 50분

17

정답 ③

밴쿠버 지사에 메일이 도착한 밴쿠버 현지 시각은 4월 22일 오전 12시 15분이지만, 업무 시간이 아니므로 메일을 읽을 수 없다. 따라서 밴쿠버 지사에서 가장 빠르게 읽을 수 있는 시각은 전력 점검이 끝난 4월 22일 오전 10시 15분이다. 모스크바는 밴쿠버와 10시간의 시차가 있으므로 이때의 모스크바 현지 시각은 4월 22일 오후 8시 15분이다.

18

정답 ③

B사원의 대화 내용을 살펴보면, 16:00부터 사내 정기 강연으로 2시간 정도 소요된다는 것을 알 수 있다. 또한 B사원은 강연 준비로 30분 정도 더 일찍 가야 하므로, 15:30부터는 가용할 시간이 없다. 그리고 기획안 작성 업무는 두 시간 정도 걸릴 것으로 예상되는데, A팀장이 먼저 기획안부터 마무리 짓자고 하였으므로, 11:00부터 업무를 시작하는 것으로 볼 수 있다. 그런데 중간에 점심시간이 껴 있으므로, 기획안 업무는 14:00에 완료될 것이다. 따라서 A팀장과 B사원 모두 여유가 되는 14:00 ~ 15:00가 가장 적절한 시간이다.

01	02	03	04	05	06	07	08	09	10	11	12	13	14	15	16	17	18			
④	①	①	②	③	③	①	④	④	⑤	④	④	③	④	②	⑤	②	④			

01

정답 ④

밑줄 친 '일부 과학자'들은 목재를 친환경 연료로 바라보지 않고 있으며, 마지막 문단에서 이들은 배출량을 줄이는 것이 아니라 배출하지 않는 방법을 택해야 한다고 말한다. 따라서 이들의 주장으로는 ④가 가장 적절하다.

02

정답 ①

마지막 문단을 통해 선거 기간 중 여론 조사 결과의 공표 금지 기간이 과거에 비해 대폭 줄어든 것은 국민들의 알 권리를 보장하기 위한 것임을 알 수 있다. 그러므로 공표 금지 기간이 길어질수록 알 권리는 약화된다.

03

정답 ①

국가 주요 정책이나 환경에 대한 관심이 상표 출원에 많은 영향을 미치고 있음을 알 수 있다.

오답분석

② 친환경 상표가 가장 많이 출원된 제품이 화장품인 것은 맞지만 그 안전성에 대해서는 언급하고 있지 않기 때문에 적절하지 않다.

③ 환경과 건강에 대한 관심이 증가하면서 앞으로도 친환경 관련 상표 출원은 증가할 것으로 추론할 수 있다.

④ 2007년부터 2017년까지 영문자 ECO가 상표 출원실적이 가장 높았으며 그다음은 그린, 에코 순이다. 제시문의 내용만으로는 추론할 수 없다.

⑤ 출원건수는 상품류를 기준으로 한다. 따라서 ECO 달세제, ECO 별세제는 모두 친환경 세제라는 하나의 상품류에 속하므로 단류 출원 1건으로 계산한다.

04

정답 ②

제시문에서 옵트인 방식은 수신 동의 과정에서 발송자와 수신자 양자에게 모두 비용이 발생한다고 했으므로 ②는 적절하지 않다.

05

정답 ③

제시문은 중력, 부력, 항력 등 유체 속에서 운동하는 물체에 작용하는 힘과 종단 속도를 설명하고 있다. 그중에서 부력은 어떤 물체에 의해서 배제된 부피만큼의 유체의 무게에 해당하는 힘으로, 항상 중력의 반대 방향으로 작용하며, 이때 중력의 방향은 수직(연직) 방향이다. ③은 마찰력을 이용한 사례이므로 적절하지 않다.

06

③은 교환되는 내용이 양과 질의 측면에서 정확히 대등하지 않기 때문에 비대칭적 상호주의의 예시이다.

07

처음에 A가 갖고 있는 구슬의 수를 x개라 하면 다음 식이 성립한다.

$$x = \frac{1}{2}x + \frac{1}{3}x + \left[1 - \left(\frac{1}{2} + \frac{1}{3} \right) \right] \times \frac{1}{4}x + 18$$

$$\rightarrow x = \frac{5}{6}x + \frac{1}{24}x + 18$$

$$\rightarrow \frac{1}{8}x = 18$$

$$\therefore x = 144$$

따라서 처음에 A가 갖고 있던 구슬의 개수는 144개이다.

08

산책로의 길이를 xm라 하면, 40분 동안의 민주와 세희의 이동거리는 다음과 같다.
· 민주의 이동거리 : $40 \times 40 = 1,600$m
· 세희의 이동거리 : $45 \times 40 = 1,800$m
40분 후에 두 번째로 마주친 것이라고 하므로
$1,600 + 1,800 = 2x$
$\rightarrow 2x = 3,400$
$\therefore x = 1,700$
따라서 산책로의 길이는 1,700m이다.

09

작년 K대학교의 재학생 수는 6,800명이고 남학생 수와 여학생 수의 비가 8 : 9이므로, 남학생 수는 $6,800 \times \dfrac{8}{8+9} = 3,200$명이고,

여학생 수는 $6,800 \times \dfrac{9}{8+9} = 3,600$명이다. 올해 줄어든 남학생 수와 여학생 수의 비가 12 : 13이므로 올해 K대학교에 재학 중인

남학생 수와 여학생 수의 비는 $(3,200 - 12k) : (3,600 - 13k) = 7 : 8$이다.
$7 \times (3,600 - 13k) = 8 \times (3,200 - 12k)$
$\rightarrow 25,200 - 91k = 25,600 - 96k$
$\rightarrow 5k = 400$
$\therefore k = 80$
따라서 올해 K대학교에 재학 중인 남학생 수는 $3,200 - 12 \times 80 = 2,240$명이고, 여학생 수는 $3,600 - 13 \times 80 = 2,560$명이므로 올해 K대학교의 전체 재학생 수는 $2,240 + 2,560 = 4,800$명이다.

10

할인받기 전 종욱이가 내야 할 금액은 $25,000 \times 2 + 8,000 \times 3 = 74,000$원이다.
통신사 할인과 이벤트 할인을 적용한 금액은 $(25,000 \times 2 \times 0.85 + 8,000 \times 3 \times 0.75) \times 0.9 = 54,450$원이다.
따라서 종욱이가 할인받은 금액은 $74,000 - 54,450 = 19,550$원이다.

11

정답 ④

500g의 설탕물에 녹아있는 설탕의 양을 xg이라고 하자.

3%의 설탕물 200g에 들어있는 설탕의 양은 $\dfrac{3}{100} \times 200 = 6$g이다.

$\dfrac{x+6}{500+200} \times 100 = 7$

→ $x+6=49$

∴ $x=43$

따라서 500g의 설탕에 녹아있는 설탕의 양은 43g이다.

12

정답 ④

644와 476을 소인수분해하면 다음과 같다.

$644 = 2^2 \times 7 \times 23$

$476 = 2^2 \times 7 \times 17$

즉, 644와 476의 최대공약수는 $2^2 \times 7 = 28$이다.

이때 직사각형의 가로에 설치할 수 있는 조명의 개수를 구하면 다음과 같다.

$644 \div 28 + 1 = 23 + 1 = 24$개

직사각형의 세로에 설치할 수 있는 조명의 개수를 구하면 다음과 같다.

$476 \div 28 + 1 = 17 + 1 = 18$개

따라서 조명의 최소 설치 개수를 구하면 $(24+18) \times 2 - 4 = 84 - 4 = 80$개이다.

13

정답 ③

우선 세 번째 조건에 따라 '윤지 – 영민 – 순영'의 순서로 가야 하는데, 첫 번째 조건에서 윤지는 가장 먼저 출장을 가지 않는다고 하였으므로 윤지 앞에는 먼저 출장을 가는 사람이 있어야 한다. 따라서 '재철 – 윤지 – 영민 – 순영'의 순이 되고, 마지막으로 출장을 가는 순영의 출장지는 미국이 된다. 또한 재철은 영국이나 프랑스로 출장을 가야 하는데, 영국과 프랑스는 연달아 갈 수 없으므로 두 번째 출장지는 일본이며, 첫 번째와 세 번째 출장지는 영국 또는 프랑스로 재철과 영민이 가게 된다.

구분	첫 번째	두 번째	세 번째	네 번째
출장 가는 사람	재철	윤지	영민	순영
출장 가는 나라	영국 또는 프랑스	일본	영국 또는 프랑스	미국

오답분석

① 윤지는 일본으로 출장을 간다.

② 재철은 영국으로 출장을 갈 수도, 프랑스로 출장을 갈 수도 있다.

④ 순영은 네 번째로 출장을 간다.

⑤ 윤지와 순영의 출장 순서는 두 번째와 네 번째로, 연이어 출장을 가지 않는다.

14

정답 ④

제시된 명제들을 순서대로 논리 기호화 하면 다음과 같다.

• 첫 번째 명제 : 재고

• 두 번째 명제 : ~설비투자 → ~재고(대우)

• 세 번째 명제 : 건설투자 → 설비투자('~때에만'이라는 한정 조건이 들어가면 논리 기호의 방향이 바뀐다)

첫 번째 명제가 참이므로 두 번째 명제의 대우(재고 → 설비투자)에 따라 설비를 투자한다. 세 번째 명제는 건설투자를 늘릴 때에만 이라는 한정 조건이 들어갔으므로 역(설비투자 → 건설투자) 또한 참이다. 이를 토대로 공장을 짓는다는 결론을 얻기 위해서는 '건설투자를 늘린다면, 공장을 짓는다(건설투자 → 공장건설).'라는 명제가 필요하다.

15

두 번째 조건에 의해 A는 2층, C는 1층, D는 2호에 살고 있음을 알 수 있다. 또한 네 번째 조건에 따라 A와 B는 2층, C와 D는 1층에 살고 있음을 알 수 있다. 따라서 1층 1호에는 C, 1층 2호에는 D, 2층 1호에는 A, 2층 2호에는 B가 살고 있다.

16

정답 ⑤

- A씨 부부의 왕복 비용 : $(59,800×2)×2=239,200$원
- 만 6세 아들의 왕복 비용 : $(59,800×0.5)×2=59,800$원
- 만 3세 딸의 왕복 비용 : $59,800×0.25=14,950$원

따라서 A씨 가족이 지불한 교통비는 $239,200+59,800+14,950=313,950$원이다.

17

정답 ②

X산지와 Y산지의 배추의 재배원가에 대하여 각 유통 과정에 따른 판매 가격을 계산하면 다음과 같다.

구분	X산지	Y산지
재배원가	1,000원	1,500원
산지 → 경매인	$1,000$원$×(1+0.2)=1,200$원	$1,500$원$×(1+0.1)=1,650$원
경매인 → 도매상인	$1,200$원$×(1+0.25)=1,500$원	$1,650$원$×(1+0.1)=1,815$원
도매상인 → 마트	$1,500$원$×(1+0.3)=1,950$원	$1,815$원$×(1+0.1)=1,996.5≒1,997$원

따라서 X산지에서 재배한 배추를 선택해야 하며, 최종적으로 K마트에서 배추 한 포기당 얻는 수익은 $3,000-1,950=1,050$원이다.

18

정답 ④

- 볼펜을 30자루 구매하면 개당 200원씩 할인되므로 $800×30=24,000$원이다.
- 수정테이프를 8개 구매하면 $2,500×8=20,000$원이지만, 10개를 구매하면 개당 1,000원이 할인되어 $1,500×10=15,000$원이므로 10개를 구매하는 것이 더 저렴하다.
- 연필을 20자루 구매하면 연필 가격의 25%가 할인되므로 $400×20×0.75=6,000$원이다.
- 지우개를 5개 구매하면 $300×5=1,500$원이며 지우개에 대한 할인은 적용되지 않는다.

따라서 총금액은 $24,000+15,000+6,000+1,500=46,500$원이고 3만 원을 초과했으므로 10% 할인이 적용되어 $46,500×0.9=41,850$원이다. 또한 할인 적용 전 금액이 5만 원 이하이므로 배송료 5,000원이 추가로 부과되어 $41,850+5,000=46,850$원이 된다. 그런데 만약 비품을 3,600원어치 추가로 주문하면 $46,500+3,600=50,100$원이므로 할인 적용 전 금액이 5만 원을 초과하여 배송료가 무료가 되고, 총금액이 3만 원을 초과했으므로 지불할 금액은 10% 할인이 적용된 $50,100×0.9=45,090$원이 된다. 그러므로 지불 가능한 가장 저렴한 금액은 45,090원이다.

01	02	03	04	05	06	07	08	09	10	11	12	13	14	15	16	17	18		
③	⑤	③	③	①	②	④	④	④	③	②	①	②	①	④	⑤	③	①		

01

정답 ③

제시문은 고전주의의 예술관을 설명한 후 이에 반하는 수용미학의 등장을 설명하고, 수용미학을 처음 제시한 야우스의 주장에 대해 설명한다. 이어서 수용미학을 체계화한 이저의 주장을 소개하고 이저가 생각한 독자의 역할을 제시한 뒤 이것의 의의에 대해 설명하고 있는 글이다. 따라서 (가) 고전주의 예술관과 이에 반하는 수용미학의 등장 → (라) 수용미학을 제기한 야우스의 주장 → (다) 야우스의 주장을 정리한 이저 → (나) 이저의 이론 속 텍스트와 독자의 상호작용의 의의의 순서로 나열해야 한다.

02

정답 ⑤

제시문은 철학에서의 '부조리'에 대한 개념을 설명하는 글이다. 따라서 (나) 부조리의 개념 → (라) 부조리라는 개념을 처음 도입하고 설명한 알베르 카뮈 → (가) 연극의 비유에 대한 설명 → (다) 인간이 부조리를 느끼는 순간의 순서로 나열해야 한다.

03

정답 ③

제시문은 효율적 제품 생산을 위한 방법 중 제품별 배치 방법의 장단점에 대해 설명하는 글이다. 따라서 (다) 효율적 제품 생산을 위해 필요한 생산 설비의 효율적 배치 → (라) 효율적 배치의 한 방법인 제품별 배치 방식 → (가) 제품별 배치 방식의 장점 → (나) 제품별 배치 방식의 단점의 순서로 나열해야 한다.

04

정답 ③

제시문은 우리나라 학생들이 입시 준비에 중요한 영양공급을 제대로 하지 못함을 설명하는 글이다. 따라서 (나) 입시 준비를 잘하기 위해서는 체력이 관건임 → (가) 좋은 체력을 위해서는 규칙적인 생활관리와 알맞은 영양공급이 필수적이며 특히 청소년기에는 좋은 영양상태를 유지하는 것이 중요함 → (다) 그러나 우리나라 학생들의 식습관을 살펴보면 충분한 영양섭취가 이루어지지 못하고 있음의 순서로 나열해야 한다.

05

정답 ①

제시문은 친환경 농업이 주목받는 이유에 대해 설명하면서 농약이 줄 수 있는 피해에 대해 다루고 있다. 따라서 (가) '친환경 농업은 건강과 직결되어 있기 때문에 각광받고 있다.' → (나) '병충해를 막기 위해 사용된 농약은 완전히 제거하기 어려우며 신체에 각종 손상을 입힌다.' → (다) '생산량 증가를 위해 사용한 농약과 제초제가 오히려 인체에 해를 입힐 수 있다.'의 순서로 나열해야 한다.

06

(가) 문단에서는 전자 상거래 시장에서 소셜 커머스 열풍이 불고 있다는 내용을 소개하며 국내 소셜 커머스 현황을 제시하고 있고, (다) 문단은 소셜 커머스가 주로 SNS를 이용해 공동 구매자를 모으는 것에서 그 명칭이 유래되었다고 언급하고 있다. 또한, (나) 문단은 소셜 쇼핑과 개인화된 쇼핑 등 소셜 커머스의 유형과 향후 전망을 제시하고 있다. 따라서 보기와 같은 순서로 문단을 나열하면 (가) – (다) – (나)이다.

07

타일별 가격을 정리하면 다음과 같다.

구분	필요한 타일 개수(개)	가격(원)
A타일	$(8m \div 20cm) \times (10m \div 20cm) = 2,000$	$2,000 \times 1,000 + 50,000 = 2,050,000$
B타일	$(8m \div 250mm) \times (10m \div 250mm) = 1,280$	$1,280 \times 1,500 + 30,000 = 1,950,000$
C타일	$(8m \div 25cm) \times (10m \div 20cm) = 1,600$	$1,600 \times 1,250 + 75,000 = 2,075,000$

따라서 가장 저렴한 타일은 B타일이고 가격은 1,950,000원이다.

08

갑 지점의 설문 응답률은 $100 - (23 + 45) = 32\%$이고, 인터넷 설문 응답자 '잘 모르겠다'를 제외한 응답자는 $5,500 \times 0.67 = 3,685$명이다. 따라서 갑 지점을 택한 응답자는 $3,685 \times 0.32 ≒ 1,179$명임을 알 수 있다.

09

연령대별 경제활동 참가율을 구하면 다음과 같다.

- 15 ~ 19세 : $\frac{265}{2,944} \times 100 ≒ 9.0\%$
- 20 ~ 29세 : $\frac{4,066}{6,435} \times 100 ≒ 63.2\%$
- 30 ~ 39세 : $\frac{5,831}{7,519} \times 100 ≒ 77.6\%$
- 40 ~ 49세 : $\frac{6,749}{8,351} \times 100 ≒ 80.8\%$
- 50 ~ 59세 : $\frac{6,238}{8,220} \times 100 ≒ 75.9\%$
- 60세 이상 : $\frac{3,885}{10,093} \times 100 ≒ 38.5\%$

경제활동 참가율이 가장 높은 연령대는 40 ~ 49세이고, 가장 낮은 연령대는 15 ~ 19세이다.
따라서 두 연령대의 차이는 $80.8 - 9.0 = 71.8\%$p이다.

10

연도별로 발굴 작업 비용을 계산하면 다음과 같다.
- 2021년 : $(21 \times 120,000) + (10 \times 30,000) + (13 \times 200,000) = 5,420,000$원
- 2022년 : $(23 \times 120,000) + (4 \times 30,000) + (18 \times 200,000) = 6,480,000$원
- 2023년 : $(19 \times 120,000) + (12 \times 30,000) + (7 \times 200,000) = 4,040,000$원

따라서 발굴 작업 비용이 가장 많이 든 해는 2022년이며, 비용은 648만 원이다.

11

- 평균 통화시간이 6분 초과 9분 이하인 여자 사원수 : $400 \times \frac{18}{100} = 72$명

- 평균 통화시간이 12분 초과인 남자 사원수 : $600 \times \frac{10}{100} = 60$명

따라서 $\frac{72}{60} = 1.2$배 많다.

12

92m^2의 6억 원 초과 9억 원 이하 주택의 표준세율은 $0.02+0.002+0.002=0.024$이므로 거래금액을 x원이라고 하면 다음 식이 성립한다.

$x \times (1+0.024)=670,000,000$

→ $1.024x=670,000,000$

∴ $x ≒ 654,290,000$(∵ 만 원 단위 미만 절사)

13

초고령화 사회는 실버산업(기업)을 기준으로 외부환경 요소로 볼 수 있으며, 따라서 기회 요인으로 적절하다.

오답분석

① 제품의 우수한 품질은 기업의 내부환경 요소로 볼 수 있으며, 따라서 강점 요인으로 적절하다.
③ 기업의 비효율적인 업무 프로세스는 기업의 내부환경 요소로 볼 수 있으며, 따라서 약점 요인으로 적절하다.
④ 살균제 달걀 논란은 빵집(기업)을 기준으로 외부환경 요소로 볼 수 있으며, 따라서 위협 요인으로 적절하다.
⑤ 근육운동 열풍은 헬스장(기업)을 기준으로 외부환경 요소로 볼 수 있으며, 따라서 기회 요인으로 적절하다.

14

제시된 자료는 K섬유회사의 SWOT 분석을 통해 강점(S), 약점(W), 기회(O), 위기(T) 요인을 분석한 것으로, SO전략과 WO전략은 발전 방안으로서 적절하다.

오답분석

ㄴ. ST전략으로 경쟁업체에 특허 기술을 무상 이전하는 것은 경쟁이 더 심화될 수 있으므로 적절하지 않다.
ㄹ. WT전략에서는 기존 설비에 대한 재투자보다는 수요에 맞게 다양한 제품을 유연하게 생산할 수 있는 신규 설비에 대한 투자가 필요하다.

15

ㄴ. 다수의 풍부한 경제자유구역 성공 사례를 활용하는 것은 강점에 해당되지만, 외국인 근로자를 국내주민과 문화적으로 동화시키려는 시도는 위협을 극복하는 것과는 거리가 멀다. 따라서 해당 전략은 ST전략으로 적절하지 않다.
ㄹ. 경제자유구역 인근 대도시와의 연계를 활성화하면 오히려 인근 기성 대도시의 산업이 확장된 교통망을 바탕으로 경제자유구역의 사업을 흡수할 위험이 커진다. 또한 인근 대도시와의 연계 확대는 경제자유구역 내 국내·외 기업 간의 구조 및 운영상 이질감을 해소하는 데 직접적인 도움이 된다고 보기 어렵다.

오답분석

ㄱ. 경제호황으로 인해 자국을 벗어나 타국으로 진출하려는 해외기업이 증가하는 기회상황에서 성공적 경험으로 축적된 우리나라의 경제자유구역 조성 노하우로 이들을 유인하여 유치하는 전략은 SO전략에 해당한다.
ㄷ. 기존에 국내에 입주한 해외기업의 동형화 사례를 활용하여 국내기업과 외국계 기업의 운영상 이질감을 해소하여 생산성을 증대시키는 전략은 WO전략에 해당한다.

16

가격, 조명도, A/S 등의 요건이 주어진 조건에 모두 부합한다.

오답분석

① 예산이 150만 원이므로 예산을 초과하여 적절하지 않다.
② 신속한 A/S가 조건이므로 해외 A/S만 가능하여 적절하지 않다.
③ 조명도가 5,000lx 미만이므로 적절하지 않다.
④ 가격과 조명도도 적절하고 특이사항도 문제없지만 가격이 저렴한 제품을 우선으로 한다고 하였으므로 E가 적절하다.

17

매출 순이익은 [(판매 가격)−(생산 단가)]×(판매량)이므로 메뉴별 매출 순이익을 계산하면 다음과 같다.

메뉴	예상 월간 판매량(개)	생산 단가(원)	판매 가격(원)	매출 순이익(원)
A	500	3,500	4,000	(4,000−3,500)×500=250,000
B	300	5,500	6,000	(6,000−5,500)×300=150,000
C	400	4,000	5,000	(5,000−4,000)×400=400,000
D	200	6,000	7,000	(7,000−6,000)×200=200,000
E	150	3,000	5,000	(5,000−3,000)×150=300,000

따라서 매출 순이익이 가장 큰 C를 메인 메뉴로 선택하는 것이 가장 합리적이다.

18

업체들의 항목별 가중치 미반영 점수를 도출한 후, 가중치를 적용하여 선정 점수를 도출하면 다음과 같다.

(단위 : 점)

구분	납품품질 점수	가격 경쟁력 점수	직원규모 점수	가중치를 반영한 선정 점수
A업체	90	90	90	90×0.4+90×0.3+90×0.3=90
B업체	80	100	90	80×0.4+100×0.3+90×0.3=89
C업체	70	100	80	70×0.4+100×0.3+80×0.3=82
D업체	100	70	80	100×0.4+70×0.3+80×0.3=85
E업체	90	80	100	90×0.4+80×0.3+100×0.3=90

따라서 선정 점수가 가장 높은 업체는 90점을 받은 A업체와 E업체이며, 이 중 가격 경쟁력 점수가 더 높은 A업체가 선정된다.

01	02	03	04	05	06	07	08	09	10	11	12	13	14	15	16	17	18		
②	①	②	④	⑤	③	④	⑤	③	①	①	③	④	③	②	③	④	③		

01

정답 ②

제시문은 행위별수가제에 대한 것으로 환자, 의사, 건강보험 재정 등 많은 곳에서 한계점이 있다고 설명하면서 건강보험 고갈을 막기 위해 다양한 지불방식을 도입하는 등 구조적인 개편이 필요함을 설명하고 있다. 따라서 글의 주제로 '행위별수가제의 한계점'이 가장 적절하다.

02

정답 ①

제시문을 살펴보면 먼저 첫 번째 문단에서는 이산화탄소로 메탄올을 만드는 곳이 있다며 관심을 유도하고, 두 번째 문단에서 메탄올을 어떻게 만들고 어디에서 사용하는지 구체적으로 설명함으로써 탄소 재활용의 긍정적인 측면을 부각하고 있다. 하지만 세 번째 문단에서는 앞선 내용과 달리 이렇게 만들어진 메탄올의 부정적인 측면을 설명하고, 네 번째 문단에서는 이와 같은 이유로 탄소 재활용에 대한 결론이 나지 않았다며 글이 마무리되고 있다. 따라서 글의 주제로 가장 적절한 것은 탄소 재활용의 이면을 모두 포함하는 내용인 ①이다.

오답분석

② 두 번째 문단에 한정된 내용이므로 글의 전체를 다루는 주제로 보기에는 적절하지 않다.

③ 지열발전소의 부산물을 통해 메탄올이 만들어진 것은 맞지만, 새롭게 탄생된 연료로 보기는 어려우며, 글의 전체를 다루는 주제로 보기에도 적절하지 않다.

④ · ⑤ 제시문의 첫 번째 문단과 두 번째 문단에서는 버려진 이산화탄소 및 부산물의 재활용을 통해 '메탄올'을 제조함으로써 미래 원료를 해결할 수 있을 것처럼 보이지만, 이어지는 세 번째 문단과 네 번째 문단에서는 이렇게 만들어진 '메탄올'이 과연 미래 원료로 적합한지 의문점이 제시되고 있다. 따라서 글의 주제로 보기에는 적절하지 않다.

03

정답 ②

제시문의 '표준화된 언어와 방언 둘 다의 가치를 인정'하고, '가려서 사용할 줄 아는 능력을 길러야 한다.'라는 내용을 토대로 할 때 글의 주제로 가장 적절한 것은 ②이다.

04

정답 ④

제시문은 중세 유럽에서 유래된 로열티 제도가 산업 혁명부터 현재까지 지적 재산권에 대한 보호와 가치 확보를 위해 발전되었음을 설명하고 있다. 따라서 글의 제목으로 가장 적절한 것은 '로열티 제도의 유래와 발전'이다.

05

제시문에서는 우리 민족과 함께해 온 김치의 역사를 비롯하여 김치의 특징과 다양성 등을 함께 설명하고 있으며, 복합 산업으로 발전하면서 규모가 성장하고 있는 김치산업에 대해 이야기하고 있다. 따라서 글 전체의 내용을 아우를 수 있는 제목으로 가장 적절한 것은 ⑤이다.

오답분석

①·④ 첫 번째 문단이나 두 번째 문단의 소제목은 될 수 있으나, 글 전체의 내용을 나타내는 제목으로는 적절하지 않다.

② 세 번째 문단에서 김치산업에 관한 내용을 언급하고 있지만, 이는 현재 김치산업의 시장 규모에 대한 내용일 뿐이므로 산업의 활성화 방안과는 거리가 멀다.

06

정답 ③

제시문의 두 번째 문단에서 지구의 내부가 지각, 상부 맨틀, 하부 맨틀, 외핵, 내핵으로 이루어진 층상 구조라고 밝히고 있고, 지구 내부의 구조를 중심으로 자연 현상을 설명하고 있으므로 글의 핵심 내용으로 가장 적절한 것은 ③이다.

07

정답 ④

A ~ C철도사의 차량 1량당 연간 승차인원 수는 다음과 같다.

• 2021년

- A철도사 : $\frac{775,386}{2,751} ≒ 281.86$천 명/년/1량

- B철도사 : $\frac{26,350}{103} ≒ 255.83$천 명/년/1량

- C철도사 : $\frac{35,650}{185} ≒ 192.7$천 명/년/1량

• 2022년

- A철도사 : $\frac{768,776}{2,731} ≒ 281.5$천 명/년/1량

- B철도사 : $\frac{24,746}{111} ≒ 222.94$천 명/년/1량

- C철도사 : $\frac{33,130}{185} ≒ 179.08$천 명/년/1량

• 2023년

- A철도사 : $\frac{755,376}{2,710} ≒ 278.74$천 명/년/1량

- B철도사 : $\frac{23,686}{113} ≒ 209.61$천 명/년/1량

- C철도사 : $\frac{34,179}{185} ≒ 184.75$천 명/년/1량

따라서 3년간 차량 1량당 연간 평균 승차인원 수는 C철도사가 가장 적다.

오답분석

① 2021 ~ 2023년의 C철도사 차량 수는 185량으로 변동이 없다.

② 2021 ~ 2023년의 연간 승차인원 비율은 모두 A철도사가 가장 높다.

③ A ~ C철도사의 2021년의 전체 연간 승차인원 수는 775,386+26,350+35,650=837,386천 명, 2022년의 전체 연간 승차인원 수는 768,776+24,746+33,130=826,652천 명, 2023년의 전체 연간 승차인원 수는 755,376+23,686+34,179=813,241천 명으로 매년 감소하였다.

⑤ 2021 ~ 2023년의 C철도사 차량 1량당 연간 승차인원 수는 각각 192.7천 명, 179.08천 명, 184.75천 명이므로 모두 200천 명 미만이다.

08

정답 ⑤

2019년 대비 2023년에 석유 생산량이 감소한 국가는 C, F이며, 석유 생산량 감소율은 다음과 같다.

- C : $\dfrac{4,025,936-4,102,396}{4,102,396}\times100≒-1.9\%$

- F : $\dfrac{2,480,221-2,874,632}{2,874,632}\times100≒-13.7\%$

따라서 석유 생산량 감소율이 가장 큰 국가는 F이다.

오답분석

① 석유 생산량이 매년 증가한 국가는 A, B, E, H로 총 4개이다.
② 2019년 대비 2023년에 석유 생산량이 증가한 국가의 석유 생산량 증가량은 다음과 같다.
- A : $10,556,259-10,356,185=200,074$bbl/day
- B : $8,567,173-8,251,052=316,121$bbl/day
- D : $5,422,103-5,321,753=100,350$bbl/day
- E : $335,371-258,963=76,408$bbl/day
- G : $1,336,597-1,312,561=24,036$bbl/day
- H : $104,902-100,731=4,171$bbl/day

따라서 석유 생산량 증가량이 가장 많은 국가는 B이다.
③ E국가의 연도별 석유 생산량을 H국가의 연도별 석유 생산량과 비교하면 다음과 같다.

- 2019년 : $\dfrac{258,963}{100,731}≒2.6$ • 2020년 : $\dfrac{273,819}{101,586}≒2.7$

- 2021년 : $\dfrac{298,351}{102,856}≒2.9$ • 2022년 : $\dfrac{303,875}{103,756}≒2.9$

- 2023년 : $\dfrac{335,371}{104,902}≒3.2$

따라서 2023년 E국가의 석유 생산량은 H국가의 석유 생산량의 약 3.2배이므로 옳지 않다.
④ 석유 생산량 상위 2개국은 매년 A, B이며, 매년 석유 생산량의 차이는 다음과 같다.
- 2019년 : $10,356,185-8,251,052=2,105,133$bbl/day
- 2020년 : $10,387,665-8,297,702=2,089,963$bbl/day
- 2021년 : $10,430,235-8,310,856=2,119,379$bbl/day
- 2022년 : $10,487,336-8,356,337=2,130,999$bbl/day
- 2023년 : $10,556,259-8,567,173=1,989,086$bbl/day

따라서 A와 B국가의 석유 생산량의 차이는 '감소 – 증가 – 증가 – 감소' 추세를 보이므로 옳지 않다.

09

정답 ③

ⓒ (교원 1인당 원아 수)$=\dfrac{(원아 수)}{(교원 수)}$이다. 따라서 교원 1인당 원아 수가 적어지는 것은 원아 수 대비 교원 수가 늘어나기 때문이다.
ⓔ 제시된 자료만으로는 알 수 없다.

10

정답 ①

2020년의 전년 대비 가격 상승률은 $\dfrac{230-200}{200}\times100=15\%$이고, 2023년의 전년 대비 가격 상승률은 $\dfrac{270-250}{250}\times100=8\%$이므로 옳지 않다.

오답분석

② 재료비의 상승 폭은 2022년에 11만 원로 가장 크고, 가격의 상승 폭도 2022년에 35만 원으로 가장 크다.
③ 인건비는 55만 원 – 64만 원 – 72만 원 – 85만 원 – 90만 원으로 꾸준히 증가했다.
④ 재료비와 인건비 모두 '증가 – 증가'이므로 증감 추이는 같다.
⑤ 재료비와 수익 모두 '증가 – 감소 – 증가 – 증가'이므로 증감 추이는 같다.

11

정답 ①

9월 말을 기점으로 이후의 그래프가 모두 하향곡선을 그리고 있다.

오답분석

② 환율이 하락하면 반대로 원화가치가 높아진다.

③ · ⑤ 표를 통해 쉽게 확인할 수 있다.

④ 유가 범위는 125 ~ 85 사이의 변동 폭을 보이고 있다.

12

정답 ③

ㄱ. 공정 순서는 A → B · C → D → E → F로 전체 공정이 완료되기 위해서는 15분이 소요된다.

ㄷ. B공정이 1분 더 지연되어도 C공정에서 5분이 걸리기 때문에 전체 공정 시간에는 변화가 없다.

오답분석

ㄴ. 첫 제품 생산 후부터는 5분마다 1개씩 제품이 생산되기 때문에 첫 제품 생산 후부터 1시간마다 12개의 제품이 생산된다.

13

정답 ④

정규직의 주당 근무시간을 비정규직 1과 같이 줄여 근무여건을 개선하고, 퇴사율이 가장 높은 비정규직 2에게 직무교육을 시행하여 퇴사율을 줄이는 것이 가장 적절하다.

오답분석

① 설문조사 결과에서 연봉보다는 일과 삶의 균형을 더 중요시한다고 하였으므로 연봉이 상승하는 것은 퇴사율에 영향을 미치지 않음을 알 수 있다.

② 정규직을 비정규직으로 전환하면 고용의 안정성을 낮추어 퇴사율을 더욱 높일 수 있다.

③ 직무교육을 안 하는 비정규직 2보다 직무교육을 하는 정규직과 비정규직 1의 퇴사율이 더 낮기 때문에 적절하지 않다.

⑤ 비정규직 2의 주당 근무 일수를 정규직과 같이 조정하면, 주 6일 20시간을 근무하게 되어 비효율적인 업무를 수행한다.

14

정답 ③

ⓛ 어떤 기계를 선택해야 비용을 최소화할 수 있는지에 대해 고려하고 있는 문제이므로 적절한 설명이다.

ⓒ • A기계를 선택하는 경우

  - 비용 : 8,000×10+10,000=90,000원
  - 이윤 : 100,000-90,000=10,000원

 • B기계를 선택하는 경우

  - 비용 : 8,000×8+20,000=84,000원
  - 이윤 : 100,000-64,000=36,000원

 따라서 합리적인 선택을 하는 경우는 B기계를 선택하는 경우이며, 36,000원의 이윤이 발생한다.

오답분석

ⓞ B기계를 선택하는 경우가 A기계를 선택하는 경우보다 36,000-10,000=26,000원의 이윤이 더 발생한다.

ⓔ A기계를 선택하는 경우 식탁을 1개 만드는 데 드는 비용은 90,000원이다.

15

정답 ②

주어진 정보를 표로 정리하면 다음과 같다.

선택		B여행팀	
		관광지에 간다	관광지에 가지 않는다
A여행팀	관광지에 간다	(10, 15)	(15, 10)
	관광지에 가지 않는다	(25, 20)	(35, 15)

• A여행팀의 최대 효용
 - B여행팀이 관광지에 가는 경우 : A여행팀이 관광지에 가지 않을 때 25의 최대 효용을 얻는다.
 - B여행팀이 관광지에 가지 않는 경우 : A여행팀이 관광지에 가지 않을 때 35의 최대 효용을 얻는다.
 즉, A여행팀은 B여행팀의 선택에 상관없이 관광지에 가지 않아야 효용이 발생하며, 이때의 최대 효용은 35이다.
• B여행팀의 최대 효용
 - A여행팀이 관광지에 가는 경우 : B여행팀이 관광지에 갈 때 15의 최대 효용을 얻는다.
 - A여행팀이 관광지에 가지 않는 경우 : B여행팀이 관광지에 갈 때 20의 최대 효용을 얻는다.
 즉, B여행팀은 A여행팀의 선택에 상관없이 관광지에 가야 효용이 발생하며, 이때의 최대 효용은 20이다.
따라서 A여행팀은 관광지에 가지 않을 때, B여행팀은 관광지에 갈 때 효용이 극대화되고, 이때의 총효용은 45(=25+20)이다.

16

정답 ③

최나래, 황보연, 이상윤, 한지혜는 업무성과 평가에서 상위 40%에 해당하지 않으므로 대상자가 아니다. 업무성과 평가 결과에서 40% 이내에 드는 사람은 4명까지이지만 B를 받은 사람 4명을 동순위자로 보아 6명이 대상자 후보가 된다. 6명 중 박희영은 통근거리가 50km 미만이므로 대상자에서 제외된다. 나머지 5명 중에서 자녀가 없는 김성배, 이지규는 우선순위에서 밀려나고, 나머지 3명 중에서는 통근거리가 가장 먼 순서대로 이준서, 김태란이 동절기 업무시간 단축 대상자로 선정된다.

17

정답 ④

• C강사 : 셋째 주 화요일 오전, 목요일, 금요일 오전에 스케줄이 비어 있으므로 목요일 오전과 금요일 오전에 이틀간 강의가 가능하다.
• E강사 : 첫째, 셋째 주 화~목요일 오전에 스케줄이 있으므로 수요일 오후와 목요일 오후에 이틀간 강의가 가능하다.

[오답분석]
• A강사 : 매주 수~목요일에 스케줄이 있으므로 화요일과 금요일 오전에 강의가 가능하지만, 강의가 연속 이틀에 걸쳐 진행되어야 한다는 조건에 부합하지 않는다.
• B강사 : 화요일과 목요일에 스케줄이 있으므로 수요일 오후와 금요일 오전에 강의가 가능하지만, 강의가 연속 이틀에 걸쳐 진행되어야 한다는 조건에 부합하지 않는다.
• D강사 : 수요일 오후와 금요일 오전에 스케줄이 있으므로 화요일 오전과 목요일에 강의가 가능하지만, 강의가 연속 이틀에 걸쳐 진행되어야 한다는 조건에 부합하지 않는다.

18

정답 ③

[오답분석]
• A지원자 : 9월에 복학 예정이기 때문에 인턴 기간이 연장될 경우 근무할 수 없으므로 적절하지 않다.
• B지원자 : 경력 사항이 없으므로 적절하지 않다.
• D지원자 : 근무 시간(9~18시) 이후에 업무가 불가능하므로 적절하지 않다.
• E지원자 : 포토샵을 활용할 수 없으므로 적절하지 않다.

01	02	03	04	05	06	07	08	09	10	11	12	13	14	15	16	17	18		
⑤	③	④	③	③	⑤	③	③	④	②	②	④	①	③	①	②	②	⑤		

01

정답 ⑤

제시문의 세 번째 문단에 따르면 스마트 글라스 내부 센서를 통해 충격과 기울기를 감지할 수 있어, 작업자에게 위험한 상황이 발생할 경우 통보 시스템을 통해 바로 파악할 수 있게 되었음을 알 수 있다.

오답분석

① 첫 번째 문단에 따르면 스마트 글라스를 통한 작업자의 음성인식만으로 철도시설물 점검이 가능해졌음을 알 수 있지만, 다섯 번째 문단에 따르면 아직 유지보수 작업은 가능하지 않음을 알 수 있다.
② 첫 번째 문단에 따르면 스마트 글라스의 도입 이후에도 사람의 작업이 필요함을 알 수 있다.
③ 세 번째 문단에 따르면 스마트 글라스의 도입으로 추락 사고나 그 밖의 위험한 상황을 미리 예측할 수 있어 이를 방지할 수 있게 되었음을 알 수 있지만, 실제로 안전사고 발생 횟수가 감소하였는지는 알 수 없다.
④ 두 번째 문단에 따르면 여러 단계를 거치던 기존 작업 방식에서 스마트 글라스의 도입으로 작업을 한 번에 처리할 수 있게 된 것을 통해 작업 시간이 단축되었음을 알 수 있지만, 작업 인력의 감소 여부는 알 수 없다.

02

정답 ③

오답분석

① 정상 과학의 시기에는 이미 이론의 핵심 부분들은 정립되어 있으며 이 시기에는 새로움을 좇아가기보다는 기존 연구의 세부 내용이 깊어진다. 따라서 다양한 학설과 이론이 등장한다는 것은 적절하지 않다.
② 어떤 현상의 결과가 충분히 예측된다 할지라도 그 세세한 과정은 의문 속에 있기 마련이다. 이에 따라 정상 과학의 시기에 과학자들의 열정과 헌신성은 예측 결과와 실제 현상을 일치시키기 위한 연구로 유지될 수 있다.
④ 과학적 사고방식과 관습, 기법 등이 하나의 기반으로 통일되어 있을 뿐이며 해결해야 할 과제가 없는 것은 아니다. 따라서 완성된 과학이라고 부를 수 없다.
⑤ 이론의 핵심 부분들은 정립된 상태이므로 과학자들은 심오한 작은 영역에 집중하게 되고 이에 따라 각종 실험 장치들의 다양화, 정밀화와 더불어 문제를 해결해 가는 특정 기법과 규칙들이 만들어진다. 따라서 문제를 해결해 가는 과정이 주가 된다.

03

정답 ④

제시문은 1920년대 영화의 소리에 대한 부정적인 견해가 있었음을 이야기하며 화두를 꺼내고 있다. 이후 현대에는 소리와 영상을 분리해서 생각할 수 없음을 언급하고 영화에서 소리가 어떤 역할을 하는지에 대해 설명하면서 현대 영화에서의 소리의 의의에 대해 이야기하고 있다. 따라서 (라) 1920년대 영화의 소리에 대한 부정적인 견해 → (가) 현대 영화에서 분리해서 생각할 수 없는 소리와 영상 → (다) 영화 속 소리의 역할 → (나) 현대 영화에서의 소리의 의의의 순서로 나열해야 한다.

04

정답 ③

제시문은 크게 두 부분으로 나눌 수 있다. 글의 앞부분에서는 맥주의 주원료에 대해서 설명하고, 글의 뒷부분에서는 맥주의 제조공정 중 발효에 대해 설명하며 이에 따른 맥주의 종류에 대해 제시하고 있다. 따라서 글의 제목으로 가장 적절한 것은 ③이다.

05

정답 ③

참여율이 4번째로 높은 해는 2020년이다.

(참여율의 증가율)$=\dfrac{(\text{해당연도 참여율})-(\text{전년도 참여율})}{(\text{전년도 참여율})}$ 이므로 $\dfrac{6.9-5.7}{5.7}\times100\fallingdotseq21\%$이다.

06

정답 ⑤

사진별로 개수에 따른 총용량을 구하면 다음과 같다.

- 반명함 : $150\times8,000=1,200,000$KB
- 신분증 : $180\times6,000=1,080,000$KB
- 여권 : $200\times7,500=1,500,000$KB
- 단체사진 : $250\times5,000=1,250,000$KB

사진 용량 단위 KB를 MB로 전환하면 다음과 같다.

- 반명함 : $1,200,000\div1,000=1,200$MB
- 신분증 : $1,080,000\div1,000=1,080$MB
- 여권 : $1,500,000\div1,000=1,500$MB
- 단체사진 : $1,250,000\div1,000=1,250$MB

따라서 모든 사진의 총용량을 더하면 $1,200+1,080+1,500+1,250=5,030$MB이고, 5,030MB는 5.03GB이므로 필요한 USB의 최소 용량은 5GB이다.

07

정답 ③

2023년의 방송산업 종사자 수는 모두 32,443명이다. '2023년 추세'에서는 지상파(지상파DMB 포함)만 언급하고 있으므로 다른 분야의 인원은 고정되어 있다. 이때 지상파 방송사(지상파DMB 포함)는 전년보다 301명이 늘어났으므로 2022년 방송산업 종사자 수는 $32,443-301=32,142$명이다.

08

정답 ③

장난감 A기차와 B기차가 터널을 완전히 지났을 때의 이동거리는 터널의 길이에 기차의 길이를 더한 값이다. A, B기차의 길이를 각각 $a$cm, $b$cm로 가정하고, 터널을 나오는 데 걸리는 시간에 대한 식을 세우면 다음과 같다.

- A기차 길이 : $12\times4=30+a \rightarrow 48=30+a \rightarrow a=18$
- B기차 길이 : $15\times4=30+b \rightarrow 60=30+b \rightarrow b=30$

따라서 A, B기차의 길이는 각각 18cm, 30cm이며, 합은 48cm이다.

09

정답 ④

농도가 15%인 소금물의 양을 xg이라고 가정하고, 소금의 양에 대한 식을 세우면 다음과 같다.

$0.1\times200+0.15\times x=0.13\times(200+x) \rightarrow 20+0.15x=26+0.13x \rightarrow 0.02x=6$

$\therefore x=300$

따라서 농도가 15%인 소금물은 300g이 필요하다.

10

정답 ②

세 번째, 네 번째, 다섯 번째 조건에 의해 8등(꼴찌)이 될 수 있는 사람은 A 또는 C인데, 첫 번째 조건에 의해 C는 7등인 D와 연속해서 들어오지 않았으므로 8등은 A이다. 또한, 두 번째 조건에 의해 B는 4등이고, 네 번째 조건에 의해 E는 5등이다. 마지막으로 첫 번째 조건에 의해 C는 6등이 될 수 없으므로 1, 2, 3등 중에 하나이다. 따라서 A는 항상 C보다 늦게 들어온다.

11

세 번째 조건에 의해 한주 – 평주 순서로 존재하였다. 또한, 네 번째 조건에 의해 관주 – 금주 순서로 존재하였음을 알 수 있고, 금주가 수도인 나라는 시대순으로 네 번째에 위치하지 않음을 알 수 있다.

∴ 관주 – 금주 – 한주 – 평주

네 번째, 다섯 번째 조건에 의해 갑, 병, 정은 첫 번째 나라가 될 수 없다. 또한 마지막 조건에 의해 병과 정은 연이어 존재하지 않음을 알 수 있다.

∴ 을 – 병 – 갑 – 정

따라서 평주는 정의 수도가 된다.

12

WT전략은 외부환경의 위협 요인을 회피하고 약점을 보완하는 전략을 적용해야 한다. ④는 강점(S)을 강화하는 전략이므로 적절하지 않다.

[오답분석]

① SO전략은 기회를 활용하면서 강점을 더욱 강화시키는 전략이므로 적절하다.
② WO전략은 외부의 기회를 사용해 약점을 보완하는 전략이므로 적절하다.
③ ST전략은 외부환경의 위협을 회피하며 강점을 적극 활용하는 전략이므로 적절하다.
⑤ WT전략은 외부환경의 위협을 회피하고 약점을 보완하는 전략이므로 적절하다.

13

오전 심층면접은 9시 10분에 시작하므로 12시까지 170분의 시간이 있다. 한 명당 15분씩 면접을 볼 때, 가능한 면접 인원은 170÷15≒11명이다. 오후 심층면접은 1시부터 바로 진행할 수 있으므로 종료시간까지 240분의 시간이 있다. 한 명당 15분씩 면접을 볼 때 가능한 인원은 240÷15=16명이다. 즉, 심층면접을 할 수 있는 최대 인원수는 11+16=27명이다. 27번째 면접자의 기본면접이 끝나기까지 걸리는 시간은 10×27+60(점심 및 휴식 시간)=330분이다. 따라서 마지막 심층면접자의 기본면접 종료 시각은 오전 9시+330분=오후 2시 30분이다.

14

• A씨 : 저압 285kWh 사용
  - 기본요금 : 1,600원
  - 전력량 요금 : 200×93.3+85×187.9=18,660+15,971.5≒34,630원
  - 부가가치세 : (1,600+34,630)×0.1=36,230×0.1≒3,620원
  - 전력산업기반기금 : (1,600+34,630)×0.037=36,230×0.037≒1,340원
  - 전기요금 : 1,600+34,630+3,620+1,340=41,190원
• B씨 : 고압 410kWh 사용
  - 기본요금 : 6,060원
  - 전력량 요금 : 200×78.3+200×147.3+10×215.6=15,660+29,460+2,156≒47,270원
  - 부가가치세 : (6,060+47,270)×0.1=53,330×0.1≒5,330원
  - 전력산업기반기금 : (6,060+47,270)×0.037=53,330×0.037≒1,970원
  - 전기요금 : 6,060+47,270+5,330+1,970=60,630원

따라서 A씨와 B씨의 전기요금이 바르게 짝지어진 것은 ③이다.

15

정답 ①

W사원이 영국 출장에 필요한 해외여비는 $50 \times 5 = 250$파운드이고, 스페인은 $60 \times 4 = 240$유로이다. 항공권은 편도 금액이므로 왕복으로 계산하면 영국은 $380 \times 2 = 760$파운드, 스페인 $870 \times 2 = 1,740$유로이며, 영국과 스페인의 비행시간 추가비용은 각각 $20 \times (12-10) \times 2 = 80$파운드, $15 \times (14-10) \times 2 = 120$유로이다. 따라서 영국 출장 시 드는 비용은 $250 + 760 + 80 = 1,090$파운드이고, 스페인 출장 시 드는 비용은 $240 + 1,740 + 120 = 2,100$유로이다.

은행별 환율을 이용하여 출장비를 원화로 계산하면 다음과 같다.

구분	영국	스페인	총비용
A은행	$1,090 \times 1,470 = 1,602,300$원	$2,100 \times 1,320 = 2,772,000$원	4,374,300원
B은행	$1,090 \times 1,450 = 1,580,500$원	$2,100 \times 1,330 = 2,793,000$원	4,373,500원
C은행	$1,090 \times 1,460 = 1,591,400$원	$2,100 \times 1,310 = 2,751,000$원	4,342,400원

따라서 A은행의 비용이 가장 많이 들고, C은행이 비용의 가장 적으므로 두 은행의 총비용 차이는 $4,374,300 - 4,342,400 = 31,900$원이다.

16

정답 ②

• 본부에서 36개월 동안 연구원으로 근무 → $0.03 \times 36 = 1.08$점
• 지역본부에서 24개월 근무 → $0.015 \times 24 = 0.36$점
• 특수지에서 12개월 동안 파견근무(지역본부 근무경력과 중복되어 절반만 인정) → $0.02 \times 12 \div 2 = 0.12$점
• 본부로 복귀 후 현재까지 총 23개월 근무 → $0.03 \times 23 = 0.69$점
• 현재 팀장(과장) 업무 수행 중
 – 내부평가결과 최상위 10% 총 12회 → $0.012 \times 12 = 0.144$점
 – 내부평가결과 차상위 10% 총 6회 → $0.01 \times 6 = 0.06$점
 – 금상 2회, 은상 1회, 동상 1회 수상 → $(0.25 \times 2) + (0.15 \times 1) + (0.1 \times 1) = 0.75$점 → 0.5점($\because$ 인정 범위 조건)
 – 시행결과평가 탁월 2회, 우수 1회 → $(0.25 \times 2) + (0.15 \times 1) = 0.65$점 → 0.5점($\because$ 인정 범위 조건)
따라서 Q과장에게 부여해야 할 가점은 3.454점이다.

17

정답 ②

투자 여부 판단 조건에 대한 관계를 정리하면 다음과 같다.

구분	㉮	㉯	㉰	㉱	㉲
A	○	–	○	×	×
B	○	○	○	○	–
C	○	×	○	×	×
D	×	○	×	–	–
E	×	×	×	×	×

2)를 근거로 ㉯가 나타나지 않으면 ㉱는 나타나지 않는다. 또한 3)을 근거로 ㉯ 또는 ㉰가 나타나지 않으면 ㉲는 나타나지 않는다. 따라서 투자 부적격 기업은 B이다.

18

정답 ⑤

완성품 납품 수량은 총 100개이다. 완성품 1개당 부품 A는 10개가 필요하므로 총 1,000개가 필요하고, B는 300개, C는 500개가 필요하다. 그런데 A는 500개, B는 120개, C는 250개의 재고를 가지고 있으므로 부족한 나머지 부품, 즉 500개, 180개, 250개를 주문해야 한다.

01	02	03	04	05	06	07	08	09	10	11	12	13	14	15	16	17	18	19	20
②	①	④	②	⑤	②	⑤	①	⑤	⑤	②	④	③	④	③	④	②	④	③	①
21	22	23	24	25	26	27	28	29	30	31	32	33	34	35	36	37	38	39	40
③	⑤	④	⑤	⑤	②	④	③	④	②	③	③	③	④	③	④	①	④	④	④

01
정답 ②

제시문의 마지막 문단에서 '말이란 결국 생각의 일부분을 주워 담는 작은 그릇'이며, '말을 통하지 않고는 생각을 전달할 수가 없는 것'이라고 하며 말은 생각을 전달하기 위한 수단임을 주장하고 있다.

02
정답 ①

제시문은 역사가의 역사 해석에 미치는 역사적 환경의 영향을 주제로, 마케도니아의 왕 알렉산드로스에 대한 고대 세 역사가의 평가와 입장 차이를 사례로 들고 있다. 네 번째 문단에 따르면 쿠르티우스는 로마 제정이 막 시작된 1세기에 활동했으며, 아리아노스는 그보다 1세기 후 로마 제정 확립기 때 활동했다.

오답분석
② 세 번째 문단에 따르면 로마의 속주였던 그리스 출신인 플루타르코스는 고향에서 신관으로 일했기에 정치와는 무관했다.
③ 첫 번째 문단에 따르면 알렉산드로스는 기원전 323년에 사망했으며, 아리아노스는 1 ~ 2세기에 활동한 역사들 중 한 명이다. 따라서 로마 제국의 고위직에 올랐던 아리아노스가 알렉산드로스의 정복에 대해 위협을 느꼈다는 설명은 적절하지 않다.
④ 세 번째 문단에 따르면 플루타르코스는 로마의 속주였던 그리스 출신이고, 네 번째 문단에 따르면 쿠르티우스는 로마의 귀족이며 원로원 의원이었다.
⑤ 첫 번째 문단에 따르면 고대 역사가들이 모두 알렉산드로스에게 호의적이었던 것은 아니다. 또한 제시문에는 현대에 이르기까지 알렉산드로스에 대한 여러 전설이 만들어졌는지에 대한 언급이 없다.

03
정답 ④

제시문은 역사가들이 개인적 가치관과 시대적 환경 등 자신들의 입장의 영향을 받아 알렉산드로스에 대해 다른 평가(아리아노스와 플루타르코스는 호의적, 쿠르티우스는 비판적)를 한다고 설명하고 있다.

04
정답 ②

제시문에 따르면 현대사회를 살아가는 사람들은 외모에 대해 주변인들의 평가, 학교 교육, 대중매체, 광고, 문화 이데올로기 등의 담론을 통해 이상자아를 형성하고, 이상자아와 실제 자신 사이의 불일치가 일어날 때 고통을 받는다고 한다. 이러한 외모 문화에는 대중매체, 가부장적 이데올로기, 시각문화, 자본주의 등 수많은 요소들이 개입하고 있음을 설명하고 있으므로, 빈칸에는 '다층적인'이 들어가는 것이 가장 적절하다.

05

⑩의 '오히려'는 '앞의 내용과 반대가 되거나 다르게'라는 뜻이므로 적절하지 않고, 전환의 의미를 나타내는 '그런데'도 적절하지 않다. 앞에서 말한 일이 뒤에서 말할 일의 원인, 이유, 근거가 됨을 나타내는 '그러므로, 따라서' 등이 적절하다.

[오답분석]
① ㉠은 앞의 문장의 내용을 불필요하게 반복하고 있으므로 삭제해야 한다.
② ㉡은 글의 통일성을 위해 '연구원'으로 통일하는 것이 적절하다.
③ ㉢은 글의 흐름을 방해하고 통일성을 해치므로 삭제하는 것이 적절하다.
④ ㉣을 포함한 문장에서 서술어 '당황하다'의 사전적 의미는 '놀라거나 다급하여 어찌할 바를 모르다.'이다. 따라서 ㉣과 '당황하다'는 의미상 어울리지 않으므로 ㉣을 삭제한다.

06

정답 ②

제시문은 음악을 쉽게 복제할 수 있는 환경을 비판하는 시각에 대하여 반박하며 미래에 대한 기대를 나타내는 내용의 글이다. 따라서 (다) 음악을 쉽게 변모시킬 수 있게 된 환경의 도래 → (가) 음악 복제에 대한 비판적인 시선의 등장 → (라) 이를 반박하는 복제품 음악의 의의 → (나) 복제품으로 새롭게 등장한 전통에 대한 기대의 순서로 나열해야 한다.

07

정답 ⑤

현존하는 가장 오래된 실록은 전주에 전주 사고에 보관되어 있던 것으로, 강화도 마니산에 봉안되었다가 1936년 병자호란에 의해 훼손된 것을 현종 때 보수하여 숙종 때 강화도 정족산에 다시 봉안했다가 현재 서울대에서 보관하고 있다.

[오답분석]
① 원본을 포함해 모두 5벌의 실록을 갖추게 되었으므로 재인쇄하였던 실록은 모두 4벌이다.
② 강원도 태백산에 보관하였던 실록은 서울대에 있다.
③ 현재 한반도에 남아 있는 실록은 강원도 태백산, 강화도 정족산, 장서각의 것으로 모두 3벌이다.
④ 적상산에 보관하였던 실록은 구황국 장서각으로 옮겨졌으며, 이는 6·25 전쟁 때 북한으로 옮겨져 현재 김일성종합대학에서 소장하고 있다.

08

정답 ①

보기의 '이 둘'은 제시문의 산제와 액제를 의미하므로 이에 대해 설명하고 있는 위치에 들어가야 함을 알 수 있다. 또한, 상반되는 사실을 나타내는 두 문장을 이어줄 때 사용하는 접속어 '하지만'을 통해 산제와 액제의 단점을 이야기하는 보기의 문장 앞에는 산제와 액제의 장점에 대한 내용이 와야 함을 알 수 있다. 따라서 보기는 (가)에 들어가는 것이 가장 적절하다.

09

정답 ⑤

제시문에 따르면 분배기는 열원에서 만들어진 냉온수를 압력 손실 없이 실별로 분배한 뒤 환수하는 장치로, 주로 난방용으로 이용되어 왔으나, 냉방기에도 이용이 가능하다.

[오답분석]
① 분배기는 냉온수를 압력 손실 없이 실별로 분배한 뒤 환수한다.
② 열원은 난방 시 열을 공급하고 냉방 시 열을 제거하는 열매체를 생산한다.
③ 패널은 각 실의 바닥, 벽, 천장 표면에 설치되어 열매체를 순환시킨다.
④ 복사 냉난방 패널 시스템은 열매체의 온도가 낮아 난방 시 에너지 절약 성능이 뛰어나다.

10

정답 ⑤

쇼펜하우어는 표상의 세계 안에서의 이성의 역할 즉, 이성이 시간과 공간, 인과율을 통해서 세계를 파악하는 주인의 역할을 함에도 불구하고 다시 의지에 종속됨으로써 제한적이며 표면적일 수밖에 없다는 한계를 지적하고 있다.

오답분석

① 세계의 본질은 의지의 세계라는 내용은 쇼펜하우어 주장의 핵심이지만, 제시문의 중심 내용은 주관 또는 이성 인식으로 만들어내는 표상의 세계는 결국 한계를 가질 수밖에 없다는 것이다.
② 제시문에서는 표상 세계의 한계를 지적했을 뿐, 표상 세계의 극복과 그 해결 방안에 대해서는 다루고 있지 않다.
③ 제시문을 통해 의지의 세계와 표상 세계는 의지가 표상을 지배하는 종속관계라는 차이를 파악할 수는 있으나, 글의 중심 내용으로는 적절하지 않다.
④ 쇼펜하우어가 주관 또는 이성을 표상의 세계를 이끌어가는 능력으로 주장하고 있지만, 글의 중심 내용으로는 적절하지 않다.

11

정답 ②

2회 차 토익 점수를 x점, 5회 차 토익 점수를 y점이라 하면 평균점수가 750점이므로 다음 식이 성립한다.

$$\frac{620+x+720+840+y+880}{6}=750$$

$\rightarrow x+y=1,440$

$\therefore x=1,440-y$

x값의 범위가 $620 \leq x \leq 700$이므로

$620 \leq 1,440-y \leq 700$

$\rightarrow -820 \leq -y \leq -740$

$\therefore 740 \leq y \leq 820$

따라서 ㉡에 들어갈 수 있는 최소 점수는 740점이다.

12

정답 ④

집에서 휴게소까지의 거리를 $x$km라 하면

$$\frac{x}{40}+\frac{128-x}{60}=3 \rightarrow 2x=208$$

$\therefore x=104$

따라서 집에서 휴게소까지의 거리는 104km이다.

13

정답 ③

캐럴 음원 이용료가 최대로 산출되기 위해서는 11월 네 번째 목요일이 캐럴을 틀어 놓는 마지막 날인 크리스마스와 최대한 멀리 떨어져 있어야 한다. 따라서 11월 1일을 목요일로 가정하면 네 번째 목요일은 11월 22일이 되고, 이후 돌아오는 월요일은 11월 26일이 된다. 즉, K백화점은 11월 26일부터 12월 25일까지 캐럴을 틀어 놓는다. 그런데 이때 11월의 네 번째 수요일인 28일은 백화점 휴점일이므로 캐럴을 틀어 놓는 날에서 제외된다. 따라서 K백화점은 총 29일 동안 캐럴을 틀어 놓으며, $29 \times 20,000 = 58$만 원의 캐럴 음원 이용료를 지불해야 한다.

14

정답 ④

B를 거치는 A와 C의 최단 경로는 A와 B 사이의 경로와 B와 C 사이의 경로로 나눠서 구할 수 있다.

• A와 B의 최단 경로의 경우의 수 : $\dfrac{5!}{3! \times 2!}=10$가지

• B와 C의 최단 경로의 경우의 수 : $\dfrac{3!}{1! \times 2!}=3$가지

따라서 B를 거치는 A와 C의 최단 경로의 경우의 수는 $3 \times 10 = 30$가지이다.

15

처음 판매된 면도기 가격을 x원이라고 하면 상점 A의 최종 판매 가격은 처음 판매된 가격에서 $15+15=30\%$가 할인된 가격인 $0.7x$원이다. 상점 B의 처음 할인가인 $0.8x$원에서 추가로 $y\%$를 더 할인했을 때, 상점 A와 가격이 같거나 더 저렴해야 하기 때문에
$$0.7x \geq 0.8x \times (1-y)$$
$$\therefore y \geq \frac{1}{8}$$

따라서 최소 12.5%를 더 할인해야 한다.

16

A, B, E구의 1인당 소비량을 각각 $a$kg, $b$kg, $e$kg이라고 하고, 제시된 조건을 식으로 나타내면 다음과 같다.
- 첫 번째 조건 : $a+b=30$ ⋯ ㉠
- 두 번째 조건 : $a+12=2e$ ⋯ ㉡
- 세 번째 조건 : $e=b+6$ ⋯ ㉢

㉢을 ㉡에 대입하여 식을 정리하면 $a+12=2(b+6) \rightarrow a-2b=0$ ⋯ ㉣
㉠－㉣을 하면 $3b=30$
$\therefore b=10, a=20, e=16$
이를 토대로 A~E구의 변동계수를 구하면 다음과 같다.

- A구 : $\dfrac{5}{20} \times 100 = 25\%$

- B구 : $\dfrac{4}{10} \times 100 = 40\%$

- C구 : $\dfrac{6}{30} \times 100 = 20\%$

- D구 : $\dfrac{4}{12} \times 100 \fallingdotseq 33.33\%$

- E구 : $\dfrac{8}{16} \times 100 = 50\%$

따라서 변동계수가 3번째로 큰 구는 D구이다.

17

ㄴ. 기계장비 부문의 상대수준은 일본이다.
ㄷ. 한국의 전자 부문 투자액은 301.6억 달러이고, 전자 외 부문 투자액의 총합은 $3.4+4.9+32.4+16.4=57.1$억 달러로, $57.1 \times 6 = 342.6 > 301.6$이다. 따라서 옳지 않다.

오답분석
ㄱ. 한국의 IT서비스 부문 투자액은 최대 투자국인 미국 대비 상대수준이 1.7%임을 알 수 있다.
ㄹ. 투자액은 일본은 '전자 – 바이오·의료 – 기계장비 – 통신 서비스 – IT서비스' 순서로 높고, 프랑스는 '전자 – IT서비스 – 바이오·의료 – 기계장비 – 통신 서비스' 순서로 높다.

18

프로그램 수입액을 모두 합하면 380만 불이며, 이 중 영국에서 수입하는 액수는 150만 불이므로 그 비중은 약 39.5%이다.

19

투자비중을 고려하여 각각의 투자원금과 투자수익을 구하면 다음과 같다.

- 상품별 투자원금
  - A(주식) : 2,000만×0.4=800만 원
  - B(채권) : 2,000만×0.3=600만 원
  - C(예금) : 2,000만×0.3=600만 원
- 6개월 동안의 투자수익

  - A(주식) : $800 \times \left[1 + \left(0.10 \times \dfrac{6}{12}\right)\right] = 840$만 원

  - B(채권) : $600 \times \left[1 + \left(0.04 \times \dfrac{6}{12}\right)\right] = 612$만 원

  - C(예금) : $600 \times \left[1 + \left(0.02 \times \dfrac{6}{12}\right)\right] = 606$만 원

  ∴ 840만＋612만＋606만＝2,058만 원

따라서 6개월 후 S과장이 받을 수 있는 금액은 2,058만 원이다.

20

5월의 전월 대비 영상회의 개최 건수는 35건이 증가하였지만, 3월의 전월 대비 영상회의 개최 건수는 46건이 증가하였으므로 3월이 가장 크다.

오답분석

② 직접 계산할 필요 없이 분기별로 첫 번째로 개최 건수가 많은 달과 두 번째로 많은 달, 마지막으로 세 번째로 많은 달이 각각 9월과 8월, 7월보다 적다. 따라서 전체 합은 3/4분기가 가장 많다.

③ 영상회의 개최 건수가 가장 많은 지역은 전남(442건)임을 알 수 있다.

④ 인천과 충남에서 개최한 영상회의 건수는 총 119건이며, 그래프 2에서 9월의 전국 영상회의 개최 건수는 120건임을 알 수 있다. 그런데 인천과 충남이 모두 9월에 영상회의를 개최하였다고 하였으므로 남은 1건은 다른 지역이 되어야 한다. 따라서 9월에 영상회의를 개최한 지역은 모두 3개이다.

⑤ 전국의 영상회의 개최 건수는 1,082건으로 이의 절반은 541인데, 전남의 개최 건수가 442건이므로 전북과 강원의 합이 99건만 넘으면 이 세 지역의 합이 전체의 절반을 넘게 된다. 전북(93건)과 강원(76건)의 합은 이를 월등히 초과하므로 옳은 설명이다.

21

제시된 선택지를 토대로 비용을 계산하면 다음과 같다.

① 143,000×0.85=121,550원
② 165,000×0.85=140,250원
③ 164,000×0.7=114,800원
④ 154,000×0.8=123,200원
⑤ 162,000×0.8=129,600원

따라서 가장 비용이 저렴한 것은 ③이다.

22

규칙에 따라 사용할 수 있는 숫자는 1, 5, 6을 제외한 나머지 2, 3, 4, 7, 8, 9의 총 6개이다. (한 자릿수)×(두 자릿수)=156이 되는 수를 알기 위해서는 156의 소인수를 구해보면 된다. 156의 소인수는 3, 2^2, 13으로, 이때 156이 되는 수의 곱 중에 조건을 만족하는 것은 2×78과 4×39이다. 따라서 선택지 중에 A팀 또는 B팀에 들어갈 수 있는 암호배열은 39이다.

23

조건의 주요 명제들을 순서대로 논리 기호화하여 표현하면 다음과 같다.
- 두 번째 명제 : 햇살론 → (~출발적금 ∧ ~미소펀드)
- 세 번째 명제 : ~대박적금 → 햇살론
- 네 번째 명제 : 미소펀드
- 다섯 번째 명제 : (미소펀드 ∨ 출발적금) → 희망예금

네 번째 명제에 따라 미소펀드에는 반드시 가입하므로, 다섯 번째 명제에 따라 출발적금 가입여부와 무관하게 희망예금에 가입하고, 두 번째 명제의 대우[(미소펀드 ∨ 출발적금) → ~햇살론]에 따라 햇살론에는 가입하지 않는다. 또한 세 번째 명제의 대우(~햇살론 → 대박적금)에 따라 대박적금에는 가입하게 되므로 첫 번째 명제에 따라 미소펀드, 희망예금, 대박적금 3가지에는 가입하고, 햇살론, 출발적금에는 가입하지 않는다.

24

주어진 조건을 종합하면 5명이 주문한 음료는 아메리카노 3잔, 카페라테 1잔, 생과일주스 1잔이다. 아메리카노 1잔의 가격을 a원, 카페라테 1잔의 가격을 b원이라고 할 때, 이를 식으로 나타내면 다음과 같다.
- 다섯 번째를 제외한 모든 조건 : $a×3+b+5,300=21,300 → 3a+b=16,000 \cdots$ ㉠
- 다섯 번째 조건 : $a+b=8,400 \cdots$ ㉡

㉠과 ㉡을 연립하면, $a=3,800$, $b=4,600$이므로 아메리카노 한 잔의 가격은 3,800원, 카페라테 한 잔의 가격은 4,600원이다.

25

- A : 해외여행에 결격사유가 있다.
- B : 지원분야와 전공이 맞지 않다.
- C : 대학 재학 중이므로, 지원이 불가능하다.
- D : TOEIC 점수가 750점 이상이 되지 않는다.
- E : 병역 미필로 지원이 불가능하다.

따라서 A ~ E 5명 모두 지원자격에 부합하지 않는다.

26

A/S 접수 현황 중 잘못 기록된 일련번호를 정리하면 다음과 같다.

분류 1	• ABE1C6<u>100121</u> → 일련번호가 09999 이상인 것은 없음 • MBE1D<u>B</u>001403 → 제조 월 표기기호 중 'B'는 없음
분류 2	• MBP2CO<u>120202</u> → 일련번호가 09999 이상인 것은 없음 • ABE2D<u>0</u>001063 → 제조 월 표기기호 중 '0'은 없음
분류 3	• CBL3<u>S</u>8005402 → 제조 연도 표기기호 중 'S'는 없음
분류 4	• SBE4D5<u>101483</u> → 일련번호가 09999 이상인 것은 없음 • CBP4D6<u>100023</u> → 일련번호가 09999 이상인 것은 없음

따라서 총 7개가 잘못 기록되었다.

27

제조 연도는 시리얼 번호 중 앞에서 다섯 번째 알파벳으로 알 수 있다. 2019년도는 'A', 2020년도는 'B'로 표기되어 있으며, A/S 접수 현황에서 찾아보면 총 9개이다.

28

정답 ③

A/S 접수 현황에 제품 시리얼 번호를 보면 네 번째 자리의 숫자가 분류 1에는 '1', 분류 2에는 '2', 분류 3에는 '3', 분류 4에는 '4'로 나눠져 있음을 알 수 있다. 따라서 네 번째 자리가 의미하는 메모리 용량이 시리얼 번호를 분류하는 기준이다.

29

정답 ④

• 1단계

주민등록번호 앞 12자리 숫자에 가중치를 곱하면 다음과 같다.

숫자	2	4	0	2	0	2	8	0	3	7	0	1
가중치	2	3	4	5	6	7	8	9	2	3	4	5
(숫자)×(가중치)	4	12	0	10	0	14	64	0	6	21	0	5

• 2단계

1단계에서 구한 값을 합하면 $4+12+0+10+0+14+64+0+6+21+0+5=136$이다.

• 3단계

2단계에서 구한 값을 11로 나누어 나머지를 구하면 $136÷11=12 \cdots 4$이다.

• 4단계

11에서 나머지를 뺀 수는 $11-4=7$이다. 7을 10으로 나누면 $7÷10=0 \cdots 7$이다.

따라서 빈칸에 들어갈 수는 7이다.

30

정답 ②

국내 금융기관에 대한 SWOT 분석 결과를 정리하면 다음과 같다.

강점(Strength)	약점(Weakness)
• 높은 국내 시장 지배력 • 우수한 자산건전성 • 뛰어난 위기관리 역량	• 은행과 이자수익에 편중된 수익구조 • 취약한 해외 비즈니스와 글로벌 경쟁력
기회(Opportunity)	위협(Threat)
• 해외 금융시장 진출 확대 • 기술 발달에 따른 핀테크의 등장 • IT 인프라를 활용한 새로운 수익 창출	• 새로운 금융 서비스의 등장 • 글로벌 금융기관과의 경쟁 심화

㉠ SO전략은 강점을 살려 기회를 포착하는 전략으로, 강점인 국내 시장점유율을 기반으로 핀테크 사업에 진출하려는 ㉠은 적절한 SO전략으로 볼 수 있다.

㉢ ST전략은 강점을 살려 위협을 회피하는 전략으로, 강점인 우수한 자산건전성을 강조하여 글로벌 금융기관과의 경쟁에서 우위를 차지하려는 ㉢은 적절한 ST전략으로 볼 수 있다.

[오답분석]

㉡ WO전략은 약점을 보완하여 기회를 포착하는 전략이다. 그러나 위기관리 역량은 국내 금융기관이 지니고 있는 강점에 해당하므로 WO전략으로 적절하지 않다.

㉣ 해외 비즈니스 역량을 강화하여 해외 금융시장에 진출하는 것은 약점을 보완하여 기회를 포착하는 WO전략에 해당한다.

31

정답 ③

모스크바에 4일 오전 11시에 도착하려면 비행시간이 8시간이므로 모스크바 시각으로 4일 오전 3시에는 출발해야 한다. 이때 시차를 고려하면 모스크바 시각으로 4일 오전 3시는 한국 시간으로 4일 오전 9시이다.

32

정답 ③

안내문의 두 번째 항목에 의하여 식사횟수는 6회이다(첫째 날 중식·석식, 둘째 날 조식·중식·석식, 셋째 날 조식).
첫째 날 출발하는 선발대 인원은 50−15=35명이고, 둘째 날 도착하는 후발대 인원 15명은 둘째 날 조식부터 가능하므로 첫째 날은 35명에 대한 예산을, 둘째 날부터 마지막 날까지는 50명에 대한 예산을 작성해야 한다.

- 첫째 날 중식(정식) 비용 : 9,000×35=315,000원
- 셋째 날 조식(일품) 비용 : 8,000×50=400,000원

이때 나머지 4번의 식사는 자유롭게 선택할 수 있으나 예산을 최대로 편성해야 하므로 정식과 일품을 제외한 나머지 중 가장 비싼 스파게티의 가격을 기준해 계산한다.

- 나머지 식사 비용 : 7,000×(35+50+50+50)=1,295,000원

따라서 예산금액은 315,000+400,000+1,295,000=2,010,000원이다.

33

정답 ③

이동수단별 소요시간은 다음과 같다.

- 고속열차 : 2시간(열차)+40분(택시)=2시간 40분
- 고속버스 : 4시간(버스)+10분(택시)=4시간 10분
- 비행기 : 1시간(비행기)+1시간(택시)=2시간
- 자가용 : 3시간(자가용)
- 택시 : 2시간 30분(택시)

따라서 비행기를 이용했을 때 시간을 가장 절약할 수 있다.

34

정답 ④

대리와 이사장은 2급 이상 차이 나기 때문에 A대리는 이사장과 같은 호텔 등급의 객실에서 묵을 수 있다.

오답분석

① 비행기 요금은 실비이기 때문에 총비용은 변동이 있을 수 있다.
② 숙박비 5만 원, 교통비 2만 원, 일비 6만 원, 식비 4만 원으로 C차장의 출장비는 17만 원이다.
③ 같은 조건이라면 이사장과 이사는 출장비가 같다.
⑤ 부장과 차장은 출장비를 차등 지급받기 때문에 부장이 더 많이 받는다.

35

정답 ③

- A부장의 숙박비 : 80,000×9=720,000원
- P차장의 숙박비 : 50,000×9=450,000원

따라서 P차장의 호텔을 한 단계 업그레이드했을 때, 720,000−450,000=270,000원 이득이다.

36

정답 ④

20~21일은 주중이며, 출장 혹은 연수 일정이 없고, 부서이동 전에 해당되므로 김대리가 경기본부의 전기점검을 수행할 수 있는 기간이다.

오답분석

① 6~7일은 김대리의 연수 참석 기간이므로 전기점검을 진행할 수 없다.
② 11~12일은 주말인 11일을 포함하고 있다.
③ 14~15일 중 15일은 목요일로, 김대리가 경인건설본부로 출장을 가는 날이다.
⑤ 27~28일은 김대리가 27일부터 부서를 이동한 이후이므로, 김대리가 아니라 후임자가 경기본부의 전기점검을 가야 한다.

37

인터넷 요금과 휴대폰 요금 동시 가입의 경우 합산 요금의 20%를 할인받을 수 있지만 중복 할인이 불가능하므로 휴대폰 가입자 3인 이상일 때 30%의 할인율을 받기 위해서 인터넷 요금과 TV 수신료로 교차하여 20%를 할인받는다. 또한 TV와 인터넷 셋톱박스 대여료 중 가장 비싼 가격 1대만 청구하므로 TV 셋톱박스 대여료만 청구하며, 총요금에서 자동이체를 적용해 10% 추가 할인을 받는다.

- 인터넷 요금과 TV 수신료 : $(38,500+27,300) \times 0.8 = 52,640$원
- 휴대폰 가입자 3인 할인 : $(48,400+59,400+25,300) \times 0.7 = 93,170$원
- TV 셋톱박스 대여료 : 4,400원
- 자동이체 추가 할인 : $(52,640+93,170+4,400) \times 0.9 = 135,189$원

따라서 천 원 미만을 절사하면 총요금은 135,000원이다.

38

인쇄해야 하는 홍보자료는 $20 \times 10 = 200$부이며, $200 \times 30 = 6,000$페이지이다. 이를 활용하여 업체당 인쇄비용을 구하면 다음과 같다.

구분	페이지 인쇄 비용	유광표지 비용	제본 비용	할인을 적용한 총비용
A	$6,000 \times 50$ =30만 원	200×500 =10만 원	$200 \times 1,500$ =30만 원	$30+10+30=70$만 원
B	$6,000 \times 70$ =42만 원	200×300 =6만 원	$200 \times 1,300$ =26만 원	$42+6+26=74$만 원
C	$6,000 \times 70$ =42만 원	200×500 =10만 원	$200 \times 1,000$ =20만 원	$42+10+20=72$만 원 → 200부 중 100부 5% 할인 → (할인 안 한 100부 비용)+(할인한 100부 비용) $=36+(36 \times 0.95)=70$만 2천 원
D	$6,000 \times 60$ =36만 원	200×300 =6만 원	$200 \times 1,000$ =20만 원	$36+6+20=62$만 원
E	$6,000 \times 100$ =60만 원	200×200 =4만 원	$200 \times 1,000$ =20만 원	$60+4+20=84$만 원 → 총비용 20% 할인 $84 \times 0.8=67$만 2천 원

따라서 가장 저렴한 비용으로 인쇄할 수 있는 업체는 D인쇄소이다.

39

회사 근처 모텔에서 숙박 후 버스를 타고 공항으로 이동하는 경우의 비용은 40,000(모텔요금)+20,000(버스요금)+30,000(시간요금) =90,000원으로, 가장 적게 든다.

[오답분석]

① 공항 근처 모텔로 버스 타고 이동 후 숙박 : 20,000(버스요금)+30,000(시간요금)+80,000(모텔요금)=130,000원
② 공항 픽업 호텔로 버스 타고 이동 후 숙박 : 10,000(버스요금)+10,000(시간요금)+100,000(호텔요금)=120,000원
③ 공항 픽업 호텔로 택시 타고 이동 후 숙박 : 20,000(택시요금)+5,000(시간요금)+100,000(호텔요금)=125,000원
⑤ 회사 근처 모텔에서 숙박 후 택시 타고 공항 이동 : 40,000(모텔요금)+40,000(택시요금)+15,000(시간요금)=95,000원

40

제품군별 지급해야 할 보관료는 다음과 같다.
- A제품군 : 300억 원×0.01=3억 원
- B제품군 : 2,000CUBIC×20,000원=4천만 원
- C제품군 : 500톤×80,000원=4천만 원

따라서 K기업이 보관료로 지급해야 할 총금액은 3억 원+4천만 원+4천만 원=3억 8천만 원이다.

PART 2

2주 차 학습

07 핵심영역 적중예상문제

01	02	03	04	05	06	07	08	09	10	11	12	13	14	15	16	17	18		
①	⑤	③	④	③	④	⑤	⑤	④	①	②	①	③	②	③	①	①	④		

01

제시문에 따르면 개념에 대해 충분히 이해하면서도 개념의 사례를 제대로 구별하지 못할 수 있다. 따라서 비둘기와 참새를 구별하지 못했다고 해서 비둘기의 개념을 이해하지 못하고 있다고 평가할 수는 없다.

오답분석

②·④ 개념을 이해하는 능력이 개념의 사례를 식별하는 능력을 함축하는 것은 아니므로 개념을 이해했다고 해서 개념의 사례를 완벽하게 식별할 수 있는 것은 아니다.

③ 개념을 충분히 이해하면서도 개념의 사례를 제대로 구별하지 못할 수 있으므로 개념의 사례를 구별하지 못했다고 해서 개념을 충분히 이해하지 못하고 있다고 볼 수는 없다.

⑤ 개념의 사례를 식별하는 능력이 개념을 이해하는 능력을 함축하는 것은 아니므로 정사각형을 구별했다고 해서 정사각형의 개념을 이해하고 있다고 볼 수는 없다.

02

정답 ⑤

네 번째 문단의 '도시권역 간 이동시간을 단축해 출퇴근 교통체증을 해소할 수 있고'라는 내용을 통해 도심항공교통의 상용화를 통해 도심지상교통이 이전보다 원활해질 것임을 예측할 수 있다.

오답분석

① 첫 번째 문단과 두 번째 문단의 내용을 통해 알 수 있듯이, 도심항공교통 UAM은 비행기와 달리 저고도 상공에서 사람이나 물품 등을 운송하는 교통수단, 또는 이와 관련된 모든 사업을 통틀어 말하는 용어로 모든 항공교통수단 시스템을 지칭한다고 보기는 어렵다.

② 도심항공교통은 지상교통수단의 이용이 불가능해진 것이 아니라, 인구 증가와 인구 과밀화 등 여러 요인으로 인해 지상교통수단 만으로는 한계에 다다라 이에 대한 해결책으로 등장한 기술이다.

③ 두 번째 문단의 내용을 통해 알 수 있듯이 도심항공교통은 수직이착륙 기술을 가지고 있어 활주로의 필요성이 없는 것은 맞지만, 세 번째 문단의 '핵심 인프라 중 하나인 플라잉카 공항 에어원 건설 중에 있다.'라는 내용을 통해 해당 교통수단을 위한 별도의 공항이 필요함을 짐작할 수 있다.

④ 제시문에서 공기업과 사기업, 그리고 각 시가 도심항공교통의 상용화를 목표로 박차를 가하고 있음은 알 수 있으나, 그들이 역할을 분담하여 공동의 목표를 향한다는 내용은 확인할 수 없다.

03

정답 ③

제시문에 따르면 역사의 가치는 변하는 것이며, 시대나 사회의 흐름에 따라 달라지는 상대적인 것이다.

04

정답 ④

장피에르 교수 외 고대 그리스 수학자들의 학문에 대한 공통적 입장은 새로운 진리를 찾는 기쁨이라는 것이다.

34 • 하루 18문제로 18일 만에 끝내는 NCS

① · ③ 제시문과 반대되는 내용이므로 적절하지 않다.
② · ⑤ 제시문에 언급되어 있지 않아 알 수 없다.

05

제시문에 따라 열린 혁신은 '기관 자체의 역량뿐 아니라 외부의 아이디어를 받아들이고 결합함으로써, 당면한 문제를 해결하고 사회적 가치를 창출하는 일련의 활동임'을 볼 때, C사원의 의견은 적절하지 않다.

오답분석
① 열린 혁신의 세 번째 선행조건을 통해 확인할 수 있다.
② 열린 혁신의 첫 번째 선행조건에 의거해 수요자의 입장에서 사업을 바라보는 것이다.
④ 열린 혁신의 두 번째 선행조건을 통해 확인할 수 있다.
⑤ 마지막 문단에서 일자리 창출 지원, 인력자원개발 패러다임 변화를 반영한 인력 양성 등 공단에 대한 정부와 국민의 기대감은 날로 커질 전망임을 언급하고 있다.

06

오답분석
① 팔은 눈에 띄지 않을 만큼 작다.
② 빌렌도르프 지역에서 발견되었다.
③ 모델에 대해서는 밝혀진 것이 없다.
⑤ 출산, 다산의 상징이라는 의견이 지배적이다.

07

제시문에 따르면 사회적 합리성을 위해서는 개인의 노력도 중요하지만 그것만으로는 안 되고 '공동'의 노력이 필수이다.

08

마지막 조건에 따르면 면접시험 여성 합격자는 72명이므로 남성 합격자는 $72 \times \frac{3}{4} = 54$명이다. 이를 토대로 필기시험과 면접시험 응시자 및 합격자 인원을 구하면 다음과 같다.

(단위 : 명)

구분	필기시험	면접시험
응시자	$\frac{315}{0.7}=450$	$\frac{126}{0.4}=315$
합격자	$450 \times 0.8 = 360$	$72 + 54 = 126$

따라서 필기시험에 합격한 사람은 360명이다.

09

제시된 연차 계산법에 따라 A씨의 연차를 구하면 다음과 같다.
• 기간제 : $(6 \times 365) \div 365$일$\times 15 = 90$일
• 시간제 : $(8 \times 30 \times 6) \div 365 ≒ 4$일
따라서 $90 + 4 = 94$일이다.

10

정답 ①

세 번째 조건에서 중앙값이 28세이고, 최빈값이 32세라고 했으므로 신입사원 5명 중 2명은 28세보다 어리고, 28세보다 많은 사람 2명은 모두 32세가 되어야 한다. 또한 두 번째 조건에서 신입사원 나이의 총합은 28.8×5=144세이므로, 27세 이하인 2명의 나이 합은 144−(28+32+32)=52세가 된다. 그러므로 2명의 나이는 (27세, 25세), (26세, 26세)가 가능하지만 최빈값이 32세이기 때문에 26세가 2명인 경우는 불가능하다. 따라서 28세보다 어린 2명은 25세와 27세이며, 가장 어린 사람과 가장 나이가 많은 사람의 나이 차는 32−25=7세이다.

11

정답 ②

조건을 식으로 정리하면 다음과 같다.
• C+D<A ··· ㉠
• A+C<E ··· ㉡
• A+B>C+E ··· ㉢
• B=C+D ··· ㉣
㉠에 ㉣을 대입하면 B<A
㉢에 ㉣을 대입하면 A+B>C+E=A+C+D>C+E=A+D>E ··· ㉤
㉤을 ㉡과 비교하면 A+D>E>A+C → D>C ··· ㉥
㉥을 ㉣과 비교하면 C<D<B이며, B<A이기 때문에 C<D<B<A임을 알 수 있다. 이때, ㉡에서 A<E이므로 상자를 무게 순서대로 나열하면 C<D<B<A<E이다.

12

정답 ①

브레인스토밍은 대표적인 자유연상법으로, 생각나는 대로 자유롭게 발상하는 방법이다.

[오답분석]
② NM법은 비교발상법이다.
③ 비교발상법에는 NM법, Synectics법 등이 있으며, 체크리스트는 강제연상법이다.
④ 각종 힌트에 강제적으로 연결지어서 발상하는 강제연상법에는 체크리스트 등이 있다.
⑤ 브레인스토밍은 구성원이 서로의 얼굴을 볼 수 있도록 사각형이나 타원형의 책상을 배치하는 것이 방법이 일반적이다.

13

정답 ③

브레인스토밍(Brainstorming)
• 한 사람이 생각하는 것보다 다수가 생각하는 것이 아이디어가 많다.
• 아이디어 수가 많을수록 질적으로 우수한 아이디어가 나올 확률이 높다.
• 아이디어는 비판이 가해지지 않아야 많아진다.

[오답분석]
① 스캠퍼(Scamper) 기법 : 창의적 사고를 유도하여 신제품이나 서비스 등을 생각하는 발상 도구이다.
② 여섯 가지 색깔 모자(Six Thinking Hats) : 각각 중립적, 감정적, 부정적, 낙관적, 창의적, 이성적 사고를 뜻하는 여섯 가지 색의 모자를 차례대로 바꾸어 쓰면서 모자 색깔이 뜻하는 유형대로 생각해 보는 방법이다.
④ TRIZ(Teoriya Resheniya Izobretatelskikh Zadatch) : 문제에 대하여 이상적인 결과를 정하고, 그 결과를 얻는 데 모순이 되는 것을 찾아 모순을 극복할 수 있는 해결안을 찾는 40가지 방법에 대한 이론이다.
⑤ Logic Tree 기법 : 문제의 원인을 깊이 파고들거나 해결책을 구체화할 때, 제한된 시간 안에 넓이와 깊이를 추구하는 데 도움이 되는 기술로, 주요 과제를 나무 모양으로 분해하여 정리하는 기술이다.

14

정답 ②

②는 접근 연상이 아닌 대비 연상에 해당한다.

> **자유연상법의 유형**
> • 접근 연상 : 주제와 관련이 있는 대상이나, 과거의 경험을 떠올리는 것이다.
> • 대비 연상 : 주제와 반대되는 대상을 생각하는 것이다.
> • 유사 연상 : 주제와 유사한 대상이나 경험을 떠올려 보는 활동이다.

15

정답 ③

브레인스토밍은 '질보다 양'의 규칙을 따라 심사숙고하는 것보다 가능한 많은 아이디어를 생각하는 것이 바람직하다.

16

정답 ①

조건에 따라 자동차를 대여할 수 없는 날을 표시하면 다음과 같다.

〈2월 달력〉

일	월	화	수	목	금	토
	1	2 × 짝수 날 점검	3	4 × 짝수 날 점검	5	6 × 짝수 날 점검
7	8	9 × 업무	10 × 업무	11 × 설 연휴	12 × 설 연휴	13 × 설 연휴
14	15 × 출장	16 × 출장	17	18	19	20
21	22	23	24 × C 대여	25 × C 대여	26 × C 대여	27
28						

따라서 B자동차를 대여할 수 있는 날은 주말을 포함한 18 ~ 20일, 19 ~ 21일, 20 ~ 22일, 21 ~ 23일이므로 수요일(17일)은 자동차를 대여할 수 없다.

17

정답 ①

두 번째 조건에서 경유지는 서울보다 +1시간, 출장지는 경유지보다 -2시간이므로 서울과 -1시간 차이다. 김대리가 서울에서 경유지를 거쳐 출장지까지 가는 과정을 서울 시각 기준으로 정리하면 다음과 같다.
서울 5일 오후 1시 35분 출발 → 오후 1시 35분+3시간 45분=오후 5시 20분 경유지 도착 → 오후 5시 20분+3시간 50분(대기시간)=오후 9시 10분 경유지에서 출발 → 오후 9시 10분+9시간 25분=6일 오전 6시 35분 출장지 도착
따라서 출장지에 도착했을 때 현지 시각은 서울보다 1시간 느리므로 오전 5시 35분이다.

18

정답 ④

팀원의 모든 스케줄이 비어 있는 시간대인 16:00 ~ 17:00가 가장 적절하다.

핵심영역 적중예상문제

01	02	03	04	05	06	07	08	09	10	11	12	13	14	15	16	17	18		
②	②	⑤	②	①	③	①	①	②	⑤	③	③	②	④	②	③	③	③		

01
정답 ②

제시문에서는 자제력이 있는 사람은 합리적 선택에 따라 행위를 하고, 합리적 선택에 따르는 행위는 모두 자발적 행위라고 했다. 따라서 자제력이 있는 사람은 자발적으로 행위를 한다.

02
정답 ②

제시문에 따르면 인터넷 뉴스를 유료화하면 인터넷 뉴스를 보는 사람의 수는 줄어들 것이므로 ②는 적절하지 않다.

03
정답 ⑤

뉴스의 품질이 떨어지는 원인이 근본적으로 독자에게 있다고 볼 수 없으며, 그 해결 방안이 종이 신문 구독이라는 반응은 적절하지 않다.

04
정답 ②

13세부터 18세의 청소년까지를 특정 소비자로 한정하여 판매하는 마케팅 전략을 구사하고 있다.

[오답분석]
①·③ 제품의 특성을 반영한 마케팅에 해당한다.
④·⑤ 기업 혹은 상품의 역사를 나타낸 마케팅에 해당한다.

05
정답 ①

제시문에 따르면 똑같은 일을 똑같은 노력으로 했을 때, 돈을 많이 받으면 과도한 보상을 받아 부담을 느낀다. 또한 적게 받으면 충분히 받지 못했다고 느끼므로 만족하지 못한다. 따라서 공평한 대우를 받을 때 더 행복함을 느낀다는 것을 추론할 수 있다.

06
정답 ③

보기는 독립신문이 일반 민중들을 위해 순 한글을 사용해 배포됐고, 상하귀천 없이 누구나에게 새로운 소식을 전달해 준다는 내용이다. 따라서 ③을 추론할 수 있다.

07

정답 ①

지혜와 주헌이가 함께 걸어간 거리는 150×30m이고, 집에서 회사까지 거리는 150×50m이다. 따라서 지혜가 집에 가는 데 걸린 시간은 $150 \times 30 \div 300 = 15$분이고, 다시 회사까지 가는 데 걸린 시간은 $150 \times 50 \div 300 = 25$분이다. 따라서 주헌이가 회사에 도착하는 데 걸린 시간은 20분이고, 지혜가 걸린 시간은 40분이므로, 지혜는 주헌이가 도착하고 20분 후에 회사에 도착한다.

08

정답 ①

30분까지의 기본료를 x원, 1분마다 추가 요금을 y원이라고 하면, 1시간 대여료와 2시간 대여료에 대해 다음 식이 성립한다.
$x + 30y = 50{,}000 \cdots \bigcirc$
$x + 90y = 110{,}000 \cdots \bigcirc$
두 식을 연립하면 $x = 20{,}000$, $y = 1{,}000$이다.
따라서 기본료는 20,000원, 30분 후 1분마다 추가 요금은 1,000원이므로 3시간 대여료는 $20{,}000 + 150 \times 1{,}000 = 170{,}000$원이다.

09

정답 ②

a의 경우 7, 35, 91의 최대공약수 7이 되고, b의 경우 17, 34, 51의 최소공배수 $17 \times 2 \times 3 = 102$가 되면 $\dfrac{b}{a}$가 될 수 있는 가장 작은 값이 된다. 따라서 $\dfrac{b}{a} = \dfrac{102}{7}$이므로 $a + b = 7 + 102 = 109$이다.

10

정답 ⑤

먼저 물이 빠질 때의 시간을 계산해 보자. 물통의 부피는 $5 \times 4 \times 12 = 240$cm^{3}이고, 부피 1L는 1,000cm^{3}이므로 240mL가 된다. 5mL/s의 속도로 물이 빠져나가게 되므로 $240 \div 5 = 48$초가 걸린다. 다시 물을 채워 넣을 때는 구멍이 난 채로 물을 부으므로 $15 - 5 = 10$mL/s의 속도로 채워지며, 240mL를 채울 때까지 24초가 걸린다. 따라서 물이 빠져나가기 시작해서 다시 가득 차게 될 때까지 $48 + 24 = 72$초가 걸린다.

11

정답 ③

A는 0, 2, 3을 뽑았으므로 320이 만들 수 있는 가장 큰 세 자리 숫자이다. 카드 5장 중 3장을 뽑을 때 카드의 순서를 고려하지 않고 뽑는 전체 경우의 수는 $_5\mathrm{C}_2 = 10$가지이다. B가 이기려면 4가 적힌 카드를 뽑거나 1, 2, 3의 카드를 뽑아야 한다.
4가 적힌 카드를 뽑는 경우의 수는 4가 한 장을 차지하고 나머지 2장의 카드를 뽑아야 하므로 $_4\mathrm{C}_2 = 6$가지이고, 1, 2, 3카드를 뽑는 경우는 1가지이다. 따라서 B가 이길 확률은 $\dfrac{7}{10}$이다.

12

정답 ③

경상도 출신인 사람은 컴퓨터 자격증이 없고, 기획팀 사람인데 컴퓨터 자격증이 없는 사람은 기혼자이다. 따라서 경상도 출신인 사람이 기획팀에 소속되어 있다면 기혼자이다.

오답분석
① 세 번째 조건의 대우는 '컴퓨터 자격증이 있으면 경상도 출신이 아니다.'이다. 영업팀 사람은 컴퓨터 자격증이 있으므로 경상도 출신은 없다.
② 다섯 번째 조건의 대우는 '기획팀 사람은 통근버스를 이용하지 않는다.'이다. 경기도에 사는 사람은 지하철을 이용하지만 교통수단이 통근버스와 지하철만 있는 것은 아니므로 확인할 수 없다.
④ 다섯 번째 조건의 대우는 '기획팀 사람은 통근버스를 이용하지 않는다.'이다. 따라서 기획팀 사람 중 통근버스를 이용하는 사람은 한 명도 없다.
⑤ 영업팀 사람은 컴퓨터 자격증이 있고 귤을 좋아하지만, 기획팀 사람 중 컴퓨터 자격증이 있다고 귤을 좋아하는지는 알 수 없다.

2주 차

13

정답 ②

가대리와 마대리의 진술이 서로 모순이므로, 둘 중 한 사람은 거짓을 말하고 있다.

ⅰ) 가대리의 진술이 거짓인 경우

　　가대리의 말이 거짓이라면 나사원의 말도 거짓이 되고, 라사원의 말도 거짓이 되므로 모순이 된다.

ⅱ) 가대리의 진술이 진실인 경우

　　가대리, 나사원, 라사원의 말이 진실이 되고, 다사원과 마대리의 말이 거짓이 된다.

• 진실
　- 가대리 : 가대리 · 마대리 출근, 결근 사유 모름
　- 나사원 : 다사원 출근, 가대리 진술은 진실
　- 라사원 : 나사원 진술은 진실

• 거짓
　- 다사원 : 라사원 결근 → 라사원 출근
　- 마대리 : 라사원 결근, 라사원이 가대리한테 결근 사유 전함 → 라사원 출근, 가대리는 결근 사유 듣지 못함

따라서 나사원이 출근하지 않았다.

14

정답 ④

첫 번째와 두 번째 조건에 의해 A · B · C · D가 각각 착용하지 않는 색상도 서로 겹치지 않음을 알 수 있다. A가 빨간색을 착용하지 않고 C가 초록색을 착용하지 않으므로 B와 D는 노란색이나 파란색을 착용하지 않아야 하는데, D가 노란색 티셔츠를 입으므로 D는 파란색을 착용하지 않고, B는 노란색을 착용하지 않았다. 그러면 티셔츠 중 초록색, 빨간색, 파란색이 남는데, C는 초록색은 착용하지 않고 빨간색 바지를 입었으므로 파란색 티셔츠를 입고, A는 빨간색을 착용하지 않으므로 초록색 티셔츠를 입으며, B는 빨간색 티셔츠를 입는다. 또한, C는 초록색을 착용하지 않으므로 노란색 모자를 쓴다. 그러면 노란색 중 남은 것은 바지인데, B는 노란색을 착용하지 않으므로 A가 노란색 바지를 입고, 파란색 모자를 쓴다. 다음으로 모자 중에는 빨간색과 초록색, 바지 중에는 파란색과 초록색이 남는데, B가 이미 빨간색 티셔츠를 입고 있으므로 D가 빨간색 모자를 쓰고 B가 초록색 모자를 쓰며, D는 파란색을 착용하지 않으므로 초록색 바지를 입고 B는 파란색 바지를 입는다. 이를 표로 정리하면 다음과 같다.

구분	A	B	C	D
모자	파란색	초록색	노란색	빨간색
티셔츠	초록색	빨간색	파란색	노란색
바지	노란색	파란색	빨간색	초록색

따라서 B의 모자와 D의 바지의 색상은 서로 같다.

15

정답 ②

A씨는 용도에 맞는 축구공이 배송되기를 원한다. 제시된 표에 따라 초등학교의 경우에는 4호가 적절하며, 중 · 고등학교는 5호가 적절하다. 따라서 ○○축구사랑재단에서 구매할 축구공의 총액은 $(30,000 \times 300 \times 2) + (35,000 \times 300 \times 4) = 6$천만 원이다. 5천만 원 이상 대량구매 시 10% 할인, 3천만 원 이상 구매 시 무료 배송을 제공한다고 하였으므로 총매출액은 6천만×$(1-0.1) = 5,400$만 원이다.

16

정답 ③

문화생활에 신청한 직원의 수와 정원을 비교하면 다음과 같다.

(단위 : 명)

구분	연극	영화	음악회	미술관
신청 인원	14	26	13	4
정원	20	30	10	30

음악회의 신청 인원이 정원 3명을 초과하여 다시 신청을 해야 한다. 정원이 초과된 인원은 1인당 금액이 비싼 문화생활 순으로 남은 정원을 채운다고 하였으므로 그 순서는 '음악회 – 연극 – 미술관 – 영화' 순서이다.

따라서 3명은 정원이 남은 연극을 신청하게 되어 연극의 신청 인원은 14+3=17명이 된다. 문화생활 정보의 기타 사항을 보면 연극과 영화는 할인 조건에 해당되므로 할인 적용을 받는다. 따라서 이번 달 문화생활 티켓 구매에 필요한 예산은 (17×20,000×0.85)+(26×12,000×0.5)+(10×50,000)+(4×13,000)=997,000원이다.

17

정규시간 외에 초과근무가 있는 날의 시간외근무시간을 구하면 다음과 같다.

근무 요일	초과근무시간			1시간 공제
	출근	야근	합계	
1 ~ 15일	−	−	−	770분
18(월)	−	70분	70분	10분
20(수)	60분	20분	80분	20분
21(목)	30분	70분	100분	40분
25(월)	60분	90분	150분	90분
26(화)	30분	160분	190분	130분
27(수)	30분	100분	130분	70분
합계	−	−	−	1,130분

따라서 1,130분은 18시간 50분이고, 1시간 미만은 절사하므로 7,000원×18시간=126,000원이다.

18

정답 ③

도배지는 총 세 가지 종류의 규격이 있는데, 첫 번째 도배지(폭 100cm×길이 150cm)가 가장 경제적이므로 우선적으로 사용한다. 왜냐하면 두 번째 도배지의 크기는 첫 번째 도배지 크기의 $\frac{2}{3}$ 정도인 것에 반해, 가격은 $\frac{3}{4}$ 정도로 비싸기 때문이다. 이는 세 번째 도배지의 경우도 마찬가지이다.

1) '가로 8m×높이 2.5m' 벽 도배 비용 추산

1	2	3	4	5	6	7	8
9		10	11		12	13	㉠

- 첫 번째 도배지는 총 13Roll이 필요하다. → 비용 : 40,000×13=520,000원
- ㉠ 의 크기는 폭 100cm×길이 50cm이다.

2) '가로 4m×높이 2.5m' 벽 도배 비용 추산

1	2	3	4
5		6	㉡

- 첫 번째 도배지는 총 6Roll이 필요하다. → 비용 : 40,000×6=240,000원
- ㉡ 의 크기는 폭 100cm×길이 100cm이다.

3) ㉠+㉡ 의 도배 비용 추산

- 총 ㉠+㉡ 넓이=폭 100cm×길이 150cm
- 첫 번째 도배지 1Roll이 있으면 된다. → 비용 : 40,000원

따라서 4개 벽면의 도배 비용은 (520,000+240,000+40,000)×2=1,600,000원이다.

01	02	03	04	05	06	07	08	09	10	11	12	13	14	15	16	17	18		
②	②	②	⑤	④	③	④	④	④	①	①	②	②	⑤	④	①	②	①		

01

정답 ②

제시문은 문화재 가운데 가장 가치 있는 것으로 평가받는 국보에 대하여 설명하는 글이다. 따라서 (가) 문화재의 종류와 국보에 대한 설명 → (다) 국보의 선정 기준 → (나) 국보 선정 기준으로 선발된 문화재의 종류 → (라) 국보 선정 기준으로 선발된 문화재가 지니는 의미의 순서로 나열해야 한다.

02

정답 ②

제시문은 신앙 미술에 나타난 동물의 상징적 의미와 사례, 변화와 그 원인, 그리고 동물의 상징적 의미가 지닌 문화적 가치에 대하여 설명하고 있다. 따라서 (나) 신앙 미술에 나타난 동물의 상징적 의미와 그 사례 → (다) 동물의 상징적 의미의 변화 → (라) 동물의 상징적 의미가 변화하는 원인 → (가) 동물의 상징적 의미가 지닌 문화적 가치의 순서로 나열해야 한다.

03

정답 ②

제시문은 나무를 가꾸기 위해 고려해야 하는 사항에 대해 설명하는 글이다. 따라서 (가) 나무를 가꾸기 위해 고려해야 할 사항과 가장 중요한 생육조건 → (라) 나무를 양육할 때 주로 저지르는 실수인 나무 간격을 촘촘하게 심는 것 → (다) 그러한 실수를 저지르는 이유 → (나) 또 다른 식재계획 시 고려해야 하는 주의점 순으로 나열해야 한다.

04

정답 ⑤

제시문은 무협 소설에서 나타나는 '협(俠)'의 정의와 특징에 대하여 설명하는 글이다. 따라서 (라) 무협 소설에서 나타나는 협의 개념 → (다) 협으로 인정받기 위한 조건 중 하나인 신의 → (가) 협으로 인정받기 위한 추가적인 조건 → (나) 앞선 사례를 통해 나타나는 협의 원칙과 정의의 순서로 나열해야 한다.

05

정답 ④

제시문은 '무지에 대한 앎'을 설명하면서 과거와 현재의 사례를 통해 이에 대한 중요성을 주장하고 있다. 제시된 첫 번째 문단은 대부분의 사람들이 자신의 무지에 대해 무관심하다는 상황에 대한 내용이므로, 다음으로는 역접 기능의 접속어 '그러나'로 시작하는 문단이 오는 것이 적절하다. 따라서 (라) 무지의 영역에 대한 지식 확장이 필요한 경우 → (가) '무지에 대한 앎'의 중요성과 이와 관련된 성인들의 주장 → (다) '무지에 대한 앎'을 배제하는 방향으로 흘러간 경우의 예시 → (마) 현대 사회에서 나타나는 '무지에 대한 앎'이 배제되는 경우의 예시 → (나) '무지에 대한 앎'의 중요성의 순서로 나열해야 한다.

06

정답 ③

제시문은 IC카드의 개발 및 원리에 대한 글이다. 제시된 첫 번째 문단에서는 자석 접촉 시 데이터가 손상되는 마그네틱 카드의 단점과 이를 보완한 것이 IC카드라고 설명하였다. 따라서 (나) 데이터 손상의 방지 및 여러 기능의 추가가 가능한 IC카드 → (가) EEPROM이나 플래시메모리를 내장한 IC카드 → (다) 메모리 외에 프로세서 기능이 추가된 IC카드의 순서로 나열해야 한다.

07

정답 ④

주어진 자료를 바탕으로 운동시간과 운동효과의 관계식을 정리하면 다음과 같다.
(운동시간)=1일 때, (운동효과)=4이므로
$4=a\times1-b^2$ … ㉠
(운동시간)=2일 때, (운동효과)=62이므로
$62=a\times2-\dfrac{b^2}{2}$ … ㉡
㉠, ㉡를 연립하면 $a=40$, $b^2=36$이다.
이를 토대로 운동효과를 구하는 식을 정리하면 다음과 같다.
$$(운동효과)=40\times(운동시간)-\dfrac{36}{(운동시간)}$$
(운동시간)=3일 때
$$(운동효과)=40\times3-\dfrac{36}{3}=108=(가)$$
(운동시간)=4일 때
$$(운동효과)=40\times4-\dfrac{36}{4}=151=(나)$$
따라서 (가)=108, (나)=151이다.

08

정답 ④

- (가)=723-(76+551)=96
- (나)=824-(145+579)=100
- (다)=887-(131+137)=619
- (라)=114+146+688=948
∴ (가)+(나)+(다)+(라)=96+100+619+948=1,763

09

정답 ④

5만 미만에서 10만～50만 미만까지의 투자건수 비율을 합하면 된다. 따라서 28+20.9+26=74.9%이다.

10

정답 ①

100만～500만 미만에서 500만 미만까지의 투자건수 비율을 합하면 11.9+4.5=16.4%이다.

11

정답 ①

- (가)=194-(23+13+111+15)=32
- 1차에서 D사를 선택하고, 2차에서 C사를 선택한 소비자 수는 21명이고, 1차에서 E사를 선택하고 2차에서 B사를 선택한 소비자 수는 18명이다. 따라서 차이는 3이다.

12

정답 ②

2021년 대비 2023년에 가장 눈에 띄는 증가율을 보인 면세점과 편의점, 무점포 소매점의 증가율을 계산하면 다음과 같다.

- 2021년 대비 2023년 면세점 판매액의 증가율 : $\frac{14,465 - 9,198}{9,198} \times 100 ≒ 57\%$

- 2021년 대비 2023년 편의점 판매액의 증가율 : $\frac{22,237 - 16,455}{16,455} \times 100 ≒ 35\%$

- 2021년 대비 2023년 무점포 소매점 판매액의 증가율 : $\frac{61,240 - 46,788}{46,788} \times 100 ≒ 31\%$

따라서 2021년 대비 2023년에 두 번째로 높은 비율의 판매액 증가를 보인 소매 업태는 편의점이고, 증가율은 약 35%이다.

13

정답 ②

경쟁자의 시장 철수로 인한 새로운 시장 진입 가능성은 K공사가 가지고 있는 내부환경의 약점이 아닌 외부환경에서 비롯되는 기회에 해당한다.

> **SWOT 분석**
> 기업의 내부환경과 외부환경을 분석하여 강점(Strength), 약점(Weakness), 기회(Opportunity), 위협(Threat) 요인을 규정하고 이를 토대로 경영전략을 수립하는 기법이다.
> - 강점(Strength) : 내부환경(자사 경영자원)의 강점
> - 약점(Weakness) : 내부환경(자사 경영자원)의 약점
> - 기회(Opportunity) : 외부환경(경쟁, 고객, 거시적 환경)에서 비롯된 기회
> - 위협(Threat) : 외부환경(경쟁, 고객, 거시적 환경)에서 비롯된 위협

14

정답 ⑤

ⓒ 이미 우수한 연구개발 인재를 확보한 것이 강점이므로, 추가로 우수한 연구원을 채용하는 것은 WO전략으로 적절하지 않다. 기회인 예산을 확보하여 약점인 전력 효율성이나 국민적 인식 저조를 해결하는 전략을 세워야 한다.
ⓔ 세계의 신재생에너지 연구(O)와 전력 효율성 개선(W)을 활용하므로 WT전략이 아닌 WO전략에 대한 내용이다. WT전략은 위협인 높은 초기 비용에 대한 전략을 세워야 한다.

15

정답 ④

ㄴ. 민간의 자율주행기술 R&D를 지원하여 기술적 안정성을 높이는 전략은 위협을 최소화하는 내용은 포함하지 않고 약점만 보완하는 전략이므로 ST전략이라 볼 수 없다.
ㄹ. 국내기업의 자율주행기술 투자가 부족한 약점을 국가기관의 주도로 극복하려는 내용은 약점을 최소화하고 위협을 회피하려는 WT전략의 내용으로 적합하지 않다.

[오답분석]
ㄱ. 높은 수준의 자율주행기술을 가진 외국 기업과의 기술이전협약 기회를 통해 국내외에서 우수한 평가를 받는 국내 자동차기업이 국내 자율주행자동차 산업의 강점을 강화하는 전략은 SO전략에 해당한다.
ㄷ. 국가가 지속적으로 자율주행차 R&D를 지원하는 법안이 본회의를 통과한 기회를 토대로 기술개발을 지원하여 국내 자율주행자동차 산업의 약점인 기술적 안정성을 확보하려는 전략은 WO전략에 해당한다.

16

조건에 따라 가중치를 적용한 후보 도서들의 점수를 나타내면 다음과 같다.

(단위 : 점)

도서명	흥미도 점수	유익성 점수	1차 점수	2차 점수
재테크, 답은 있다	6×3=18	8×2=16	34	34
여행학개론	7×3=21	6×2=12	33	33+1=34
부장님의 서랍	6×3=18	7×2=14	32	-
IT혁명의 시작	5×3=15	8×2=16	31	-
경제정의론	4×3=12	5×2=10	22	-
건강제일주의	8×3=24	5×2=10	34	34

1차 점수가 높은 3권은 '재테크, 답은 있다', '여행학개론', '건강제일주의'이다. 이 중 '여행학개론'은 해외저자의 서적이므로 2차 선정에서 가점 1점을 받는다. 1차 선정된 도서 3권의 2차 점수가 34점으로 모두 동일하므로, 유익성 점수가 가장 낮은 '건강제일주의'가 탈락한다. 따라서 최종 선정될 도서는 '재테크, 답은 있다'와 '여행학개론'이다.

17

주어진 조건을 토대로 노트북별 점수를 정리하면 다음과 같다.

(단위 : 점)

구분	A	B	C	D	E
저장용량	4	2+3=5	5	2+3=5	3+3=6
배터리 지속시간	2	5	1	4	3
무게	2	5	1	4	3
가격	2	5	1	3	4
합계	4+2+2+2=10	5+5+5+5=20	5+1+1+1=8	5+4+4+3=16	6+3+3+4=16

따라서 최대리는 점수가 가장 높은 노트북 B를 고른다.

18

전자정부 순위는 숫자가 낮을수록 순위가 높은 것에 유의하며, 항목별로 국가들의 순위에 따라 점수를 부여하여 총점을 계산하면 다음과 같다.

(단위 : 점)

후보 국가	시장매력도			수준	접근 가능성	총점
	시장규모	성장률	인구규모	전자정부 순위	수출액	
A국	80	20	50	30	20	200
B국	40	40	30	20	5	135
C국	20	50	40	10	10	130
D국	60	30	20	0	15	125

따라서 총점이 가장 높은 A국과 그 다음으로 높은 B국이 선정된다.

핵심영역 적중예상문제

01	02	03	04	05	06	07	08	09	10	11	12	13	14	15	16	17	18		
②	⑤	④	①	④	②	③	②	④	③	④	②	②	④	④	①	⑤	⑤		

01
정답 ②

제시문은 제4차 산업혁명으로 인한 노동 수요 감소로 인해 나타날 수 있는 문제점으로 대공황에 대한 위험을 설명하고 있다. 반면 긍정적인 시각으로는 노동 수요 감소를 통해 인간적인 삶의 향유가 이루어질 수 있다고 말한다. 따라서 제4차 산업혁명의 밝은 미래와 어두운 미래를 나타내는 ②가 제목으로 가장 적절하다.

02
정답 ⑤

(마)는 공포증을 겪는 사람들의 상황 해석 방식과 공포증에서 벗어나는 방법이 핵심 주제이다. 공포증을 겪는 사람들의 행동 유형은 나타나 있지 않다.

03
정답 ④

제시문에서는 '장애인 편의 시설에 대한 새로운 시각'이 필요하다고 밝히고, 장애인 편의 시설이 '우리 모두에게 유용함'을 강조하고 있다. 또한 마지막 문단에서 보편적 디자인의 시각으로 바라볼 때 '장애인 편의 시설은 우리 모두에게 편리하고 안전한 시설로 인식될 것'이라고 하였다. 따라서 제시문의 주제로 가장 적절한 것은 ④이다.

04
정답 ①

제시문에서는 연고주의는 고유한 가치를 갖는 사회적 자산이며, 서구와 달리 인간적 온기를 지닌 삶의 원리라고 주장하고 있다.

05
정답 ④

제시문에서는 위계화의 개념을 설명하고, 이러한 불평등의 원인과 구조에 대해 살펴보고 있다. 따라서 제시문의 제목으로 가장 적절한 것은 ④이다.

06
정답 ②

제시문에서는 근대건축물이 방치되고 있는 상황과 함께 지속적인 관리의 필요성을 설명하고 있다. 또한, 기존 관리 체계의 한계점을 지적하며, 이를 위한 해결책으로 공공의 역할을 강조하고 있다. 따라서 글의 중심 내용으로 가장 적절한 것은 ②이다.

07

A사와 B사의 전체 직원 수를 알 수 없으므로, 주어진 비율만으로는 판단할 수 없다.

[오답분석]

① 여직원 대비 남직원 비율은 여직원 비율이 높을수록, 남직원 비율이 낮을수록 값이 작아진다. 따라서 여직원 비율이 가장 높으면서, 남직원 비율이 가장 낮은 D사의 비율이 최저이고, 남직원 비율이 여직원 비율보다 높은 A사의 비율이 최고이다.

② B, C, D사 각각 남직원보다 여직원의 비율이 높다. 따라서 B, C, D사 전체에서 남직원 수보다 여직원 수가 많다. 즉, B, C, D사의 직원 수를 다 합하여도 남직원 수는 여직원 수보다 적다.

④ A사의 전체 직원 수를 a명, B사의 전체 직원 수를 b명이라 하면, A사의 남직원 수는 $0.54a$명, B사의 남직원 수는 $0.48b$명이다.

$\dfrac{0.54a+0.48b}{a+b}\times100=52 \rightarrow 54a+48b=52(a+b)$

$\therefore a=2b$

⑤ A, B, C사의 각각 전체 직원 수를 a명이라 하면, 여직원의 수는 각각 $0.46a$명, $0.52a$명, $0.58a$명이다. 따라서 $0.46a+0.58a=2\times0.52a$이므로 옳은 설명이다.

08

100대 기업까지 48.7%이고, 200대 기업까지 54.5%이다. 따라서 101 ~ 200대 기업이 차지하고 있는 비율은 54.5−48.7=5.8%이다.

[오답분석]

①・③ 자료를 통해 확인할 수 있다.

④ 자료를 통해 0.2%p 감소했음을 알 수 있다.

⑤ 등락률이 상승과 하락의 경향을 보이므로 옳은 설명이다.

09

총무부서 직원은 총 250×0.16=40명이다. 2022년과 2023년의 독감 예방접종 여부가 총무부서에 대한 자료라면, 총무부서 직원 중 2022년과 2023년의 예방접종자 수의 비율 차는 56−38=18%p이다. 따라서 40×0.18≒7.2이므로 약 7명 증가하였다.

[오답분석]

① 2022년 독감 예방접종자 수는 250×0.38=95명, 2023년 독감 예방접종자 수는 250×0.56=140명이므로, 2022년에는 예방접종을 하지 않았지만, 2023년에는 예방접종을 한 직원은 총 140−95=45명이다.

② 2022년의 예방접종자 수는 95명이고, 2023년의 예방접종자 수는 140명이다. 따라서 $\dfrac{140-95}{95}\times100≒47\%$ 증가했다.

③ 2022년의 예방접종을 하지 않은 직원들을 대상으로 2023년의 독감 예방접종 여부를 조사한 자료라고 한다면, 2022년과 2023년 모두 예방접종을 하지 않은 직원은 총 250×0.62×0.44≒68명이다.

⑤ 제조부서를 제외한 직원은 250×(1−0.44)=140명이고, 2023년 예방접종을 한 직원은 250×0.56=140명이다. 따라서 제조부서 중 예방접종을 한 직원은 없다.

10

2022년 10월부터 2023년 3월까지 미세먼지 농도가 가장 높은 달이 3월인 지역은 '수원, 안양, 성남, 광명, 과천'으로 다섯 곳이다.

[오답분석]

① 2022년 10 ~ 12월까지 미세먼지 농도의 합이 $150\mu g/m^3$ 이상인 지역은 막대그래프에서 $140\mu g/m^3$가 넘는 지역만 확인하면 된다. 따라서 시흥과 파주 지역의 미세먼지 농도의 합을 구하면 시흥 한 곳만이 $150\mu g/m^3$ 이상이다.

• 시흥 : $46+53+52=151\mu g/m^3$

• 파주 : $45+53+50=148\mu g/m^3$

② 2023년 1월 미세먼지 농도의 전월(2022년 12월) 대비 증감률이 0%인 지역은 안양이다. 안양의 2023년 2월 미세먼지 농도는 $46\mu\text{g/m}^3$로 $45\mu\text{g/m}^3$ 이상이다.

④ 미세먼지 현황이 좋아졌다는 것은 미세먼지 농도가 낮아졌다는 것이며, 반대로 농도가 높아지면 현황이 나빠졌다는 뜻이다. 2023년 1월 대비 2월의 미세먼지 농도는 모든 지역에서 낮아졌고, 3월에는 모든 지역에서 농도가 다시 높아졌다.

⑤ 2022년 10월의 미세먼지 농도가 $35\mu\text{g/m}^3$ 미만인 지역은 '수원, 성남, 과천, 의왕, 하남'이며, 다섯 곳의 2023년 2월 미세먼지 농도 평균은 $\dfrac{42+43+43+43+43}{5} \fallingdotseq 43\mu\text{g/m}^3$이다.

11
정답 ④

농업에 종사하는 고령근로자 수는 $600\times0.2=120$명이고, 교육 서비스업은 $48,000\times0.11=5,280$명, 공공기관은 $92,000\times0.2=18,400$명이다. 따라서 총 $120+5,280+18,400=23,800$명으로, 과학 및 기술업에 종사하는 고령근로자 수인 $160,000\times0.125=20,000$명보다 많다.

[오답분석]

① 건설업에 종사하는 고령근로자 수는 $97,000\times0.1=9,700$명으로 외국기업에 종사하는 고령근로자 수의 3배인 $12,000\times0.35\times3=12,600$명보다 적다.

② 국가별 65세 이상 경제활동 조사 인구가 같을 경우 그래프에 나와 있는 비율로 비교하면 된다. 따라서 미국의 고령근로자 참가율 17.4%는 영국의 참가율의 2배인 $8.6\times2=17.2$%보다 높다.

③ 모든 업종의 전체 근로자 수에서 제조업에 종사하는 전체 근로자 비율은 $\dfrac{1,080}{(0.6+1,080+97+180+125+160+48+92+12)}$ $\times100\fallingdotseq60.2$%로 80% 미만이다.

⑤ 독일, 네덜란드와 아이슬란드의 65세 이상 경제활동 참가율의 합은 $4.0+5.9+15.2=25.1$%이고, 한국은 29.4%이다. 세 국가의 참가율 합이 한국의 참가율 합의 $\dfrac{25.1}{29.4}\times100\fallingdotseq85.4$%로 90% 미만이다.

12
정답 ②

국가별 65세 이상 경제활동 참가율을 전체 조사 인구와 곱하여 고령근로자 수를 구하면 다음과 같다.
• (A) 한국 경제활동 고령근로자 수 : $750\times0.294=220.5$만 명
• (B) 스웨덴 경제활동 고령근로자 수 : $5,600\times0.32=1,792$만 명

13
정답 ②

유동인구가 가장 많은 마트 앞에는 설치가능 일자가 일치하지 않아 설치할 수 없고, 나머지 장소에는 설치가 가능하다. 유동인구가 많은 순서대로 살펴보면 공사 본부, 주유소, 우체국, 주민센터 순이지만, 주유소는 우체국과 유동인구가 20명 이상 차이가 나지 않으므로 게시기간이 주유소보다 더 긴 우체국에 설치한다. 따라서 공사 본부와 우체국에 설치한다.

14
정답 ④

장소별 설치 및 게시비용을 계산하면 다음과 같다.
• 주민센터 : 200만+(10만×16일)=360만 원
• 공사 본부 : 300만+(8만×21일)=468만 원
• 우체국 : 250만+(12만×10일)=370만 원
• 주유소 : 200만+(12만×9일)=308만 원
• 마트 : 300만+(7만×24일)=468만 원
따라서 설치 및 게시비용의 합이 가장 저렴한 주유소에 설치해야 한다.

15

정답 ④

제시된 상황의 소는 2,000만 원을 구하는 것이므로 소액사건에 해당한다. 이에 따라 심급별 송달료를 계산하면 다음과 같다.
- 민사 제1심 소액사건 : 2×3,200×10=64,000원
- 민사 항소사건 : 2×3,200×12=76,800원

따라서 갑이 납부해야 하는 송달료의 합계는 140,800원이다.

16

정답 ①

성과급 지급 기준에 따라 직원들의 성과 점수를 산정하면 다음과 같다.

직원	성과 점수
가	(85×0.4)+(70×0.3)+(80×0.3)+4=83점
나	(80×0.4)+(80×0.3)+(70×0.3)−1=76점
다	(75×0.4)+(85×0.3)+(80×0.3)+2=81.5점
라	(70×0.4)+(70×0.3)+(90×0.3)−5=71점
마	(80×0.4)+(65×0.3)+(75×0.3)=74점

수상, 자격증획득, 징계는 4분기 내의 것만 인정되는 점에 유의한다. 따라서 가, 다만 B등급으로 직원들 중 가장 높은 등급을 받고, 이에 따라 가장 많은 성과급을 받는다.

17

정답 ⑤

규정에 따라 직원별 평정 최종 점수를 산출하면 다음과 같다.

(단위 : 점, 회)

구분	올해 업무 평정	일반사고	중대사고	수상 경력	평정 최종 점수
A사원	420	4	2	−	260
B사원	380	9	−	1	300
C대리	550	11	1	−	290
D대리	290	−	3	2	370
E과장	440	5	3	−	220

따라서 가장 낮은 점수를 받은 팀원은 E과장이다.

18

정답 ⑤

당직 근무 일정을 정리하면 다음과 같다.

구분	월요일	화요일	수요일	목요일	금요일	토요일	일요일
낮	가, 나, 마	나, 다	다, 마	아, 자	바, 자	라, 사, 차	바
야간	라	마, 바, 아, 자	가, 나, 라, 바, 사	가, 사, 차	나, 다, 아	마, 자	다, 차

일정표를 보면 일요일 낮에 한 명, 월요일 야간에 한 명이 필요하고, 수요일 야간에 한 명이 빠져야 한다. 따라서 가, 나, 라, 바, 사 중 한 명이 옮겨야 한다. 이때 세 번째 당직 근무 규칙에 따라 같은 날에 낮과 야간 당직 근무는 함께 설 수 없으므로 월요일에 근무하는 '가, 나, 라, 마'와 일요일에 근무하는 '다, 바, 차'는 제외된다. 따라서 '사'의 당직 근무 일정을 변경하여 일요일 낮과 월요일 야간에 당직 근무를 해야 한다.

01	02	03	04	05	06	07	08	09	10	11	12	13	14	15	16	17	18		
②	⑤	⑤	①	⑤	④	①	④	③	④	④	④	④	③	②	③	④	④		

01
정답 ②

제시문의 마지막 문단에서 '그리고 병원균이나 곤충, 선충에 기생하는 종들을 사용한 생물 농약은 유해 병원균이나 해충을 직접 공격하기도 한다.'라고 하였으므로 ②는 적절하지 않다.

02
정답 ⑤

전 세계의 기상 관측소와 선박, 부표에서 온도를 측정한 것은 19세기 중반부터이며, 1979년 이후부터는 지상을 벗어나 대류권과 성층권에서도 지구의 기후 변화를 감시하게 되었다.

03
정답 ⑤

제시문은 자본주의의 발생과 한계, 그로 인한 수정자본주의의 탄생과 수정자본주의의 한계로 인한 신자유주의의 탄생에 대해 다루고 있다. 제시된 첫 번째 문단의 마지막 문장인 '이러한 자본주의는 어떻게 발생하였을까?'를 통해 이어질 내용이 자본주의의 역사임을 유추할 수 있다. 따라서 (라) 자본주의의 태동 → (나) 자본주의의 학문화를 통한 영역의 공고화 → (가) 고전적 자본주의의 문제점을 통한 수정자본주의의 탄생 → (다) 수정자본주의의 문제점을 통한 신자유주의의 탄생의 순서로 나열해야 한다.

04
정답 ①

1998년 개발도상국에 대한 은행 융자 총액은 500억 달러였는데, 2005년에는 670억 달러가 되었으므로 1998년 수준을 회복하였다.

[오답분석]
② 지금까지 해외 원조는 개발도상국에 대한 경제적 효과가 있다고 여겨져 왔으나 최근 경제학자들 사이에서는 그러한 경제적 효과가 없다는 주장이 힘을 얻고 있다고 하였다.
③ 개발도상국으로 흘러드는 외국자본은 크게 원조, 부채, 투자가 있는데 그중 부채는 은행 융자와 채권, 투자는 포트폴리오 투자와 외국인 직접투자로 나눌 수 있다.
④ 경제적 수익을 추구하기 위한 것으로 포트폴리오 투자를 들 수 있으며, 회사 경영에 영향력을 행사하기 위한 것으로 외국인 직접투자를 들 수 있다.
⑤ 개발도상국에 대한 포트폴리오 투자액은 90억 달러에서 410억 달러로 320억 달러 증가하였고, 채권은 230억 달러에서 440억 달러로 210억 달러 증가하였다. 따라서 포트폴리오의 증감액이 더 크다.

05

제시문에서는 현대 사회의 소비 패턴이 '보이지 않는 손' 아래의 합리적 소비에서 벗어나 과시 소비가 중심이 되었으며, 그 이면에는 소비를 통해 자신의 물질적 부를 표현함으로써 신분을 과시하려는 욕구가 있다고 설명하고 있다.

06

[오답분석]
① 조성은 음악에서 화성이나 멜로디가 하나의 음 또는 하나의 화음을 중심으로 일정한 체계를 유지하는 것이다.
② 무조 음악은 조성에서 벗어나 자유롭게 표현하고자 한 것이므로, 발전한 형태라고 말할 수 없다.
③ 무조 음악은 한 옥타브 안의 음 각각에 동등한 가치를 두었다.
⑤ 쇤베르크의 12음 기법은 무조 음악이 지닌 자유로움에 조성의 체계성을 더하고자 탄생한 기법이다.

07

- 주말 입장료 : $11,000+15,000+20,000 \times 2+20,000 \times \frac{1}{2}=76,000$원

- 주중 입장료 : $10,000+13,000+18,000 \times 2+18,000 \times \frac{1}{2}=68,000$원

따라서 요금 차이는 $76,000-68,000=8,000$원이다.

08

먼저 A, B, C의 인원수를 각각 a명, b명, c명이라 가정하고 평균 점수에 대한 식을 세우면 다음과 같다.

$\frac{40a+60b}{80}=52.5 \rightarrow 4a+6b=420 \rightarrow 2a+3b=210 \cdots \bigcirc$

$a+b=80 \rightarrow b=80-a \cdots \bigcirc$

$\bigcirc$에 $\bigcirc$을 대입하면 $2a+3(80-a)=210 \rightarrow a=30$이다. 그러므로 A의 인원수는 30명이고, B의 인원수는 50명이다. 이때, B와 C의 총인원수는 120명이므로 C의 인원수는 70명임을 알 수 있다. 따라서 (가)에 들어갈 수는 $30+70=100$이고, (나)는 A와 C의 평균 점수이므로 $\frac{30 \times 40+70 \times 90}{100}=75$이다.

09

- 5% 설탕물 600g에 들어있는 설탕의 양 : $\frac{5}{100} \times 600=30$g
- 10분 동안 가열한 후 남은 설탕물의 양 : $600-(10 \times 10)=500$g
- 가열 후 남은 설탕물의 농도 : $\frac{30}{500} \times 100=6$%

여기에 더 넣은 설탕물 200g의 농도를 x%라 하면,

$\frac{6}{100} \times 500+\frac{x}{100} \times 200=\frac{10}{100} \times 700$

$\rightarrow 2x+30=70$

$\therefore x=20$

10

ㄴ. 2020년 대비 2023년 분야별 침해사고 건수 감소율은 다음과 같다.

- 홈페이지 변조 : $\dfrac{390-650}{650}\times100=-40\%$

- 스팸릴레이 : $\dfrac{40-100}{100}\times100=-60\%$

- 기타 해킹 : $\dfrac{165-300}{300}\times100=-45\%$

- 단순 침입시도 : $\dfrac{175-250}{250}\times100=-30\%$

- 피싱 경유지 : $\dfrac{130-200}{200}\times100=-35\%$

따라서 50% 이상 감소한 분야는 '스팸릴레이'로, 1개 분야이다.

ㄹ. 기타 해킹 분야의 2023년 침해사고 건수는 2021년 대비 증가했으므로 옳지 않은 설명이다.

오답분석

ㄱ. 단순 침입시도 분야의 침해사고는 매년 스팸릴레이 분야의 침해사고 건수의 2배 이상이다.

ㄷ. 2022년 홈페이지 변조 분야의 침해사고 건수가 차지하는 비중은 $\dfrac{600}{1,500}\times100=40\%$로, 35% 이상이다.

11

원가 절감을 위해 해외에 공장을 설립하여 가격 경쟁력을 확보하는 것은 약점을 보완하여 위협을 회피하는 WT전략이다.

오답분석

①·② SO전략은 강점을 활용하여 외부환경의 기회를 포착하는 전략이므로 적절하다.
③ WO전략은 약점을 보완하여 외부환경의 기회를 포착하는 전략이므로 적절하다.
⑤ WT전략은 약점을 보완하여 외부환경의 위협을 회피하는 전략이므로 적절하다.

12

주어진 조건을 표로 정리하면 다음과 같다.

구분	중국	러시아	일본
봄	–	홍보팀 D차장	–
여름	영업팀 C대리 (디자인팀 E사원)	–	–
가을	–	–	재무팀 A과장 개발팀 B부장
겨울	디자인팀 E사원 (영업팀 C대리)	–	–

조건에 따르면 중국에는 총 2명이 출장을 갈 수 있고, 각각 여름 혹은 겨울에 간다. 따라서 중국에 갈 수 있는 C대리와 E사원 두 사람은 한 사람이 여름에 가면 한 사람은 겨울에 가게 된다. 따라서 항상 옳은 것은 '영업팀 C대리가 여름에 중국 출장을 가면, 디자인팀 E사원은 겨울에 중국 출장을 간다.'이다.

오답분석

①·⑤ 홍보팀 D차장은 혼자서 러시아로 출장을 간다.
②·③ 함께 일본으로 출장을 가는 두 사람은 재무팀 A과장과 개발팀 B부장이다.

13

정답 ④

대리 1명과 과장 1명이 2박 3일간 부산 출장을 다녀와서 받을 수 있는 총출장비는 다음과 같다.
- 일비 : $(30,000 \times 3) + (50,000 \times 3) = 240,000$원
- 교통비 : $(3,200 \times 2) + (121,800 \times 2) + 10,300 = 260,300$원
- 숙박비 : $(120,000 \times 2) + (150,000 \times 2) = 540,000$원
- 식비 : $(8,000 \times 3 \times 3) + (10,000 \times 3 \times 3) = 162,000$원

따라서 총출장비는 $240,000 + 260,300 + 540,000 + 162,000 = 1,202,300$원이다.

14

정답 ③

사원 2명과 대리 1명이 1박 2일간 강릉 출장을 다녀와서 받을 수 있는 총출장비는 다음과 같다.
- 일비 : $(20,000 \times 2 \times 2) + (30,000 \times 2) = 140,000$원
- 교통비 : 0원(자가용 이용)
- 숙박비 : $(80,000 \times 3) = 240,000$원
- 식비 : $(6,000 \times 3 \times 2 \times 2) + (8,000 \times 3 \times 2) = 120,000$원

따라서 3명의 총출장비는 $140,000 + 240,000 + 120,000 = 500,000$원이다.

15

정답 ②

병역부문에서 채용예정일 이전 전역 예정자는 지원이 가능하다고 제시되어 있다.

오답분석
① 이번 채용에서 행정직에는 학력 상의 제한이 없다.
③ 자격증을 보유하고 있더라도 채용예정일 이전 전역 예정자가 아니라면 지원할 수 없다.
④ 지역별 지원 제한은 2023년 하반기 신입사원 채용부터 폐지되었다.
⑤ 채용공고에서 외국어 능력 성적 기준 제한에 관한 사항은 없다.

16

정답 ③

채용공고일(2024. 1. 23.) 기준으로 만 18세 이상이어야 지원자격이 주어진다.

오답분석
① 행정직에는 학력 제한이 없으므로 A는 지원 가능하다.
② 기능직 관련학과 전공자이므로 B는 지원 가능하다.
④ 채용예정일 이전에 전역 예정이므로 D는 지원 가능하다.
⑤ 외국어 능력 성적 보유자에 한해 성적표 제출이므로, 현재 외국어 성적을 보유하지 않은 E도 지원 가능하다.

17

정답 ④

당직 근무 일정을 정리하면 다음과 같다.

구분	월요일	화요일	수요일	목요일	금요일	토요일	일요일
오전	공주원 지한준 김민정	이지유 최유리	강리환 이영유	공주원 강리환 이건율	이지유 지한준	김민정 최민관 강지공	이건율 최민관
오후	이지유 최민관	최민관 이영유 강지공	공주원 지한준 강지공 김민정	최유리	이영유 강지공	강리환 최유리 이영유	이지유 김민정

당직 근무 규칙에 따르면 오후 당직의 경우 최소 2명이 근무해야 한다. 그러나 목요일 오후에 최유리 1명만 근무하므로 최소 1명의 근무자가 더 필요하다. 이때, 한 사람이 같은 날 오전·오후 당직을 모두 할 수 없으므로 목요일 오전 당직 근무자인 공주원, 강리환, 이건율은 제외된다. 또한 당직 근무는 주당 5회 미만이므로 이번 주에 4번의 당직 근무가 예정된 근무자 역시 제외된다. 따라서 지한준의 당직 근무 일정을 추가해야 한다.

18

정답 ④

공정별 순서는
$$\begin{matrix} A \to B \searrow \\ \qquad\qquad C \to F \\ D \to E \nearrow \end{matrix}$$
이고, C공정을 시작하기 전에 B공정과 E공정이 선행되어야 하는데 B공정까지 끝나려면 4시간이 소요되고, E공정까지 끝나려면 3시간이 소요된다. 선행작업이 완료되어야 이후 작업을 할 수 있으므로, C공정을 진행하기 위해서는 최소 4시간이 걸린다. 따라서 완제품은 F공정이 완료된 후 생산되므로 첫 번째 완제품 생산의 소요시간은 9시간이다.

01	02	03	04	05	06	07	08	09	10	11	12	13	14	15	16	17	18	19	20
④	⑤	①	④	③	③	③	②	⑤	④	⑤	③	②	③	④	②	③	②	③	③
21	22	23	24	25	26	27	28	29	30	31	32	33	34	35	36	37	38	39	40
①	④	④	④	①	②	③	②	③	②	③	③	⑤	④	①	③	④	②	④	①

01

정답 ④

첫 번째와 두 번째 문단에서 EU가 철제 다리 덫 사용을 금지하는 나라의 모피만 수입하기로 결정한 내용과 동물실험을 거친 화장품의 판매 금지 법령이 WTO의 영향을 받아 실행되지 못한 예가 제시되고 있다. 따라서 ④의 추론은 적절하다.

02

정답 ⑤

제시문에 따르면 물수제비 발생에는 던진 돌의 세기와 각도 그리고 회전이 중요한 변수가 됨을 알 수 있으며, 물의 표면장력과 공기의 저항도 변수가 될 수 있다. 또한 세 번째 문단을 통해 돌이 수면에 부딪친 후 운동에너지가 계속 유지되면 물수제비가 잘 일어난다는 것을 알 수 있다.

오답분석

① 돌의 무게가 물수제비 횟수와 비례한다고 볼 수 없다.
② 돌의 표면과 물의 표면장력과의 관계를 유추할 수 있는 근거가 없다.
③ 회전의 방향에 따라 공기 저항이 커질 수도 있다.
④ 첫 번째 문단에서 물수제비의 횟수는 돌의 속도가 빠를수록 증가한다고 했으므로 중력과 물수제비 횟수가 비례한다고 볼 수는 없다.

03

정답 ①

자연 현상이 아닌 프리즘이라는 발명품을 통해 빛을 분리하고 그것을 이용하여 무지개의 빛깔을 규명해 냈다는 것은 발명품을 활용한 사례로 볼 수 있다. ⊙은 물수제비라는 생활 주변의 자연 현상에서 원리를 찾아내 발명으로 연결시킨 경우를 말한다. 따라서 ①은 ⊙과 그 성격이 다르다.

04

정답 ④

미선나무의 눈에서 조직배양한 기내식물체에 청색과 적색(1 : 1) 혼합광을 쬐어준 결과, 일반광(백색광)에서 자란 것보다 줄기 길이가 1.5배 이상 증가하였고, 줄기의 개수가 줄어든 것이 아닌 한 줄기에서 3개 이상의 새로운 줄기가 유도되었다.

05

정답 ③

용융 탄산염형 연료전지는 고온에서 고가의 촉매제가 필요하지 않고, 열병합에 용이한 덕분에 발전 사업용으로 활용할 수 있다. 또한 고체 산화물형 연료전지는 $800 \sim 1,000℃$의 고온에서 작동하여 발전 시설로서 가치가 크다. 따라서 발전용으로 적절한 연료전지는 용융 탄산염형 연료전지와 고체 산화물형 연료전지이다.

① 알칼리형 연료전지는 연료나 촉매에서 발생하는 이산화탄소를 잘 버티지 못한다는 단점 때문에 1960년대부터 우주선에 주로 사용해 왔다.
② 인산형 연료전지는 진한 인산을 전해질로, 백금을 촉매로 사용한다.
④ 고체 산화물형 연료전지는 전해질을 투입하지 않는 것이 아니라 전해질이 고체 세라믹이어서 전지의 부식 문제를 보완한 형태이다.
⑤ 고분자 전해질형 연료전지는 수소에 일산화탄소가 조금이라도 들어갈 경우 백금과 루테늄의 합금을 촉매로 사용한다.

06
정답 ③

- (가) : 청소년의 척추 질환을 예방하는 대응 방안과 관련된 ⓒ이 적절하다.
- (나) : 책상 앞에 앉아 있는 바른 자세와 관련된 ⓒ이 적절하다.
- (다) : 척추 근육을 강화하는 운동과 관련된 자세인 ⊙이 적절하다.

07
정답 ③

문장의 주어는 '패스트푸드점'으로, 임금을 받는 것이 아니라 주는 주체이기 때문에 수정하지 않는 것이 적절하다.

08
정답 ②

제시문은 재산권 제도의 발달에 따른 경제 성장을 예로 들어 제도의 발달과 경제 성장의 상관관계에 대해 설명하고 있다. 더불어 제도가 경제 성장에 영향을 줄 수는 있지만 동시에 경제 성장으로부터 영향을 받을 수도 있다는 점에서 그 인과관계를 판단하기 어렵다는 한계점을 제시하고 있다. 따라서 글의 제목으로 가장 적절한 것은 '경제 성장과 제도 발달'이다.

09
정답 ⑤

제시문은 장애인 건강주치의 시범사업을 소개하며 3단계 시범사업에서 기존과 달라지는 내용을 위주로 설명하고 있다. 따라서 가장 처음에 와야 할 문단은 3단계 장애인 건강주치의 시범사업을 소개하는 (마) 문단이다. 이어서 장애인 건강주치의 시범사업 세부 서비스를 소개하는 문단이 와야 하는데, 서비스 종류를 소개하는 문장이 있는 (다) 문단이 이어지는 것이 가장 적절하다. 그리고 2번째 서비스인 주장애관리를 소개하는 (가) 문단이 와야 하며, 그 다음으로 3번째 서비스인 통합관리 서비스와 추가적으로 방문 서비스를 소개하는 (라) 문단이 오는 것이 적절하다. 마지막으로 장애인 건강주치의 시범사업에 신청하는 방법을 소개하며 글을 끝내는 것이 적절하므로 (나) 문단이 이어져야 한다. 따라서 글의 순서를 바르게 나열하면 (마) – (다) – (가) – (라) – (나)이다.

10
정답 ④

세 번째 문단을 통해 정부가 철도 중심 교통체계 구축을 위해 노력하고 있음을 알 수는 있으나, 구체적으로 시행된 조치는 언급되지 않았다.

① 첫 번째 문단을 통해 전 세계적으로 탄소중립이 주목받자 이에 대한 방안으로 등장한 것이 철도 수송임을 알 수 있다.
② 첫 번째 문단과 두 번째 문단을 통해 철도 수송의 확대가 온실가스 배출량의 획기적인 감축을 가져올 것임을 알 수 있다.
③ 네 번째 문단을 통해 '중앙선 안동 ~ 영천 간 궤도' 설계 시 탄소 감축 방안으로 저탄소 자재인 유리섬유 보강근이 철근 대신 사용되었음을 알 수 있다.
⑤ 네 번째 문단을 통해 K공단은 철도 중심 교통체계 구축을 위해 건설 단계에서부터 친환경·저탄소 자재를 적용하였고, 탄소 감축을 위해 2025년부터는 모든 철도건축물을 일정한 등급 이상으로 설계하기로 결정하였음을 알 수 있다.

11
정답 ⑤

ㄷ. 청팀의 최종점수는 6,867점, 백팀의 최종점수는 5,862점으로 백팀은 청팀의 $\frac{5,862}{6,867} \times 100 ≒ 85.4\%$이다.

ㄹ. 백팀이 구기종목에서 획득한 승점은 육상종목에서 획득한 승점의 $\frac{2,780}{3,082} \times 100 ≒ 90.2\%$이므로 85% 이상이다.

[오답분석]

ㄱ. 전 종목에서 가장 높은 승점을 획득한 부서는 운영팀(2,752점)이나, 가장 낮은 승점을 획득한 부서는 기술팀(1,859점)이 아닌 지원팀(1,362점)이다.

ㄴ. 청팀이 축구에서 획득한 승점은 청팀이 구기종목에서 획득한 승점의 $\frac{1,942}{4,038} \times 100 ≒ 48.1\%$이므로 45% 이상이다.

12 정답 ③

대리석 10kg 가격은 달러로 $35,000 \div 100 = 350$달러이며, 원화로 바꾸면 $350 \times 1,160 = 406,000$원이다.
따라서 대리석 1톤의 수입대금은 원화로 $406,000 \times 1,000 \div 10 = 4,060$만 원이다.

13 정답 ②

제시된 법률에 따라 공무원인 친구가 받을 수 있는 선물의 최대 금액은 1회에 100만 원이다.

$$12x < 100 \rightarrow x < \frac{100}{12} = \frac{25}{3} ≒ 8.33$$

따라서 A씨는 수석을 최대 8개 보낼 수 있다.

14 정답 ③

성별·방송사별 응답자 수를 구하면 다음과 같다.

구분	남자	여자
전체 응답자 수	$\frac{40}{100} \times 200 = 80$명	$\frac{60}{100} \times 200 = 120$명
S사 응답자 수	18명	$\frac{50}{100} \times 120 = 60$명
K사 응답자 수	30명	40명
M사 응답자 수	$\frac{40}{100} \times 80 = 32$명	20명

즉, S방송사의 오디션 프로그램을 좋아하는 사람은 $18+60=78$명이다. 따라서 S방송사의 오디션 프로그램을 좋아하는 사람 중 남자의 비율은 $\frac{18}{78} = \frac{3}{13}$이다.

15 정답 ④

동전을 던져서 앞면이 나오는 횟수를 x회, 뒷면이 나오는 횟수를 y회라고 하면 다음 식이 성립한다.
$x+y=5 \cdots \bigcirc$
0에서 출발하여 동전의 앞면이 나오면 $+2$만큼 이동하고, 뒷면이 나오면 -1만큼 이동하므로
$2x-y=4 \cdots \bigcirc$
$\bigcirc$과 $\bigcirc$을 연립하면 $x=3$, $y=2$이다.

따라서 동전의 앞면이 나올 확률과 뒷면이 나올 확률은 각각 $\frac{1}{2}$이므로, 동전을 던져 수직선 위의 A가 4로 이동할 확률은

$$_5C_3 \times \left(\frac{1}{2}\right)^3 \times \left(\frac{1}{2}\right)^2 = \frac{5}{16}$$이다.

16

정답 ②

A, B, C, D항목의 점수를 각각 a, b, c, d점이라고 하면 가중치에 따른 점수는 다음과 같다.

$a+b+c+d=82.5\times4=330 \cdots \bigcirc$

$2a+3b+2c+3d=83\times10=830 \cdots \bigcirc\!\!\bigcirc$

$2a+2b+3c+3d=83.5\times10=835 \cdots \bigcirc\!\!\bigcirc\!\!\bigcirc$

$\bigcirc$과 $\bigcirc\!\!\bigcirc$을 연립하면

$a+c=160 \cdots$ ⓐ

$b+d=170 \cdots$ ⓑ

$\bigcirc$과 $\bigcirc\!\!\bigcirc\!\!\bigcirc$을 연립하면

$c+d=175 \cdots$ ⓒ

$a+b=155 \cdots$ ⓓ

각 항목의 만점은 100점이므로 ⓐ와 ⓓ를 통해 최저점이 55점이나 60점인 것을 알 수 있다. 만약 A항목이나 B항목의 점수가 55점이라면 ⓐ와 ⓑ에 의해 최고점이 100점 이상이 되므로 최저점은 60점인 것을 알 수 있다. 따라서 $a=60$, $c=100$이고, 최고점과 최저점의 차는 $100-60=40$점이다.

17

정답 ③

A와 B음식점 간 가장 큰 차이를 보이는 부문은 분위기이다(A=약 4.5, B=1).

18

정답 ②

남녀 국회의원의 여야별 SNS 이용자 구성비 중 여자의 경우 여당이 $(22\div38)\times100 ≒57.9\%$이고, 야당은 $(16\div38)\times100 ≒ 42.1\%$이므로 옳지 않은 그래프이다.

[오답분석]

① 국회의원의 여야별 SNS 이용자 수는 각각 145명, 85명이다.

③ 야당 국회의원의 당선 횟수별 SNS 이용자 구성비는 85명 중 초선 36명, 2선 28명, 3선 14명, 4선 이상 7명이므로 각각 계산해 보면 42.4%, 32.9%, 16.5%, 8.2%이다.

④ 2선 이상 국회의원의 정당별 SNS 이용자는 A당 29+22+12=63명, B당 25+13+6=44명, C당 3+1+1=5명이다.

⑤ 여당 국회의원의 당선 유형별 SNS 이용자 구성비는 145명 중 지역구가 126명이고, 비례대표가 19명이므로 각각 86.9%와 13.1%이다.

19

정답 ③

'1권 이상'의 성인 독서율은 2022년 대비 2023년 사례수 증가율만큼 증가한다. 빈칸 (가)는 50대의 독서율로, 2022년 대비 2023년 사례수는 $\dfrac{1,200-1,000}{1,000}\times100=20\%$ 증가하였다.

따라서 50대의 '1권 이상' 독서율인 (가)에 들어갈 수치는 $60\times1.2=72$가 된다.

20

정답 ③

ㄴ. $115,155\times2=230,310>193,832$이므로 옳은 설명이다.

ㄷ. • 2021년 : $\dfrac{18.2}{53.3}\times100 ≒ 34.1\%$

　　• 2022년 : $\dfrac{18.6}{54.0}\times100 ≒ 34.4\%$

　　• 2023년 : $\dfrac{19.1}{51.9}\times100 ≒ 36.8\%$

따라서 2021 ~ 2023년 동안 석유제품 소비량 대비 전력 소비량의 비율은 매년 증가한다.

ㄱ. 비율은 매년 증가하지만, 전체 최종에너지 소비량 추이를 알 수 없으므로 절대적인 소비량까지 증가하는지는 알 수 없다.

ㄹ. • 산업부문 : $\dfrac{4,750}{15,317} \times 100 \fallingdotseq 31.0\%$

• 가정·상업부문 : $\dfrac{901}{4,636} \times 100 \fallingdotseq 19.4\%$

산업부문의 유연탄 소비량 대비 무연탄 소비량의 비율은 25% 이상이므로 옳지 않다.

21

정답 ①

ㄱ. 부패금액이 산정되지 않은 6번의 경우에도 고발하였으므로, 옳지 않은 설명이다.

ㄴ. 2번의 경우 해임당하였음에도 고발되지 않았으므로, 옳지 않은 설명이다.

오답분석

ㄷ. 직무관련자로부터 금품을 수수한 사건은 2번, 4번, 5번, 7번, 8번으로 총 5건이 있었다.

ㄹ. 2번과 4번은 모두 '직무관련자로부터 금품 및 향응수수'로 동일한 부패행위 유형에 해당함에도 2번은 해임, 4번은 감봉 1월의 처분을 받았으므로, 옳은 설명이다.

22

정답 ④

발행 형태가 4로 전집이기 때문에 한 권으로만 출판된 것이 아님을 알 수 있다.

오답분석

① 국가번호가 05(미국)로 미국에서 출판되었다.

② 서명식별번호가 1011로 1011번째 발행되었다. 441은 발행자번호로 이 책을 발행한 출판사의 발행자번호가 441이라는 것을 의미한다.

③ 발행자번호는 441로, 세 자리로 이루어져 있다.

⑤ 도서의 내용이 710(한국어)이지만 도서가 한국어로 되어 있는지는 알 수 없다.

23

정답 ④

B를 주문한 손님들만 D를 추가로 주문할 수 있으므로 A를 주문한 사람은 D를 주문할 수 없다.

24

정답 ④

C사원과 E사원의 근무 연수를 정확히 알 수 없으므로 근무 연수가 높은 순서대로 나열하면 'B−A−C−E−D' 또는 'B−A−E−C−D'가 된다. 따라서 근무 연수가 가장 높은 B사원의 경우 주어진 조건에 따라 최대 근무 연수인 4년 차에 해당한다.

25

정답 ①

제시된 조건을 논리 기호화하면 다음과 같다.

• B → ∼E
• ∼B and ∼E → D
• A → B or D
• C → ∼D
• C → A

C가 워크숍에 참석하는 경우 D는 참석하지 않으며, A는 참석한다. A가 워크숍에 참석하면 B 또는 D 중 한 명이 함께 참석하므로 B가 A와 함께 참석한다. 또한 B가 워크숍에 참석하면 E는 참석하지 않으므로 워크숍에 참석하는 직원은 A, B, C이다.

26

오답분석

① 숫자 0을 다른 숫자와 연속해서 나열했고(세 번째 조건 위반), 알파벳 대문자를 다른 알파벳 대문자와 연속해서 나열했다(네 번째 조건 위반).

③ 특수기호를 첫 번째로 사용했다(다섯 번째 조건 위반).

④ 알파벳 대문자를 사용하지 않았다(두 번째 조건 위반).

⑤ 알파벳 소문자를 사용하지 않았고(두 번째 조건 위반), 알파벳 대문자를 연속해서 나열했다(네 번째 조건 위반).

27

ㄱ. 갑의 자본금액이 200억 원이므로 아무리 종업원 수가 적더라도 '자본금액 50억 원을 초과하는 법인으로서 종업원 수가 100명 이하인 법인'이 납부해야 하는 20만 원 이상은 납부해야 한다. 따라서 옳은 내용이다.

ㄹ. 갑의 종업원 수가 100명을 초과한다면 50만 원을 납부해야 하며, 을의 종업원 수가 100명을 초과한다면 10만 원을, 병의 자본금액이 100억 원을 초과한다면 50만 원을 납부해야 하므로 이들 금액의 합계는 110만 원이다.

오답분석

ㄴ. 을의 자본금이 20억 원이고 종업원이 50명이라면 '그 밖의 법인'에 해당하여 5만 원을 납부해야 하므로 옳지 않다.

ㄷ. 병의 종업원 수가 200명이지만 자본금이 10억 원 이하라면 '그 밖의 법인'에 해당하여 5만 원을 납부해야 하므로 옳지 않다.

28

각각의 주택에 도달하는 빛의 조도를 계산하면 다음과 같다.

A	$(36 \div 2) + (24 \div 8) + (48 \div 12) = 25$
B	$(36 \div 2) + (24 \div 4) + (48 \div 8) = 30$
C	$(36 \div 4) + (24 \div 2) + (48 \div 6) = 29$
D	$(36 \div 8) + (24 \div 2) + (48 \div 2) = 40.5$
E	$(36 \div 12) + (24 \div 6) + (48 \div 2) = 31$

따라서 주택에서 예측된 빛의 조도가 30을 초과하는 곳은 D, E 두 곳이므로, 관리대상주택은 총 2채이다.

29

우선 아랍에미리트에는 해외 EPS센터가 없으므로 제외한다. 또한, 한국 기업이 100개 이상 진출해 있어야 한다는 두 번째 조건으로 인도네시아와 중국으로 후보를 좁힐 수 있으나 '우리나라 사람들의 해외취업을 위한 박람회'이므로 성공적인 박람회 개최를 위해선 취업까지 이어지는 것이 중요하다. 중국의 경우 청년 실업률은 높지만 경쟁력 부분에서 현지 기업의 80% 이상이 우리나라 사람을 고용하기를 원하므로 중국 청년 실업률과는 별개로 우리나라 사람들의 취업이 쉽게 이루어질 수 있음을 알 수 있다. 따라서 중국이 적절하다.

30

고급 포장과 스토리텔링은 모두 수제 초콜릿의 강점에 해당되므로 SWOT 분석에 의한 마케팅 전략으로 볼 수 없다. SO전략과 ST전략으로 보일 수 있으나, 기회를 포착하거나 위협을 회피하는 모습을 보이지 않기에 적절하지 않다.

오답분석

① 수제 초콜릿의 스토리텔링(강점)을 포장에 명시하여 소비자들의 요구를 충족(기회)시키는 SO전략에 해당된다.

③ 값비싼 포장(약점)을 보완하여 좋은 식품에 대한 인기(기회)에 발맞춰 홍보함으로써 WO전략에 해당된다.

④ 수제 초콜릿의 존재를 모르는(약점) 사람들이 많으므로 마케팅을 강화하여 대기업과의 경쟁(위협)을 이겨내는 WT전략에 해당된다.

⑤ 수제 초콜릿의 풍부한 맛(강점)을 알리고, 맛을 보기 전에는 알 수 없는 일반 초콜릿과의 차이(위협)도 알리는 ST전략에 해당된다.

31

정답 ③

교통편에 대한 결정 조건 계수를 계산하면 다음과 같다.

- A : $\dfrac{5 \times 700}{10 \times 1,000 + 50,000 \times 0.5} = \dfrac{3,500}{35,000} = 0.1$

- B : $\dfrac{5 \times 700}{8 \times 1,000 + 60,000 \times 0.5} = \dfrac{3,500}{38,000} \fallingdotseq 0.09$

- C : $\dfrac{7 \times 700}{6 \times 1,000 + 80,000 \times 0.5} = \dfrac{4,900}{46,000} \fallingdotseq 0.11$

- D : $\dfrac{7 \times 700}{5 \times 1,000 + 100,000 \times 0.5} = \dfrac{4,900}{55,000} \fallingdotseq 0.09$

- E : $\dfrac{10 \times 700}{2 \times 1,000 + 150000 \times 0.5} = \dfrac{7,000}{77,000} \fallingdotseq 0.09$

따라서 K씨가 선택할 교통편은 결정 조건 계수가 0.11로 가장 높은 C이다.

32

정답 ③

자동차 부품 생산 조건에 따라 반자동라인과 자동라인의 시간당 부품 생산량을 구하면 다음과 같다.

- 반자동라인 : 4시간에 300개의 부품을 생산하므로, 8시간에 $300 \times 2 = 600$개의 부품을 생산한다. 하지만 8시간마다 2시간씩 생산을 중단하므로, $8+2=10$시간에 600개의 부품을 생산하는 것과 같다. 따라서 시간당 부품 생산량은 $\dfrac{600개}{10시간} = 60개/h$이다.

  이때 반자동라인에서 생산된 부품의 20%는 불량이므로, 시간당 정상 부품 생산량은 $60개/h \times (1-0.2) = 48개/h$이다.

- 자동라인 : 3시간에 400개의 부품을 생산하므로, 9시간에 $400개 \times 3 = 1200$개의 부품을 생산한다. 하지만 9시간마다 3시간씩 생산을 중단하므로, 9시간+3시간=12시간에 1200개의 부품을 생산하는 것과 같다. 따라서 시간당 부품 생산량은 $\dfrac{1,200개}{12시간} = 100$개/h이다. 이때 자동라인에서 생산된 부품의 10%는 불량이므로, 시간당 정상 제품 생산량은 $100개/h \times (1-0.1) = 90개/h$이다.

따라서 반자동라인과 자동라인에서 시간당 생산하는 정상 제품의 생산량은 $48+90=138개/h$이므로, 34,500개를 생산하는 데 걸리는 시간은 $\dfrac{34,500개}{138개/h} = 250$시간이다.

33

정답 ⑤

- A팀장은 1박으로만 숙소를 예약하므로 S닷컴을 통해 예약할 경우 할인적용을 받지 못한다.
- M투어를 통해 예약하는 경우 3박 이용 시 다음 달에 30% 할인쿠폰 1매가 제공되므로 9월에 30% 할인 쿠폰을 1개 사용할 수 있으며, A팀장은 총 숙박비용을 최소화하고자 하므로 9월 또는 10월에 30% 할인 쿠폰을 사용할 것이다.
- H트립을 이용하는 경우 6월부터 8월 사이 1박 이상 숙박 이용내역이 있을 시 10% 할인받을 수 있으므로 총 5번의 숙박 중 7월과 8월에 10% 할인받을 수 있다.
- T호텔스의 경우 멤버십 가입 여부에 따라 숙박비용을 비교해야 한다.

위의 조건을 고려하여 예약사이트별 숙박비용을 계산하면 다음과 같다.

예약사이트	총 숙박비용
M투어	$(120,500 \times 4) + (120,500 \times 0.7 \times 1) = 566,350$원
H트립	$(111,000 \times 3) + (111,000 \times 0.9 \times 2) = 532,800$원
S닷컴	$105,500 \times 5 = 527,500$원
T호텔스	• 멤버십 미가입 : $105,000 \times 5 = 525,000$원 • 멤버십 가입 : $(105,000 \times 0.9 \times 5) + 20,000 = 492,500$원

따라서 숙박비용이 가장 낮은 예약사이트는 T호텔스이며, 총 숙박비용은 492,500원이다.

34

- A안 : 3·4분기 자재구매 비용은 7,000×40+10,000×40=680,000원이다. 3분기에 재고가 10개가 남으므로 재고관리비는 10×1,000=10,000원이다. 따라서 자재구매·관리 비용은 680,000+10,000=690,000원이다.
- B안 : 3·4분기 자재구매 비용은 7,000×60+10,000×20=620,000원이다. 3분기에 재고가 30개가 남으므로 재고관리비는 30×1,000=30,000원이다. 따라서 자재구매·관리 비용은 620,000+30,000=650,000원이다.

따라서 A안과 B안의 비용 차이는 690,000-650,000=40,000원이다.

35

평가지표 결과와 지표별 가중치를 이용하여 지원자들의 최종 점수를 계산하면 다음과 같다.

- A지원자 : 3×3+3×3+5×5+4×4+4×5+5=84점
- B지원자 : 5×3+5×3+2×5+3×4+4×5+5=77점
- C지원자 : 5×3+3×3+3×5+3×4+5×5=76점
- D지원자 : 4×3+3×3+3×5+5×4+4×5+5=81점
- E지원자 : 4×3+4×3+2×5+5×4+5×5=79점

따라서 K공사에서 채용할 지원자는 점수가 가장 높은 A지원자, D지원자이다.

36

21일의 팀미팅은 워크숍 시작 전 오후 1시 30분에 끝나므로 3시에 출발 가능하며, 22일의 일정이 없기 때문에 21 ~ 22일이 워크숍 날짜로 가장 적절하다.

오답분석

① 9 ~ 10일 : 다른 팀과 함께하는 업무가 있는 주이므로 적절하지 않다.
② 18 ~ 19일 : 19일은 주말이므로 적절하지 않다.
④ 28 ~ 29일 : E대리가 휴가이므로 모든 팀원 참여해야 한다는 조건에 부합하지 않는다.
⑤ 29 ~ 30일 : 말일이므로 적절하지 않다.

37

2번 이상 같은 지역을 신청할 수 없고, D는 1년 차와 2년 차에 수도권 지역에서 근무하였으므로 3년 차에는 지방으로 가야 한다. 따라서 신청지로 배정받지 못 할 것이다.

오답분석

이동 규정과 신청 내용에 따라 상황을 정리하면 다음과 같다.

직원	1년 차 근무지	2년 차 근무지	3년 차 근무지	이동지역	전년도 평가
A	대구	-	-	종로	-
B	여의도	광주	-	영등포	92
C	종로	대구	여의도	제주/광주	88
D	영등포	종로	-	광주/제주/대구	91
E	광주	영등포	제주	여의도	89

- A는 1년 차 근무를 마친 직원이므로 우선 반영되어 자신이 신청한 종로로 이동하게 된다.
- B와 E는 함께 영등포를 신청하였으나, B의 전년도 평가점수가 더 높아 B가 영등포로 이동한다.
- 3년 차에 지방 지역인 제주에서 근무한 E는 A가 이동할 종로와 B가 이동할 영등포를 제외한 수도권 지역인 여의도로 이동하게 된다.

- D는 자신이 2년 연속 근무한 적 있는 수도권 지역으로 이동이 불가능하므로, 지방 지역인 광주, 제주, 대구 중 한 곳으로 이동하게 된다.
- 이때, C는 자신이 근무하였던 대구로 이동하지 못하므로, D가 광주로 이동한다면 C는 제주로, D가 대구로 이동한다면 C는 광주 혹은 제주로 이동한다.
- 1년 차 신입은 전년도 평가 점수를 100으로 보므로 신청한 근무지에서 근무할 수 있다. 따라서 1년 차에 대구에서 근무한 A는 입사 시 대구를 1년 차 근무지로 신청하였을 것임을 알 수 있다.

38

정답 ②

3L의 폐수에는 P균이 $3 \times 400 = 1,200$mL, Q균이 $3 \times 200 = 600$mL 포함되어 있다. 실험을 거치면서 폐수 3L에 남아 있는 P균과 Q균의 변화는 다음과 같다.

구분	P균	Q균
공정 1	$1,200 \times 0.6 = 720$mL	$600 \times 1.3 = 780$mL
공정 2	$720 \times \frac{2}{5} = 288$mL	$780 \times \frac{1}{3} = 260$mL
공정 3	$288 \times 0.8 = 230.4$mL	$260 \times 0.5 = 130$mL
공정 2	$230.4 \times \frac{2}{5} ≒ 92.2$mL	$130 \times \frac{1}{3} ≒ 43.3$mL

따라서 실험 내용의 공정을 모두 마쳤을 때, 3L의 폐수에 남아 있는 P균은 92.2mL, Q균은 43.3mL이다.

39

정답 ④

성과급 기준표를 적용한 A~E교사에 대한 성과급 배점을 정리하면 다음과 같다.

구분	주당 수업 시간	수업 공개 유무	담임 유무	업무 곤란도	호봉	합계
A교사	14점	−	10점	20점	30점	74점
B교사	20점	−	5점	20점	30점	75점
C교사	18점	5점	5점	30점	20점	78점
D교사	14점	10점	10점	30점	15점	79점
E교사	16점	10점	5점	20점	25점	76점

따라서 D교사가 가장 높은 배점을 받게 된다.

40

정답 ①

선행 작업이 완료되어야 이후 작업을 진행할 수 있기 때문에 가장 오래 걸리는 경로가 끝난 후에 프로젝트가 완료된다. 즉, 가장 오래 걸리는 경로인 'B−D−G−J'가 끝난 후에 프로젝트가 완료되므로 최단 작업기간은 21주($=5+6+6+4$)가 소요된다.

오답분석

② 가장 오래 걸리는 선행 작업을 고려할 때, 프로젝트를 완료하는 데 필요한 최소 기간은 21주이다.

③ 작업 D는 가장 오래 걸리는 경로에 포함되어 있으므로 전체 프로젝트 기간에 영향을 주어 작업 D를 일주일 줄이면 전체 프로젝트 기간이 일주일 줄어든다.

④ 가장 오래 걸리는 경로에 작업 A와 C가 포함되어 있지 않으므로 전체 프로젝트 기간에는 영향을 주지 못한다.

⑤ 프로젝트를 일찍 끝내기 위해서는 전체 프로젝트 기간에 영향을 주는 작업 B, D, G, J 중에서 단축 비용이 가장 적게 드는 것을 선택해서 줄여야 합리적이다.

不患人之不己知 患其無能也

남이 나를 알아주지 않음을 걱정하지 말고 내가 능력이 없음을 걱정하라.

– ≪논어≫, 〈학이(學而)〉 –

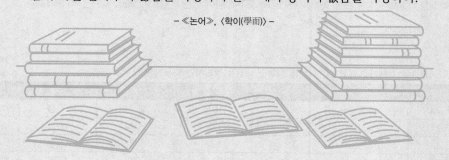

PART 3

3주 차 학습

01	02	03	04	05	06	07	08	09	10	11	12	13	14	15	16	17	18		
④	④	②	⑤	⑤	①	③	③	④	③	①	③	③	②	④	④	④	③		

01

정답 ④

마지막 문단에서 정약용은 청렴을 지키는 것의 두 가지 효과로, '다른 사람에게 긍정적 효과를 미친다.', '목민관 자신에게도 좋은 결과를 가져다준다.'라고 하였으므로 적절하다.

오답분석

① 두 번째 문단에서 '정약용은 청렴을 당위 차원에서 주장하는 기존의 학자들과 달리 행위자 자신에게 실질적 이익이 된다는 점을 들어 설득하고자 한다.'고 설명하고 있다.

② 두 번째 문단에서 정약용은 "지자(知者)는 인(仁)을 이롭게 여긴다."라는 공자의 말을 빌려 "지혜로운 자는 청렴함을 이롭게 여긴다."라고 하였으므로 공자의 뜻을 계승한 것이 아니라 공자의 말을 빌려 청렴의 중요성을 강조한 것이다.

③ 두 번째 문단에서 '지혜롭고 욕심이 큰 사람은 청렴을 택하지만 지혜가 짧고 욕심이 작은 사람은 탐욕을 택한다.'라고 하였으므로 청렴한 사람은 욕심이 크기 때문에 탐욕에 빠지지 않는다고 볼 수 있다.

⑤ 첫 번째 문단에서 '이황과 이이는 청렴을 사회 규율이자 개인 처세의 지침으로 강조하였다.'라고 하였으므로 이황과 이이는 청렴을 사회 규율로 보았다는 것을 알 수 있다.

02

정답 ④

키드, 피어슨 등은 인종이나 민족, 국가 등의 집단 단위로 '생존경쟁'과 '적자생존'을 적용하여 우월한 집단이 열등한 집단을 지배하는 것을 주장하였는데, 이는 사회 진화론의 개념을 집단 단위에 적용시킨 것이다.

오답분석

① 사회 진화론은 생물 진화론을 개인과 집단에 적용시킨 사회 이론이다.

② 사회 진화론의 중심 개념이 19세기에 등장한 것일 뿐, 그 자체가 19세기에 등장한 것인지는 알 수 없다.

③ '생존경쟁'과 '적자생존'의 개념이 민족과 같은 집단의 범위에 적용되면 민족주의와 결합한다.

⑤ 문명개화론자들은 사회 진화론을 수용하였다.

03

정답 ②

오답분석

① 그녀는 8년째 도서관에서 일한다.

③ 생활비를 줄이기 위해 휴대폰을 정지시켰다.

④ 동생에게 돈을 송금했다.

⑤ 제시문을 통해 확인할 수 없다.

04

정답 ⑤

U-City 사업이 지능화시설물 구축 혹은 통합운영센터의 건설로 표면화되었지만 공공주도 및 공급자 중심의 스마트도시 시설투자는 정책 수혜자인 시민의 체감으로 이어지지 못하는 한계가 발생하게 된다. 또한, 대기업의 U-City 참여 제한 등으로 성장 동력이 축소되는 과정을 겪어왔다. 따라서 대기업 주도의 투자 때문에 시민들이 수혜를 체감하지 못하는 것은 아니다.

05

정답 ⑤

케인스는 절대소득가설을 통해 소비를 결정하는 요인들 중에 가장 중요한 것은 현재의 소득이라고 주장했으므로 적절하지 않은 내용이다.

06

정답 ①

제시문의 세 번째 문단에 따르면 외부 후드는 열 교환 환기 장치의 구성 요소로 실내외 공기를 교환하는 역할을 한다.

07

정답 ③

김대리는 시속 80km로 대전에서 200km 떨어진 K지점으로 이동했으므로 소요시간은 $\frac{200}{80} = 2.5$시간이다. 이때, K지점의 위치는 두 가지 경우로 나눌 수 있다.

1) K지점이 대전과 부산 사이에 있어 부산에서 300km 떨어진 지점인 경우

이대리가 이동한 거리는 300km, 소요시간은 김대리보다 4시간 30분(=4.5시간) 늦게 도착하여 2.5+4.5=7시간이다. 이대리의 속력은 시속 $\frac{300}{7} \fallingdotseq 42.9$km로 김대리의 속력보다 느리므로 네 번째 조건과 맞지 않는다.

2) K지점이 대전에서 부산 방향의 반대 방향으로 200km 떨어진 지점인 경우

부산에서 K지점까지의 거리는 200+500=700km이다. 따라서 이대리는 시속 $\frac{700}{7} = 100$km로 이동했다.

08

정답 ③

무게가 1kg, 2kg, 3kg인 추의 개수를 각각 x개, y개, z개라고 하자.

$x+y+z=30 \cdots \bigcirc$

$x+2y+3z=50 \cdots \bigcirc$

$y \geq 2z \cdots \bigcirc$

$x > y > z \cdots \textcircled{2}$

$\bigcirc$을 $\bigcirc$에 대입하면

$y+2z=20 \rightarrow y=20-2z \cdots \bigcirc$

$\bigcirc$을 $\bigcirc$에 대입하면 $20-2z \geq 2z$

$\therefore z \leq 5$

따라서 두 번째 조건에 의해 3kg 추의 개수는 2개 또는 4개이다.

그러므로 추의 개수로 가능한 경우는 다음과 같다.

ⅰ) 1kg=12개, 2kg=16개, 3kg=2개

ⅱ) 1kg=14개, 2kg=12개, 3kg=4개

이때, ⅰ)은 마지막 조건을 만족하지 못한다. 따라서 2kg 추의 개수는 12개이다.

09

김대리가 예약한 숙소 방의 개수를 x개라고 가정하자. 조건에 따라 신입사원 총 인원수에 대한 식을 세우면 다음과 같다.

$5x+9=7(x-3)$

$\rightarrow 5x+9=7x-21$

$\rightarrow 2x=30$

$\therefore x=15$

따라서 예약한 방의 개수는 15개이며, 해외 연수를 가는 신입사원의 총 인원수는 $5\times15+9=84$명이다.

10

G와 B의 자리를 먼저 고정하고, 양 끝에 앉을 수 없는 A의 위치를 토대로 경우의 수를 계산하면 다음과 같다.

• G가 가운데에 앉고, B가 G의 바로 왼쪽에 앉는 경우의 수

	A	B	G			
		B	G	A		
		B	G		A	

$3\times4!=72$가지

• G가 가운데에 앉고, B가 G의 바로 오른쪽에 앉는 경우의 수

	A		G	B		
		A	G	B		
			G	B	A	

$3\times4!=72$가지

따라서 조건과 같이 앉을 때 가능한 경우의 수는 $72+72=144$가지이다.

11

중식과 양식의 1인분 가격을 각각 x원, y원이라 가정하자. 세 번째, 네 번째, 여섯 번째 조건을 종합하면 A는 중식, E는 양식을 주문했고 2명의 금액은 8,900원이다. 첫 번째 조건에서는 6명의 점심 식사 총금액이 25,800원이며, 중식 3명, 양식 2명, 한식 1명에 대한 식을 정리하면 다음과 같다.

$x+y=8,900 \cdots \bigcirc$

$3x+2y+4,200=25,800 \rightarrow 3x+2y=21,600 \cdots \bigcirc$

$\bigcirc$과 $\bigcirc$을 연립하면 $x=3,800$, $y=5,100$이므로 중식의 1인분 가격은 3,800원이다.

12

자유연상법은 창의적 사고를 기를 수 있는 방법으로, 어떤 생각에서 다른 생각을 계속해서 떠올리는 작용을 통해 어떤 주제에서 생각나는 것을 계속해서 열거해 나가는 발산적 사고 방법이다.

오답분석

① 강제연상법 : 각종 힌트에 강제적으로 연결지어서 발상하는 방법이다.

② 비교발상법 : 주제의 본질과 닮은 것을 힌트로 발상하는 방법이다.

13

브레인스토밍을 위한 인원은 5 ~ 8명 정도가 적당하며, 주제에 대한 전문가를 절반 이하로 구성하고, 다양한 분야의 사람들을 참석시키는 것이 다양한 의견을 도출하는 지름길이다.

[오답분석]
① ㉠ : 주제를 구체적이고 명확하게 선정한다.
② ㉡ : 구성원의 다양한 의견을 도출할 수 있는 사람을 리더로 선출한다.
④ ㉣ : 발언은 누구나 자유롭게 하고, 모든 발언 내용을 기록한 후 구조화한다.
⑤ ㉤ : 제시된 아이디어는 비판해서는 안 되며, 실현 가능한 아이디어를 평가한다.

14

정답 ②

• A : 창의적 사고는 아무것도 없는 무에서 유를 만들어 내는 것이 아니라, 끊임없이 참신한 아이디어를 산출하는 힘이다.
• D : 필요한 물건을 싸게 사기 위해서 하는 많은 생각들도 창의적 사고에 해당한다. 즉, 위대한 창의적 사고에서부터 일상생활의 조그마한 창의적 사고까지 창의적 사고의 폭은 넓으며, 우리는 매일매일 창의적 사고를 하고 있다고 볼 수 있다.

15

정답 ④

• A씨가 인천공항에 도착하는 현지 날짜 및 시각

독일시각	11월 2일 19시 30분
소요시간	+12시간 20분
시차	+8시간
	=11월 3일 15시 50분

인천공항에 도착하는 시각은 한국시각으로 11월 3일 15시 50분이고, A씨는 3시간 40분 뒤에 일본으로 가는 비행기를 타야 한다. 비행 출발 시각 1시간 전에는 공항에 도착해야 하므로, 참여 가능한 환승투어 코스는 소요시간이 두 시간 이내인 엔터테인먼트, 인천시티, 해안관광이며, A씨의 인천공항 도착시각과 참여 가능한 환승투어 코스가 바르게 짝지어진 것은 ④이다.

16

정답 ④

• 한국시각 기준 비행기 탑승 시각 : 21일 8시 30분＋13시간＝21일 21시 30분
• 비행기 도착 시각 : 21일 21시 30분＋17시간＝22일 14시 30분
따라서 김사원은 바이어가 도착하는 22일 14시 30분보다 30분 빠른 22일 14시까지 인천공항에 도착해야 한다. 이때, K공사에서 인천 공항까지 가는 데 걸리는 시간을 고려하면 22일 12시 30분에 회사에서 출발해야 한다.

17

정답 ④

문화회관 이용 가능 요일표와 주간 주요 일정표를 고려하여 A지점이 교육에 참석할 수 있는 요일과 시간대를 나열하면 화요일 오후, 수요일 오후, 금요일 오전이 가능하다.

18

정답 ③

대화 내용을 살펴보면 A과장은 패스트푸드점, B대리는 화장실, C주임은 은행, K사원은 편의점을 이용한다. 이는 동시에 이루어지는 일이므로 가장 오래 걸리는 일의 시간만을 고려하면 된다. 은행이 30분으로 가장 오래 걸리므로 17:20에 모두 모이게 된다. 따라서 17:00, 17:15에 출발하는 버스는 이용하지 못하며, 17:30에 출발하는 버스는 잔여석이 부족하여 이용하지 못한다. 그러므로 17:45에 출발하는 버스를 탈 수 있고 가장 빠른 서울 도착 예정시각은 19:45이다.

DAY 13 핵심영역 적중예상문제 • **69**

핵심영역 적중예상문제

01	02	03	04	05	06	07	08	09	10	11	12	13	14	15	16	17	18		
③	②	④	②	⑤	④	③	③	④	⑤	④	③	⑤	②	③	④	④	①		

01　　　　　　　　　　　　　　　　　　　　　　　　　　　　　　　　　정답　③

계약면적은 공급면적과 기타공용면적을 더한 것이고, 공급면적은 전용면적과 주거공용면적을 더한 것이다. 따라서 계약면적은 전용면적, 주거공용면적, 기타공용면적을 더한 것이다.

[오답분석]

① 발코니 면적은 서비스면적에 포함되며, 서비스면적은 전용면적과 공용면적에서 제외된다.
② 관리사무소 면적은 공용면적 중에서도 기타공용면적에 포함된다. 공급면적은 전용면적과 주거공용면적을 더한 것이므로 관리사무소 면적은 공급면적에 포함되지 않는다.
④ 공용계단과 공용복도의 면적은 주거공용면적에 포함되므로 공급면적에 포함된다.
⑤ 현관문 안쪽의 전용 생활공간인 거실과 주방의 면적은 전용면적에 포함된다.

02　　　　　　　　　　　　　　　　　　　　　　　　　　　　　　　　정답　②

수박을 고를 때 소리로 확인하는 것이 어렵다면 배꼽을 확인하였을 때 작은 것이 잘 익은 수박일 가능성이 높다.

03　　　　　　　　　　　　　　　　　　　　　　　　　　　　　　　　정답　④

제시문에서는 현재 에너지 비용을 지원하는 단기적인 복지 정책은 효과가 지속되지 않고, 오히려 에너지 사용량이 늘어나 에너지 절감과 같은 환경 효과를 볼 수 없으므로 '효율형'과 '전환형'의 복합적인 에너지 복지 정책을 추진해야 한다고 주장한다. 따라서 에너지 비용을 지원하는 정책의 효과가 지속되지 않는다는 데에는 ⓒ이, 일자리 창출 효과의 '효율형' 정책과 환경 보호 효과의 '전환형' 정책을 복합적으로 추진해야 한다는 데에는 ⓒ이 논거로 사용될 수 있다.

04　　　　　　　　　　　　　　　　　　　　　　　　　　　　　　　　정답　②

세 번째 문단의 첫 문장에서 전자 감시는 파놉티콘의 감시 능력을 전 사회로 확장했다고 말하고 있으므로, 정보 파놉티콘은 발전된 감시 체계라고 할 수 있다. 따라서 정보 파놉티콘이 종국에는 감시 체계 자체를 소멸시킬 것이라는 추론은 적절하지 않다.

05　　　　　　　　　　　　　　　　　　　　　　　　　　　　　　　　정답　⑤

슈퍼문일 때는 지구와 달의 거리가 35만 7,000km 정도로 가까워지며, 이때 지구에서 보름달을 바라보는 시각도는 0.56도로 커지므로 0.49도보다 크다는 추론은 적절하다.

[오답분석]
① 케플러의 행성운동 제1법칙에 따라 태양계의 모든 행성은 태양을 중심으로 타원 궤도로 돈다. 따라서 지구도 태양을 타원 궤도로 돌기 때문에 지구에서 태양까지의 거리는 항상 일정하지 않을 것이다.
② 달이 지구에 가까워지면 달의 중력이 더 강하게 작용하여 달을 향한 쪽의 해수면이 평상시보다 더 높아진다. 즉, 지구와 달의 거리에 따라 해수면의 높이가 달라지므로 서로 관계가 있다.
③ 달이 지구에 가까워지면 평소 달이 지구를 당기는 힘보다 더 강하게 지구를 당긴다. 따라서 이와 반대로 달이 지구에서 멀어지면 지구를 당기는 달의 힘은 약해질 것이다.
④ 달의 중력 때문에 높아진 해수면이 지구의 자전을 방해하게 되고, 이 때문에 지구의 자전 속도가 느려져 100만 년에 17초 정도씩 길어진다고 하였으므로 지구의 자전 속도는 점점 느려지고 있다.

06

정답 ④

④는 밴드왜건 효과(편승효과)의 사례이다. 밴드왜건 효과란 유행에 따라 상품을 구입하는 소비현상을 뜻하는 경제용어이다. 밴드왜건은 악대를 선두에 세우고 다니는 운송수단으로 요란한 음악을 연주하여 사람들을 모았으며, 금광이 발견되었다는 소식을 들으면 많은 사람이 이끌고 몰려갔다. 이러한 현상을 기업에서는 충동구매를 유도하는 마케팅 활동으로 활용하고, 정치계에서는 특정 유력 후보를 위한 선전용으로 활용한다. 따라서 판매량이나 유행을 강조하는 표현으로 판매를 촉구하는 ④는 닻내림 효과의 사례로 볼 수 없다.

07

정답 ③

희경이가 본사에서 나온 시각을 구하려면 오후 3시에서 본사에서 지점까지 걸린 시간만큼을 제하면 된다. 본사에서 지점까지 가는 데 걸린 시간은 $\frac{20}{60}+\frac{30}{90}=\frac{2}{3}$ 시간, 즉 40분이므로, 오후 2시 20분에 본사에서 나왔다는 것을 알 수 있다.

08

정답 ③

(마름모의 넓이)=(한 대각선의 길이)×(다른 대각선의 길이)×$\frac{1}{2}$

따라서 두 마름모의 넓이의 차는 $\left(9\times6\times\frac{1}{2}\right)-\left(4\times6\times\frac{1}{2}\right)=27-12=15$이다.

09

정답 ④

• 한국인 1명을 임의로 선택할 때, 혈액형이 O, A, B, AB형일 확률은 각각 $\frac{3}{10}$, $\frac{4}{10}$, $\frac{2}{10}$, $\frac{1}{10}$ 이다.
• 한국인 2명을 임의로 선택할 때, (혈액형이 다를 확률)=1−(혈액형이 같을 확률)이다.

∴ $1-\left(\frac{3}{10}\times\frac{3}{10}+\frac{4}{10}\times\frac{4}{10}+\frac{2}{10}\times\frac{2}{10}+\frac{1}{10}\times\frac{1}{10}\right)=1-\frac{30}{100}=\frac{7}{10}$

10

정답 ⑤

착륙하여 들어오는 항공기가 시간당 9대이고, 이륙하는 항공기가 시간당 3대이므로 시간당 6대의 항공기가 쌓이는 셈이 된다. 이때, 항공기의 보관은 70−30=40대가 추가로 가능하므로 40대가 모두 꽉 차기까지는 $\frac{40}{6}=6\frac{2}{3}$ 시간, 즉 6시간 40분이 걸린다.

11

성인용 흰색 모자의 개수를 x개라 하면, 성인용 파란색 모자의 개수는 $2x$개다. 유아용 파란색 모자의 개수를 y개라 하면 다음 식이 성립한다.

$y : 2x = 3 : 2 \rightarrow 6x = 2y \rightarrow y = 3x$

F모자의 전체 개수를 k개라 하면 다음 식이 성립한다.

$x + 2x + y = 6x = 0.6k \rightarrow k = 10x$

모자의 개수를 x개로 나타내면 다음과 같다.

구분	유아용	성인용
흰색	$4x$개	x개
파란색	$3x$개	$2x$개

따라서 유아용 파란색 모자와 성인용 흰색 모자의 개수는 총 $3x + x = 4x$개로 선택지 중 가장 적다.

[오답분석]

① $4x + 3x = 7x$개
② $4x + x = 5x$개
③ $4x + 2x = 6x$개
⑤ $3x + 2x = 5x$개

12

가장 먼저 오전 9시에 B과 진료를 본다면 10시에 진료가 끝나고, 셔틀을 타고 본관으로 이동하면 10시 30분이 된다. 이후 C과 진료를 이어보면 12시 30분이 되고, 점심시간 이후 바로 A과 진료를 본다면 오후 2시에 진료를 다 받을 수 있다. 따라서 가장 빠른 경로는 B − C − A이다.

13

다섯 번째 조건에 의해 나타날 수 있는 경우는 다음과 같다.

구분	1순위	2순위	3순위
경우 1	A	B	C
경우 2	B	A	C
경우 3	A	C	B
경우 4	B	C	A

• 두 번째 조건 : 경우 1+경우 3=11명
• 세 번째 조건 : 경우 1+경우 2+경우 4=14명
• 네 번째 조건 : 경우 4=6명

따라서 C에 3순위를 부여한 사람의 수는 14−6=8명이다.

14

네 번째 조건에서 갑의 점수가 될 수 있는 경우는 빨강 2회, 노랑 2회, 검정 1회이거나 빨강 1회, 노랑 2회, 파랑 2회로 2가지이다. 다음으로 병의 점수가 될 수 있는 경우를 정리하면 다음과 같다.

구분	빨강	노랑	파랑	검정
경우 1	−	−	1	4
경우 2	−	1	−	4
경우 3	1	−	−	4
경우 4	−	−	2	3

또한 을의 점수는 갑의 점수보다 높아야 하므로 빨강, 노랑에 각각 2회, 파랑에 1회로 41점인 경우가 된다. 그러나 나머지 경우는 빨강 또는 노랑에 3회를 맞혀야 하므로 다섯 번째 조건에 부합하지 않는다. 따라서 갑, 을, 병의 결과로 가능한 경우의 수는 총 $2 \times 4 \times 1 = 8$가지이다.

15

정답 ③

다음의 논리 순서를 따라 주어진 조건을 정리하면 쉽게 접근할 수 있다.
• 첫 번째 조건 : 대우(B 또는 C가 위촉되지 않으면, A도 위촉되지 않는다)에 의해 A는 위촉되지 않는다.
• 두 번째 조건 : A가 위촉되지 않으므로 D가 위촉된다.
• 다섯 번째 조건 : D가 위촉되므로 F도 위촉된다.
• 세 번째·네 번째 조건 : D가 위촉되었으므로 C와 E는 동시에 위촉될 수 없다.
따라서 위촉되는 사람은 C 또는 E 중 1명과 D, F로 총 3명이다.

16

정답 ④

사원수를 a명, 사원 1명당 월급을 b만 원이라고 가정하면, 월급 총액은 $(a \times b)$만 원이 된다.
두 번째 정보에서 사원수는 10명이 늘어났고, 월급은 100만 원 적어졌다. 또한 월급 총액은 기존의 80%로 줄었다고 하였으므로, 이에 따라 식을 정리하면 다음과 같다.
$(a+10) \times (b-100) = (a \times b) \times 0.8 \cdots \text{㉠}$
세 번째 정보에서 사원은 20명이 줄었으며, 월급은 동일하고 월급 총액은 60%로 줄었다고 했으므로 사원 20명의 월급 총액은 기존 월급 총액의 40%임을 알 수 있다. 이에 따라 식을 정리하면 다음과 같다.
$20b = (a \times b) \times 0.4 \cdots \text{㉡}$
㉡에서 사원수 a를 구하면
$20b = (a \times b) \times 0.4 \rightarrow 20 = a \times 0.4$
$\therefore a = \dfrac{20}{0.4} = 50$
㉠에 사원수 a를 대입하여 월급 b를 구하면
$(a+10) \times (b-100) = (a \times b) \times 0.8 \rightarrow 60 \times (b-100) = 40b \rightarrow 20b = 6,000$만
$\therefore b = 300$
따라서 사원수는 50명이며, 월급 총액은 $(a \times b)$만 원 $= 50 \times 300$만 원 $= 1$억 5천만 원이다.

17

정답 ④

네 명의 직원에게 지급된 성과급 총액을 x만 원이라 하자.
• A직원이 받은 성과급 : $\left(\dfrac{1}{3}x + 20 \right)$만 원
• B직원이 받은 성과급 : $\dfrac{1}{2} \left[x - \left(\dfrac{1}{3}x + 20 \right) \right] + 10 = \dfrac{1}{3}x$만 원
• C직원이 받은 성과급 : $\dfrac{1}{3} \left[x - \left(\dfrac{1}{3}x + 20 + \dfrac{1}{3}x \right) \right] + 60 = \left(\dfrac{1}{9}x + \dfrac{160}{3} \right)$만 원
• D직원이 받은 성과급 : $\dfrac{1}{2} \left[x - \left(\dfrac{1}{3}x + 20 + \dfrac{1}{3}x + \dfrac{1}{9}x + \dfrac{160}{3} \right) \right] + 70 = \left(\dfrac{1}{9}x + \dfrac{100}{3} \right)$만 원
$x = \left(\dfrac{1}{3}x + 20 \right) + \dfrac{1}{3}x + \left(\dfrac{1}{9}x + \dfrac{160}{3} \right) + \left(\dfrac{1}{9}x + \dfrac{100}{3} \right)$
$\rightarrow 9x = 8x + 960$
$\therefore x = 960$
따라서 네 직원에게 지급된 성과급 총액은 960만 원이다.

18

도시락 구매비용을 요일별로 계산하면 다음과 같다.

- 월요일 : $(5,000×3)+(2,900×10)=44,000$원
- 화요일 : $(3,900×10)+(4,300×3)=51,900$원
- 수요일 : $(3,000×8)+(3,900×2)=31,800$원
- 목요일 : $(4,500×4)+(7,900×2)=33,800$원
- 금요일 : $(5,500×4)+(4,300×7)=52,100$원
- 토요일 : $(3,900×2)+(3,400×10)=41,800$원
- 일요일 : $(3,700×10)+(6,000×4)=61,000$원

따라서 K공사의 지난주 도시락 구매비용은 총 316,400원이다.

핵심영역 적중예상문제

01	02	03	04	05	06	07	08	09	10	11	12	13	14	15	16	17	18			
④	③	②	⑤	⑤	④	④	③	⑤	⑤	①	③	①	②	②	①	④	②			

01

정답 ④

제시문은 스페인의 건축가 가우디의 건축물에 대해 설명하는 글이다. 따라서 (나) 가우디 건축물의 특징인 곡선과 대표 건축물인 까사 밀라 → (라) 까사 밀라에 대한 설명 → (다) 가우디 건축의 또 다른 특징인 자연과의 조화 → (가) 이를 뒷받침하는 건축물인 구엘 공원의 순서로 나열해야 한다.

02

정답 ③

첫 번째로 1965년 노벨 경제학상 수상자인 게리 베커에 대한 내용으로 이야기를 도입하며 베커가 주장한 '시간의 비용' 개념을 소개하는 (라)가 와야 하고, (라)를 보충하는 내용으로 베커의 '시간의 비용이 가변적'이라는 개념을 언급한 (가)가 와야 한다. 다음으로 베커와 같이 시간의 비용이 가변적이라고 주장한 경제학자 린더의 주장을 소개한 (다)가 와야 하며, 마지막으로 베커와 린더의 공통적 전제인 사람들에게 주어진 시간이 고정된 양이라는 사실과 기대수명이 늘어남으로써 시간의 가치가 달라질 것이라는 내용의 (나)의 순서로 나열해야 한다. 따라서 문단을 순서대로 바르게 나열한 것은 (라) – (가) – (다) – (나)이다.

03

정답 ②

제시문은 강이 붉게 물들고 산성으로 변화하는 이유인 티오바실러스와 강이 붉어지는 것을 막기 위한 방법에 대하여 설명하고 있다. 따라서 (가) 철2가 이온(Fe^{2+})과 철3가 이온(Fe^{3+})의 용해도가 침전물 생성에 중요한 역할을 함 → (라) 티오바실러스가 철2가 이온(Fe^{2+})을 산화시켜 만든 철3가 이온(Fe^{3+})이 붉은 침전물을 만듦 → (나) 티오바실러스는 이황화철(FeS_2)을 산화시켜 철2가 이온(Fe^{2+})과 철3가 이온(Fe^{3+})을 얻음 → (다) 티오바실러스에 의한 이황화철(FeS_2)의 가속적인 산화를 막기 위해서는 광산의 밀폐가 필요함의 순서로 나열해야 한다.

04

정답 ⑤

먼저 '빅뱅 이전에는 아무것도 없었다.'는 '영겁의 시간 동안 우주는 단지 진공이었을 것이다.'를 의미한다는 (라) 문단이 오는 것이 적절하며, 다음으로 '이런 식으로 사고하려면', 즉 우주가 단지 진공이었다면 왜 우주가 탄생하게 되었는지를 설명할 수 없다는 (다) 문단이 이어져야 한다. 다음으로 우주 탄생 원인을 설명할 수 없는 이유를 이야기하는 (나) 문단과 이와 달리 아예 다른 방식으로 해석하는 (가) 문단이 순서대로 오는 것이 적절하다. 따라서 (라) – (다)– (나) – (가) 순서로 나열해야 한다.

05

정답 ⑤

제시문은 낙수효과의 허상을 지적하며 소득불평등을 해소하는 경제 정책을 글에 말미에서 주장하는 미괄식 논리 구조를 가지고 있다. 따라서 이를 토대로 보기를 나열하면 한슬리크의 핵심적인 주장인 (마)와 (다)가 마지막에 배치되어야 하므로 (라) – (나) – (가) – (마) – (다)의 순서로 나열해야 한다.

06

정답 ④

제시문은 '원님재판'이라 불리는 죄형전단주의의 정의와 한계, 그리고 그와 대립되는 죄형법정주의의 정의와 탄생, 그리고 파생원칙에 대하여 설명하고 있다. 제시된 첫 번째 문단에서는 '원님재판'이라는 용어의 원류에 대해 설명하고 있으므로 이어지는 문단으로는 원님재판의 한계에 대해 설명하고 있는 (다)가 먼저 오는 것이 적절하다. 따라서 (다) 원님재판의 한계와 죄형법정주의 → (가) 죄형법정주의의 정의 → (라) 죄형법정주의의 탄생 → (나) 죄형법정주의의 정립에 따른 파생원칙의 등장의 순서로 나열해야 한다.

07

정답 ④

과일 종류별 무게를 가중치로 적용한 네 과일의 가중평균은 42만 원이다. (라)과일의 가격을 a만 원이라 가정하고 가중평균에 대한 식을 정리하면 다음과 같다.

$(25 \times 0.4) + (40 \times 0.15) + (60 \times 0.25) + (a \times 0.2) = 42$

$\rightarrow 10 + 6 + 15 + 0.2a = 42$

$\rightarrow 0.2a = 42 - 31 = 11$

$\therefore a = \dfrac{11}{0.2} = 55$

따라서 빈칸 ㉠에 들어갈 수치는 55이다.

08

정답 ③

• 1인 1일 사용량에서 영업용 사용량이 차지하는 비중 : $\dfrac{80}{282} \times 100 = 28.37\%$

• 1인 1일 가정용 사용량의 하위 두 항목이 차지하는 비중 : $\dfrac{20+13}{180} \times 100 = 18.33\%$

09

정답 ⑤

2022년 대비 2023년의 독일의 국내총생산 증가율 : $\dfrac{3,466.0 - 3,355.8}{3,355.8} \times 100 = 3.28\%$

10

정답 ⑤

주어진 조건에 따라 각 상품의 할인가 판매 시의 괴리율을 계산하면 다음과 같다.

• 세탁기 : $\dfrac{640,000 - 580,000}{640,000} \times 100 = 9.3\%$

• 무선전화기 : $\dfrac{181,000 - 170,000}{181,000} \times 100 = 6.0\%$

• 오디오세트 : $\dfrac{493,000 - 448,000}{493,000} \times 100 = 9.1\%$

• 골프채 : $\dfrac{786,000 - 720,000}{786,000} \times 100 = 8.3\%$

• 운동복 : $\dfrac{212,500 - 180,000}{212,500} \times 100 = 15.2\%$

따라서 운동복의 괴리율이 15.2%로 가장 높다.

11

정답 ①

주어진 자료의 빈칸을 계산하여 채우면 다음과 같다.

(단위 : 천 가구, %)

구분	2021년			2022년			2023년		
	유배우 가구	맞벌이 가구	비율	유배우 가구	맞벌이 가구	비율	유배우 가구	맞벌이 가구	비율
전체	11,780	5,054	42.9	11,825	5,186	43.9	11,858	5,206	43.9
남자	10,549	4,568	43.3	10,538	4,611	43.8	10,528	4,623	43.9
여자	1,231	486	39.5	1,287	575	44.7	1,330	583	43.8

- ⓐ+ⓑ는 2021년 전체 맞벌이 가구의 수와 같으므로 5,054이다.
- ⓒ는 $\frac{4,611}{10,538} \times 100 ≒ 43.8$이고, ⓓ는 $\frac{583}{1,330} \times 100 ≒ 43.8$이므로 ⓒ+ⓓ=87.6이다.

12

정답 ③

리스크 관리 능력의 부족은 기업 내부환경의 약점 요인에 해당한다. 위협은 외부환경 요인에 해당하므로 위협 요인에는 회사 내부를 제외한 외부에서 비롯되는 요인이 들어가야 한다.

13

정답 ①

SWOT 분석은 내부환경 요인과 외부환경 요인의 2개의 축으로 구성되어 있다. 내부환경 요인은 자사 내부의 환경을 분석하는 것으로, 자사의 강점과 약점으로 분석된다. 외부환경 요인은 자사 외부의 환경을 분석하는 것으로, 기회와 위협으로 구분된다.

14

정답 ②

K공사는 계속 증가하고 있는 재생에너지를 활용하여 수소를 생산하는 그린수소 사업을 통해 재생에너지 잉여전력 문제를 해결할 것으로 기대하고 있으며, 이러한 그린수소 사업에 필요한 기술을 개발하기 위해 노력하고 있다. 이를 K공사의 SWOT 분석 결과에 적용하면, K공사는 현재 재생에너지의 잉여전력이 증가하고 있는 위협적 상황을 해결하기 위하여 장점인 적극적인 기술개발 의지를 활용하여 그린수소 사업을 추진한다. 따라서 K공사의 그린수소 사업은 위협을 피하기 위하여 강점을 활용하는 방법인 'ST전략'에 해당한다.

15

정답 ②

ㄱ. 회사가 가지고 있는 신속한 제품 개발 시스템의 강점을 활용하여 새로운 해외시장의 소비자 기호를 반영한 제품을 개발하는 것은 강점을 통해 기회를 포착하는 SO전략에 해당한다.

ㄷ. 공격적 마케팅을 펼치고 있는 해외 저가 제품과 달리 오히려 회사가 가지고 있는 차별화된 제조 기술을 활용하여 고급화 전략을 추구하는 것은 강점으로 위협을 회피하는 ST전략에 해당한다.

[오답분석]

ㄴ. 저임금을 활용한 개발도상국과의 경쟁 심화와 해외 저가 제품의 공격적 마케팅을 고려하면 국내에 화장품 생산 공장을 추가로 건설하는 것은 적절한 전략으로 볼 수 없다. 약점을 보완하여 위협을 회피하는 전략을 활용하기 위해서는 오히려 저임금의 개발도상국에 공장을 건설하여 가격 경쟁력을 확보하는 것이 더 적절하다.

ㄹ. 낮은 브랜드 인지도가 약점이기는 하나, 해외시장에서의 한국 제품에 대한 선호가 증가하고 있는 점을 고려하면 현지 기업의 브랜드로 제품을 출시하는 것은 적절한 전략으로 볼 수 없다. 약점을 보완하여 기회를 포착하는 전략을 활용하기 위해서는 오히려 한국 제품임을 강조하는 홍보 전략을 세우는 것이 더 적절하다.

16

정답 ①

두 번째 조건에서 총구매금액이 30만 원 이상이면 총금액에서 5%를 할인해 주므로 한 벌당 가격이 $300,000 \div 50 = 6,000$원 이상인 품목은 할인적용이 들어간다. 업체별 품목 금액을 보면 모든 품목이 6,000원 이상이므로 5% 할인 적용대상이다. 따라서 모든 품목에 할인이 적용되어 정가로 비교가 가능하다.

세 번째 조건에서 차순위 품목이 1순위 품목보다 총금액이 20% 이상 저렴한 경우 차순위를 선택한다고 했으므로 한 벌당 가격으로 계산하면 1순위인 카라 티셔츠의 20% 할인된 가격은 $8,000 \times 0.8 = 6,400$원이다. 정가가 6,400원 이하인 품목은 A업체의 티셔츠 이므로 팀장은 1순위인 카라 티셔츠보다 2순위인 A업체의 티셔츠를 구입할 것이다.

17

정답 ④

입사 예정인 신입사원이 총 600명이므로 볼펜 600개와 스케줄러 600권이 필요하다.

A, B, C 세 업체 모두 스케줄러의 구매가격에 따라 특가상품 구매 가능 여부를 판단할 수 있으므로 스케줄러의 가격을 먼저 계산해야 한다.

- A도매업체 : 25만 원×6=150만 원
- B도매업체 : 135만 원
- C도매업체 : 65만 원×2=130만 원

세 업체 모두 특가상품 구매 조건을 충족하였으므로 특가상품을 포함해 볼펜의 구매가격을 구하면 다음과 같다.

- A도매업체 : 25.5만 원(볼펜 300개 특가)+(13만 원×2SET)=51.5만 원
- B도매업체 : 48만 원(볼펜 600개 특가)
- C도매업체 : 23.5만 원(볼펜 300개 특가)+(8만 원×3SET)=47.5만 원

업체당 전체 구매가격을 구하면 다음과 같다.

- A도매업체 : 150만 원+51.5만 원=201.5만 원
- B도매업체 : 135만 원+48만 원=183만 원
- C도매업체 : 130만 원+47.5만 원=177.5만 원

따라서 가장 저렴하게 구매할 수 있는 업체는 C도매업체이며, 구매가격은 177.5만 원이다.

18

정답 ②

도매점에서 주문하는 콜라의 개수를 x개라고 할 때, 회원제 도매점에서 주문하는 것이 일반 도매점에서 주문하는 것보다 유리하려면 $1,500x > 50,000 + 1,100x \rightarrow 400x > 50,000 \rightarrow x > 125$이어야 한다. 그러므로 회원제 도매점은 126병 이상을 구매할 경우 더 유리하다. 따라서 A~C슈퍼 중 C슈퍼만 126병 이상을 주문할 것이므로 A·B슈퍼는 일반 도매점에서, C슈퍼는 회원제 도매점 에서 주문을 하는 경우가 더 유리하다.

DAY 16 핵심영역 적중예상문제

01	02	03	04	05	06	07	08	09	10	11	12	13	14	15	16	17	18			
①	①	③	④	⑤	③	②	③	②	⑤	⑤	③	②	④	②	③	④	③			

01

정답 ①

제시문은 CCTV가 인공지능(AI)과 융합되면 기대할 수 있는 효과들(범인 추적, 자연재해 예측)에 대해 말하고 있다. 따라서 'AI와 융합한 CCTV의 진화'가 글의 제목으로 가장 적절하다.

02

정답 ①

제시문의 첫 번째 문단에서는 '사회적 자본'이 늘어나면 정치 참여도가 높아진다는 주장을 하였고, 두 번째 문단에서는 '사회적 자본'의 개념을 사이버 공동체에 도입하였으나 현실과 잘 맞지 않는다고 하면서 '사회적 자본'의 한계를 서술했다. 그리고 마지막 문단에서는 이 같은 사회적 자본만으로는 정치 참여가 늘어나기 어렵고 이른바 '정치적 자본'의 매개를 통해서만이 가능하다는 주장을 하고 있다. 따라서 ①이 글의 주제로 가장 적절하다.

03

정답 ③

제시문은 우리나라가 지식 기반 산업 위주의 사회로 바뀌면서 내부 노동시장에 의존하던 인력 관리 방식이 외부 노동시장에서의 채용으로 변화함에 따라 지식 격차에 의한 소득 불평등과 국가 간 경제적 불평등 현상이 심화되고 있다고 말하고 있다. 따라서 글의 제목으로 가장 적절한 것은 ③이다.

[오답분석]
① 정보통신 기술을 통해 전 지구적 노동시장이 탄생하여 기업을 비롯한 사회 조직들이 국경을 넘어 인력을 충원하고 재화와 용역을 구매하고 있다고 하였다. 하지만 이러한 국가 간 노동 인력의 이동이 가져오는 폐해에 대해서는 언급하고 있지 않다.
② 지식 기반 경제로의 이행은 지식 격차에 의한 소득 불평등 심화 현상을 일으킨다. 하지만 이것에 대한 해결책은 언급하고 있지 않다.
④ 생산 기능은 저개발국으로 이전되고 연구 개발 기능은 선진국으로 모여들어 정보 격차가 확대되고 있다. 하지만 국가 간의 격차 축소 정책의 필요성은 언급하고 있지 않다.
⑤ 사회 불평등 현상은 지식 기반 산업 위주로 변화하는 국가에서 나타나거나 나라와 나라 사이에서 나타나기도 한다. 제시문에 언급한 내용이지만 글의 전체 주제를 포괄하고 있지 않으므로 적절하지 않다.

04

정답 ④

제시된 기사는 대기업과 중소기업 간의 상생경영의 중요성을 강조하는 글로, 기존에는 대기업이 시혜적 차원에서 중소기업에게 베푸는 느낌이 강했지만, 현재는 협력사의 경쟁력 향상이 곧 기업의 성장으로 이어질 것으로 보고 상생경영의 중요성을 높이고 있다고 하였다. 또한 대기업이 지원해 준 업체의 기술력 향상으로 더 큰 이득을 보상받는 등 상생 협력이 대기업과 중소기업 모두에게 효과적임을 알 수 있다. 따라서 '시혜적 차원에서의 대기업 지원의 중요성'은 기사의 제목으로 적절하지 않다.

05

정답 ⑤

제시문에서는 1948년에 제정된 대한민국 헌법에 드러난 공화제적 원리는 1948년에 이르러 갑자기 등장한 것이 아니라 이미 19세기 후반부터 표명되고 있었다고 말하면서 구체적인 예를 들어 설명하고 있다. 먼저, 1885년 『한성주보』에서 공화제적 원리가 언급되었고, 1898년 만민 공동회에서는 그 내용이 명확하게 드러났다고 하였다. 또한 독립협회의 「헌의 6조」에서 공화주의 원리를 찾아볼 수 있다고 하였다. 따라서 제시문의 핵심 내용으로 가장 적절한 것은 ⑤이다.

06

정답 ③

ⓒ • 15세 이상 외국인 중 실업자의 비율 : $\dfrac{15.6+18.8}{695.7+529.6}\times100≒2.80\%$

　 • 15세 이상 귀화허가자 중 실업자의 비율 : $\dfrac{1.8}{52.7}\times100≒3.41\%$

　 따라서 15세 이상 외국인 중 실업자의 비율이 더 낮다.

ⓒ 외국인 취업자 수는 560.5+273.7=834.2천 명이므로, 834.2÷33.8≒24.68배이다.

오답분석

ⓐ $\dfrac{695.7+529.6+52.7}{43,735}\times100≒2.92\%$이므로, 국내 인구 중 이민자의 비율은 4% 이하이다.

ⓓ 국내인 여성의 경제활동 참가율이 제시되어 있지 않으므로 알 수 없다.

07

정답 ②

2018년부터 2023년의 당기순이익을 매출액으로 나눈 수치는 다음과 같다.

• 2018년 : $\dfrac{170}{1,139}≒0.15$

• 2019년 : $\dfrac{227}{2,178}≒0.1$

• 2020년 : $\dfrac{108}{2,666}≒0.04$

• 2021년 : $-\dfrac{266}{4,456}≒-0.06$

• 2022년 : $\dfrac{117}{3,764}≒0.03$

• 2023년 : $\dfrac{65}{4,427}≒0.01$

따라서 2018년의 수치가 가장 크므로 다음 해인 2019년의 투자규모가 가장 크다.

08

정답 ③

2018년부터 공정자산총액과 부채총액의 차를 연도 순서대로 나열하면 952, 1,067, 1,383, 1,127, 1,864, 1,908십억 원이다.

오답분석

① 2021년에는 자본총액이 전년 대비 감소했다.
② 직전 해에 비해 당기순이익이 가장 많이 증가한 해는 2022년이다.
④ 총액 규모가 가장 큰 것은 공정자산총액이다.
⑤ 2022년 대비 2023년에 자본총액은 증가하였지만 자본금은 감소하였으므로 자본총액 중 자본금이 차지하는 비중은 감소한 것을 알 수 있다.

09

㉠ 근로자가 총 90명이고 전체에게 지급된 임금의 총액이 2억 원이므로 근로자당 평균 월 급여액은 $\frac{2억\,원}{90명} ≒ 222$만 원이다.
따라서 평균 월 급여액은 230만 원 이하이다.
㉡ 월 210만 원 이상 급여를 받는 근로자 수는 26+12+8+4=50명이다. 따라서 총 90명의 절반인 45명보다 많으므로 옳은 설명이다.

오답분석

㉢ 월 180만 원 미만의 급여를 받는 근로자 수는 6+4=10명이다. 따라서 전체에서 $\frac{10}{90} ≒ 11\%$의 비율을 차지하고 있으므로 옳지 않은 설명이다.
㉣ '월 240만 원 이상 월 270만 원 미만'의 구간에서 월 250만 원 이상 받는 근로자의 수는 주어진 자료만으로는 확인할 수 없다.

10

정답 ⑤

업그레이드 전 성능지수가 100인 기계의 수는 15대이고, 성능지수 향상 폭이 35인 기계의 수도 15대이므로 동일하다.

오답분석

① 업그레이드한 기계 100대의 성능지수 향상 폭의 평균을 구하면 $\frac{60×14+5×20+5×21+15×35}{100}=15.7$로 20 미만이다.
② 성능지수 향상 폭이 35인 기기는 15대인데, 성능지수는 65, 79, 85, 100 네 가지가 있고 이 중 가장 최대는 100이다. 서비스 성능이 35만큼 향상할 수 있는 경우는 성능지수가 65였을 때이다. 따라서 35만큼 향상된 기계의 수가 15대라고 했으므로 $\frac{15}{80}×100=18.75\%$가 100으로 향상되었다.
③ 성능지수 향상 폭이 21인 기계는 5대로, 업그레이드 전 79인 기계 5대가 모두 100으로 향상되었다.
④ 향상되지 않은 기계는 향상 폭이 0인 15대이고, 이는 업그레이드 전 성능지수가 100인 기계 15대를 뜻하며, 그 외 기계는 모두 성능지수가 향상되었다.

11

정답 ⑤

2022년 2분기부터 2023년 1분기까지 차이가 줄어들다가, 2023년 2분기에 차이가 다시 늘어났다.

오답분석

① 제시된 자료에서 확인할 수 있다.
② 2022년 4분기의 한국과 일본, 일본과 중국의 점유율 차이는 각각 10.2%p이다.
③ 한국과 중국의 점유율 차이가 가장 적었던 시기는 2023년 3분기로, 이때 점유율의 차이는 39.3−23.7=15.6%p이다.
④ 2020년 2분기 중국과 일본의 차이는 38.4−13.1=25.3%p, 2023년 3분기의 차이는 26.0−23.7=2.3%p이다. 따라서 2.3×10=23%<25.3%이므로 옳은 설명이다.

12

정답 ③

B안의 가중치는 전문성인데 전문성 면에서 자원봉사제도는 (−)이므로 적절하지 않은 내용이다.

오답분석

① 비용저렴성을 달성하려면 (+)를 보이는 자원봉사제도가 가장 유리하다.
② B안에 가중치를 적용할 경우 전문성에 가중치를 적용하므로 (+)를 보이는 유급법률구조제도가 가장 적절하며, A안에 가중치를 적용할 경우 ⑤에 의해 유급법률구조제도가 가장 적절하다. 따라서 어떤 것을 적용하더라도 결과는 같다.
④ 전문성 면에서는 유급법률구조제도가 (+), 자원봉사제도가 (−)이므로 옳은 내용이다.
⑤ A안에 가중치를 적용할 경우 접근용이성과 전문성에 가중치를 적용하므로 두 정책목표 모두에서 (+)를 보이는 유급법률구조제도가 가장 적절하다.

13

정답 ②

조건에 따라 점수를 산정하면 다음과 같다.

(단위 : 점)

업체명	프로그램	1차 점수	2차 점수
A업체	집중GX	31	36
B업체	필라테스	32	39
C업체	자율 웨이트	25	–
D업체	근력운동 트레이닝	24	–
E업체	스피닝	32	36

따라서 2차 점수가 가장 높은 B업체가 최종적으로 선정된다.

14

정답 ④

행사장 방문객은 시계 반대 방향으로 돌면서 전시관을 관람한다. 400명의 방문객이 출입하여 제1전시관에 100명이 관람한다면 나머지 300명은 관람하지 않고 지나치게 된다. 따라서 A지역에서 홍보판촉물을 나눠 줄 수 있는 대상자는 300명이 된다. 그리고 B지역은 A지역을 걸쳐서 오는 300명과 제1전시관을 관람하고 나온 100명의 인원이 합쳐지는 장소이므로 총 400명을 대상으로 홍보판촉물을 나눠 줄 수 있다. 이러한 개념으로 모든 지역을 고려해 보면 각 전시관과의 출입구가 합류되는 B, D, F지역에서 가장 많은 사람들에게 홍보판촉물을 나눠 줄 수 있다.

15

정답 ②

초순수를 생산하기 위해서 용존산소 탈기, 한외여과의 공정과정을 거친다.

[오답분석]

① RO수를 생산하기 위해서는 다중여과탑, 활성탄흡착, RO막 공정이 필요하다.
③ 이온교환, CO_2 탈기 공정을 통해 CO_2와 미량이온까지 제거해 순수를 생산한다.
④ 침전수는 10^{-6}m 크기의 물질까지 제거한다.
⑤ 석유화학에 제공하는 RO수는 미량이온까지 제거하지 않은 산업용수이다.

16

정답 ③

A ~ E의 승진점수를 계산하면 다음과 같다.

(단위 : 점)

승진 후보자	실적평가점수	동료평가점수	혁신사례점수	이수교육	합계
A	34	26	22	다자협력	82+2=84
B	36	25	18	혁신역량	79+3=82
C	39	26	24	–	89
D	37	21	23	조직문화, 혁신역량	81+2+3=86
E	36	29	21		86

2순위로 동점인 D와 E 중에 실적평가점수가 더 높은 D가 선발된다. 따라서 승진자는 C와 D이다.

17

변경된 승진자 선발 방식에 따라 A~E의 승진점수를 계산하면 다음과 같다.

(단위 : 점)

승진 후보자	실적평가점수	동료평가점수	혁신사례점수	이수교육	합계
A	34	26	33	다자협력	93+2=95
B	36	25	27	혁신역량	88+4=92
C	39	26	36	-	101
D	37	21	34.5	조직문화, 혁신역량	92.5+2+4=98.5
E	36	29	31.5	-	96.5

따라서 승진점수가 가장 높은 C와 D가 승진한다.

18

C대리의 2023년 업무평가 점수는 직전 연도 업무평가 점수인 89점에서 지각 1회에 따른 5점, 결근 1회에 따른 10점을 제한 74점이다. 따라서 승진 대상에 포함되지 못하므로, 그대로 대리일 것이다.

오답분석

① A사원은 근속연수가 3년 미만이므로 승진 대상이 아니다.
② B주임은 출산휴가 35일을 제외하면 근속연수가 3년 미만이므로 승진 대상이 아니다.
④ · ⑤ 승진 대상에 대한 자료이므로 대리가 될 수 없다.

01	02	03	04	05	06	07	08	09	10	11	12	13	14	15	16	17	18		
②	③	①	②	④	④	②	④	③	③	③	②	③	③	④	④	②	②		

01
정답 ②

다문화정책의 두 가지 핵심을 밝히고 있는 (다)가 가장 먼저 와야 하고 (다)의 내용을 뒷받침하기 위해 프랑스를 사례로 든 (가)를 두 번째에 배치하는 것이 자연스럽다. 그 다음으로는 이민자에 대한 지원 촉구 및 다문화정책의 개선 등에 관한 내용이 이어지는 것이 글의 흐름상 적절하므로, 이민자에 대한 배려의 필요성을 주장하는 (라), 다문화정책의 패러다임 전환을 주장하는 (나) 순서로 와야 한다. 따라서 (다) – (가) – (라) – (나)의 순서로 나열하는 것이 적절하다.

02
정답 ③

제시문의 세 번째 문단에 따르면 강화물은 강화를 유도하는 자극을 가리키며, 상황에 따라 변할 수 있다.

03
정답 ①

식사에 관한 상세한 설명이 주어지거나, 요리가 담긴 접시 색이 밝을 때 비만인 사람들의 식사량이 증가했다는 내용을 통해 비만인 사람들이 외부로부터의 자극에 의해 식습관에 영향을 받기 쉽다는 것을 추론할 수 있다.

04
정답 ②

제시문에서는 휘발유세 상승으로 인해 발생하는 장점들을 열거함으로써 휘발유세 인상을 정당화하고 있다. 따라서 글의 주제로 가장 적절한 것은 ②이다.

05
정답 ④

10명의 동아리 회원 중 3명이 당첨되는 경우는 $_{10}C_3 = \dfrac{10 \times 9 \times 8}{3 \times 2 \times 1} = 120$가지이고, 3명 중 남자가 여자보다 많은 경우는 다음과 같다.

ⅰ) 남자 3명이 모두 당첨자가 되는 경우

$_4C_3 = {}_4C_1 = 4$가지

ⅱ) 남자 2명, 여자 1명이 당첨자가 되는 경우

$_4C_2 \times {}_6C_1 = \dfrac{4 \times 3}{2 \times 1} \times 6 = 36$가지

따라서 당첨자 중 남자가 여자보다 많을 확률은 $\dfrac{(4+36)}{120} \times 100 = \dfrac{1}{3} \times 100 ≒ 33.33\%$이다.

06

흡연자 A씨가 금연 프로그램에 참여하면서 진료 및 상담 비용과 금연보조제(니코틴패치) 구매에 지불해야 하는 부담금은 지원금을 제외한 나머지이다. 따라서 A씨가 부담하는 금액은 총 $30,000 \times 0.1 \times 6 + 12,000 \times 0.25 \times 3 = 27,000$원이다.

07

2023년 11세 여학생의 제자리 멀리뛰기 기록은 143.3cm로, 16세 남학생의 제자리 멀리뛰기 기록의 60%인 $225.0 \times 0.6 = 135$cm 이상이다.

[오답분석]

① 남학생의 경우, 2021년에는 17세 고등학생이 16세 고등학생보다 50m 달리기 기록이 0.1초 느려졌고, 15세와 16세 고등학생의 50m 달리기 기록이 동일하였다.

③ 2023년 14세 여학생의 경우에 2021년의 14세 여학생에 비해 50m 달리기와 제자리 멀리뛰기 기록은 좋아졌지만, 윗몸일으키기 기록은 낮아졌다.

④ 2021년 중학교 남학생의 경우, 직전연령 대비 윗몸일으키기 증가율은 12세의 경우 $\frac{38.0-35.0}{35.0} \times 100 = 8.6\%$, 13세의 경우 $\frac{41.0-38.0}{38.0} \times 100 = 7.9\%$로 12세에 비해 13세에 직전연령 대비 증가율이 작아진다.

⑤ 남학생의 경우, 2021년과 2023년 모두 제자리 멀리뛰기 기록이 가장 좋은 연령은 17세이다. 그러나 윗몸일으키기 기록이 가장 좋은 연령은 2021년에는 16세와 17세지만, 2023년에는 15세이다.

08

미국의 점수 총합은 $4.2+1.9+5.0+4.3=15.4$점으로 프랑스의 총점인 $5.0+2.8+3.4+3.7=14.9$점보다 높다.

[오답분석]

① 기술력 분야에서는 프랑스가 제일 높다.

② 성장성 분야에서 점수가 가장 높은 국가는 한국이고, 시장지배력 분야에서 점수가 가장 높은 국가는 미국이다.

③ 브랜드파워 분야에서 각국 점수 중 최댓값과 최솟값의 차이는 $4.3-1.1=3.2$점이다.

⑤ 시장지배력 분야의 점수는 일본이 1.7점으로 3.4점인 프랑스보다 낮다.

09

a는 'A가 외근을 나감', b는 'B가 외근을 나감', c는 'C가 외근을 나감', d는 'D가 외근을 나감', e는 'E가 외근을 나감'이라고 할 때, 네 번째 조건과 다섯 번째 조건의 대우인 $b \rightarrow c$, $c \rightarrow d$에 따라 $a \rightarrow b \rightarrow c \rightarrow d \rightarrow e$가 성립한다. 따라서 'A가 외근을 나가면 E도 외근을 나간다.'는 항상 참이 된다.

10

B가 말한 두 번째 문장 "C가 나침반을 갖고 있어."와 C가 말한 두 번째 문장 "나는 나침반을 갖고 있지 않아."가 상반된 내용이므로, 둘 중 하나는 진실, 다른 하나는 거짓이다.

ⅰ) B가 말한 두 번째 문장이 진실, C가 말한 두 번째 문장이 거짓인 경우 : C가 나침반을 갖고 있으며, 2개의 문장 중 적어도 한 개는 진실이므로, C가 말한 첫 번째 문장인 "B가 지도를 갖고 있어."는 진실이다. 그런데 A가 말한 문장을 살펴보면, 첫 번째 문장도 거짓, 두 번째 문장도 거짓이 되므로 2개의 문장 중 적어도 한 개는 진실이라는 조건에 맞지 않는다. 따라서 B가 말한 두 번째 문장이 거짓, C가 말한 두 번째 문장이 진실이다.

ⅱ) B가 말한 두 번째 문장이 거짓, C가 말한 두 번째 문장이 진실인 경우 : C는 나침반을 갖고 있지 않고, B가 말한 첫 번째 문장은 참이므로 A는 지도를 갖고 있지 않다.

· A가 나침반을 갖고 있는 경우 : A가 말한 두 번째 문장은 거짓이므로, 첫 번째 문장이 참이 되어 D가 지도를 갖고 있는 것이 된다. 그러면 D가 말한 두 문장이 모두 거짓이 되므로, 조건에 맞지 않는다.

- D가 나침반을 갖고 있는 경우 : D가 말한 첫 번째 문장은 거짓, 두 번째 문장은 참이 되므로, C가 지도를 갖고 있는 것이 된다. 그러면 A가 말한 두 문장이 모두 거짓이 되므로, 조건에 맞지 않는다.
- B가 나침반을 갖고 있는 경우 : C나 D 중에 한 명이 지도를 갖고 있는데, 만약 D가 지도를 갖고 있다면 D가 말한 두 문장은 모두 거짓이 되므로, 조건에 맞지 않는다. 따라서 지도를 갖고 있는 사람은 C이다. 이때 진실·거짓 여부를 정리하면 다음과 같고, 모든 조건이 성립한다.

구분	첫 번째 문장	두 번째 문장
A	×	○
B	○	×
C	×	○
D	○	○

따라서 지도는 C가, 나침반은 B가 가지고 있다.

11

제시된 직원 투표 결과를 정리하면 다음과 같다.

(단위 : 표)

여행상품	1인당 비용(원)	총무팀	영업팀	개발팀	홍보팀	공장1	공장2	합계
A	500,000	2	1	2	0	15	6	26
B	750,000	1	2	1	1	20	5	30
C	600,000	3	1	0	1	10	4	19
D	1,000,000	3	4	2	1	30	10	50
E	850,000	1	2	0	2	5	5	15
합계		10	10	5	5	80	30	140

㉠ 가장 인기가 많은 여행상품은 D이다. 그러나 공장1의 고려사항은 회사에 손해를 줄 수 있으므로, 2박 3일 여행상품이 아닌 1박 2일 여행상품 중 가장 인기 있는 B가 선택된다. 따라서 750,000×140＝105,000,000원이 필요하므로 옳다.
㉢ 공장1의 A, B 투표 결과가 바뀐다면 여행상품 A, B의 투표 수가 각각 31, 25표가 되어 선택되는 여행상품이 A로 변경된다.

오답분석
㉡ 가장 인기가 좋은 여행상품은 D이므로 옳지 않다.

12

서울 지점의 B씨에게 배송할 제품과 경기남부 지점의 P씨에게 배송할 제품에 대한 기호를 모두 기록해야 한다.
- B씨 : MS11EISS
  - 재료 : 연강(MS)
  - 판매량 : 1box(11)
  - 지역 : 서울(E)
  - 윤활유 사용 : 윤활작용(I)
  - 용도 : 스프링(SS)
- P씨 : AHSS00SSST
  - 재료 : 초고강도강(AHSS)
  - 판매량 : 1set(00)
  - 지역 : 경기남부(S)
  - 윤활유 사용 : 밀폐작용(S)
  - 용도 : 타이어코드(ST)
따라서 Q씨가 기록한 코드는 ②가 적절하다.

13

문제해결을 위한 방법으로는 소프트 어프로치, 하드 어프로치, 퍼실리테이션(Facilitation)이 있다. 마케팅 부장은 연구소 소장과 기획팀 부장 사이에서 의사결정에 서로 공감할 수 있도록 도와 주는 일을 하고 있다. 또한, 상대의 입장에서 공감을 해주며, 서로 타협점을 좁혀 생산적인 결과를 도출할 수 있도록 대화를 하고 있다. 따라서 마케팅 부장이 취하는 문제해결방법은 퍼실리테이션이다.

오답분석

① 소프트 어프로치 : 대부분의 기업에서 볼 수 있는 전형적인 스타일로, 조직 구성원들이 같은 문화적 토양으로 가지고 이심전심으로 서로를 이해하는 상황을 가정하면서 직접적인 표현보다 무언가를 시사하거나 암시를 통한 의사전달로 문제를 해결하는 방법이다.
② 하드 어프로치 : 다른 문화적 토양을 가지고 있는 구성원을 가정하고, 서로의 생각을 직설적으로 주장하며 논쟁이나 협상을 하는 방법으로 사실과 원칙에 근거한 토론이다.
④ 비판적 사고 : 어떤 주제나 주장 등에 대해 적극적으로 분석하고 종합하며 평가하는 능동적인 사고로 어떤 논증, 추론, 증거, 가치를 표현한 사례를 타당한 것으로 받아들일 것인지 결정을 내릴 때 요구되는 사고력이다.
⑤ 창의적 사고 : 당면한 문제를 해결하기 위해 이미 알고 있는 경험과 지식을 해체하여 다시 새로운 정보로 결합함으로써 가치 있고 참신한 아이디어를 산출하는 사고이다.

14

기존 커피믹스가 잘 팔리고 있어 새로운 것에 도전하지 않는 것으로 보인다. 또한, 기존에 가지고 있는 커피를 기준으로 틀에 갇혀 블랙커피 커피믹스는 만들기 어렵다는 부정적인 시선으로 보고 있기 때문에 '발상의 전환'이 가장 필요하다.

오답분석

① 전략적 사고 : 지금 당면하고 있는 문제와 해결방법에만 국한되어 있지 말고, 상위 시스템 및 다른 문제와 관련이 있는지 생각해 보는 것을 말한다.
② 분석적 사고 : 전체를 각각의 요소로 나누어 그 요소의 의미를 도출한 다음 우선순위를 부여하고 구체적인 문제해결방법을 실행하는 것이다.
④ 내·외부자원의 효과적 활용 : 문제해결 시 기술·재료·방법·사람 등 필요한 자원 확보 계획을 수립하고, 내·외부자원을 활용하는 것을 말한다.
⑤ 성과지향 사고 : 분석적 사고의 하나로 기대하는 결과를 명시하고, 효과적으로 달성하는 방법을 사전에 구상하고 실행에 옮기는 것이다.

15

승진시험 성적은 100점 만점이므로 제시된 점수를 그대로 반영하고 영어 성적은 5를 나누어서 반영한다. 성과 평가의 경우는 2를 나누어서 합산해, 그 합산점수가 가장 큰 사람을 선발한다. 합산점수를 구하면 다음과 같다.

(단위 : 점)

구분	A	B	C	D	E	F	G	H	I	J	K
합산점수	220	225	225	200	277.5	235	245	220	260	225	230

이때, 합산점수가 높은 E와 I는 동료평가에서 하를 받았으므로 승진 대상에서 제외된다. 따라서 다음 순위자인 F, G가 승진 대상자가 된다.

16

오답분석

① 3 ~ 7일은 장마 기간이므로 적절하지 않다.
② 12일은 사장님이 중국 출장을 가고, 마케팅팀이 출근을 해야 하므로 적절하지 않다.
③ 13일은 사장님이 중국 출장을 가므로 적절하지 않다.
⑤ 21일은 주말이 아니므로 적절하지 않다.

17

㉠ 뉴욕행 비행기는 한국에서 6월 6일 22시 20분에 출발하고, 13시간 40분 동안 비행하기 때문에 현지에 도착하는 시각은 6월 7일 12시이다. 한국 시각은 뉴욕보다 16시간이 빠르므로, 현지 도착 시각은 6월 6일 20시이다.

㉡ 런던행 비행기는 한국에서 6월 13일 18시 15분에 출발하고, 12시간 15분 동안 비행하기 때문에 현지에 6월 14일 6시 30분에 도착한다. 한국 시각이 런던보다 8시간이 빠르므로, 현지 도착 시각은 6월 13일 22시 30분이다.

18

기존의 운송횟수는 12회이므로 1일 운송되는 화물량은 12×1,000=12,000상자이다. 이때, 적재효율을 높여 기존 1,000상자에서 1,200상자로 늘어나므로 10회(=12,000÷1,200)로 운송횟수를 줄일 수 있다. 이에 따라 기존 방법과 새로운 방법의 월 수송비를 계산하면 다음과 같다.

(월 수송비)=(1회당 수송비)×(차량 1대당 1일 운행횟수)×(차량 운행대수)×(월 운행일수)
• 기존 월 수송비 : 100,000×3×4×20=24,000,000원
• 신규 월 수송비 : 100,000×10×20=20,000,000원
따라서 월 수송비 절감액은 24,000,000−20,000,000=4,000,000원이다.

01	02	03	04	05	06	07	08	09	10	11	12	13	14	15	16	17	18	19	20
④	①	⑤	⑤	②	④	④	①	⑤	④	②	④	③	②	①	③	③	④	⑤	②
21	22	23	24	25	26	27	28	29	30	31	32	33	34	35	36	37	38	39	40
②	③	④	⑤	④	④	②	②	⑤	④	③	⑤	④	③	②	②	③	②	①	①

01
정답 ④

제시문의 논점은 교과서는 정확한 통계·수치를 인용해야 하며, 잘못된 정보는 바로 잡아야 한다는 것이다. 갑, 을, 병, 무는 이러한 논점의 맥락에 맞게 교과서의 오류에 관해 논하고 있다. 하지만 정은 교과서에 실린 원전 폐쇄 찬반문제를 언급하며, 원전 폐쇄 찬성에 대한 부정적인 의견을 펼치고 있다. 따라서 기사를 읽고 난 후의 감상으로 적절하지 않다.

02
정답 ①

- 첫 번째 빈칸 : 공간 정보가 정보 통신 기술의 발전으로 시간에 따른 변화를 반영할 수 있게 되었다는 빈칸 뒤의 내용을 통해 빈칸에는 시간에 따른 공간의 변화를 포함한 공간 정보를 이용할 수 있게 되면서 '최적의 경로 탐색'이 가능해졌다는 내용의 ㉠이 적절함을 알 수 있다.
- 두 번째 빈칸 : ㉡은 빈칸의 앞 문장의 '탑승할 버스 정류장의 위치, 다양한 버스 노선, 최단 시간 등을 분석하여 제공하는' 지리정보시스템이 '더 나아가' 제공하는 정보에 관해 이야기한다. 따라서 빈칸에는 ㉡이 적절하다.
- 세 번째 빈칸 : 빈칸 뒤의 내용에서는 공간 정보가 활용되고 있는 다양한 분야와 앞으로 활용될 수 있는 분야를 이야기하고 있으므로 빈칸에는 공간 정보의 활용 범위가 계속 확대되고 있다는 ㉢이 적절함을 알 수 있다.

03
정답 ⑤

세 번째 문단에서 저작권의 의의는 인류의 지적 자원에서 영감을 얻은 결과물을 다시 인류에게 되돌려주는 데 있다고 하였으므로 ⑤는 적절하지 않다.

04
정답 ⑤

제시문은 저작권이 지나치게 사적 재산권을 행사하는 도구로 인식되어 있는 현실의 문제점을 지적하고, 저작권을 사적 재산권의 측면에서가 아니라 공익적 측면에서 바라볼 필요가 있음을 제시하고 있다.

05
정답 ②

제시문에서는 저작권 소유자 중심의 저작권 논리를 비판하며 저작권이 의의를 가지려면 저작물이 사회적으로 공유되어야 한다고 주장하고 있다. 따라서 이에 대한 비판으로는 ②가 가장 적절하다.

06

정답 ④

제시문은 허균의 『유재론』으로 중국의 사례와 대비해서 우리나라에서 인재를 버리는 것은 하늘을 거스르는 것임을 밝히고, 인재를 차별 없이 등용할 것을 강한 어조로 촉구하고 있다. 따라서 글의 주제로 가장 적절한 것은 ④이다.

07

정답 ④

제시문은 유교 사상의 입장에서 자연과 인간의 관계에 대해 설명한 다음, 완전한 존재인 자연을 인간이 본받아야 할 것임을 언급하고 있다. 따라서 유교에서 말하는 자연과 인간의 관계에서 볼 때 인간은 자연의 일부이므로, 자연과 인간은 대립이 아니라 공존해야 한다는 요지를 표제와 부제에 담아야 한다. ④는 부제가 본문의 내용을 어느 정도 담고 있으나 표제가 중심 내용을 드러내지 못하고 있으므로 적절하지 않다.

08

정답 ①

'황량한'은 황폐하여 거칠고 쓸쓸한 것을 의미한다.

09

정답 ⑤

제시문은 인간의 신체 반응과 정서에 대한 제임스와 랑에의 견해를 제시하고 이것이 시사하는 바를 설명하고 있다. 또한 이에 반하는 캐넌과 바드의 견해를 제시하여 제임스와 랑에의 의견이 한계가 있음을 설명하고 있다. 따라서 (라) 인간의 신체 반응과 정서의 관계에 대한 제임스와 랑에의 견해 → (다) 제임스와 랑에의 견해가 시사하는 점 → (가) 제임스와 랑에의 견해에 반론을 제시한 캐넌과 바드 → (나) 캐넌과 바드의 견해에 따른 제임스와 랑에 이론의 한계의 순서로 나열해야 한다.

10

정답 ④

한자음 '녀'가 단어 첫머리에 올 때는 두음 법칙에 따라 '여'로 적으나, 의존 명사의 경우는 '녀' 음을 인정한다. 해를 세는 단위의 '년'은 의존 명사이므로 ④의 '연'은 '년'으로 적어야 한다.

오답분석
① 이사장의 말을 직접 인용하고 있으므로 '라고'의 쓰임은 적절하다.
② '말'이 표현을 하는 도구의 의미로 사용되었으므로 '로써'의 쓰임은 적절하다.
③ 받침 'ㅇ'으로 끝나는 말 뒤에 쓰였으므로 '률'의 쓰임은 적절하다.
⑤ 아라비아 숫자만으로 연월일을 모두 표시하고 있으므로 마침표의 사용은 적절하다.

11

정답 ②

월간 용돈을 5만 원 미만으로 받는 비율은 중학생 89.4%, 고등학생 60%로 중학생이 고등학생보다 높다.

오답분석
① 용돈을 받는 남학생과 여학생의 비율은 각각 82.9%, 85.4%이다. 따라서 여학생이 더 높다.
③ 고등학교 전체 인원을 100명이라 한다면 그 중에 용돈을 받는 학생은 약 80.8명이다. 80.8명 중에 용돈을 5만 원 이상 받는 학생의 비율은 40%이므로 $80.8 \times 0.4 ≒ 32.3$명이다.
④ 금전출납부의 기록, 미기록 비율은 각각 30%, 70%이다. 따라서 기록하는 비율이 더 낮다.
⑤ 용돈을 받지 않는 중학생과 고등학생 비율은 각각 12.4%, 19.2%이다. 따라서 용돈을 받지 않는 고등학생 비율이 더 높다.

12

정답 ④

사업 형태별 수익률을 구하면 다음과 같다.

구분	개인 경영	회사 법인	회사 이외의 법인	비법인 단체
수익률(%)	$\left(\dfrac{238,789}{124,446}-1\right)\times100\fallingdotseq92$	$\left(\dfrac{43,099}{26,610}-1\right)\times100\fallingdotseq62$	$\left(\dfrac{10,128}{5,542}-1\right)\times100\fallingdotseq83$	$\left(\dfrac{791}{431}-1\right)\times100\fallingdotseq84$

따라서 수익률이 가장 높은 예식장 사업 형태는 개인경영 형태이다.

[오답분석]

① 사업체 수를 보면 다른 사업 형태보다 개인 경영 사업체 수가 많은 것을 확인할 수 있다.

② 사업체당 매출액을 구하면 다음과 같다.

- 개인 경영 : $\dfrac{238,789}{1,160}\fallingdotseq206$백만 원
- 회사 법인 : $\dfrac{43,099}{44}\fallingdotseq980$백만 원
- 회사 이외의 법인 : $\dfrac{10,128}{91}\fallingdotseq111$백만 원
- 비법인 단체 : $\dfrac{791}{9}\fallingdotseq88$백만 원

따라서 사업체당 매출액이 가장 큰 예식장 사업 형태는 회사 법인 예식장이다.

③ 예식장 사업 합계를 보면 매출액은 292,807백만 원이며, 비용은 매출액의 절반 정도인 157,029백만 원이므로 매출액의 절반 정도가 수익이 되는 사업이라고 할 수 있다.

⑤ 사업체당 평균 면적은 면적을 사업체 수로 나눠서 구한다. 사업체당 평균 면적을 구하면 다음과 같다.

- 개인 경영 : $\dfrac{1,253,791}{1,160}\fallingdotseq1,081\text{m}^2$
- 회사 법인 : $\dfrac{155,379}{44}\fallingdotseq3,531\text{m}^2$
- 회사 이외의 법인 : $\dfrac{54,665}{91}\fallingdotseq601\text{m}^2$
- 비법인 단체 : $\dfrac{3,534}{9}\fallingdotseq393\text{m}^2$

따라서 사업체당 평균 면적이 가장 작은 예식장 사업 형태는 비법인 단체 형태이다.

13

정답 ③

50원, 100원, 500원짜리 동전의 개수를 각각 x개, y개, z개라고 하자.

$x+y+z=14\cdots\bigcirc$

$50x+100y+500z=2,250 \rightarrow x+2y+10z=45\cdots\bigcirc$

⊙과 ⓒ을 연립하면

$y+9z=31\cdots\bigcirc$

이때 ⊙의 조건에 의해 ⓒ을 만족하는 경우는 $y=4$, $z=3$이고, 구한 값을 ⊙에 대입하면 $x=7$이다.

따라서 50원짜리는 7개, 100원짜리는 4개, 500원짜리는 3개가 된다.

14

정답 ②

- 10% 설탕물에 들어있는 설탕의 양 : $\dfrac{10}{100}\times480=48\text{g}$
- 20% 설탕물에 들어있는 설탕의 양 : $\dfrac{20}{100}\times120=24\text{g}$
- 두 설탕물을 섞었을 때의 농도 : $\dfrac{48+24}{480+120}\times100=12\%$

컵으로 퍼낸 설탕물의 양을 xg이라고 하자. 설탕의 양은 $\dfrac{12}{100}x$g이므로, 컵으로 퍼낸 만큼 물을 부었을 때의 농도는 다음과 같다.

$$\dfrac{(48+24)-\dfrac{12}{100}x}{600-x+x}\times100=11 \rightarrow \dfrac{\left(72-\dfrac{12}{100}x\right)\times100}{600}=11 \rightarrow 7,200-12x=600\times11 \rightarrow 12x=600$$

$\therefore x=50$

15

정답 ①

같은 부서 사람이 옆자리에 함께 앉아야 하므로 먼저 부서를 한 묶음으로 생각하고 세 부서를 원탁에 배치하는 경우는 $2!=2$가지이다. 각 부서 사람끼리 자리를 바꾸는 경우의 수는 $2!×2!×3!=2×2×3×2=24$가지가 나온다. 따라서 조건에 맞게 7명이 앉을 수 있는 경우의 수는 $2×24=48$가지이다.

16

정답 ③

남성 합격자 수는 1,003명, 여성 합격자 수는 237명이다. 여성 합격자 수의 5배는 $237×5=1,185$명이므로 남성 합격자 수는 여성 합격자 수의 5배 미만이다.

[오답분석]

①・② 제시된 자료를 통해 알 수 있다.

④ (경쟁률)$=\dfrac{(지원자\ 수)}{(모집정원)}×100$이므로, B집단의 경쟁률은 $\dfrac{585}{370}×100≒158\%$이다.

⑤・C집단 남성의 경쟁률 : $\dfrac{417}{269}×100≒155\%$

・C집단 여성의 경쟁률 : $\dfrac{375}{269}×100≒139\%$

따라서 C집단에서는 남성의 경쟁률이 여성의 경쟁률보다 높다.

17

정답 ③

A사, B사, C사 자동차를 가진 사람의 수를 각각 a명, b명, c명이라 하자. 두 번째, 세 번째, 네 번째 조건을 식으로 나타내면 다음과 같다.

$a=b+10$ ⋯ ㉠
$b=c+20$ ⋯ ㉡
$a=2c$ ⋯ ㉢

㉠에 ㉢을 대입하면 $2c=b+10$ ⋯ ㉣

㉡과 ㉣을 연립하면 $b=50$, $c=30$이고, 구한 c의 값을 ㉢에 대입하면 $a=60$이다.

따라서 첫 번째 조건에 따르면 자동차를 2대 이상 가진 사람은 없으므로 세 회사에서 생산된 어떤 자동차도 가지고 있지 않은 사람의 수는 $200-(60+50+30)=60$명이다.

18

정답 ④

연령대를 기준으로 남성과 여성의 인구비율을 계산하면 다음과 같다.

구분	남성	여성
0 ~ 14세	$\dfrac{323}{627}×100≒51.5\%$	$\dfrac{304}{627}×100≒48.5\%$
15 ~ 29세	$\dfrac{453}{905}×100≒50.1\%$	$\dfrac{452}{905}×100≒49.9\%$
30 ~ 44세	$\dfrac{565}{1,110}×100≒50.9\%$	$\dfrac{545}{1,110}×100≒49.1\%$
45 ~ 59세	$\dfrac{630}{1,257}×100≒50.1\%$	$\dfrac{627}{1,257}×100≒49.9\%$
60 ~ 74세	$\dfrac{345}{720}×100≒47.9\%$	$\dfrac{375}{720}×100≒52.1\%$
75세 이상	$\dfrac{113}{309}×100≒36.6\%$	$\dfrac{196}{309}×100≒63.4\%$

남성 인구가 40% 이하인 연령대는 75세 이상(36.6%)이며, 여성 인구가 50% 초과 60% 이하인 연령대는 60 ~ 74세(52.1%)이다. 따라서 ④가 적절하다.

19

정답 ⑤

2022년 총연봉은 2023년 총연봉의 전년 대비 증가율 그래프의 수치로 구할 수 있다.

• A팀 : $\dfrac{15}{1+0.5}=10$억 원

• E팀 : $\dfrac{24}{1+0.5}=16$억 원

따라서 E팀의 2022년 총연봉이 더 많다.

오답분석

연도별 선수 인원수와 총연봉을 정리하면 다음과 같다.

(단위 : 명, 억 원)

테니스 팀	선수 인원수		총연봉		2023년 선수 한 명당 평균 연봉
	2022년	2023년	2022년	2023년	
A	$\dfrac{5}{1+0.25}=4$	5	$\dfrac{15}{1+0.5}=10$	15	$\dfrac{15}{5}=3$
B	$\dfrac{10}{1+1}=5$	10	$\dfrac{25}{1+1.5}=10$	25	$\dfrac{25}{10}=2.5$
C	$\dfrac{10}{1+0.25}=8$	10	$\dfrac{24}{1+0.2}=20$	24	$\dfrac{24}{10}=2.4$
D	$\dfrac{6}{1+0.5}=4$	6	$\dfrac{30}{1+0.2}=25$	30	$\dfrac{30}{6}=5$
E	$\dfrac{6}{1+0.2}=5$	6	$\dfrac{24}{1+0.5}=16$	24	$\dfrac{24}{6}=4$

① 2023년 테니스 팀 선수당 평균 연봉은 D팀이 5억 원으로 가장 많다.
② 2023년 전년 대비 증가한 선수 인원수는 C팀과 D팀이 2명으로 동일하다.
③ 2023년 A팀의 팀 선수 평균 연봉은 2022년 2.5억 원에서 3억 원으로 증가하였다.
④ 2023년 선수 인원수가 전년 대비 가장 많이 증가한 B팀은 총연봉도 가장 많이 증가하였다.

20

정답 ②

ㄴ. 2022년 대형 자동차 판매량의 전년 대비 감소율은 $\left|\dfrac{185.0-186.1}{186.1}\times100\right|≒0.6\%$이다.

ㄷ. SUV 자동차의 3년 동안 총판매량은 $452.2+455.7+450.8=1,358.7$천 대이고, 대형 자동차 총판매량은 $186.1+185.0+177.6=548.7$천 대이다. 이때, 대형 자동차 총판매량의 2.5배는 $548.7\times2.5=1,371.75$이므로 SUV 자동차의 3년 동안 총판매량보다 크다.

오답분석

ㄱ. 2021 ~ 2023년 동안 판매량이 감소하는 차종은 '대형' 1종류이다.

ㄹ. 2022년 대비 2023년 판매량이 증가한 차종은 '준중형'과 '중형'이다. 두 차종의 증가율을 비교하면 준중형은 $\dfrac{180.4-179.2}{179.2}\times100≒0.7\%$, 중형은 $\dfrac{205.7-202.5}{202.5}\times100≒1.6\%$로 중형이 가장 높은 증가율을 나타낸다.

21

주어진 조건을 표로 정리하면 다음과 같다.

구분	1층	2층	3층	4층	5층
경우 1	B팀	A팀	D팀	C팀	E팀
경우 2	B팀	C팀	D팀	A팀	E팀

따라서 항상 참인 것은 ②이다.

[오답분석]

①·⑤ 주어진 정보만으로는 판단하기 어렵다.

③ E는 5층을 사용한 적이 없다.

④ 2층을 쓰게 될 가능성이 있는 팀은 총 두 팀이다.

22

주어진 조건을 정리하면 다음과 같다.

빨간색 컵 – 포도주, 갈색 컵 – 물, 검은색 컵 – 맥주, 노란색 컵 – 주스, 파란색 컵 – 비어 있음

따라서 컵과 내용물이 바르게 짝지어진 것은 ③이다.

23

주어진 조건을 표로 정리하면 다음과 같다.

구분	인사팀	영업팀	홍보팀	기획팀	개발팀	디자인팀	참석인원
보고서 작성	× (2명)	× (4명)	○ (3명)	○ (2명)	○ (5명)	○ (4명)	14명
사내 예절	○ (2명)	× (4명)	○ (3명)	○ (2명)	○ (5명)	○ (4명)	16명

따라서 교육에 참석한 홍보팀 신입사원은 모두 3명이다.

24

창의적 사고는 통상적인 것이 아니라 기발하거나 신기하며, 독창적이다. 또한 발산적 사고로서 아이디어가 많고, 다양하고, 독특한 것을 의미하며, 유용하고 가치가 있어야 한다.

25

조건에 따라 경우의 수를 따져보면 다음과 같다.

구분	1	2	3	4	5
경우 1	호른	클라리넷	플루트	오보에	바순
경우 2	클라리넷	플루트	오보에	바순	호른
경우 3	호른	바순	클라리넷	플루트	오보에
경우 4	오보에	플루트	클라리넷	호른	바순
경우 5	오보에	플루트	클라리넷	바순	호른
경우 6	호른	바순	오보에	플루트	클라리넷

따라서 오보에는 2번 자리에 놓일 수 없다.

① 경우 1을 보면 플루트는 3번 자리에 올 수 있다.
② 경우 6을 보면 클라리넷은 5번 자리에 올 수 있다.
③ · ⑤ 위의 표를 보면 알 수 있다.

26

정답 ④

알파벳 순서에 따라 숫자로 변환하면 다음과 같다.

A	B	C	D	E	F	G	H	I	J	K	L	M
1	2	3	4	5	6	7	8	9	10	11	12	13
N	O	P	Q	R	S	T	U	V	W	X	Y	Z
14	15	16	17	18	19	20	21	22	23	24	25	26

'INTELLECTUAL'의 품번을 규칙에 따라 정리하면 다음과 같다.

• 1단계 : 9(I), 14(N), 20(T), 5(E), 12(L), 12(L), 5(E), 3(C), 20(T), 21(U), 1(A), 12(L)
• 2단계 : $9+14+20+5+12+12+5+3+20+21+1+12=134$
• 3단계 : $|(14+20+12+12+3+20+12)-(9+5+5+21+1)|=|93-41|=52$
• 4단계 : $(134+52) \div 4+134=46.5+134=180.5$
• 5단계 : 180.5를 소수점 첫째 자리에서 버림하면 180이다.

따라서 제품의 품번은 '180'이다.

27

정답 ②

A건물 밑면의 한 변의 길이를 a라 하자.

두 번째 조건에 따르면 A건물의 밑면은 정사각형이므로 A건물의 밑면의 넓이는 $a \times a = a^2$이다.

A건물의 높이는 밑면의 한 변의 길이의 2배이므로 A건물의 높이는 $a \times 2 = 2a$이고, 옆면의 넓이는 $a \times 2a = 2a^2$이다.

즉, A건물에 외벽 페인트 도장작업을 한 면적은 $a^2 + 4 \times 2a^2 = 9a^2$이다($\because$ 밑면 1개 제외).

첫 번째 조건에 의하면 B건물은 A건물을 눕혀 놓은 것이므로 B건물의 밑면의 넓이는 $2a^2$, 옆면의 넓이는 $2a^2$(2면), a^2(2면)이다.

즉, B건물에 외벽 페인트 도장작업을 할 면적은 $2a^2 + 2(a^2 + 2a^2) = 8a^2$이다.

• B건물 도장작업에 필요한 페인트 수량을 x통이라 하면 세 번째 조건에 의해서 같은 방식으로 도장작업을 진행하므로 A건물 페인트 도장작업과 B건물 페인트 도장작업에 필요한 수량은 도장작업의 면적에 비례한다.

$$9a^2 : 36 = 8a^2 : x \rightarrow 9a^2 x = 288a^2 \rightarrow x = \frac{288a^2}{9a^2} = 32$$

• B건물의 도장작업을 한 사람이 할 때 걸리는 전체 시간을 y시간이라 하면 A건물의 도장작업을 한 사람이 할 때 걸리는 전체 시간은 $3 \times 15 = 45$시간이고, 도장작업에 소요되는 시간은 도장작업의 면적에 비례한다.

$$9a^2 : 45 = 8a^2 : y \rightarrow 9a^2 y = 360a^2 \rightarrow y = \frac{360a^2}{9a^2} = 40$$

이때 B건물에는 총 5명의 작업자가 투입되므로 걸리는 시간은 $40 \div 5 = 8$시간이다.

따라서 B건물의 페인트 도장작업에 소요되는 작업시간은 8시간이고, 필요한 페인트의 수량은 32통이다.

28

정답 ②

ㄱ. 기술개발을 통해 연비를 개선하는 것은 막대한 R&D 역량이라는 강점으로 휘발유의 부족 및 가격의 급등이라는 위협을 회피하거나 최소화하는 전략에 해당하므로 적절하다.
ㄹ. 생산설비에 막대한 투자를 했기 때문에 차량모델 변경의 어려움이라는 약점이 있고, 레저용 차량 전반에 대한 수요 침체 및 다른 회사들과의 경쟁이 심화되고 있으므로 생산량 감축을 고려할 수 있다.
ㅁ. 생산 공장을 한 곳만 가지고 있다는 약점이 있지만 새로운 해외시장이 출현하고 있는 기회를 살려서 국내 다른 지역이나 해외에 공장들을 분산 설립할 수 있을 것이다.

ㅂ. 막대한 R&D 역량이라는 강점을 이용하여 휘발유의 부족 및 가격의 급등이라는 위험을 회피하거나 최소화하기 위해 경유용 레저 차량 생산을 고려할 수 있다.

ㄴ. 소형 레저용 차량에 대한 수요 증대라는 기회 상황에서 대형 레저용 차량을 생산하는 것은 적절하지 않은 전략이다.
ㄷ. 차량모델 변경의 어려움이라는 약점을 보완하는 전략도 아니고, 소형 또는 저가형 레저용 차량에 대한 선호가 증가하는 기회에 대응하는 전략도 아니다. 또한, 차량 안전 기준의 강화와 같은 규제 강화는 기회 요인이 아니라 위험 요인이다.
ㅅ. 내수 확대에 집중하는 것은 새로운 해외시장의 출현과 같은 기회를 살리는 전략이 아니다.

29
정답 ⑤

K교통카드 본사에서 10만 원 이상의 고액 환불 시 내방 당일 카드 잔액 차감 후 익일 18시 이후 계좌로 입금받을 수 있다.

① K교통카드 본사 방문 시에는 월 누적 50만 원까지 수수료 없이 환불이 가능하므로, 13만 원 전액 환불 가능하다.
② 모바일 환불 시 1인 최대 50만 원까지 환불 가능하며, 수수료는 500원이므로 카드 잔액이 40만 원일 경우 399,500원이 계좌로 입금된다.
③ 카드 잔액이 30만 원인 경우 20만 원 이하까지만 환불이 가능한 A은행을 제외한 은행 ATM에서 수수료 500원을 제외하고 299,500원이 환불 가능하다.
④ 부분환불은 환불 요청금액이 1만 원 이상 5만 원 이하일 때 가능하며, K교통카드 본사와 지하철 역사 내 K교통카드 서비스센터에서 가능하다.

30
정답 ④

게임 규칙과 결과를 토대로 경우의 수를 따져보면 다음과 같다.

라운드	벌칙 제외	총 퀴즈 개수
3	A	15
4	B	19
5	C	21
	D	
	C	22
	E	
	D	22
	E	

ㄴ. 총 22개의 퀴즈가 출제되었다면 E는 정답을 맞혀 벌칙에서 제외된 것이다.
ㄷ. 게임이 종료될 때까지 총 21개의 퀴즈가 출제되었다면 C, D가 벌칙에서 제외된 경우로 5라운드에서 E에게는 정답을 맞힐 기회가 주어지지 않았다. 따라서 퀴즈를 푸는 순서가 벌칙을 받을 사람 선정에 영향을 미친다.

ㄱ. 5라운드까지 4명의 참가자가 벌칙에서 제외되었으므로 정답을 맞힌 퀴즈는 8개, 벌칙을 받을 사람이 5라운드까지 정답을 맞힌 퀴즈는 0개나 1개이므로 정답을 맞힌 퀴즈는 8개 또는 9개이다.

31
정답 ③

• 임원용 보고서 1부의 가격은 (85페이지×300원)+[2×2,000원(플라스틱 커버 앞 / 뒤)]+2,000원(스프링 제본)=31,500원이다. 총 10부가 필요하므로 전체 제작비는 315,000원이다.
• 직원용 보고서 1부의 가격은 84페이지(표지 제외)÷2(2쪽씩 모아 찍기)÷2(양면 인쇄)=21페이지이므로 (21페이지×70원)+100원(집게 두 개)+300원(표지)=1,870원이다. 총 20부가 필요하므로 전체 제작비는 37,400원이다.

32

서머타임을 적용하면 헝가리는 서울보다 -6시간, 호주는 $+2$시간이고, 베이징은 서머타임을 적용하지 않으므로 서울보다 -1시간이다. 헝가리의 시간이 오전 9시일 때, 서울은 $9+6=$오후 3시이며, 호주는 $15+2=$오후 5시, 베이징은 $15-1=$오후 2시이다. 두 번째 조건에서 호주는 현지시각으로 오후 2시부터 오후 5시까지 회의가 있고, 첫 번째 조건에서 헝가리는 현지시각으로 오전 10시부터 낮 12시까지 외부출장이 있어 오전에 화상 회의를 하게 되면 오전 9시부터 1시간만 가능하다. 따라서 해외지사 모두 화상 회의가 가능한 시간은 서울 기준으로 오후 3시부터 4시까지이다.

33

먼저 조건과 급여명세서가 알맞게 표시되어 있는지 확인해 보면, 국민연금과 고용보험은 조건의 금액과 일치한다. 4대 보험 중 건강보험과 장기요양을 계산하면 건강보험은 기본급의 6.24%로 회사와 50%씩 부담하므로 $2,000,000 \times 0.0624 \times 0.5 = 62,400$원이지만 급여명세서에는 $67,400 - 62,400 = 5,000$원이 더 공제되어 다음 달에 5,000원을 돌려받게 된다. 또한, 장기요양은 건강보험료의 7.0% 중 50%로 $2,000,000 \times 0.0624 \times 0.07 \times 0.5 = 4,368$원이며, 약 4,360원이므로 맞게 지급되었다. 네 번째 조건에서 야근수당은 기본급의 2%로 $2,000,000 \times 0.02 = 40,000$원이며, 이틀 동안 야근하여 8만 원을 받고, 상여금은 5%로 $2,000,000 \times 0.05 = 100,000$원을 받아야 하지만 급여명세서에는 5만 원으로 명시되어 있다. A대리가 다음 달에 받게 될 소급액은 덜 받은 상여금과 더 공제된 건강보험료로 $50,000 + 5,000 = 55,000$원이다.

소급액을 반영한 다음 달 급여명세서는 다음과 같다.

(단위 : 원)

성명 : A		직책 : 대리	지급일 : 2024-5-25	
지급항목	지급액	공제항목		공제액
기본급	2,000,000	소득세		17,000
상여금	−	주민세		1,950
기타	−	고용보험		13,000
식대	100,000	국민연금		90,000
교통비	−	장기요양		4,360
복지후생	−	건강보험		62,400
소급액	55,000	연말정산		−
		공제합계		188,710
지급총액	2,155,000	차감수령액		1,966,290

따라서 A대리가 받게 될 다음 달 수령액은 1,966,290원이다.

34

㉠ 각 팀장이 매긴 순위에 대한 가중치는 모두 동일하다고 했으므로 1, 2, 3, 4순위의 가중치를 각각 4, 3, 2, 1점으로 정해 네 사람의 면접점수를 산정하면 다음과 같다.

- 갑 : $2+4+1+2=9$점
- 을 : $4+3+4+1=12$점
- 병 : $1+1+3+4=9$점
- 정 : $3+2+2+3=10$점

면접점수가 높은 을, 정 중 한 명이 입사를 포기하면 갑, 병 중 한 명이 채용된다. 갑과 병의 면접점수는 9점으로 동점이지만 조건에 따라 인사팀장이 부여한 순위가 높은 갑을 채용하게 된다.

㉢ 경영관리팀장이 갑과 병의 순위를 바꿨을 때, 네 사람의 면접점수를 산정하면 다음과 같다.

- 갑 : $2+1+1+2=6$점
- 을 : $4+3+4+1=12$점
- 병 : $1+4+3+4=12$점
- 정 : $3+2+2+3=10$점

즉, 을과 병이 채용되므로 정은 채용되지 못한다.

ⓒ 인사팀장이 을과 정의 순위를 바꿨을 때, 네 사람의 면접점수를 산정하면 다음과 같다.
- 갑 : 2+4+1+2=9점
- 을 : 3+3+4+1=11점
- 병 : 1+1+3+4=9점
- 정 : 4+2+2+3=11점

즉, 을과 정이 채용되므로 갑은 채용되지 못한다.

35

정답 ②

1) K기사가 거쳐야 할 경로는 'A도시 → E도시 → C도시 → A도시'이다. A도시에서 E도시로 바로 갈 수 없으므로 다른 도시를 거쳐야 하는데, 가장 짧은 시간 내에 A도시에서 E도시로 갈 수 있는 경로는 B도시를 경유하는 것이다. 따라서 K기사의 운송경로는 'A도시 → B도시 → E도시 → C도시 → A도시'이며, 이동시간은 1.0+0.5+2.5+0.5=4.5시간이다.

2) P기사는 A도시에서 출발하여 모든 도시를 한 번씩 거친 뒤 다시 A도시로 돌아와야 한다. 해당 조건이 성립하는 운송경로의 경우는 다음과 같다.
- A도시 → B도시 → D도시 → E도시 → C도시 → A도시
  - 이동시간 : 1.0+1.0+0.5+2.5+0.5=5.5시간
- A도시 → C도시 → B도시 → E도시 → D도시 → A도시
  - 이동시간 : 0.5+2.0+0.5+0.5+1.5=5시간

따라서 P기사가 운행할 최소 이동시간은 5시간이다.

36

정답 ②

- 1학기의 기간 : 15×7=105일
- 연체료가 부과되는 기간 : 105-10=95일
- 연체료가 부과되는 시점에서부터 한 달 동안의 연체료 : 30×100=3,000원
- 두 번째 달 동안의 연체료 : 30×(100×2)=6,000원
- 세 번째 달 동안의 연체료 : 30×(100×2×2)=12,000원
- 95일(3개월 5일) 연체료 : 3,000+6,000+12,000+[5×(100×2×2×2)]=25,000원

따라서 필요한 비용은 총 25,000원이다.

37

정답 ③

먼저 모든 면접위원의 입사 후 경력은 3년 이상이어야 한다는 조건에 따라 A, E, F, H, I, L직원은 면접위원으로 선정될 수 없다. 이사 이상의 직급으로 6명 중 50% 이상 구성되어야 하므로, 자격이 있는 C, G, N은 반드시 면접위원으로 포함한다. 다음으로 인사팀을 제외한 부서는 두 명 이상 구성할 수 없으므로, 이미 N이사가 선출된 개발팀은 더 선출할 수 없고, 인사팀은 반드시 2명을 포함해야 하므로 D과장은 반드시 선출된다. 이를 정리하면 다음과 같다.

구분	1	2	3	4	5	6
경우 1	C이사	D과장	G이사	N이사	B과장	J과장
경우 2	C이사	D과장	G이사	N이사	B과장	K대리
경우 3	C이사	D과장	G이사	N이사	J과장	K대리

따라서 B과장이 면접위원으로 선출되었더라도 K대리가 선출되지 않는 경우도 있다.

38

먼저 공급지 Y에서 수요지 A로 수송비 5만 원에 100톤을 공급한다(500만 원).
다음은 X → D로 5만 원에 20톤을 공급하고(100만 원), X → C로 6만 원에 50톤을 공급한다(300만 원).
마지막으로 공급지 Z에서 수요지 B로 수송비 7만 원에 80톤을 공급한다(560만 원).
따라서 최소 총수송비는 500+100+300+560=1,460만 원이다.

39

- 1,000kg 기준 총요금
  - A : 3,000+(200×1,000)+1,000+(2,500×450)=1,329,000원
  - B : 2,000+(150×1,000)+1,500+(3,500×350)=1,378,500원
  - C : 2,500+(150×1,000)+1,500+(5,000×250)=1,404,000원
  - D : 1,000+(200×1,000)+2,500+(3,000×400)=1,403,500원
  - E : 0+(200×1,000)+2,000+(6,000×200)=1,402,000원
  따라서 A가 가장 저렴하다.
- 2,000kg 기준 총요금
  1,000kg 기준 총요금에서 늘어난 1,000kg에 대한 요금만 추가하여 계산한다.
  - A : 1,329,000+(1,000×200)=1,529,000원
  - B : 1,378,500+(1,000×150)=1,528,500원
  - C : 1,404,000+(1,000×150)=1,554,000원
  - D : 1,403,500+(1,000×200)=1,603,500원
  - E : 1,402,000+(1,000×200)=1,602,000원
  따라서 B가 가장 저렴하다.

40

A ~ E가 받는 성과급을 구하면 다음과 같다.

직원	직책	매출 순이익	기여도	성과급 비율	성과급
A	팀장	4,000만 원	25%	매출 순이익의 5%	1.2×4,000×0.05=240만 원
B	팀장	2,500만 원	12%	매출 순이익의 2%	1.2×2,500×0.02=60만 원
C	팀원	1억 2,500만 원	3%	매출 순이익의 1%	12,500×0.01=125만 원
D	팀원	7,500만 원	7%	매출 순이익의 3%	7,500×0.03=225만 원
E	팀원	800만 원	6%	—	0원

따라서 가장 많은 성과급을 받는 사람은 A이다.

往者不可諫 來者猶可追

"지나간 일은 되돌릴 수 없으나, 다가올 일은 결정할 수 있다."

- ≪논어≫, 〈미자(微子)〉 -

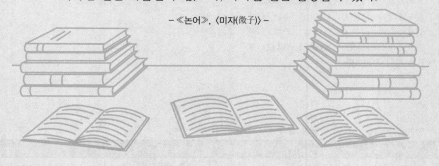